本书编委会

主 编

陈月海　陈　刚

编委会成员

（排名不分先后）

陈　凌	闵清忠	蒋伯良	苏尔胜	陈继宽	陈国军
陈美光	陈瑞众	陈世奎	陈先富	陈惟林	陈　立
陈　彪	陈昌勤	陈梓强	陈度安	陈建忠	陈章平
陈可勇	陈　平	陈光德	陈泽伟	陈光富	陈金良
陈　林	陈跃进	陈　辉	陈德金	陈永华	陈烈龙
陈朝亮	陈吉文	陈海波	陈文初	陈和根	

江西省历史学会陈氏研究专业委员会出品

陈氏研究论文选

陈月海　陈　刚 ◎ 主编

江西人民出版社

图书在版编目（CIP）数据

陈氏研究论文选 / 陈月海, 陈刚主编. -- 南昌：江西人民出版社, 2024.10. -- ISBN 978-7-210-15804-2

Ⅰ.① K810.2-53

中国国家版本馆 CIP 数据核字第 20241GU571 号

陈氏研究论文选
CHENSHI YANJIU LUNWEN XUAN

陈月海　陈刚　主编

策　划　编　辑：魏如祥
责　任　编　辑：李鉴和
封　面　设　计：同异文化传媒 + 杨光

江西人民出版社 出版发行
Jiangxi People's Publishing House
全国百佳出版社

地　　　　址：	江西省南昌市三经路 47 号附 1 号（邮编：330006）
网　　　　址：	www.jxpph.com
电　子　信　箱：	jxpph@tom.com
编辑部电话：	0791-86892125
发行部电话：	0791-86898815
承　印　　厂：	深圳市精彩印联合印务有限公司
经　　　　销：	各地新华书店

开　　本：	710 毫米 × 1000 毫米　1/16
印　　张：	32.25
字　　数：	460 千字
版　　次：	2024 年 10 月第 1 版
印　　次：	2024 年 10 月第 1 次印刷
书　　号：	ISBN 978-7-210-15804-2
定　　价：	120.00 元

赣版权登字 -01-2024-618

版权所有　侵权必究

赣人版图书凡属印刷、装订错误，请随时与江西人民出版社联系调换。
服务电话：0791-86898820

序

江西省历史学会陈氏研究专业委员会自2017年成立至今已近八个年头。在这期间，我们的工作重点始终以陈氏研究为宗旨、为各地陈氏宗亲寻根问祖服务。在陈月海、陈刚宗贤的引领下联系各地宗亲对族史感兴趣且有一定研究水平的人参与研究，共同探讨，笔耕不辍。2019年出版的《陈氏谱考辑要》，我为之撰序；今为《陈氏研究论文选》再序，一以贯之地给予支持和鼓励。

本书约有四十六万字，近一百幅图片，图文并茂。从内容上大致归纳为七章，前四章为本书的论证部分，观点明确，逻辑严谨，说理充分，层次清晰，文字通畅；后三章多为历史遗留下来的平常不被人所熟知的内容，但它对研究很重要。

对于旧有的资料，无论是史还是谱，作者都要严格甄别分析，取长补短。尤其对于族谱中的存疑点本书基本给予厘清和说明。于无疑处存疑，于有疑处解疑，是本书的一大特点。

本书以史为据、史籍互证、参考族谱，博采传记杂说，肯定正确，辨析谬误，给读者以全新的感受。对于文献资料与族谱中的不同点，作者秉持客观审慎的态度，遵循信以传信，疑以传疑的原则；对其间有未尽明确者，暂存间断待考，不采纳无据之推断，以尊重史实；对于同一庄谱的上篇与下篇、前修与后续之间相互矛盾的问题，作者在寻求史证资料之外，参阅不同地域族谱中的类似记载，进行对比研究。

由于本书资料繁杂、内容各具特点，在整个考证过程中所采取的体例也不尽相同，但基本上是按"原文转载或节录""释评"等方式进行阐述、挖掘、剖析其内涵；环环相扣，给人以清晰、整体的认知。同时，作者也不避讳书中的不足之处，因资料的缺失而导致一些推论有待深入；甚至有的仅为表象，需要进一步去透析表象背后的故事，因而作者殷切地期望后续研究者能在此基础上做进一步深入研究，渐趋完善。

通读全书，给我的感觉：从修谱来看，它是一部指导性的实用书；从姓氏研究来看，它既是陈氏研究的代表之作又是阶段性的总结之作。希望此书能在修谱领域匡正因袭陋习，实事求是，为振兴姓氏学，开一代新风。

是为序。

陈伯程
甲辰春月于新余仙女湖陈伯程艺术馆

自序

"人间四月芳菲尽，山寺桃花始盛开。"在这花谢花开的季节，几经努力，《陈氏研究论文选》终于临近杀青时，既兴奋，且又五味杂陈。

2008年6月我族修谱，我和陈昆族长前往德安寻根问祖，并特意拜访了义门陈研究专家月海老师。那时他的处女作《义门陈文史考》已经问世两年，我俩彻夜长谈，一见如故。月海老师当即诚邀我参与研究，我欣然答应了。在此后的研究中，我和月海老师大致有分工：我主要通过线上互联网查阅陈姓史料及族谱线索，月海老师负责线下联络、取证与编辑。经过共同努力，终于在三年后的2011年出版了《义门陈文史续考》。

《义门陈文史续考》最为突出的贡献就是对陈叔明玄孙、陈兼胞弟陈旺重新考证，通过各种史料及族谱的梳理，推证出陈旺实为陈叔慎的玄孙。这个结论，在当时虽然得到某些专家学者的支持，但内心难免有点惴惴不安。

由于《义门陈文史续考》从考证到出版仅花三年的时间，十分仓促。为了保证研究的质量，月海老师建议对其重新修正编撰，于是在前两书的基础上变动篇幅、梳理增改，于2015年出版了《颍川陈氏考略》和《义门陈文史考》第二版。

《颍川陈氏考略》去繁从简，对每一篇文章都能精心推敲，比如对"三尧"、陈恕等家族世系的重新考证。

关于义门陈兼支系，由于有《宋史》《通鉴续编》等很多相关的史料支撑，其结论自然不会有多大异议，倒是义门陈旺为陈叔慎玄孙这个结论，确实需要寻找更多的直接证据来支撑。

无巧不成书，在《颍川陈氏考略》出版一年之后，奇迹竟然出现了。贵州织金县陈文杰宗亲传来了《陈氏入蜀记》一文，直接将陈叔慎玄孙陈旺这个结论给坐实了。另外，我们还通过《陈三墓志铭》《唐故左威卫左中侯内闲厩长上上骑都威陈府君（牟少）墓志》等出土资料，进一步考证南朝陈的祖源是来自陈完奔齐这一支系，从颍川侯陈轸到太丘长陈寔，再到南朝陈霸先的这一脉相传的历史传承，并非如明清族谱将南朝陈世系接到户牖支系之陈平名下，于是在2019年9月，我们又出版了《陈氏谱考辑要》。

庚子年新冠病毒肆虐全国，大家都不得已居家隔离抗疫，于是便有充足的时间看书学习，兼与广大读者及专家、学者共同探讨陈姓族史，其中关于义门陈的讨论达到了高潮，碰撞出不少智慧的火花，也有"火药"味。关于义门人"异流同源"的观点，支持者众多；反对者也不少。这不奇怪，但凡出现一个新观点，认同总需要时间的。

从庚子年到癸卯年，我和月海老师又花了三年的时间搜集、挖掘相关史料、名人著述、墓志铭以及有价值的族谱，一事一议、小心求证，聚沙成塔，终成《陈氏研究论文选》一书。它不但总结了我们过去的研究成果，而且更多的是勘误校正、查漏补缺、补遗及博采众长。

在勘误校正、查漏补缺方面：我们则依据新发现的史料纠正以往的不当之处。例如《钦定全唐文·陈氏书堂记》的作者，过去一直认定是徐锴，其实不然，而是其兄徐铉，原名为《义门陈氏书堂记》。后人竟连名家及文章标题都能出错，可见岁月的无情，更何况于民间宗谱？因此，我们再次慎重推证了陈京的生年，发现陈褒比陈京大，过去却疏忽了。关于陈褒到底是谁之子，从唐代宗法的角度又论证了亲房之间的过继问题。同时还考证了江西修水龙峰谱中的人物与时间的矛盾,等等。

关于陈兼,则依据最新发现的史料得知,他与名相张九龄和李华等人的关系非同一般,并就他是否中进士以及其生卒时间进行重新考证。同时还考证了胡旦《义门记》中的人物时间与《义门记》成文时间不相符,给出了新的解读。

在补遗和博采众长方面：我们补辑了《豫章罗氏姻亲考》《陈旺史料综合考》《归仙岭人物补考》《"三尧"近支都昌陈邺家族考》、九江知府陈谦《江州义门陈氏宗谱序》,等等,扩展并充实了研究领域。另外关于义门分庄数及分迁地域范围、人数统计等方面,做了科学的论证和推导。尤其发现了义门广信庄乾隆丁未谱世系,感觉特别珍贵,它比《宋史·陈兢传》还要翔实,以实际的人物世次、事件,印证《宋史·陈兢传》的准确性,证实了义门人"异流同源"的事实。

参与本书研究的有陈世奎、陈先富、陈美光、陈昌勤、闵清忠、蒋伯良等人,他们从不同的视角、本着有一份证据说一份话,实事求是,为本书增添了不少光彩,无不闪烁智慧的火花。

最为给力的还是江西师范大学文学院陈凌教授的《江州义门陈"异流同源"考》和《东佳书院考》,从多层面和不同视角论述了义门人本是"异流同源""合族同处"的一个共同生活群体。说理透彻,论述严谨,见解独到。

还有姜海军教授关于《宋史》成因的论述,也是非常有分量的。他认为宋朝国史在亡国时皆入于元,元人修史时大抵就宋朝国史旧本稍做编次,旋而立就。这个论述跟清代史学家赵翼考证《宋史》的成因相一致,由此更加坚定了我们研究的信心。

本书收录的多为平时发表过的文章。文章署名,各自担责。

"慎终如始,终始如一",我们走过了漫长的研究之路,虽有斩获,但付出的代价实在不小。今考虑到月海老师年事渐高,本人也忙于工作,无非必要,本书将作为我俩对陈姓族史研究的收官之作。在此,我和月海老师向诸位专家、学者及读者表示最诚挚的谢意,向一贯支持我们研究工作的同志表示衷心感谢!希望我们的拙作能为大家带去陈姓族史研究的新思路,抛砖引玉!

受月海老师的委托,直抒胸臆是为序。

陈刚

癸卯年五一节于姑苏

前 言

本书是对我们多年研究的一个总结，把此前几书中所考述的零散内容做了系统性的总结与补充，使之思路更清晰，观点更鲜明；把该表明的态度都表达出来，直奔义门人异流同源、合族同处的这个主题，为本书内容之一。

本书分为七章，下面简单介绍一下各章节的组成概况。

第一章"史证与研究"，选录13篇文章。以史为据，以时间为准绳，参考族谱，综合分析。重论据和研究方法。

首先阐述姜海军的《宋代国史修撰考略》关于《宋史》的史学地位，由此奠定我们的研究基石。接着通过《江南录》《宋史》《通鉴续编》确定"伯宣子崇"这个基本事实；再以《〈宋史〉与〈义门记〉的世系比较》《史书互参辨证义门世系》等，进一步辨析义门异流同源的史实；再从《义门陈氏书堂记》中的"占籍""合族同处"等关键词语，表明在义门最早的文献中既有"异流同源"的记述；同时以代均时间"28±4"之传代常数来推证源流世系。这个"常数"，是我们在研究实践中总结出来的带有普遍性的常识规律，并运用数十个案例来推证它的科学性、实用性。最后以唐宋明清帝王世系、南朝陈皇族世系以及他姓合族同居世系等具体实例，证实代均常数"28±4"的合理性、准确性。抽丝剥茧，层层深入，探究真相，这就是我们在探索研究中所运用的基本理论和重要方法之一。

第二章"异流同源"考论，选录18篇文章。主要就义门陈"异流同源"展开辨析与论述。江西师范大学陈凌教授从明代德化德安"义门之争"，到"奉敕改谱"以及对唐代世系世次等方面的辨析论述，有理有据，见解独到；同时他从儒家文化层面对义门东佳书院做出专题论述。

此外，本章内容还突出以下几个要点：

1. 通过新发现的义门《广信庄乾隆丁未谱》，解决了从叔明到陈兼中间三代人的名讳问题，从而坐实了《宋史·陈兢传》中的"伯宣子崇"的记载。

尤其是《广信庄乾隆丁未谱》和《陈氏入蜀记》的出现，被视为江州义门陈氏异流同源的代表作：一个代表宜都王陈叔明后裔，一个代表岳阳王陈叔慎后裔。

2. 论述《宋史·陈兢传》之"从"的用意，揭示义门人异流同源的本质。

3. 通过对豫章罗氏、古人取名习惯、唐代避讳，以及对《马埠谱》《下白沙陈氏宗谱序》《新淦燕叙堂陈氏宗谱》等综合考证，进一步证实陈旺是陈叔慎的玄孙。

4. 从《论〈义门"异流同源说"质疑〉》《义门考证必须以理服人》等文，多角度分析义门人"异流同源，合族同处"的基本事实。

第三章"散记考论"，选录21篇文章。首先介绍义门陈旺世系的研考经过，毫无保留，如实地把调研过程和盘托出，供读者思考。

其次是陈褒、陈灌、陈镛、陈伯宣祖孙四代人的生活年代及事迹，做了进一步的考证；尤其重新推证陈京、陈褒的出生时间，结果推算出陈褒比陈京大。过去我们一直停留在"父子"层面，总觉得"父"龄一定要大于"子"龄。另从湖南道县仙子脚镇何家坪光绪丙子年司马堂《颍川陈氏续修族谱》及吉安市吉州区长塘镇陈家村道光八年《重修吟溪山前新居陈氏房谱》得知，陈褒是陈苌的第三子，过继给陈京为嗣。

这一章内容比较丰富，观点鲜明。尤其是那一事一议的小论文所透出的历史讯息，值得读者思考。

第四章"人物钩沉与轶事"，选录21篇文章。主要运用考据方法对陈氏先祖的辨证考索，再现历史人物。如《陈兼生平事略新考》《陈求道传记》等文，几近于历史真相。

对于陈叔达、陈叔慎的相关考证，由其世居地族人陈吉文、陈文初、陈和根自行考述。

第五章"史海拾贝"，选录9篇文章，从历史的海洋里捡拾起一串串发亮的贝壳。如《过石塘留言》《陈氏同宗义约序》《书临川陈氏谱后》《江州义门陈氏》等传递的历史信息，从不同的视角，佐证并补充了我们的研究。

第六章"墓志考录"，选载了15篇墓志。墓志是刻在石头上埋在土里的历史文献，最具考据价值。所以，本书继续整理、考录南朝陈诸王的墓志铭，从不同的侧面反映南朝陈亡国后，诸王的生存空间以及大业二年"随才叙用"的局部情况，窥斑见豹。

关于"楚相"陈轸，可从陈范墓志铭中的"喜愠不形，无惭于楚相"，到《颖川陈氏考略》中的《唐故左威卫左中侯内闲厩长上上骑都卫陈府君（牟少）墓志》的"齐卿五世，楚相三知；盛德无绝，风流在斯"，则昭示颖川陈氏始祖即战国时期策士陈轸。这项研究，可补史书之缺。

另外，通过陈木墓志铭，可证义门琯溪庄谱关于"公升"之伪说；通过陈积中夫人墓志铭，可证丹阳庄谱关于陈凤之伪说；通过陈梓圹志，可证江西都昌县南桥庄谱关于"继铭"之伪说；并通过陈继墓志佐证了《云门陈氏家谱序》的真实性和准确性（"云门序"，详见《陈氏谱考辑要》第240页）。

第七章"世系考与序及堂记"，选录15篇文章。继续整理并考录名门望族世系，如福建贡川陈氏祖源及世系问题、苏州的陈赞明家族、都昌南桥庄的陈邺家族、四川青神陈希亮家族、丹阳陈东家族等。这些家族，历来崇尚儒学治家、忠义孝道、文治武功，为当时的社会发展进步做出了贡献。

另从《九江太守童侯纂修府志重修义门陈氏碑谱记》《江州义门陈氏宗谱序》《先代旧谱序引》以及章衡的《重修宗谱序》所揭示的信息来看，在明清早期仍有资料能够说得清江州义门陈氏异流同源这个问题，但无人做此研究，有的仅仅是发现问题提出问题而已。

《雁门堂之由来》及《叔慎像赞》的出现，像一颗流星划破夜空，亮如白昼，对于义门陈氏内部组成结构，清晰明了。

以上为本书简要内容，愿你静下心来细读，并希望多提宝贵意见，以便再版修正。

编者写于 2023 年仲夏

目录 contents

上 编

第一章 史证与研究

004　读《宋代国史修撰考略》有感　/　陈月海　陈　刚
008　以《江南录》《义门陈氏书堂记》《通鉴续编》
　　　佐证《宋史·陈兢传》的正确性　/　陈　刚
014　《宋史》与《义门记》的世系比较　/　陈月海
020　史书互参辨证义门世系　/　陈月海
027　《义门记》新解　/　陈月海　陈　刚
038　浅谈周必大《跋德化县陈氏义门碑》　/　陈先富
041　关于28±4年的传代常数　/　陈月海　陈　刚
043　唐宋明清皇帝传世代均时间一览表　/　陈金良　陈　林
048　以唐代代均论义门"异流同源"　/　陈　刚
050　以他姓合族同居的代均来证义门陈"异流同源"　/　陈　刚
053　时间证明"伯宣孙旺"是错误的　/　陈世奎
062　从唐代宗法论"从子褒"　/　陈　刚
066　义门陈氏因讼析居　/　王象之

第二章 "异流同源"考论

070 江州义门陈"异流同源"考 / 陈　凌
085 东佳书堂考 / 陈　凌
102 史与史比较之辨证考述 / 陈惟林　陈　立
108 略论《宋史·陈兢传》之"从"义 / 陈　刚
111 广信庄乾隆丁未谱 / 陈月海　陈　刚
126 《陈氏入蜀记》发现之经过 / 陈光富
128 综合考证，正确理解义门世系 / 陈先富
134 由豫章罗氏姻亲考兼旺同代 / 陈月海　陈　刚
143 关于《由豫章罗氏姻亲考兼旺同代》的一点补充 / 陈　刚
145 以古人取名习惯论"异流同源" / 陈　刚
148 论志高是叔慎之子 / 陈　刚
156 再论志高是叔慎之子 / 陈　刚
163 由唐代避讳三论志高是叔慎之子 / 陈　刚
167 用公元年代分析旺公与伯宣的世系世次关系 / 陈昌勤
172 论《义门"异流同源说"质疑》 / 陈月海
177 驳《略论〈宋史·陈兢传〉》一文 / 陈　刚
180 义门考证必须以理服人 / 陈先富
184 评析《义门陈旺谱系论》 / 陈月海　陈　刚

第三章　散记考论

190 关于考证义门陈旺世系的经过 / 陈月海　陈　刚
195 义门陈世系考证的历史与现实 / 陈永华　陈德金

198 明万历谱载陈旺开元十九年建庄　/　陈光富
199 陈镛（镶）与伯宣　/　陈月海
203 德化陈氏故里故居的演化及文德翼序　/　陈月海
207 义井——修水县城古名井　/　陈跃进
210 陈檀非伯宣子亦非陈旺父　/　陈烈龙　陈朝亮
212 从《唐故秘书少监陈公行状》推陈京生年　/　陈月海
216 龙峰谱中的时间矛盾再考　/　陈月海
220 这页谱图所透出的历史信息　/　陈度安
223 读《陈氏研究论文选》的一点感悟　/　闵清忠
226 参加九江市义门陈研究视频会有感　/　陈世奎
228 胡旦辨　/　陈月海　陈　刚
231 《陈氏书堂记》的作者不是徐锴　/　陈月海　陈　刚
233 关于大小陈旺和分庄诏的由来　/　陈月海
237 德安、德化两县为争义门表彰的经过　/　陈德金
243 关于义门分庄的几个问题之思考　/　陈月海　陈　刚
252 义门分庄之去处　/　陈月海　陈　刚
257 湖南安化《义门陈氏续修族谱》考　/　陈璟贤
259 评《江州义门》一书　/　陈美光
266 南北两陈晖及柳溪对比义门之世次和时间辨析　/　陈　彪

第四章　人物钩沉与轶事

274 舜帝考　/　陈　刚
280 陈轸再考　/　陈月海

284 陈廮小传 / 陈月海

285 读史有感 / 陈可勇 陈平

290 陈余传记 / 陈梓强

294 陈武帝草书考 / 蒋伯良

307 荷叶包饭和盐水鸭的来历 / 陈刚

309 陈叔达传记 / 陈吉文 陈海波

312 陈兼生平事略新考 / 陈月海 陈刚

323 陈昉小考 / 陈刚

325 陈乔家族考 / 陈文初

329 岳王祠与相公庙 / 陈和根

337 古灵先生年谱 / 陈晔

343 永嘉学派巨擘陈傅良家族的千年传承 / 苏尔胜 陈继宽

349 陈武传记 / 陈月海 陈刚

352 仙游归仙岭人物补考 / 陈刚

356 陈洪进世系考兼论其与江州义门陈之关系 / 陈刚

361 陈求道传记 / 陈月海 陈刚

364 我的先祖陈曼生 / 陈光德

367 颍川郡 / 陈泽伟

369 颍川侯故里老官陈村 / 陈国军

下编

第五章 史海拾贝

376 过石塘留言 / 朱熹

377　阆州陈氏族谱序　/　陆九渊

378　跋江州陈氏家牒　/　陈　宓

379　陈氏同宗义约序　/　姚　勉

380　书临川陈氏谱后　/　虞　集

382　南冈陈氏宗谱序　/　刘　楚

384　江州义门陈氏　/　黄道周

385　义门　/　王士禛

386　孝义传　/　钱大昕

第六章　墓志考录

388　故陈智武将军东中郎将东扬州刺史侍中国子祭酒新蔡王（叔齐）墓志铭　/　沈志道

393　陈叔荣墓志铭　/　佚　名

396　陈叔毅修孔子庙碑　/　仲孝俊

398　隋故平凉县令陈府君（叔忠）墓志铭　/　佚　名

400　唐故左光禄大夫江国公陈叔达夫人王氏墓志　/　佚　名

406　大周故陈府君（范）墓志铭并序　/　佚　名

408　亡姑渭南县尉陈君夫人权厝志　/　柳宗元

411　光禄寺丞陈君（木）墓志铭　/　陆　佃

414　蒋氏夫人墓志铭　/　陆　佃

418　古灵先生墓志铭　/　孙　觉

421　陈武圹志　/　陈求己

424　故翰林检讨陈君（继）墓碑铭　/　杨士奇

426　故翰林检讨致仕陈君（继）墓志铭　/　杨　荣

429　故陈处士墓志铭　/　王　英

431　户部司务孝廉陈壶山墓表　/　毕振姬

第七章　世系考与序及堂记

438　永安贡川陈氏祖源世系考　/　陈美光

442　苏州陈赞明家族世系　/　陈　刚

446　都昌南桥陈邺家族世系　/　陈　刚

451　四川青神陈希亮家族世系　/　陈　刚

456　丹阳陈东家族正源考　/　陈　辉

459　由《少阳集》来寻觅陈东祖源　/　陈　刚

462　九江太守童侯纂修府志重修义门陈氏碑谱记　/　袁　正

466　先代旧谱序引　/　佚　名

469　江州义门陈氏宗谱序　/　陈　谦

474　重修宗谱序　/　章　衡

477　雁门堂之由来　/　佚　名

482　苍南县陈家堡陈氏　/　陈瑞众

484　重建会源堂记　/　陈月海

486　务本堂记　/　陈建忠

489　乐平市葵田陈家村　/　陈章平

492　后记

上编

第一章 史证与研究

读《宋代国史修撰考略》有感

陈月海　陈　刚

《宋代国史修撰考略》云:"宋代的文化发展颇为繁盛,在经学、史学、文学、哲学、艺术、科技等各个领域都取得了巨大的成就。而对于历史文献的整理与研究,宋人也极为重视,这是建国之后右文基本国策实施的必然结果,也与宋儒对于历史文献本身功能的认识有很大关系。宋亡后,宋臣董文炳就曾说过:'国可灭,史不可灭。'突出地体现了国史在宋儒眼中的地位,同时也证实了宋人对历史记载重要性的认同……宋朝国史,亡国时皆入于元。元人修史时,大抵就宋国史旧本稍作编次,旋而立就。元顺帝(1368~1370)时,命脱脱等修《辽》《宋》《金》三史,自至正三年三月开局,至正五年十月告成,三史如此多的卷帙,不及三年修成,主要就是宋、辽、金各朝都有自己的国史……赵翼对此就说:'人但知至正中修三史,而不知至正以前已早有成绪也。'……赵翼在《廿二史札记》中称:'元修《宋史》,度宗以前多本之宋朝国史,而宋国史又多据各家事状碑铭编缀成篇,故是非有不可尽信者……盖宋人之家传、表志、行状以及言行录、笔谈、遗事之类,流传于世者甚多,皆子弟门生所以标榜其父师者,自必扬其善而讳其恶,遇有功处辄迁就以分其美,有罪则隐约其词以避之。宋时修国史者即据以立传,元人修史又不暇参互考证,而悉仍其旧,无怪乎是非失当也。'"

读后感言

文章选自《宋代国史修撰考略》，作者姜海军，北京大学中文系古典文献专业2004级博士研究生。研究方向为历史文献学、经学、儒学等。该论文发表在《中国典籍与文化》2006年第3期，对《宋史》的发展脉络进行了系统而深刻的总结，堪称经典之作。

国史修撰是中国古代正史修撰的一个重要前提，宋代国史修撰在古代发展最为完备，为后代修撰前朝正史提供了重要的范式。

"宋朝国史，亡国时皆入于元。元人修史时，大抵就宋国史旧本稍作编次，旋而立就。"同时指出："《宋史》共496卷，而人物《列传》就有255卷，占一半以上，其中大部分人物传记当为朝廷修国史时取自各家行状、表志、碑铭、言行录、遗事等。"并由此而想起义门家长陈泰在天圣年间上报的《回义门累朝事迹状》中所说："为修真宗皇帝一朝正史，要见义门陈氏自来义居事迹及朝廷有何恩赐、旌表，次第立便取来，仔细具录"，由此推知《陈兢传》的史料来源。

陈兢，义门家长，宋太宗朝人；按史和谱载，是叔明第十四世孙。作为一国正史，《陈兢传》有如此详细的世系世次，实属难得，其资料当然来自义门家长呈报的私家文献。清代史学家钱大昕在《廿二史考异·宋史十六·孝义传陈兢》（简称《陈兢传》）曾评说："陈宜都王叔明之后。叔明五世孙兼，唐右补阙。兼生京，秘书少监、集贤院学士，无子，以从子褒为嗣，褒至盐官令。褒生灌，高安丞。灌生（孙）伯宣。伯宣，即兢之高祖也。叙陈氏义门，当自伯宣始，今自灌以上一一胪列，似家乘非国史矣。"

正因为有"宋人之家传、表志、行状以及言行录、笔谈、遗事之类，流传于世者甚多，皆子弟门生所以标榜其父师者，自必扬其善而讳其恶，遇有功处辄迁就以分其美，有罪则隐约其词以避之。宋时修国史者即据以立传，元人修史又不暇参互考证，而悉仍其旧，无怪乎是非失当也"。因此，今读《陈兢传》在叙事方面，确实存在"溢美隐恶"的成分。例如：

1."百犬同槽"故事,它属于文学范畴,非史实。清人王夫之曾指出:"有犬百余,共一牢食,一犬不至,群犬不食。其诞至此,而兢敢居之为美,人且传之为异,史且载之为真,率天下以伪,君子之所恶夫乱德之言者,非此言哉?人而至于百,则合食之顷,一有不至,非按而数之,且不及察矣。犬而至百,垒涌而前,一犬不至,即智如神禹,未有能一览而知者,奚况犬乎?"

2."灌孙伯宣,避难泉州,与马总善",此句有两处隐讳:

一是"灌子名为何不著"?原本褒生灌,灌生镛、锽,唐贞元(785—805)间,灌任高安县丞,得罪了当地豪猾,在任四年与夫人黄氏同被害于官舍,镛杀了仇人全家,外逃仙游避难。传中略而不书其事。徐铉《义门陈氏书堂记》载"避难于泉州之仙游生伯宣",而不是"伯宣避难泉州"!此处隐去陈镛杀人命案,故而不提"灌子名"。清同治《德安县志》卷十一"人物·孝友"按述:"褒为七世,褒生灌,灌孙伯宣,伯宣子崇,崇生衮,衮生昉,与史所称十三世,适相符合。而灌之子名独不著,何也?"

二是"伯宣与马总善",其实,与马总友善是陈镛(镶),而不是伯宣。《资治通鉴》卷(二三五)载马总:"贞元十六年(800),盈珍谗其幕僚马总,贬泉州别驾……元和初,自泉州迁虔州刺史。"元和十四年(819),陈镛仍在仙游,此时伯宣尚未出世。晚年陈镛携伯宣游庐山,隐居圣治峰前龙潭窝。

3.《陈兢传》交代义门世系世次,主要是宜都王叔明五世孙陈兼这一支,始自叔明→五世孙兼→京→褒→灌→灌孙伯宣→崇→衮→昉→兢→延赏,到了陈延赏这一代义门开始析庄。因旧时非常看重门阀,所以义门人始终以叔明这一支为代表对外宣传,并呈报官府,转呈国史院。也只有这一支做官者多,对外唱得响,于是《陈兢传》便出现了这一支人的传承情况。义门人,本是异流同源,合族同处。对于其他支系,《陈兢传》虽未交待,但在兢后以"从"字而巧妙地点出另一支系的几任家长,如"兢从父弟旭每岁止受贷粟之半,云'省啬而食可以接秋成'"。"旭卒,弟蕴主家事……蕴卒,弟泰主之"云云。《陈兢传》对"从"字的运用超出本义，同一支系人，即便出了五服也一概称"弟"；只有在对不同支系的同辈人，才互称"从弟"。

正由于宋朝国史落入元人，元代修撰《宋史》时，"悉仍其旧，不暇参互考证，造成了《宋史》的繁冗失当之处颇多"。尽管《陈兢传》有如此之瑕疵，但由于"悉仍其旧"，故而陈兢一支的世系才能如实地流传下来。今当辩证地看待《陈兢传》，取其精华，剔其糟粕。

阅读本文时，还可参阅华东师范大学古籍研究所研究员、博士生导师顾宏义的《〈宋史〉的史源及其相关问题》，所说与本文相同。

以《江南录》《义门陈氏书堂记》《通鉴续编》佐证《宋史·陈兢传》的正确性

陈　刚

如今，义门"大一统"论者认为"异流同源"理论者拿出的《宋史·陈兢传》"伯宣子崇"是孤证，同时认为《新唐书·宰相世系表》成书于《宋史》之前，并支持"伯宣子旺"（竟说"与伯宣孙旺"仅相差一代），果真如此？实则不然。笔者梳理史书，发现成书于《新唐书》之前的《江南录》已经有"伯宣子崇"这一说。比《宋史》稍晚同在元代成书的《通鉴续编·贷粟》亦支持"伯宣子崇"这一事实。下面分别以《江南录》《通鉴续编》展开讨论。

一、南唐成书的《江南录》《义门陈氏书堂记》对《宋史》"伯宣子崇"的支撑

《永乐大典》卷六七〇一《江州志·人物》之徐铉《江南录》及郑文宝《江表志》载："陈氏长幼七百口，不畜仆妾，上下睦姻，人无间言。每食群坐广堂，未成人者别为一席。有犬百余，亦置一船共食。或一犬他适不至，则群犬昂首相候不食。此义气所感而然也。其陈崇有家法叙曰：《易》云，家正则天下大定，是知治家之道，古犹病诸。故圣人垂五教，敦九族，使后之人伦，勤而行之，自非圣人，可不庶几乎？我家袭秘监之累功，承著作之贻训，代专孝弟，业继典坟。繇是子孙众多，上下和睦，

存殁一十代，曾玄二百人。……崇所惑者，殆恐将来昆云渐众，愚智不同，苟无敦睦之方，虑乖负荷之理。今设之以局务，垂之以规程，推功任能，惩恶劝善。公私出纳之式，男女婚嫁之仪，蚕事衣妆，货财饮食，必合均等，务要和同，常令子子孙孙无间言而守义范也。"

上为《永乐大典》刊录的《江南录》，是南唐徐铉所撰，郑文宝《江表志》随后原文转载，所说的事甚为重要！《江南录》要比《新唐书》至少早70年，《新唐书》在嘉祐五年（1060）成书，而徐铉在淳化二年（991）既已去世。由此说明以下几个问题。

按史和谱均载义门家法是家长陈崇立，其创立时间在大顺元年（890）。按鄂州陈琮《义门陈姓历史资料简编》，陈崇"生于唐大中六年壬申（852），唐乾符元年甲午（874）举人"。做家长创立家法时39岁，正是做事的最好年龄。

1.《江南录》《江表志》载"我家袭秘监之累功，承著作之贻训"，来自义门家法序，整篇内容基本上也是序言中的内容。"秘监"，指陈兼陈京父子"两秘监"，是叔明的五世和六世孙。"著作"，指著作佐郎陈伯宣。从叔明到陈崇十一代。（详见《宋史·陈兢传》）而《江南录》所说的"一十代"，怎么跟《宋史·陈兢传》不同呢？究其原因，唐代计算代数是不包含起始祖在内，如《旧唐书·本纪第一·高祖》说"高祖讳渊，凉武昭王暠七代孙也。暠生歆，歆生重耳，重耳生熙，熙生天锡，皇祖讳虎，皇考讳昞"。即李暠→李歆→李重耳→李熙→李天锡→李虎→李昞→李渊，前后共为八代，这里是不含起始祖李暠，所以说"七代孙也"。又如《旧唐书》卷一九八《高昌》载："曲伯雅，即后魏时高昌王嘉之六世孙也。"查其世次，曲嘉→曲光、曲坚→曲玄喜→曲□→曲宝茂→曲乾固→曲伯雅，共为七代，亦不含起始祖曲嘉。由此可见，按唐计算陈崇是叔明一十代孙。这反倒说明《江南录》《江表志》中的文章，实为唐代文献。

2. 依据《陈叔明墓志铭》叔明生于陈天嘉三年（562），从叔明到陈崇历时290年十八代人（这里指义门谱"合二为一"的世系），代均17.1年，远远低于"28±4"传代常数。若按《宋史·陈兢传》所载从叔明到陈崇为十一代,则代均为29年,完全符合28±4年这个传代常数。

3. 若以陈兼为起始祖,按照九江义门谱所记,传承十一代到陈蓝,即兼→京→褒→灌→镶→伯宣→檀→旺→机→感→蓝,距陈崇还有三代,所以此说不成立。

4. 若以陈灌为起始祖,按照九江义门谱所记,传承十一代正好到陈崇,即灌→镶→伯宣→檀→旺→机→感→蓝→青→仲→崇,也是没道理。

5. 又假如以陈伯宣为起始祖,按照九江义门谱所记传承十一代到陈昉辈,而不是陈崇,即伯宣→檀→旺→机→感→蓝→青→仲→崇→衮→昉,这有悖《江南录》。

陈崇"生于唐大中六年壬申(852),僖宗乾符元年(874)甲午举人"。以陈崇的出生年为基数,假设以人类传承极限平均20年一代人反推回去,伯宣生于692年,即伯宣(692)→檀(712)→旺(732)→机(752)→感(772)→蓝(792)→青(812)→仲(832)→崇(852)。这样问题就更大了,伯宣岂不比其六世祖陈兼年龄还要大?陈兼生卒时间约在697—762年,详见《陈兼生平事略新考》。若按传代常数代均28年,伯宣出生在628年,岂不比陈兼大69岁?

6. 既然以上以陈兼、陈灌、陈伯宣为始祖均有问题,那么《江南录》所述的"存殁一十代",结合徐铉所撰的《义门陈氏书堂记》所交代的世系,当以叔明为义门一世祖。从陈叔明始,下至陈兼、陈京、陈伯宣,再到家法制定者陈崇,世次清晰,共十一代人。《义门陈氏书堂记》虽未明说"伯宣子崇",但从世次排序上陈崇为陈伯宣子辈,则无疑。

由此可见,若按现存最早的南唐徐铉《江南录》《义门陈氏书堂记》所载,从叔明到陈崇"存殁一十代"的世次,正好符合《宋史》所载"伯宣子崇"之说,由此证实《宋史·陈兢传》所载义门世系世次的准确性。不过,这仅为陈兼这一支系。

二、《通鉴续编》对《宋史》"伯宣子崇"的支撑

由于《宋史》前详后略，以及南宋抗元英勇事迹多未载入，故在《宋史》成书五年之后，元代史学家陈桱开始编纂《通鉴续编》，该书完成于至正二十一年（1361），次年刊行问世，其中收录了义门一条重要史料。现将《通鉴续编》卷四《诏贷江州义门陈兢粟》全文录下。（以下简称《通鉴续编·贷粟》）

"淳化元年（990）春正月，诏贷江州义门陈兢粟。初，陈宜都王叔明五世孙唐右补阙兼，兼生秘书少监京，京生盐官令褒，褒生高安丞灌，灌孙伯宣，避地江州之德安，尝以著作佐郎召征不起，伯宣生江州长史崇，自兼至崇未尝分异。崇益置田园，为家法戒子孙，择群从掌其事，建书堂教诲之。唐僖宗诏旌其门，南唐又为之立义门，免其徭役。崇子江州司户衮，衮子奉礼郎昉，昉之世同居，长幼凡七百口，不畜仆妾，上下姻睦，人无间言，每食必群坐广堂，未成人者别为一席。有犬百余，共一牢食；一犬不至，群犬亦皆不食。建书楼于别墅，延四方之士，肄业者多依焉。乡里率化，争讼稀少。唐亡，州上其事，诏仍旧免其徭役。昉弟子鸿，鸿弟兢。兢之世子姓益众，常苦乏食。至是知州康戬言于帝，诏本州每岁贷粟二千石。其后兢死，从弟旭止受贷粟之半，云省啬而食，可以及秋成。属岁歉粟贵，或劝旭全受而粜之，可邀善价。旭曰：'朝廷以旭家群从千口，轸其乏食，贷以公粟，岂可见利忘义耶。'帝闻，深加叹奖。旭后世守家法，久而不坠。"

《通鉴续编·贷粟》语言精练，叙事准确，通篇几乎挑不出毛病，尤其在世次之间过渡，不产生丝毫歧义，如"伯宣生江州长史崇"。总体上与《宋史》差别不大，但细读，有以下四点不同。

其一，"春正月"，《宋史·陈兢传》只说"淳化元年"贷粟，这里准确到淳化元年"春正月"。

其二，《宋史·陈兢传》说"伯宣避难泉州，与马总善"（想必参照了书堂记），而《通鉴续编》却无此一说，即予以否定。至于伯宣与马

总不是同时代人，详见《义门陈文史考（二版）》中的《义门陈氏书堂记》按语。

其三，《宋史》说"因居德安"，然《通鉴续编·贷粟》却是"灌孙伯宣，避地江州之德安"。"避地"，用词极为准确，反映当时的真实情况，即在唐乾符四年（877），票帅柳彦璋攻陷江州，大肆剽掠。为避兵乱，陈伯宣举家迁德安同陈旺后人合族同处，时陈伉为家长。那时的德化德安两地虽同属江州浔阳县管辖，但是德化白鹤乡株岭距离江州城很近，且又正当甘泉驿道；而地处德安西部偏远山区的常乐里却很安全，因而伯宣"避地江州之德安"。

其四，"自兼至崇未尝分异"极为妥当。关于义门世系世次，一般文献都以宜都王叔明为一世祖往下写，写到陈延赏为十五代，义门开始分家，于是常言义门"同居十五代"。这既不符合事实，也不科学。则无论是陈京"十世同居"还是"陈兢十四世同居"，以及"昉家十三世同居"，其侧重点是以叔明为起始，是门阀思想之使然。然而都疏忽了"同居起始"时间，失之严谨。

按《通鉴续编·贷粟》所列世系：兼→京→褒→灌→□→伯宣→崇。据相关史料：陈兼，开元间因进士落第，寓居江州蓝桥坂。后入选翰林待诏，之后受张九龄提携转任封丘县丞，后辞官归田泗上（详见《陈兼生平事略新考》），由此可见，陈兼在任封丘县丞时既已离开江州，算不上义门始祖。另据相关的义门谱及罗氏宗谱记载：陈旺，开元十九年建庄德安常乐里永清村，为义门始祖。如果将"自兼至崇未尝分异"中的"兼"换成"旺"，从时间上则相当合理。但为什么不能如此写呢？其一，《通鉴续编·贷粟》交代的是陈兼→伯宣→陈崇这一支世系，从宗法和血脉传承关系上不能写成陈旺的子孙。其二，陈兼陈旺虽是"异流同源"的两支人，可陈旺为一介平民，在官本位思想的作祟下，也不好提陈旺。虽未提及陈旺，但《通鉴续编·贷粟》为"兼旺同代""异流同源"打下了基础。

《通鉴续编·贷粟》是对《宋史·陈兢传》的纠正和补充。据元人戴良《通鉴前编举要新书序》称陈桱"中年以来",以其所"读历代史,辑事之至大者为笔记百余卷",由此可见,其史料当来自宋朝国史。今把《通鉴续编·贷粟》和《宋史·陈兢传》结合起来读,就能清晰完备地反映出义门陈人物事件与人物世次了。

三、结论

通过对《江南录》《通鉴续编》两则史料的简要论述,足证《宋史·陈兢传》"伯宣子崇"世系的正确性。义门"大一统"的谱系来自《义门碑》,但胡旦所著的《义门记》早已失传。自建炎中(1128)被贼寇焚毁,吕广问访得墨本而刊诸石起,后来周必达"疑后来碑误"。明清以来族谱中的《义门记》错乱舛误,把义门原本多元世系误为一元世系,以讹传讹,今当依据《江南录》《义门陈氏书堂记》《宋史·陈兢传》《通鉴续编·贷粟》等史料,予以纠正。

(注:本文是2022年11月18日在九江市义门陈文化研讨会上的发言稿。)

《宋史》与《义门记》的世系比较

陈月海

一、明清修谱"先天条件不足"

民间修谱始于宋代,盛于明清。然而自北宋后期到南宋、元、明及清朝前期,由于长期兵荒马乱、战乱频繁,加之天灾人祸,致使"旧谱散出,殊多错简"(德化甲寅谱《凡例》)。追及明清修谱时,资料严重缺乏,只得"失者补之,乱者序之"。(陈澔《义门重修谱序》)"信固存矣,疑以仍旧,重其传也"。(德化甲寅谱《凡例》)从明朝嘉靖到现在又数百年过去了,传至今日的义门谱已是矛盾互出,众说纷纭,无所适从。其中一些重大记事、时间、世系世次等等,多与史书方志记载不符。近年来,已见专家学者从不同角度纷纷撰文稽考义门史事,各抒己见。笔者认为,江州义门陈氏世系和记事的混乱,根本原因在其内部世次的颠倒,从而导致义门记事和时间的不一致性。一旦根本问题厘清,其他问题就会随之而解。

先就"伯宣孙旺",错讹已久。早在光宗绍熙五年(1194)周必大《跋德化县陈氏义门碑》时既"疑后来碑误"(《文忠集·卷四十六》)。南宋淳祐七年(1247)江州德化进士陈有宗至元十四年(1277)在《重建地主祠记》中更明说:"兵火屡更,家无完牒,不敢效(郭)崇韬祖汾阳以为公羞。"清乾隆《德安县志》卷十一"人物·孝友"按语说:"褒为七世，褒生灌，灌孙伯宣，伯宣子崇，崇生衮，衮生昉，与史所称十三世适相符合。而灌之子名独不著，何也？至胡秘监《义门记》世次与此则不合，但既云衮五次长，昉六次长，又云衮昉皆兄弟合为一世，其说已自相矛盾矣。抑碑经火后，本版错误，有如周益公所云，又不第若官二字为然耶！"

既然如此，下面不妨试用代均时间来推证义门世系世次，看其究竟，供研究参考。

二、用时间来推考义门世系世次

《宋史·陈兢传》与《通鉴续编》卷四《诏贷江州义门陈兢粟》所载义门世系世次相同，仅各自表述不同。可惜两文只涉及叔明后人在义门的这一支系，对于其他支派没有写，只在结尾处点到从父弟旭、蕴、度三人。

（一）《宋史·陈兢传》世系

1世陈叔明……5世陈兼→6世陈京→7世陈褒→8世陈灌→9世□□→10世陈伯宣→11世陈崇→12世陈衮→13世陈昉→14世陈兢、陈旭、陈蕴、陈度→15世陈延赏。

到陈延赏这一代，义门开始分家，即人们常说的聚居十五代分家。

人物生卒时间：

陈叔明，按《隋故礼部侍郎通议大夫陈府君之墓志铭》载：生于天嘉三年（562），卒于大业十年（614），春秋五十三。

陈兼，据唐李华《云母泉诗并序》知，上元二年（761）卒，赠秘书少监。据其事迹推，约生于695—700年之间（折中697年）。

陈京，据柳宗元《唐故秘书少监陈公行状》大历中始来京师，大历六年（771）进士及第。贞元二十一年（805）四月二十五日，终于安邑里。由于陈京是以从子褒为嗣，为了推考代均的准确性，陈褒的后人当以陈褒出生时间来推算。

陈伯宣，据《庐山志·太平宫·山川胜迹》"计其生，当在敬穆之间"

（即公元824年正月穆宗薨敬宗继位）。《宋史》云"大顺初（890）卒"。享年67岁。

陈崇，据鄂州陈琢《义门陈姓历史资料简编》"生于唐大中六年壬申（852），唐乾符元年（874）甲午举人"。大顺初立义门家法。

陈蕴，《续资治通鉴长编》卷一〇一载："癸亥（1023），而蕴八十，且有行义。"即生于944年。

陈度，据《江西历代进士录》载"年五十，景德二年（1005）登进士第"，即生于956年。

陈延赏，《江西通志·历代进士名录》载其"淳化三年（992）壬辰孙何榜进士"。据高安陈家湖延赏后裔谱载其生于建隆元年（960），宗成公赤岗庄谱亦载建隆元年生。

计其代均时间：

1. 叔明至陈兼（697-562）÷4=33.7（年）

2. 叔明至陈伯宣（824-562）÷9=29.1（年）

3. 叔明至陈崇（852-562）÷10=29（年）

4. 叔明至延赏（960-562）÷14=28.4（年）

5. 陈兼至伯宣（824-697）÷5=25.4（年）

6. 陈兼至陈崇（852-697）÷6=25.8（年）

7. 陈兼至延赏（960-697）÷10=26.3（年）

8. 伯宣至陈崇（852-824）÷1=28（年）

9. 伯宣至延赏（960-824）÷5=27.2（年）

（二）族谱和《义门记》中的世系

1世陈叔明……5世陈兼→6世陈京→7世陈褒→8世陈灌→9世陈镶（即镛）→10世陈伯宣→11世陈檀→12世陈旺→13世陈机→14世陈感→15世陈蓝→16世陈青→17世陈仲→18世陈崇→19世陈衮→20世陈昉→21世陈兢、陈蕴、陈度→22世陈延赏。

人物生卒时间见上。计其代均时间：

1. 叔明至伯宣（824-562）÷9=29.1（年）（属正常，未受"二合一"

世系的影响。)

2. 叔明至陈崇（852-562）÷17=17（年）

3. 叔明至陈蕴（944-562）÷20=19.1（年）

4. 叔明至陈度（956-562）÷20=19.7（年）

5. 叔明至延赏（960-562）÷21=18.9（年）

6. 伯宣至陈崇（852-824）÷8=3.5（年）

7. 伯宣至陈蕴（944-824）÷11=10.9（年）

8. 伯宣至陈度（956-824）÷11=12（年）

9. 伯宣至陈延赏（960-824）÷12=11.3（年）

凡是受"二合一"世系影响的人物，其代均时间都在20年以下，最低为3.5年。

通过上面两组数据的比较，《宋史·陈兢传》《通鉴续编》中的世系成立，它符合28±4年的传代常数。相反，族谱和《义门记》世系显然不能成立。

（三）按《义门陈文史考（二版）》《陈氏谱考辑要》把族谱《义门记》中的"二合一"世系拆开单独计算

其实，义门人本是"异流同源"，主要是由叔明后人和叔慎后人"合族同处"组成的义门群体。

1世陈叔慎→5世陈旺→6世陈机→7世陈感→8世陈蓝→9世陈青→10世陈伉六兄弟→11世陈奇→12世陈逵→13世陈俦→14世陈蕴、陈度→15世陈继守。

人物生卒时间：

叔慎和叔达同年生于陈太建四年（572）。

陈旺，据其后人的生年推其生约在692年，开元十九年（731）建庄德安太平乡常乐里。

陈蕴陈度出生时间见上。

计其代均时间：

1. 叔慎至陈旺（692-572）÷4=30（年）

2. 叔慎至陈蕴（944-572）÷13=28.6（年）

3. 叔慎至陈度（956-572）÷13=29.5（年）

4. 陈旺至陈蕴（944-692）÷9=28（年）

5. 陈旺至陈度（956-692）÷9=29.3（年）

从上面的代均显示，拆开计算符合28±4年这个传代常数，世系成立。

总而言之，没有比较就没有鉴别。通过以上三组数据的对比，谁对谁错一目了然。以史为据，参考族谱，运用时间来推证世系世次，这在《颍川陈氏考略》《义门陈文史考》《陈氏谱考辑要》中已经反复论证，基本准确。

三、讨论义门始祖问题

"始祖伯宣"之称谓，即使在德化甲寅谱里也不明确，称"始祖"有之，称"初祖"有之，称高祖亦有之，飘忽不定。其实，称谓是由时间节点来划分，如"昉家十三世同居""十四世陈兢"等，是以叔明为一世祖；陆游、吴任臣的"京之后，十世同居"，是以陈京为始祖；若以"开元十九年（731）"建庄来划分，当以陈旺为始祖。若以唐僖宗中和四年旌表义门陈氏来划分（此前不称义门），当是陈伯宣、陈伉几兄弟为义门始祖。例如《九江义门陈氏宗谱》乾隆戊申年"重修家谱序"（六庄公识）所云："顾义门之得名由伯宣，则今日之重修义门之谱也，亦宜以伯宣为断。"即此意。由此而论，始祖之前的人物，统称义门先祖。

最早在德安建庄的是陈旺，同居五代以上的也是陈旺这一支人，他们为旌表义门创造了硬件条件，由此说来，陈旺当为义门始祖。

乾符四年（877）江州失陷，为避兵乱，伯宣举家由德化白鹤乡泉水垅迁居德安与陈旺后人"合族同处"，时陈伉为家长。中和四年（884）旌表"义门陈氏"，伯宣功不可没，当为义门显祖。若没有他父子的努力，旌表是不会从天而降的。如《永乐大典》卷3528《江州图经·陈氏义门》载："建炎寇祸，有继珪者七传至建炎又百余口，不蓄私财，一遵祖范。嘉定中，炎诣帅府自陈，下州核实而上之，宁宗诏旌其门，书'真良家'

三字赐之。"陈炎是进士，能够进帅府诉求旌表。大帅虽应允了，但是还要经过下级官府核实后并逐级上报。陈旺至陈伉几兄弟世为耕农，一介平民能够进官府诉请吗？所以，陈伯宣为义门显祖，厥功至伟，当之无愧！

上述虽为推论，但也不无道理。今从九江旧谱序"顾义门之得名由伯宣"而推导。

（注：此文是在九江市义门陈文化研讨会上的发言稿。收录时略有改动。）

史书互参辨证义门世系

陈月海

涉及义门陈氏世系和记事的史书，按时间顺序有《唐故秘书少监陈公行状》《义门陈氏书堂记》《江南录》《江表志》《新唐书·宰相世系表》《新唐书·陈京传》《续资治通鉴长编》《南唐书》《宋史·陈兢传》《通鉴续编》等一系列史书志籍。为了准确理解义门陈内部支系结构，我们把上述史书有关义门的内容集中在一篇文章中加以分析，互参比对，取其真辨其误。

（一）柳宗元《唐故秘书少监陈公行状》载陈京是陈兼第三子，大历中始来京师，大历六年进士（《先友记》韩注），历任给事中、秘书少监。贞元二十一年（805）四月二十五日终于安邑里。妻党之室，无子。后之史书多说"以从子褒为嗣"。柳氏从叔明写起到陈京，其中实缺陈京"高祖"一代。义门世系上源从叔明到陈京为六代，到从子褒为七代。

（二）徐铉《义门陈氏书堂记》载："浔阳庐山之阳，有陈氏书楼。其先盖陈宜都王叔明之后曰兼，为秘书少监。生京，给事中。以从子褒为嗣，至盐官令。生瓘（灌），至高安县丞。其孙避难于泉州之仙游生伯宣。注《史记》，今行于世。昔马总尝左迁泉州，与之友善。总移南康，伯宣因来居庐山，遂占籍于德安之太平乡常乐里，合族同处，迨今千人。……大顺中，崇为江州长史；乾宁中，崇弟勋为蒲圻令，次弟玫，本县令。能嗣其业，如是百年。勋从子衮，本州曹掾。我唐烈祖中兴之际，诏复除而表揭之，旌其义也。"

《义门陈氏书堂记》叙述义门行事及人物世次，行文简洁，把伯宣由泉州来庐山及后来占籍德安和陈旺后人"合族同处"，到969年徐铉撰文时，人口发展到千人这百余年的家族史仅用几句概括。尤其"占籍"和"合族同处"，极其准确地反映了当年伯宣为避兵乱举家迁德安跟陈旺后人"合族同处"的情景。"占籍"，即上报户口，入籍定居。

《义门陈氏书堂记》交代的世系仅限于陈兼、伯宣这一支人，始自叔明，下至陈兼→陈京→陈褒→陈灌→灌子→伯宣→陈崇→衮、蜕等，世次清晰。虽然未明说"伯宣子崇"，但从世次排序上陈崇为伯宣子辈无疑。徐铉曾在《江南录》中明说叔明至陈崇"存殁一十代，曾玄二百人"（唐宋时计算世次各不同，唐十代即宋十一代）。至于陈旺支系人，丝毫没有涉及。

"勋从子衮"，即"崇子衮"。陈衮任家长时，唐烈祖李昪于升元元年（937）立义门，旌其义。距离中和四年（884）唐僖宗旌表"义门陈氏"，已过50余年。

这里可以思考一下：若乾宁（894—897）中，陈崇之弟勋和玫任县令，设陈勋40岁在县令任上，其约生于公元855年，并由此反证鄂州陈琢《义门陈姓历史资料简编》载陈崇生于公元852年的可信度。

徐铉撰《义门陈氏书堂记》时，仅凭门生前进士章谷口述，"笔而见告，思之为碣"。因此，文中差错难免。

存在问题：

1. 按多数义门谱"灌生镶，镶生伯宣"，宋史载为"灌孙伯宣"。而书堂记则"瓘孙生伯宣"，多一个"生"即多出一代人。同时错用了一个"瓘"字，本为"灌"。

2. "昔马总尝左迁泉州，与之友善"：经查考，此说与马总传记不符。按《唐书·马总传》《资治通鉴·唐纪》《唐刺史考》载，马总于唐贞元十六年（800）贬泉州别驾，即文中所说的"左迁泉州"，元和初（806）升迁虔州（今赣州南康区）刺史，此时伯宣还没有出世，何来"与之友善"？

"与之友善"应该是其父陈镶（即著作郎陈镛）为避仇于泉州而结识马总。这里是把父辈的事误为子辈来写，属于记忆上的差误。

（三）《新唐书》"世系表"是用表格形式竖格排列，即叔明→某，会稽郡司马→某，晋陵郡司功参军→兼，右补阙、翰林学士→京，以从子褒为嗣→褒，盐官令→灌，高安县丞→伯宣，著作郎→旺，字野王→机。

由此可以看出，陈兼为叔明四世孙。这是《唐表》据柳宗元《唐故秘书少监陈公行状》而来，中间漏缺陈京的高祖一代，由于"新表"不察，以孙为子而误。再如"灌子伯宣，伯宣子旺"，这在其他史书中没有的事。一般史书在叙说人物世次时，都是以叙事引出人物，只有《唐表》用表格来填写，极易填错格。像这样的错误，在《唐表》中举不胜举，正如《新唐书·宰相世系表集校》"前言"所云："至于传刻中出现的字误、行误，更是常见之事。"

这里不仅是"行误"问题，主要还是编者认知与理解问题。《唐表》把两支人理解为一支嫡系直传。从叔明写起写到伯宣，到此本应该结束，是陈兼的一支世系。然而《唐表》编者不理解，于是把陈旺缀在伯宣名下，由此形成了《唐表》的"二合一"世系。

同样是写陈京家族世系，《新唐书·列传·卷一二五·儒学下》载："京无子，以从子褒嗣。褒孙伯宣，辞著作佐郎不拜。"可见撰修者相当谨慎，不轻易将旺、机父子系在伯宣名下。"表"和"传"同据一书，但认知不同，表述不同。

《新唐书》成书于北宋仁宗年间，此前有渤海胡旦谪迁岭表，己亥岁（999）会赦东归，辛丑春（1001）过浔阳登庐阜；因访名家得诣陈氏，览世谱，阅家法，询事实，俱知其状而写下《义门记》。可惜这篇文章没有及时收进史馆，流落民间，今已见多种版本，内容多异，难以凭信。尽管如此，如果没有《义门记》，史书中恐怕连"旺、机"的影子都见不着。

（四）《宋史·陈兢传》记述义门人物世系世次与行事，甚为详细。《宋史·陈兢传》开篇云："陈兢，江州德安人，陈宜都王叔明之后。"首先点明义门世系世次始于叔明，接着"叔明五世孙兼，唐右补阙。兼生京，秘书少监、集贤院学士，无子，以从子褒为嗣，褒至盐官令。褒生灌，高安丞。灌孙伯宣，避难泉州，与马总善，……后游庐山，因居德安。尝以著作佐郎召，不起，大顺初卒。伯宣子崇为江州长史，……僖宗时尝诏旌其门，南唐又为立义门，免其徭役。崇子衮，江州司户。衮子昉，试奉礼郎。昉家十三世同居，长幼七百口，不畜仆妾，上下姻睦，人无间言……昉弟之子鸿……兢即鸿之弟……"行文流畅，叙事简洁，把陈兼这一支世系世次清晰地展现出来，即叔明→五世孙兼→京→褒→灌→（灌子）→伯宣→崇→衮→昉→兢→延赏。从一世祖陈叔明到陈崇为十一世，到陈昉为十三世，到陈兢为十四世，到陈延赏为十五世。其"十四世陈兢"与李焘《续资治通鉴长编》卷三十所记相同。

不仅如此，《宋史·陈兢传》还运用了三个"从"字，极为精妙地把义门内部从属于不同支派人予以区分，同时把他们的辈分做了置换。如"兢死，其从父弟旭"，这个"从"表明兢、旭从属两个支系，为同辈人。"旭卒，弟蕴主家事……蕴卒，弟泰主之。泰弟度……从子延赏、可，并举进士。"这里"从子延赏"的"从"，承接陈度而来，表明延赏、可不属于陈度这一支派。同时交代了延赏比陈度晚一辈，是叔明十五世孙。到了延赏这一辈，义门开始分家。

"从子"一词，按《朱子语类》卷八十五："据礼，兄弟之子当称从子为是，自曾祖而下三代称从子，自高祖四世而上称族子。"按义门陈氏家谱载，"鸿和兢"共祖父，理应称"从弟"，而这里却称"弟"，则表明为同一支系人。再如"旭与蕴，蕴与泰，泰与度"几人，本属于不同房下的人，共六世祖陈青，理应称"族弟"，但因为同属陈旺一支系，所以皆称弟。"京以从子褒为嗣"，按正常称呼。

元顺帝至正三年三月下令编修辽、金、宋三史，到至正五年十月，历时两年半修成三史，速度非常之快。对此，清代史学家赵翼考证后认为"宋史多国史原本：宋代国史，国亡时皆入于元，元人修史时，大概只就宋旧本稍为排次"（见《廿二史札记》卷二十三）。《宋史·陈兢传》的主要资料，当来自宋代国史、实录、日历等书之一，因此，《宋史》

是保存宋代官方和私家史料最有系统的一部书。凡《宋史》没有收录的文献，后来几乎散佚。所以，1977年中华书局在《宋史》出版说明中说："《宋史》'以宋人国史为稿本'。宋人国史记载北宋特别详细，南宋中叶以后'罕所记载'，《宋史》依样画葫芦。"写到这里，不禁联想到"为修真宗皇帝一朝正史，要见义门陈氏自来义居事迹及朝廷有何恩赐、旌表，次第立便取来，仔细具录"（陈泰《回义门累朝事迹状》），这说明在北宋国史馆里存有当年义门人上报的资料，否则《宋史》不会如此详尽，说它直接来自宋代《实录》并不虚妄。当然，其中也有"瑕疵"，即伯宣"避难泉州，与马总善"这一句不符史实。想必是参照了徐铉《义门陈氏书堂记》。

（五）《通鉴续编·诏贷江州义门陈兢粟》（下简称《续编·贷粟》）

由于《宋史》前详后略，以及南宋抗元事迹多未载入，故在《宋史》成书五年之后，元代史学家陈桱开始编纂《通鉴续编》，成书于至正二十一年（1361）。《续编·贷粟》在叙述江州义门陈氏世系世次方面，与《宋史·陈兢传》相同，只是表述、取舍略有不同。

1.《宋史·陈兢传》说"伯宣避难泉州，与马总善"，而《续编·贷粟》无此说，即予以否定。

2.《宋史·陈兢传》载伯宣"因居德安"，因什么未说；而《续编·贷粟》则说"灌孙伯宣，避地江州之德安"。一个"避地"，极为准确地反映了当时的真实情况。为什么要"避地德安"？其因什么？《续编·贷粟》虽然没有明说，但是我们可以查一下在这一时间段历史上的江州究竟发生了怎样的动乱致使百姓"避地"躲难？经查，《资治通鉴》卷第二百五十三《唐纪》六十九载："乾符四年四月，贼帅柳彦璋剽掠江西。六月，柳彦璋袭陷江州，执刺史陶祥。"因此，我们推伯宣是因这一兵乱而"避地德安"。

按《庐山志·山川胜迹》："褒子灌，灌之子避仇徙居仙游而生伯宣，计其生，当在敬穆之间。"这一年的正月穆宗薨，同月丙子日敬宗继位。所以，伯宣生于824年。乾符四年（877）伯宣54岁，陈崇26岁。伯宣举家迁往德安，同陈旺后人合族同处；此时，陈伉任家长。

3.《续编·贷粟》云："自兼至崇未尝分异。"此说也极为妥当，说清了德化义居的起始人和起始时间。

4."奉礼郎"，原名治礼郎，从九品上。因唐高宗名治而改称奉礼郎。纠正了宋史"试奉礼郎"。

（六）《南唐书》《续资治通鉴长编》《江南录》等文献叙事多，记人物世次少。陆游《南唐书》载："陈褒，江州德安县人，唐元和中（806—820）给事中京之后，十世同居。"李焘《续资治通鉴长编》卷三十载："淳化元年五月癸丑，江州言德安县民陈兢十四世同居，老幼千二百余口，常苦食不足。"而徐铉《江南录》只载叔明至陈崇"存殁一十代"。

以上三书关于义门世系世次的起止点各有不同。"十世同居"，是以叔明六世孙陈京为一世祖，到陈延赏为"京之后十世同居"，即京→褒→灌→镛（镶）→伯宣→崇→衮→昉→兢→延赏。"陈兢十四世同居"，是以叔明为起始祖，到陈兢为十四世。徐铉《江南录》云："我家袭秘监之累功、承著作之贻训……上下和睦，存殁一十代，曾玄二百人。"其世次跟《宋史·陈兢传》相同，语句多类陈崇家法序。

此外，清乾隆史学家钱大昕《宋史·孝义传·陈兢》载："孝义传陈兢，陈宜都王叔明之后。叔明五世孙兼，唐右补阙。兼生京，秘书少监、集贤院学士。无子，以从子褒为嗣。褒至盐官令。褒生灌，高安丞。灌生（注：应为'孙'）伯宣。伯宣，即兢之高祖也。叙陈氏义门，当自伯宣始，今自灌以上一一胪列，似家乘非国史矣。"他说"伯宣，即兢之高祖"，其世次即伯宣→崇→衮→昉→兢。

（七）《永乐大典·陈氏义门》及其他。《陈氏义门》来自《永乐大典》卷三五二八《江州图经》。《江州图经》，据张国淦《中国古方志考》考为《淳祐江州图经》。

从内容上看，《陈氏义门》分别将《义门家法》《义门记》《德安义门碑》《江南录》《江南余载》以及义门分庄后百余年之火巷庄继珪子孙七代不分家受宁宗旌表的事，合并编入《江州图经》。既然世系来自《义门碑》《义门记》，其"伯宣孙旺"是当然的事。由于《义门碑》自建炎（1127—

1130）中"抑碑经火后，本版错误，有如周益公所云，又不第若官二字为然耶"（清乾隆《德安县志》）。

再说，行文在"六而十七，十七而三十四，七世同居，内外二百口，家道益昌，朝廷表其间"后，始出现"崇，仲子也"。此"仲子"当为"次子"，非"陈仲之子"。

时至今日，若想辨析义门世系的对与错，必须将伯宣的上下几代人的生辰时间并举对照，从而锁定时空区间。例如《四库全书·唐书》卷五十八载"陈伯宣注史记一百三十卷，贞元中上"这个时间就经不起考证。唐贞元一共20年（785—804），"贞元中上"，约为794年靠前，此时伯宣尚未出世，哪来的注书？

结　语

既然史书记载互异，民间族谱又乱象丛生。从上述梳理中不难看出一个现象：不论史与谱，凡是单独记叙义门一支世系，其人物世次与时间合理，不生歧义。如果把两支人合并于一支，其世次与时间严重不合，任你怎么摆也摆不平。问题的症结出在伯宣陈崇之间硬生生插进七代人，几近两百年，其代均时间自然要低于20年以下。《义门陈氏书堂记》《宋史·陈兢传》《续编·贷粟》等史志，仅载义门单独一支世系，其人物与年代，世次与时间皆能符合。"中通外直，不蔓不枝。"反之，《唐表》《永乐大典·陈氏义门》及姚遂《宋太常少卿陈公（希亮）神道碑》等，是将两支人糅成一支，其人物记事与年代，世次与时间，自然产生不可调和的矛盾。

义门人在嘉祐前对外宣传的是一家人，嘉祐分家后，各地陈氏由于各宗其祖，各修其谱，始出现多元化。但遗憾的是，明清以来"大一统"族谱占据江州这个优势地位，跟风者随其后不在少数，相互传抄；所以，记叙单独一支世系的族谱存世甚少。近年来发现四川古蔺县白坭乡《陈氏入蜀记》，贵州仁怀《茅坝镇陈氏族谱》，以及新淦燕叙堂谱和上饶广信庄等地族谱所载世系的真实性，与史志记载相符合，十分难得。

《义门记》新解

陈月海　陈　刚

义门记

《易》曰："立天之道，曰阴与阳；立地之道，曰柔与刚。立人之道，曰仁与义。"阴阳运化，天之全功也；刚柔成形，地之全德也；仁义修身，人之全行也。是以古圣王则乎天，法乎地，理乎人。尧舜帅天下以仁，汤武帅天下以义。义也者，仁之基，行之本，所以教九族、协万邦、厚人伦、美风俗者也。昔周德方盛，文王化行，《关雎》乐而不淫，《螽斯》欲而不妒，子孙众多，流于歌咏，故其诗曰："螽斯羽，诜诜兮。宜尔子孙，振振兮。"内崇亲戚，外树声教，声教所被，从家至国，故其诗曰："刑于寡妻，至于兄弟，以御于家邦。"成王之时，管、蔡失道，周公摄政，大义行诛。自是宗亲恩渐衰缺。召、穆公伤其不协，作诗纠合，故其诗曰："棠棣之华，鄂不韡韡。凡今之人，莫如兄弟。"逮至幽王，不亲九族，好谗信佞，骨肉相怨，父兄致刺，而作诗焉，故其诗曰："骍骍角弓，翩其反矣。兄弟婚姻，无胥远矣。"平王东迁，泽不下降，弃其九族，诗人刺之，故其诗曰："绵绵葛藟，在河之浒。终远兄弟，谓他人父。谓他人父，亦莫我顾。"周鼎既亡，战国飚骇。秦废诸子，汉灭亲王，魏则聚邺以终亡，晋则分藩以致败，南北不兢，隋唐失纲，骨肉参商，宗族鱼肉。朝不自理，政奚有经？

广明以来，中原板荡，而江表无事，人民安乐。①庐山崔嵬，号为南障。

彭蠡浸其左，九江注其右，豫章都其南，浔阳宅其北。山高水澄，秀甲他郡；土沃人阜，名闻四方。家崇恺悌之风，门尚敦睦之义。其籍甚者，惟陈宗乎！

按《陈氏家谱》，陈宜都王叔明之后五世孙兼，唐玄宗时举进士②，为右补阙，仍留翰林院，赠秘书少监。生京，进士及第，德宗朝官至给事（中）、秘书少监、集贤院学士；无子，以从子褒为嗣，官至盐官令。生瓘，为高安县县丞；其孙伯宣，隐居庐山，注司马迁《史记》行于世。诏征不起，就拜著作佐郎。孙旺徙居德安县太平乡常乐里，自是而家益昌，族益盛矣③。仲子崇④，以治家之道必从孝悌始，乃撰家法，垂示将来。至衮为江州司户参军，伪唐李昪旌表其门。

开宝末（975），江南平。太平兴国七年（982），张齐贤为江州转运（使）⑤，奏言："陈氏积世义门，全家孝行，在李煜时尚蒙蠲免，今归圣朝，岂合征收？宜免本户沿征杂配，庶彰德化。"诏可。

淳化初（990），殿中丞康戬⑥理江州事，又奏陈氏一宗，骨肉千口，近年乏食，饥贫难济。请每年春首贷米二千斛以赡之，俟丰年还官。从之。至道中，陈氏上《陈氏家法》二篇，送史馆缮写，赐王公各一本⑦，使知孝义之风焉。

开宝之末（975），计口七百四十。咸平三年（1000），增至一千四百七十八口。

青，显祖也；伉，二世长也；崇，三世长也⑧；让，四世长也；衮，五次长也；昉，六次长也；鸿，七次长也；逵，八次长也；竞（兢），九次长也；肱，十次长也；今龙（袭）十一次长也；今旭，十二次长也。《春秋传》曰："五世其昌，并于正卿，八世之后，莫之与京。"自旺至青，五世矣；至衮，八世矣⑨。让、衮、昉皆兄弟，共为一世⑩。衮立义门，昉主家事三十五年最盛。由鸿以下又昆弟也。

若崇为长史，勋为蒲圻令，玫为德安令，礼为吉王府司马，衮为司士参军，昉为奉礼郎，恭为洪州掌书院记，密知舞阳县事，赏为渭州军事推官，皆衣冠之荣者也。若珪、俦为节度押衙（使），玦为都知兵马使，让为衙前兵马使，缪、渥、蔼为节度总管，郜为感义都军头，辉为讨击副使，谦为馆驿使，凉为教练使，皆吏职之崇者。若鄂为三史，用为三礼，昭、昱、琛、卓为三传，逊、俨、度、渐、绩、诱、永、陬、延年并举进士⑪；乔、省、象、诰、策、碧、岳、位、谂、延之并作词人⑫，皆文学之英才者也。斯乃五世而昌，八世而大，非独田完之在齐，实乃陈氏之于今世。

天地一气也，万民一性也，政教一体也。若清若浊者，为善为恶者，好仁好义者，固有不同。余观陈氏之宗，清而纯，善而和，义而正；才者不矜，技者不衒，清纯者也；富则不骄，贫则不怨，善和者也；有勇不犯，有刚不折，义正者也。吾以为士民之家，未有若陈宗者。其谓熟尧舜之道，循汤武之法，受文王之化，承召公之诗欤？不然，何其义之若是哉！

天兵之讨江州也，陈氏昆弟七人在围中。及城破，军民杀伤殆尽。七人异处同归，一无所伤，义感也。

至道以来，仍岁饥旱，陈氏举宗啜粥，杂以藻菜，怡然相存，义之至也。

若其天无灾害，时无厉疫，岁有丰穰之利，政有富岁之教，岂惟寿考之福，亦将千亿是保⑬。

丁酉岁夏，予以尚书兵部郎⑭掌纶诰，持史笔，坐命词不当，连贬岭表⑮。己亥岁会赦东归。辛丑春过浔阳，登庐阜，因访名家，得诣陈氏。览世谱，阅家法，询事实，籍口属，俱知其状，因为之铭。庶乎，传之四方，留示来叶者。

其词曰：舜有盛德，其后必昌。畔畔陈宗，义风克扬。家法定式，义门表德。如何在上，不为世则。古人有言，理家如官，若官尚义⑯，其俗必安。义则非利，利则非义。义利二途，人思共致。尚义则崇，尚利则穷。伊惟陈宗，世袭义风。僭昇伪煜，犹能敦勋。逮我圣宋，恩惠骈属，圣宗万年，子孙亿千，德泽滂流，陈宗绵绵。

解 读

①广明以来，中原板荡，而江表无事，人民安乐：

唐朝自"安史之乱"到黄巢之乱，中原一直动荡不安。"江表无事"是在广明（880）以后，此时的中原仍然不太平。

②陈兼唐玄宗时举进士：

陈兼，没有中过进士。经考，此属后人想当然的事，非胡旦所说。《新唐书·陈京传》《义门陈氏书堂记》《宋史·陈兢传》《通鉴续编》皆云陈兼"唐右补阙""赠秘书少监"，未曾说他"中进士"。开元中，陈兼曾入翰林院任文词待诏，之后任封丘县丞；再之后罢官回泗上；天宝十二载（753）冬，应辟为右补阙；宝应元年（762）卒于武陵县丞任上，赠秘书少监。详见《陈兼生平事略新考》。

③孙旺徙居德安县太平乡常乐里，自是而家益昌，族益盛矣：

陈旺是义门始建庄祖、重要人物，他的出场准有一番诸如时间、背景之类的相关介绍，不可能紧随伯宣后出现。"其孙伯宣，隐居庐山，注司马迁《史记》行于世"，且"孙旺徙居德安县太平乡常乐里，自是而家益昌，族益盛矣"。这里疑有讹脱，谁之孙，或谁之几世孙，不明确。明嘉靖三十三年（1554）德化《宋咸平壬寅原序》（即把《义门记》改为序）将此句改为"其孙旺徙居德安县太平乡长乐里"，加一个"其"即指代伯宣。再说，陈旺不可能一到德安就"自是而家益昌，族益盛"，其间疑文字有脱落。其实，陈旺一连几代单传，到乾符年间陈伉主家时，家有人口九十，"自是而家益昌"。

④仲子崇，究竟是承接上面"诏征不起，就拜著作佐郎"，还是承接"自是而家益昌，族益盛矣"？此"仲子"来得十分突然！

如果承接旺公，又何"仲子崇"？仲，《辞海》注："旧时兄弟排行常以伯、仲、叔、季为序，'仲'是排行第二。"在明清谱中，"仲子崇"一直被解读为"陈仲之子"。问题是，《义门记》在此之前并无陈仲出场，怎能理解为陈仲之子？若承接"诏征不起，就拜著作佐郎"，其"仲子崇"

当为伯宣次子，即与《宋史》《通鉴续编》载"伯宣子崇"相符合。《义门陈氏书堂记》载："大顺中，崇为江州长史；乾宁中，崇弟勋为蒲圻令；次弟玫，本县令。"《吴兴蓝田源流派衍齿录》和苏南《毗陵陈氏族谱》载伯宣"配赵氏生子四：仲子崇，大顺中为江州长史；三子勋，乾宁时为蒲圻令；四子玫，为本县令。崇，字克尊，伯宣公次子、叔明公十一派孙也"。（详见《颖川陈氏考略·吴兴蓝田源流派衍齿录》）

⑤和⑥句是官职误：

历史上的张齐贤任过江南西路转运使。《宋史·张齐贤传》载"（太平兴国）六年，为江南西路转运副使，冬，改右补阙，加正使"。

北宋前期转运使职掌扩大，实际上已成为一路最高行政长官。州府不设转运使，因此，不存在"江州转运"。

康戬，也未曾任过殿中丞。《宋史·康戬传》载："高丽信州永宁人康戬，字休佑……太平兴国五年（980），登进士第，解褐大理评事，知湘乡县，再迁著作佐郎，知江阴军、江州。历官以清白干力闻，改太常博士。苏易简在翰林，称其吏才，命为广南西路转运副使，赐绯鱼，就迁正使，再转度支员外郎、户部判官。出知峡、越二州，连被诏褒其能政。又为京西转运使，加工部郎中，赐金紫。戬所至好行事，上章多建白，以竭诚自任。景德三年（1006），卒。"

⑦至道中，陈氏上《陈氏家法》二篇，送史馆誊写，赐王公各一本：

此说不妥，陈氏不可能直接送史馆誊写，更不能"赐诸王公各一本"。对比《永乐大典·义门碑》是这样写道：内使裴愈"回奏《陈氏家法》二篇，上叹曰：'天下有此人家，真良家也！'送史馆缮写，赐诸王公各一本。"

⑧青，显祖也；伉，二世长也；崇，三世长也：

青为显祖，其始祖自然是旺，顺乎情理。大顺初陈崇订家法，自陈崇始，义门历任家长经民主推举。"合族同处"，循法治家。

⑨为彰显义门兴盛，胡旦援引《春秋传》"五世其昌，并于正卿，八世之后，莫之与京"，对比"自旺至青五世矣；至衮，八世矣"，语意十分清晰。陈完奔齐成为齐国陈氏始祖，陈旺建庄德安成为义门始祖。

由陈完到桓子无宇"五世其昌";到成子常八世"莫之与京"。相比义门,"自旺至青,五世矣",青,显祖也,义门始兴;"至衮,八世矣",义门兴盛。

乾符四年(877)贼帅柳彦璋袭陷江州,为避兵乱,伯宣领族人由德化甘泉乡甘水垅移居德安,和陈旺后人"合族同处",时青公长子陈伉为家长,"至衮,八世矣"。这里是把两支人合写,世次即旺→机→感→蓝→青→青生六子及伯宣→六生十七及崇、勋、玫→十七生三十四及衮、让,如此八世也。

⑩世次误:

《义门记》载"让、衮、昉皆兄弟,共为一世"。陈昉是陈衮之子,史谱公认的,此处却误为兄弟。对此,清乾隆《德安县志》在"陈昉"条目下按注曰:"褒为七世,褒生灌,灌孙伯宣,伯宣子崇,崇生衮,衮生昉与史称十三世适相符合。而灌之子名独不著,何也?至胡秘监《义门记》世次与此则不合。但既云衮五次长,昉六次长,又云衮、昉皆兄弟合为一世,其说已自相矛盾矣。抑碑经火后,本版错误,有如周益公所云,又不第若官二字为然耶。"

"让、衮"是兄弟,能写成"让,四世长也;衮,五次长也";但不能说"昉,六次长",应该写"昉,五世长"。这里的"世"与"次"为不同的概念。正因为如此,才有"让、衮、昉皆兄弟,共为一世"的混淆。同样,陈鸿是陈昉的子侄辈,"鸿,七次长",应该写"鸿,六世长"。

⑪逊、俨、度、渐、绩、诱、永、陬、延年并举进士:

《义门记》载此九人并举进士,与《永乐大典·江州图经》所说相同。今对照《江西通志·历代进士名录》及《选举表·宋进士》,可以看出哪些是在胡旦辛丑(1001)春访义门前的进士,哪些是在《义门记》成文后的进士。

《义门记》成文前有进士2人:

陈延赏,"淳化三年(992)壬辰孙何榜进士"。唯有他赶上了胡旦写《义门记》的时间,而"并举进士"中,却无延赏之名。

陈渐,字鸿渐,自号金龟子,阆中县人。淳化三年(992)与其父尧封皆以进士试廷中，太宗擢渐第，渐辞不就，愿让其父，太宗许之。《宋史》卷二八四《陈尧佐附从子渐传》《嘉庆四川通志》卷一二二《选举志·进士》均有载。而陈渐并非义门人，却被写进《义门记》。

还有，《义门陈氏书堂记》所交代的"太岁己巳（969）"年之前的进士有陈渤、陈乘、陈逊、陈范四人，仅陈逊（古同巽）一人被写进了《义门记》。

《义门记》成文后有进士3人：

陈度，字叔宪。江州德安县人。景德二年（1005）登进士第。

陈绩，字天常，江州义门人。绍兴中由进士授兴安镇，遂家邑之北隅朝天巷。乾隆十六年《安仁县志》卷六《侨寓》和《石庄初集·南京参赞机务兵部尚书赠太子少保先府君行略》都有载。陈绩中进士时间要比胡旦撰《义门记》晚百余年。

陈年，德安人。崇宁五年（1106）丙戌蔡嶷榜（四库本《江西通志》卷四十九）。陈年，即谱中的陈延年。在义门谱中成了"陈延年"，此明显系明清修谱者按所谓"十二字"改。

另进士陈肱（1019—1071），字叔良，洪州武宁人。皇祐元年己丑科（1049）冯京榜进士，初授江夏县尉，终大名府朝城县主簿。[见宋强至《祠部集》卷三五《陈君（肱）墓志铭》《同治南昌府志》卷二九《选举·历朝进士》《光绪江西通志》卷二一《选举表·宋进士》]

按墓志铭，1001年胡旦访义门，陈肱尚未出世，然《义门记》却写"肱，十次长也"。

其余人无从考证。有的版本《义门记》中"八文龙"为"逊、俨、度、渐、绩、永、岳、延年"，无"诱"者。

⑫乔、省、象、诰、策、碧、岳、位、谂、延之并作词人：

陈策，南宋晚期词人。据陈著《本堂集》卷九十一《陈次贾墓志铭》载："策字次贾，号南墅，上虞人。从学于同乡进士刘汉弼二十年，试科举不利，累为李曾伯、姚希得、马光祖等辟为幕属，积阶至训武郎。庆元庚申（1200）生，咸淳甲戌（1274）卒，年七十五。"比《义门记》晚两百余年。

陈象，袁州新喻人，少为县吏，文章有西汉风骨，著《贯子》十篇。

唐昭宗时，镇南节度使钟传辟为从事，累迁行军司马、御史大夫。天祐三年（906）四月钟传卒后，复佐其子钟匡时。

其余人无从考证。但有的版本《义门记》"九才子"为"乔、省、象、诰、策、碧、位、谂、延之"，其中无"岳"者。

⑬"若其天无灾害……亦将千亿是保"：

此句，无论德化《宋咸平壬寅岁原序》，还是《永乐大典·德安志》《永乐大典·江州图经》《江西通志·义门记》中皆无。再说，"亦将千亿是保"不知所云何意？

⑭尚书兵部郎：宋代无此官名，疑漏一"中"字。正确的是"尚书兵部郎中"，简称"兵部郎中"。经查考，此"尚书兵部郎中"是德安胡旦之职位，后人误为滨海胡周父，张冠李戴。

⑮"持史笔，坐命词不当，连贬岭表"：

此句在宋史《胡旦传》中有类似记载："素善中官王继恩，为继恩草制辞过美。"据《续资治通鉴长编》卷四十一载：至道三年（997）二月，宋太宗病重，宦官王继恩暗中串联参知政事李昌龄、殿前都指挥使李继勋、知制诰胡旦等与李皇后一起谋立赵元佐事件。三月，宋太宗驾崩，真宗赵元侃即位。四月辛酉，工部郎中知制诰、史馆修撰胡旦责授安远节度行军司马。五月甲戌，户部侍郎、参知政事李昌龄责授忠武节度行军司马；宣政使、桂州观察使王继恩责授右监门卫将军，由均州安置；节度行军司马胡旦削籍流浔州。

四月、五月，胡旦遭连贬，因而《义门记》有"连贬岭表"一说。

咸平二年（999），胡旦由岭南浔州赦免回京，即《义门记》"己亥岁（999）会赦东归"。辛丑（1001）春过浔阳，因访名家，得诣陈氏，写下《义门记》。详见《胡旦辨》。

⑯若官尚义：正确的为"居官尚义"。

按　语

本文录自明嘉靖六年《九江府志·卷之十六》。对本文开头的"道义之论"暂且不论。文中的错字错词的注释，详见《义门陈文史续考》第 98 页。此略。

综上所述，如今的《义门记》有如此之多的错字错句以及多处讹脱，它绝非宋咸平壬寅年胡旦的原著，而是自建炎中义门碑遭毁后，后人依据残碑断碣、参照其他文献之编辑作品。因此，望文生义者有之，错词讹脱者有之，臆说者亦有之。有的把《义门记》改写成谱序，如江西九江、湖北黄梅、黄石柴汤陈村一带以及台湾新竹等地。大冶金山店关山谱和"金字谱"则改为《谱系图序》。再如文章开头，有的是以"易曰，立天之道阴与阳"；有的则以"孔子曰，君子喻于义，小人喻于利"；还有的竟用明嘉靖《德安县回府申文》第一句"为奉府帖查太平乡陈氏故址现存遗迹等因"开篇，如湖北阳新、漆坊一带；甚至有的据《唐表》加进"灌生伯宣、伯党"等内容，如江西泰和柳溪版《义门记》，等等，不细举。由此可见，今日的《义门记》，它不是胡旦的原著！

附一：下录《义门碑》在传承中出现的三篇"识记"，以飨读者。（原文见《义门陈文史考（二版）》第 26 页，跟下图湖北应城陈士元系宗谱比，略有差异。）

下为湖北应城陈士元系宗谱：

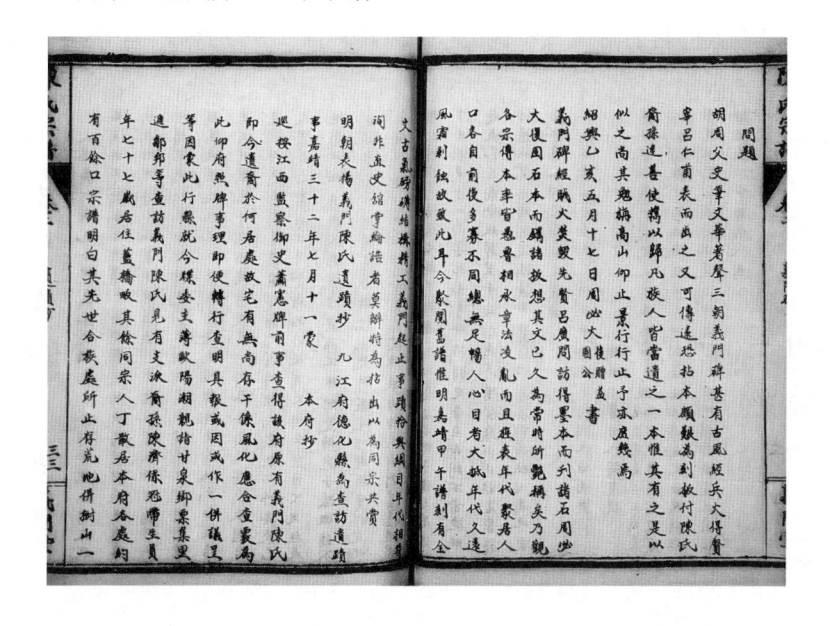

其一：

按德安陈氏义门碑，吕广问（字仁甫），建炎中（1128）为贼寇焚毁。后十有五年，仆来为令，访得墨本，其家之子孙请作亭于故基，刻石其下。遂命男得中书之，非特存故家之美事，抑将以申劝邑人焉。

宋绍兴乙丑（1145）重九日 左奉议郎知县事赐绯鱼袋吕广问记

其二：

胡周父史笔文华著声三朝，《义门碑》甚有古风。中经兵火，得贤宰吕仁甫表而出之，又可传远。予恐石（拓）本颇艰，为刻板付陈氏裔孙兼善，使携以归。凡族人皆当遗之一本，唯其有之，是以似之，尚其勉旃。高山仰止，景行行止，予亦庶几焉。铭以"居官"为"若官"，疑后来碑误。

绍熙五年（1194）十七日[1]益国公周必大跋德化县陈氏义门碑（录自《文忠集》卷四十六）。

其三：

《义门碑》经兵火焚毁。先贤吕广问访得墨本而刊诸石，周必大复因石本而镌诸板，想其文已久，为当时所艳称矣。乃观各宗传本，率皆鱼鲁相承，章法紊乱，而且旌表年代，聚居人口，各自前后多寡不同，总无足畅人心目者。大抵年代久远，风霜剥蚀，故致此耳。今聚阅旧谱，唯明嘉靖甲午年谱刻有全文，古气磅礴，结构精工，义门起止事迹，恪与纲目年代相符，洵非直史馆掌纶诰者莫办。特为拈出，以为同宗共赏。

（乾隆丁未年仲春月 泰月识）

附二：《义门碑》世系

按《义门碑》和大多数义门族谱所叙人物世系，自宜都王叔明始至陈延赏止22代义门分家。延赏子孙择居高安陈家湖，继珪与兄继通留守德安火巷庄，知先留守德化株林庄。世系如下：

1世叔明……5世陈兼→6世陈京→7世陈褒→8世陈灌→9世陈

---

[1] 原文如此

镶→10世伯宣→11世陈檀→12世陈旺→13世陈机→14世陈感→15世陈蓝→16世陈青→17世陈仲→18世陈崇→19世陈衮→20世陈昉→21世陈兢、陈鸿、陈肱、陈旭、陈蕴、陈度→22世延赏、继珪、知先

上述世系世次为每代代表人物。因每代人丁多，不可一一列出，详见各地义门陈氏宗谱世系。

浅谈周必大《跋德化县陈氏义门碑》

陈先富

南宋周必大《跋德化县陈氏义门碑》文如下：

胡周父史笔文华，著声三朝。义门碑甚有古风。中经兵火，得贤宰吕仁甫表而出之，又可远传。予恐石本颇艰，为刻板付陈氏裔兼善，使携以归。凡族人皆当遗之一本，惟其有之，是以似之，尚其勉旃。高山仰止，景行行止，予亦庶几焉。铭以"居官"为"若官"，疑后来碑误。绍熙五年（1194）十七日

先来梳理一下重立"义门碑"的时间背景。

胡旦简介，见本书《胡旦辨》。《义门记》写于宋咸平五年（1002）。

吕广问，（约1103—1175），字仁甫。河南开封人，南渡后居宁国太平，徽宗宣和七年进士。历知德安县。从"建炎二年（1128）后十五年"知，他在1143年访得《义门记》墨本，并在二年后刻石，即于宋绍兴乙丑（1145）重九日，重立义门碑。

周必大(1126—1204)，字子充。南宋著名政治家、文学家，"庐陵四忠"之一。绍熙五年（1194），周氏《跋德化县陈氏义门碑》时吕仁甫已作古二十年。胡旦咸平五年（1002）写的《义门记》，距离周必大绍熙五年（1194）跋《义门碑》几近200年。

下面就"跋"文展开讨论。

1."胡周父史笔文华，著声三朝，义门碑甚有古风。"这是周必大对

胡旦《义门记》的高度评价。

2."中经兵火，得贤宰吕仁甫表而出之，又可远传。"是说《义门碑》由于战火的摧毁，经吕县宰访得墨本而展现出来，立碑后又可以广为流传了。

3."予恐石本颇艰，为刻板付陈氏裔兼善，使携以归。凡族人皆当遗之一本，惟其有之，是以似之，尚其勉旃。"这是周必大担心石碑留传较困难，而为陈氏后裔做件好事，刻版印刷成书，凡义门族人皆当赠送一本，使之携回家。立碑者和刻版印刷者都有相似的美德，以此勉励后人。

4."高山仰止，景行行止"：出于《诗经·小雅·车舝》。后司马迁《史记·孔子世家》专门引以赞美孔子，"《诗》：'高山仰止，景行行止。'虽不能至，然心向往之"。"予亦庶几焉"：乃周氏寄语，表示希望如此啊。

5."铭以'居官'为'若官'"，这里写错一个字。如果仅就一个"居官"写成"若官"就"疑后来碑误"？那也说明周必达太小题大做了。其实不然，疑"跋"下准有脱文。如清乾隆《德安县志》卷十一"人物·孝友·按语"说："褒为七世，褒生灌，灌孙伯宣，伯宣子崇，崇生衮，衮生昉，与史所称十三世适相符合。而灌之子名独不著，何也？至胡秘监《义门记》世次与此则不合，但既云衮五次长，昉六次长，又云衮昉皆兄弟合为一世，其说已自相矛盾矣。抑碑经火后，本版错误，有如周益公所云，又不第若官二字为然耶！"

跋文写于宋绍熙五年，为德化县义门陈氏立碑书，不是德安县令吕仁甫访得墨本时为德安县立碑写。从宋绍兴乙丑年（1145）重九日德安立碑，到德化立碑书跋，时隔50年。在这50年间，墨本在传递中可能又出现新的差错，所以周必大指出"后来碑误"，是指碑文与事实不符，或许跟他所见的谱亦觉不合。

周必大《跋德化县陈氏义门碑》，基本都是赞扬胡周父的才华及吕仁甫的美德，同时也表达了他自己的心愿。唯独末尾一句引起陈氏后人高度重视。目前义门陈后人对跋文持两种不同观点：一种认为《义门碑》经过兵火后难以还原原著，在吕仁甫访得墨本时就已经错了。一种认为墨本在传递50年后德化立碑时错的。两种观点孰是孰非，后人自有明辨。

跋文末尾"疑后来碑误"，是对《义门碑》心存疑误，否则，没有必要写上这一句。前面写的都是褒奖之言，何必最后写一句"疑后来碑误"？有疑字的跋文，不可能纠正或解决什么问题，而仅指碑文错了，错在哪里，周公未说。依愚拙见，所谓"碑误"，当然与义门人物世系及义门记事密切相关。"碑误"，一字千金，是周公对义门后人的诫告！

作者简介

陈先富，男，1949年3月生，湖南省南县人，中共党员，原任南县百货大楼经理，退休后从事陈氏文化研究。现任湖南江州义门陈端公联谊会副会长。

关于 28±4 年的传代常数

陈月海　陈　刚

嫡长子继承制，是宗法制度最基本的一项原则。西周天子的王位由其嫡长子继承，以此来确保周王朝世世代代大宗地位。我们在计算周王朝的"三恪"之国的陈国在公元前1046年建国淮阳，按司马迁《史记》，西周共和元年（前841），胡公五世孙幽公妫宁在位14年。幽公妫宁什么时候出生，胡公又是什么时候出生，皆不明。但是，我们可以设胡公建国时的年龄跟幽公妫宁在位14年的年龄相等（即使有误差也很小），那么，从公元前1046年到共和元年841年历经205年，传五世六君，平均每代间隔数为（1046-841）÷（5-1）=51.25年。因此说，《史记》的这段世系存在问题，与时间严重不合。

再来和同时代的周王朝相比，从周成王到共和元年厉王为8代。考虑大姬和周成王是姐弟，并又考虑到大姬得子晚，因此从胡公到幽公宁七代为正常。如（1046-841）÷（7-1）≈ 34年。这一推算符合班固《汉书》卷九十八《元后传》第六十八《自本》载："至周武王封舜后妫满于陈，是为胡公，十三世生完。完，字敬仲，奔齐……""十三世生完"，即陈完为胡公十四世孙。我们在幽公宁前补记二代，陈完正好是胡公第十四世孙。

关于胡公到慎公圉戎四传的时间遗漏问题，可参阅王恩田《史记·西周世系辨误》，他援引明清两代的毛坤和梁玉绳的《陈杞世家》陈国西周世系自胡公到和周厉王同时的慎公，仅有四传的错误问题。

在计算代均时间，我们是经数十起案例进行推算并得出"28±4"这一常数规律（这还是一个保守数，有人建议28±5）。超过这个范围，具体情况要做具体分析。凡5代以上者，一般都在28年上下波动。基于这一传代常数，我们在研考中解决了不少难题。

为什么要28±4呢，因为它受种种因素的影响。比如长房和末房，还有存活率问题，还有不保证每代第一胎或第二胎都是男性，还有过继问题，等等。不能只列举18岁就能生子来证明代均就在20岁左右。

"±4年"，即有8年的机动数，可以折冲各种因素的存在，因此，称之为"传代常数"规律。

唐宋明清皇帝传世代均时间一览表

陈金良　陈　林

人类生育代均为 28 年 ±4 年这一常数，是我们论证义门陈"异流同源"的理论基础，通过历史研究发现，从唐到清的皇帝传世代均，严格符合这一常数。下面我们就来算一下唐宋明清皇帝的代均时间。同代人只计一人，计长不计幼。

一、唐代

1世：唐高祖李渊（566—635），字叔德，唐朝开国皇帝。

2世：唐太宗李世民（599—649），李渊次子。

3世：唐高宗李治（628—683），李世民第九子。

4世：唐孝敬皇帝李弘（652—675），李治五子（武则天长子）。

4世：唐中宗李显（656—710），李治七子，武则天三子。（不计）

4世：唐睿宗李旦（662—716）李治八子，武则天四子。（不计）

5世：殇帝李重茂（695—714）李显四子。

4世：唐睿宗李旦（662—716），李治第八子，武则天第四子。（不计）

5世：让皇帝李宪（679—742），李旦长子。（不计）

5世：唐玄宗李隆基（685—762），李旦三子。（不计）

6世：奉天皇帝李琮（？—752），李隆基长子。（不计）

6世：唐肃宗李亨（711—762），李隆基三子。

7世：承天皇帝李倓（？—757），李亨三子。（不计）

7世：唐代宗李豫（726—779），李亨长子。

8世：唐德宗李适（742—805），李豫长子。

9世：唐顺宗李诵（761—806），李适长子。

10世：唐宪宗李纯（778—820），李诵长子。

11世：唐穆宗李恒（795—824），李纯三子。

12世：唐敬宗李湛（809—827），李恒长子。

12世：唐文宗李昂（809—840），李恒次子。（不计）

12世：唐武宗李炎（814—846），李恒五子。（不计）

11世：唐宣宗李忱（810—859），李纯十三子。（不计）

12世：唐懿宗李漼（833—873），李忱长子。（不计）

13世：唐僖宗李儇（862—888），李漼五子。

13世：唐昭宗李晔（867—904），李漼第七子。（不计）

14世：哀皇帝李柷（892—908），唐昭宗李晔九子，唐末代帝。

小结：唐代不计女帝武则天共二十六帝，世系传承十四代。第一代李渊，生于566年；最后一代李柷，生于892年。即（892-566）÷（14-1）=25.1年。

二、北宋

宋太祖（927—976）赵匡胤，（以下非太祖子孙，故不计）。

1世：宋太宗赵炅（939—997），本名赵匡义，后因避其兄太祖讳改名赵光义，即位后改名炅。

2世：宋真宗赵恒（968—1022），太宗第三子。

3世：宋仁宗赵祯（1010—1063），真宗第六子。

4世：宋英宗赵曙（1032—1067），原名宗实，后改名曙，太宗曾孙，濮王允让之子。

5世：宋神宗赵顼（1048—1085），初名仲铖，英宗长子。

6世：宋哲宗赵煦（1077—1100），原名佣，宋神宗第六子。（不计，

因钦宗是徽宗之子）

6世：宋徽宗赵佶（1082—1135），宋神宗十一子，哲宗弟。

7世：宋钦宗（1100—1161）赵桓，宋徽宗长子。

小结：北宋代均（1100—939）÷（7-1）≈ 27

三、南宋

7世：宋高宗赵构（1107—1187）宋徽宗第九子，（不计，因其继位者为宋太祖赵匡胤八世孙）

8世：宋孝宗赵伯宗（1127—1194），太祖八世孙，高宗养子。

9世：宋光宗赵敦（1147—1200），孝宗第三子。

10世：宋宁宗赵扩（1162—1224），光宗第二子。

11世：宋理宗赵昀（1205—1264），太祖十一世孙，宁宗养子。

12世：宋度宗赵祺（1240—1274）理宗之侄。

13世：宋恭帝赵㬎（1271—1323），度宗次子。

南宋代均（从1世太祖赵匡胤至12世恭帝赵㬎）：（1271-927）÷ 12 ≈ 28.7（年）

以下两帝不计

13世：宋端宗 赵昰（1269—1278），恭帝赵㬎长兄度宗长子。

13世：宋末帝 赵昺（1272—1279），度宗三子。

四、明朝

1世：太祖朱元璋（1328—1398），国号洪武，1368年称帝。

3世：惠帝朱允炆（1377—？），太祖孙，皇太子朱标次子（不计）

2世：成祖朱棣（1360—1424），朱元璋的第四子。

3世：仁宗朱高炽（1378—1425），成祖朱棣长子。

4世：宣宗朱瞻基（1398—1435），仁宗朱高炽长子。

5世：英宗朱祁镇（1427—1464），宣宗朱瞻基长子。

5世：景帝朱祁钰（1428—1457），宣宗朱瞻基次子。（不计）

6世：宪宗朱见深（1447—1487），英宗朱祁镇长子。

7世：孝宗朱佑樘（1470—1505），宪宗朱见深三子。

8世：武宗朱厚照（1491—1521），孝宗朱佑樘长子。（不计）

8世：世宗朱厚熜（1507—1566），宪宗朱见深孙。

9世：穆宗朱载垕（1537—1572），世宗朱厚熜第三子。

10世：神宗朱翊钧（1563—1620），穆宗朱载垕第三子。

11世：光宗朱常洛（1582—1620），神宗朱翊钧长子。

12世：熹宗朱由校（1605—1627），光宗朱常洛长子。

12世：思宗朱由检（1610—1644），光宗朱常洛第五子。（不计）

小结：明朝从朱元璋到熹宗朱由校共十六帝十二传世系，代均间隔时间（1605-1328）÷（12-1）≈ 25.18。

五、清朝

1世：清太祖努尔哈赤（1559—1626），清朝入关一世祖。

2世：太宗皇帝太极（1592—1643），努尔哈赤第八子。

3世：顺治帝福临（1638—1661），皇太极第九子。

4世：康熙帝玄烨（1654—1722），顺治第三子。

5世：雍正帝胤禛（1678—1735），康熙帝第四子。

6世：乾隆帝弘历（1711—1799），胤禛长子。

7世：嘉庆帝颙琰（1760—1820），乾隆第十五子。

8世：道光帝旻宁（1782—1850），嘉庆第二子。

9世：咸丰帝奕詝（1831—1861），道光第四子。

10世：同治帝载淳（1856—1875），咸丰帝长子。（不计）

10世：光绪帝载湉（1871—1908），道光帝之孙。

11世：宣统帝溥仪（1906—1967），道光帝曾孙。

代均计算：清朝共十二帝十一世。第一世努尔哈赤生于1559年；第十一世宣统帝溥仪生于1856年，即（1906-1559）÷（11-1）=34.7（年）。此数为何超出"28±4"之常数呢？因为代均常数公式适应于大宗传承，而清朝的皇子皇孙众多，特别到晚清末年，继位失序，如嘉庆帝颙琰，是乾隆第十五子，计其代均自然不适于常数公式。若计算清太祖至乾隆帝止，就符合这个代均常数。

由上可见，从唐宋明清四个朝代的皇帝传代代均来看，证明"28年±4"这一常数的准确性、科学性。

作者简介

陈金良，男，1962年2月生，南昌市人。1982年毕业于江西省二轻技工学校服装专业，分配到南昌市劳动服务公司从事南昌市待业青年就业前培训工作。1993年2月在江西省委统战部、省各民主党派共同创办的江西海联大学，任副校长兼行政处处长。

陈林，男，1969年11月生，江西乐安人。大学本科毕业，经济师，一直从事邮政金融管理工作。

以唐代代均论义门"异流同源"

陈 刚

通过人类生育代均为 28 年 ±4 年这一常数，可以证明义门"伯宣孙旺"是错误的，为坐实"异流同源"提供理论依据。由于义门陈氏世系世次主要分歧点在唐代，为了论证代均的严谨性，本文旨在通过唐代出土的南朝陈后代墓志铭及唐帝系代均来论证这个问题。

陈玄度，陈叔武之孙。据《陈玄度墓志铭》（《隋唐五代墓志汇编》洛阳卷第九册）载"以开元五年（717）十月十九日，春秋八十六，终于洛阳县德懋里"。即陈玄度出生于 632 年。陈叔武是宣帝的第 40 子，南陈亡时未及封王，推其生约在 580 年，到玄度，代均为 26 年。

陈颐，江夏王陈伯义曾孙。据《陈颐墓志铭》（《全唐文补遗》）载，陈颐在开元十五年（727）之前先于夫人蔺氏去世，寿七十二，推其出生约在 653 年。陈伯义是文帝第九子，天嘉六年（565）册封江夏王，约生于 554 年。由此他们之间代均约为 33 年。

陈崇本，桂阳王陈伯谋曾孙。据《陈崇本墓志铭》（《唐代墓志汇编》）载，天授二年（691）崇本去世，寿三十四，则出生于 658 年。伯谋是文帝第十三子，太建中封桂阳王，推其生约在 562 年，到崇本代均约 32 年。

陈照，后主陈叔宝（553—604）玄孙女。据《陈照墓志铭》（《唐代墓志汇编》）载，陈照于天宝三载（744）去世，寿四十八，则其出生于 697 年。叔宝到陈照代均更长，达 36 年，属于比较少见，由此可推，陈照排行为末次之女。

我们把以上陈氏诸王的代均再来二次平均一下,即(26+33+32+36)÷4=31.75年,这个代均正好在我们匡算的28年±4年之常数范围内。在以上4例代均中,最小的是26年,最大的36年。计算五代以上代均,都在30年左右,绝不会在20年之内。原因有:

第一,古人妻妾多,又不计划生育,18岁娶妻生子,50多岁同样可以娶妻生子。这个生子的范围从18岁到50多岁,非常宽泛。

第二,古代医学条件有限,无法做到头胎可以存活下来。

第三,不保证头胎就一定是男孩,从概率上只有50%可能性。

以上就是代均为什么在28年±4年的这个常数的原因。

再以唐代帝系来计算一下代均:从李渊(566—635)到唐朝末代皇帝李柷(892—908)共计传承14代,代均为25年。连当时生活条件最优的唐代皇帝,代均都要在25年,那么南朝陈诸王帝系亡国后代均大于唐帝系就一点不奇怪了。

所以,按照考证后的义门世系为叔明叔慎两大支派。据《陈叔明墓志铭》(赵万里《汉魏南北朝墓志集释》图版六〇九)载叔明生于公元562年。陈伯宣为陈叔明十代孙,公元824年出生,从陈叔明到陈伯宣,代均约为29年;陈旺是陈叔慎玄孙,推陈旺公元688—694年出生,折中为692,陈叔慎572年生,计算他们的代均为30年。义门陈叔明、叔慎支系代均跟陈氏诸王的平均代均31.75年,非常合理。因此,由唐代代均可证义门"异流同源"的正确性。

以他姓合族同居的代均来证义门陈"异流同源"

陈 刚

为了进一步求证"义门"这个特殊群体传代代均的准确性，笔者查阅了众多史料，分别以义门裘氏、姚宗明家族、义门郑氏等家族举例说明，结论就是这些家族的传代代均数都在 28±4 这个常数内，由此坐实了义门陈氏实为叔明叔慎两大支派的"异流同源"，进一步证明现存绝大多数义门陈氏族谱所载"伯宣孙旺"的世系来源于《义门记》，实为错讹。这个《义门记》不是胡旦的原作，而是后人的伪托。

会稽义门裘氏

《嘉泰会稽志·卷第十三·义门》载："平水云门之间有裘氏，自齐梁以来七百余年无异爨，子弟或为士，或为农，乡党称其行。大中祥符四年（1011）用州奏旌其门闾，是时裘氏义居已十有九世，阖门三百口。其族长曰承询。至嘉泰初（1201）又五六世，盖二十四五世矣犹如故，聚族亦加于昔。"

义门裘氏，由齐梁（约 501）到嘉泰初（1201），共计 700 余年，传承 25 代人，代均为 29.2 年。

永乐姚宗明家族

《宋史·孝义·姚宗明传》载："姚宗明，河中永乐人也。其十世祖栖云。当唐贞元中，调卒戍边，栖云之父语其兄曰：'兄嗣未立，可无往。某幸有子，请代兄行。'遂战没塞上。时栖云方三岁，其母再嫁，栖云养于伯母。既长，事伯母如其母，伯母亡，栖云葬之。又招魂葬其父，痛其父死于边，乃庐于墓次，终身哀慕不衰。县令苏辙以俸钱买地，开阡刻石表之。河中尹浑瑊上其事，诏加优赐，表其门，名其乡曰孝悌，社曰节义，里曰敬爱。"

栖云生岳，岳生君儒，君儒生师正。自岳至师正，四世庐墓。五世孙曰厚，六世曰雅，七世曰文，八世曰敬真，九世曰直，十世曰宗明。当庆历初，有司以姚氏十世同居闻于朝，仁宗诏复其家。十一世孙用和，十二世孙士明，十三世孙德。自宗明至德又三世，自庆历以后又五十余年，而其家孝睦不替。

姚氏世为农，无为学者。家不甚富，有田数十顷，聚族百余人。子孙躬事农桑，仅给衣食，历三百余年无异辞者。经唐末、五代，兵戈乱离，而子孙保守坟墓，骨肉不相离散，求之天下，未或有焉。可列姚宗明家族世系如下：

栖云→岳→君儒→师正→厚→雅→文→敬真→直→宗明→用和→士明→德

其中始祖姚栖云，依据《唐处士姚（栖云）君墓铭并叙》得知，其卒于元和四年（809），终年27岁，知其生于建中四年（783）。姚德生于庆历之后的50余年，约公元1100年。从姚栖云到姚德十三世同居，历317年，代均为26.4年。

浦江义门郑氏

《浙江通志》卷二百六十六元代陈绎曾撰《郑氏义门事迹传》载："郑文嗣，字绍卿，婺州浦江人也。五世祖绮有学行，宋建炎初合族以居。绮生闻，闻生运，运生政，政生德珪，德珪生文嗣，历二百年咸如初。至大二年（1309）秋九月，乡老黄汝霖等言：文嗣六从同居，县长呼都克娄实克上其事，部使者加审察焉。文达中书吏部四年春二月准式旌表门闾文。嗣生鉴，鉴生渭，渭生梃。皆善守合，二百余口，无异心者。后至元元年（1335）冬十有二月太常博士柳贯与乡校群士又上状，请如故事，复其家，从之。"其世系：绮（1118—1193）→闻→运→政→德珪→文嗣→鉴→渭→梃（1337—1404）。

依据族谱记载，始祖郑绮生于1118年，九世孙郑梃生于1337年，历219年，代均为27.4年。

总　结

尽管上述义门裴氏、义门郑氏、永乐姚氏其代均为之约数，但误差率极小，都在28±4年之范围内。这些家族与义门陈氏同处于宋代，朝廷给予义门的优惠政策和条件均相等，宗族的发展也大致相当，而为什么明清义门谱中的世系却有如下排列？

叔明→志高→才→蕴珪→兼→京→褒→灌→镶→伯宣→檀→旺→机→感→蓝→青→仲→崇→……

众所周知，陈崇大顺元年（890）制定家法33条。按鄂州陈琢《义门陈姓历史资料简编》载，崇"生于唐大中六年壬申（852），唐乾符元年甲午（874）举人"；再依据《陈叔明墓志铭》叔明出生于陈天嘉三年（562）；从叔明到陈崇历时290年十八代人，代均17.1年，远远低于代均常数年这个极限。若按《宋史·陈兢传》所载，陈崇为陈叔明十一代孙，则代均为29年，完全符合28±4年这个传代常数。

时间证明"伯宣孙旺"是错误的

陈世奎

义门陈谱中,广泛流传着"伯宣孙旺"一说,其实是错误的,错误的源头在《义门碑》文。南宋时,周必达就"疑后来碑误"。几百年来既有外姓人,更有义门陈人在寻找证据,多方求证,力求找到正确答案。在求证过程中,出现了争议。争议的焦点是:一部分人认为"伯宣孙旺"是错误的,一部分人认为是正确的。在争议之中,提出我个人的见解,供族人参考。

首先肯定"伯宣孙旺"是假的,是错误的。因为从陈京805年去世,到890年陈伯宣逝世及陈崇制定义门家法,总共只有85年时间,这个85年时间,决定了"伯宣孙旺"是不可能出现的。如下表:

旺公支系七代人不是伯宣公后裔

陈兼	陈京	陈褒	陈灌	陈镶	伯宣	崇公	结论一
叔明五世孙	公元805年殁				叔明十世孙公元890年殁	公元890年义门陈立家法	伯宣公殁与崇公定家法同为890年。伯宣公到崇公之间,不能出生旺公七代人
历"安史之乱"	有传记有碑文				史与谱载伯宣卒年		
仕唐玄宗朝国史记载	京公殁后,到公元890年,共计85年						
以檀、旺公、机公、感公、蓝、伉六兄弟,共七代人,必过百年							

| 陈褒、陈灌、陈镶、伯宣、陈崇五代＋旺公七代人共计 12 代人，结论二：85 年不能出生 12 代人 |
| 伯宣公是一个支系，旺公是另一个支系，不能合二为一。义门陈修谱人应当有这点辨析能力 |

读过家谱的人都知道，世系是由父子延续构成的，所有的世系都是严密无缝衔接，陈伯宣世系也是如此。从陈兼→陈京→陈褒→陈灌→陈镛（即镶或瓖）再到陈镛孙陈崇，是由父子关系形成的严密的世系。在父子之间根本无法插入外来的几代人，这足以证明"伯宣孙旺"是假的是错误的。

要考证世系，有必要先了解几个事实：

第一，从古至今，人生活的时代是无法更改的，既不能前推，也不能后移。

第二，任何一个官员都有工作单位和工作时间。

第三，国家工作人员，工作单位每年建有档案，任命书、考核奖惩等记录。

第四，国家档案应用广泛，国用，家也用。如家谱里个人官衔、旌表、荣誉都来自官府文书。

第五，朝廷官员向朝廷上书都要存档，编入历史。

第六，每个人都有亲戚朋友，官员也不例外，人与人常用书信交往，或诗词歌赋相互交流。

以上这些个人的工作与生活资料，每朝每代都得保存，保存下来就是原始资料，汇集起来就成了历史书简。对官员而言，个人历史与国史是一致的。

个人的历史资料，能证明自己生活在某个历史时期，在什么时候做官，升官，什么时候去世，也能看到他的儿子，或者孙子。由父子关系形成的一代一代紧密相连，无缝衔接，构成自己独立的世系，外人是插不进去的。

下面就来辨析义门陈伯宣前五代人的历史资料，然后判断"伯宣孙旺"的真假。

其一，陈伯宣前五代：

陈伯宣之父陈镛（或镶），陈镛之父陈灌，陈灌之父陈褒，陈褒之父陈京，陈京之父陈兼，这是义门人都认定的世系。

其二，在认定陈伯宣前五代人的基础上，讨论陈伯宣前五代人的历史并定位历史。

第一代，陈兼仕唐玄宗朝，定位：陈兼与陈旺主要生活在唐玄宗时期

1. 陈兼为官期间撰写的文章

唐玄宗天宝九载（750）陈兼撰写了《唐陈太丘祖德碑》序言。

唐玄宗天宝十一载陈兼撰写了《陈留郡文宣王庙堂碑（并序）》。

这两篇碑文收录在《四库全书·宝刻丛编》中，证实陈兼在750年至752年生活在唐玄宗朝。

2. 唐代他人撰写的书籍、文章中记载的陈兼

高适（704—765）与陈兼算得上同龄人，写有与陈兼交往的诗《宋中遇陈兼》，收录在《全唐诗》。

唐代梁肃撰写的《朝散大夫使持节常州诸军事守常州刺史赐紫金鱼袋独孤公行状》，其中记载有陈兼的名字。

宋太宗赵炅命李昉、徐铉、宋白及苏易简等二十余人共同编纂的《文苑英华》，卷716李华的《云母泉诗并序》记载：至德元年（756）十月潼关失守，随后长安沦陷，玄宗出幸，陈兼、李华因扈从不及，被迫任伪职。乾元初（758），陈兼由右补阙贬为清江丞，李华被贬杭州司功。上元二年（761）秋，按《加恩处分流贬官员诏》加恩处分流贬官员，李华恩复左补阙，陈兼改任武陵县丞（时武陵为上县）。次年（762），陈兼故于武陵县丞任上，赠秘书少监。

《历史词典》："陈兼，唐泗州临淮人，郡望颍川，字不器。玄宗天宝中，官封丘县丞。后官至右补阙、翰林学士。"

李肇根据翰林院的记录，编写了《翰林志》记载了开元二十六年

(738),陈兼与李白同在翰林院。

3. 陈氏宗谱上的陈兼

《陈家畈陈氏简史（2017年版）》："陈兼，系陈叔宝之弟叔明五世孙，字不器，生于唐武周神功元年丁酉（697），开元十二年（724）进士及第。开元十六年（728）初官江州，开元十九年（731）带家族及族人建庄德安县车桥镇义门村，为义门陈始祖。后仍外出为官，开元二十三年（735）任封丘县丞，开元二十七年（739）辞去封丘县丞，天宝九载（750）为颍川长葛县陈寔陵园撰'陈太丘祖德碑'，天宝十一载（752）十月，为陈留郡文宣王庙堂落成撰碑记，天宝十二载（753）十月，应征入京，为右补阙，时年57岁。代宗宝应元年（762）病故，享年66岁。裴员外为其铭诔，致以哀悼。公娶骆氏生子四：当、苌、京、归。"

可以看出，这部谱上的记载，与陈兼撰写碑文及他人记载的陈兼一致，具有真实性。

由以上可知：陈兼与高适、李华为官在唐玄宗时代，安禄山叛乱被迫在安禄山伪官府任职，在唐肃宗朝被贬，后又复任武陵县丞到去世。这就是他的生活时代，经两任皇帝。而在公元731年迁居德安县的陈旺，与陈兼同在唐玄宗时代生活，为同时代人。

陈旺既然与陈兼同时代，怎能变成陈兼六世孙陈伯宣之孙呢？

第二代，陈京仕唐德宗朝，定位：陈京为官在唐德宗时代

陈兼、陈京时代的皇帝：唐玄宗712—756年在位，唐肃宗756—761年在位，唐代宗762—779年在位，唐德宗780—805年在位。

1. 陈京撰写的文字记录

陈京的诗歌《郊庙歌辞·享文敬太子庙乐章·登歌》，收录在《全唐文》卷第十五。陈京的名字与全唐文共存，这就是历史，无法否认。

陈京向唐德宗上疏三篇：《请为献祖懿祖立别庙疏 建中二年（781）九月》《祧献懿二祖议贞元八年（792）正月二十三日》《请定祭庙位奏贞元十九年（803）三月》，载入唐史，这是陈京在唐史中留下的足迹。

陈京于贞元十一年（795）秋闰八月十七日辛巳撰《大唐同州澄城

县令郑公德政碑并序》，这是陈京留在民间的碑文。

2. 唐代他人书籍、诗文中记载的陈京

陈京弟兄与父亲陈兼的关系、官职记录在元和七年（812）成书《元和姓纂》时，陈京已经去世七年。

《论语集注大全卷一·学而第一》记载了陈京降职之事。陈京因进谏惹怒德宗皇帝，降职。这是国事，因而载入历史，时在785年。

韩愈给陈京的信《与陈给事书》，白居易给陈京的信《与陈给事书》。

3. 柳宗元为陈京撰写了碑文《唐故秘书少监陈公行状》。"贞元二十一年四月二十五日"，即公元805年4月，陈京的去世时间准确刻在碑上，载于史籍。

陈京的籍贯，初始官职，个人能力，受疾病折磨，自残病亡，都交代清楚了。

4. 义门陈谱中记载的陈京，不必赘述

由上述记载可知：陈兼与陈京为父子关系。陈京仕唐德宗朝，殁于805年4月，与德宗同年去世。可以肯定：陈京晚于陈旺出生，陈京的后代更晚于陈旺出生，由此可知"伯宣孙旺"为假。

第三代，陈京嗣子陈褒，定位：生活在公元800年前后

1. 史书中的陈褒

徐铉《义门陈氏书堂记》："浔阳庐山之阳有陈氏之书楼，其先盖陈宜都王叔明之后，曰兼，为秘书少监，生京，给事中，以从子褒为嗣，至盐官令。生瓘（灌），至高安县丞。其孙避难于泉州之仙游，生伯宣，注史记今行于世。"陈京以从子褒为嗣。陈褒，官至盐官令。

《宋史·列传第二百一十五孝义》："陈兢，江州德安人，陈宜都王叔明之后。叔明五世孙兼，唐右补阙。兼生京，秘书少监、集贤院学士，无子，以从子褒为嗣，褒至盐官令。褒生灌，高安丞。灌孙伯宣（此应为灌子镶），避难泉州，与马总善。注司马迁《史记》行于世；后游庐山，因居德安，尝以著作佐郎召，不起，大顺初卒。伯宣子崇为江州长史，益置田园，为家法戒子孙，择群从掌其事，建书堂教诲之。僖宗时尝诏旌其门，南唐又为立义门，免其徭役。崇子衮，江州司户。衮子昉，试奉礼郎。"

史书记载陈褒为陈京嗣子，官至盐官令。

2. 义门陈谱中的陈褒

有一篇共有的文章《江州陈氏义门碑》，共同的记载："按陈氏宗谱，自汉太邱长实之后，及宜都叔明四世孙兼，举唐高宗上元进士，为右补阙，赠秘书少监。生京，开耀时进士及第，官至给事中，集贤院学士，无子，以从子褒为嗣，盐官令。生灌，官高安县丞，生瓖，避难于泉州，生伯宣。"

共同点：陈褒为陈京嗣子，官至盐官令。

谱中的共同错误：陈兼举唐高宗上元进士与陈京开耀时进士及第，此与前面陈兼、陈京历史不符。

京以从子褒为嗣，褒至盐官令。无须质疑，陈褒比义门陈开基祖陈旺肯定后出生，这就证实"伯宣孙旺"为假。

第四代，陈褒之子陈灌，定位：唐贞元间（785—805）以孝廉举为高安县丞

1. 史书记载的陈灌

徐铉《义门陈氏书堂记》与《宋史·列传第二百一十五孝义》见前，都记载为"褒生灌"，或褒之子灌。

2. 义门陈谱中的陈灌

《江州陈氏义门碑》见前，义门陈族谱同样都记载为褒之子灌。

第五代，陈灌之子陈镛（瓖），定位：生活在公元800年前后

1. 史书记载的陈镛（即瓖）

徐铉《义门陈氏书堂记》："其孙避难于泉州之仙游生伯宣。"避难于泉州应为灌之子镛（瓖），伯宣在泉州出生，不能叫作"避难泉州"。

《宋史·列传第二百一十五孝义》："灌孙伯宣"，不书其子。义门谱都记载为"瓖或瓘"，修水龙峰谱载为"镛"，灌之长子。

2. 义门陈谱中的陈瓖（即镛）

《江州陈氏义门碑》："生灌，官高安县丞，生瓖，避难于泉州生伯宣。"

陈京之孙陈灌，陈灌之子陈镶，陈灌与陈镶都比陈旺后出生，这是不用置疑的。

第六代，陈镶之子陈伯宣，定位：生活在公元820—890年之间

1. 史书中的陈伯宣

《义门陈氏书堂记》《宋史·列传第二百一十五孝义》见前，皆记载为伯宣从福建泉州仙游移居庐山。对于这一点，史和谱均无异议。

《江西通志·卷九十二·人物（二十七）九江府》唐："陈伯宣，陈宜都王之后，避难泉州，与马总善，注司马迁史记行于世，后游庐山，居德安，以著作佐郎召不起，大顺初卒（890），子崇为江州长史，益置田园为家法，僖宗时尝旌其门，南唐又为立义门，免其徭役。"

陈镶（即陈铺）之子陈伯宣，唐末大顺初卒。

2. 义门陈族谱中的陈伯宣

《江州陈氏义门碑》："褒生灌，官高安县丞，生璠，避难于泉州生伯宣。"《果石庄乾隆甲辰谱·始迁德安始末》："伯宣公自闽来南康（今星子县），卜居庐山之麓圣治峰下，其地幽深静旷，公乐之。"

另有宗谱记载：约在唐会昌年间（841—846），陈兼的六世孙陈伯宣与父由闽来庐山隐居，初居庐山圣治峰，再迁庐山太平宫，后迁庐山脚下德化县甘泉乡甘水垅（今九江县狮子乡牌楼村有义门山、义门铺，因明朝于此建"义门遗址"牌坊，故称牌楼村）。乾符二年（875）黄巢起义，乾符四年（877）六月柳彦璋袭陷江州，大肆剽掠，为避兵乱，伯宣公再次举家迁往德安，同陈旺六世孙陈伉之家合族同处。时陈伉为自然家长，几年后，伯宣子陈崇接任陈伉为义门第三任家长，故族谱云："青，显祖也；伉，二世长；崇，三世长。"

共同点：陈镶子陈伯宣，泉州出生，自泉州移居庐山。伯宣比陈旺晚出生百余年，陈旺在731年迁居德安时，陈灌、陈镶、陈伯宣三代人还未出生。何来"伯宣孙旺"？

由陈伯宣前五代人（兼、京、褒、灌、镶）可知：

宜都王陈叔明五世孙陈兼，十世孙陈伯宣，十一世孙陈崇，因此"伯宣孙旺"为假，这里已经很清楚了。陈兼与陈旺属于同时代的人，陈兼的后代统统晚于陈旺出生，自然小于陈旺。

现在说清了伯宣公之前几代人，父子关系不能置换，儿子不能在父亲之前出生，没有人反对吧？

为何要强调父子关系不能置换，父亲不能改成儿子，儿子更不能更换成父亲？因为当下有人正在写祖孙颠倒、父子关系倒置的文章，例如有人把伯宣公出生年代提前到公元600年前，也有人提前到公元700多年，即陈兼未出生或出生才几岁，陈伯宣就出生了。陈京之后还有陈褒、陈灌、陈镶三代人，陈伯宣怎么能超越他自己前五代人而出生呢？

可以肯定：陈伯宣之前无法插入旺公七代人。陈伯宣之后更不能插入旺公七代人。

陈伯宣一生60多年无法生育7代人。

1. 开元十九年（731）陈旺建庄德安，生活在唐玄宗时期，唐朝中期；陈伯宣生活在唐代晚期，相差百余年。百年前的人怎能给百年后的人当孙子？

2. 从陈兼仕唐玄宗朝的最早记录738年到陈伯宣890年故，计152年，陈兼之后有京、褒、灌、镶、伯宣，共六代人；而陈旺有七代人：檀、旺、机、感、蓝、青、伉公六兄弟，合计13代。152年根本无法生出13代人，只能有从兼至伯宣这六代人。

3. 陈伯宣一生67年光阴，能生育陈旺7代人，加陈崇，共计8代人，能做到吗？

4. 再计算一下陈崇制定家法时38岁，陈崇前面有7代人。890年减去38，陈崇就是852年出生的。旺公七代人总时间只有30年时间，7代人30年代均4.28年。这是天大笑话。

现在可以肯定：伯宣公之前无法插入旺公7代人，伯宣一生60多年更无法插入旺公7代人。证明他们是两支族人，两个世系。

这就是：时间证明"伯宣孙旺"是假的，是错误的。

因时间证明"伯宣孙旺"是错误的。所以结论：陈旺与陈伯宣各自为族，各有上源。

我们义门陈有充分的理由自觉更正"伯宣孙旺"之错误，当代义门陈修谱之人，应该尊重历史，尊重事实，不再编制和传播错误的谱，不要再误导义门陈氏子孙后代。决不能把陈伯宣生活的时代提前到陈兼之前，也不能提前到陈京之前，义门陈必须遵循伦理，不能乱伦，乱伦则不义也。

更正之后，义门陈人世系才属正常，才符合人类的生育规律。

依据《义门碑》，从叔明到伯宣到陈崇是完整的世系，只有两个错误："伯宣与马总友善"和"伯宣孙旺"，造成义门陈世系极大的混乱与错误。《义门记》记载旺公世系，无论旺公的上源是谁，这里的旺公几代人是一支独立的族人，只是与伯宣一家合族同处而已，旺公支系是独立的世系。义门陈是由两支独立的族人合族同居而形成的。陈旺与伯宣各自为族，世系不同。

陈伯宣世系：

陈兼（仕唐玄宗朝）生四子当、衮、京、归。三子陈京（仕唐德宗朝），以从子褒为嗣，褒生灌，灌生镶，镶生伯宣，伯宣子陈崇、陈勋、陈玫。

陈旺世系：

旺生机，机生感，感生蓝，蓝生青，青生六子：伉、侍、仲、俛、伟、伸，这就是旺公一族人应有的历史地位。

作者简介

陈世奎，男，1958年生，果石庄思洪公后裔，先祖在清代乾隆间自九江瑞昌乐园乡迁居汉阴。现居安康汉阴县，中学教师退休。退休后从事汉阴县古代历史研究，查找义门陈历史，编写族谱。

从唐代宗法论"从子褒"

陈 刚

陈褒为义门陈氏重要人物之一。陈褒本名"裒",见宋人姚勉《雪坡集》卷三十八《陈氏同宗义约序》。序载:"举子裒入京之助而为约,义也。同宗相率而为约,尤义也。"查《康熙字典》"裒同褒,古同褒"。故后人写作"褒"。

世人大多只知"京无子,以从子褒为嗣",《义门陈文史续考》和《颍川陈氏考略》将其定为陈瑒之子,随着研究的深入,感觉当时未免仓促,现依据新的史料重新考证。

最早涉及陈京几兄弟的要数唐永贞元年(805)八月,柳宗元撰《唐故秘书少监陈公行状》,可惜文中没有交代褒之过继事,只说陈京"妻党之室无子"。推当时应未过继,否则应有交代。今由"举子裒入京之助而为约"可知,陈褒为后来族人修谱时过继的。

"京以从子褒为嗣",最早出现在南唐开宝二年(969)徐铉《义门陈氏书堂记》载兼"生京,给事中,以从子褒为嗣,至盐官令;生瓘(灌),至高安县丞;其孙避难于泉州之仙游生伯宣。"之后便是北宋欧阳修、宋祁《新唐书·宰相世系表》云:"京,字庆复,秘书少监;褒,以从子继,盐官令;灌,高安丞;伯宣,著作郎。"这里是以表格形式列出的,如在京之下格写"褒,以从子继,盐官令"。

先来说说唐代宗法层面上的从子。在旧时,从子可划分为三种不同意涵：从子旧义，伯父或叔父之孙；从子裹义，比上述"从子旧义"血缘隔得更远的"子侄辈"笼统称为从子；从子新义，唐宋时，人们开始将亲兄弟之子称作从子。

在这里，笔者认为徐铉笔下的从子当为旧义和新义的结合。下面再结合唐代的宗祧继承制度，一探其究竟。

何为宗祧继承？宗祧是指家族相传的世系，因而宗祧继承可以理解为家族传承，包括"接续香火""祭祀祖先"等，而家族传承、延续的目的是使祖先永享后嗣祭祀。在以男子为中心的社会中，祭祀是件庄严隆重的事，必须由男子承担。唐代严格实行宗祧嫡长子继承制。《唐律疏议·户婚律》规定：立嫡者，本拟承袭。嫡妻之长子为嫡子，不依此立为"违法"，合徒一年。"即嫡妻年五十以上无子者"，谓妇人年五十以上，不复乳育，故许立庶子为嫡。皆先立长，不立长者，亦徒一年，故云"亦如之"。依令，"无嫡子及有罪疾，立嫡孙；无嫡孙，以次立嫡子同母弟；无母弟，立庶子；无庶子，立嫡孙同母弟；无母弟，立庶孙。曾玄以下准此"。如果无直系子孙，则应立嗣。立嗣的原则，依户令："无子者，所养同宗于昭穆相当者。"限在同宗子辈中选择嗣子，一般是先亲后疏，由近及远，选取亲侄或堂侄者居多。《唐律疏议·贼盗律》规定："若出继同堂之外即不合缘坐。"所谓"同堂"即堂兄弟关系，同一个祖父，若非同一祖父血缘关系已经不亲了，就没有必要连带受刑。亲侄过继的例子如《新唐书·杜兼传》："杜兼，字处弘，中书令正伦五世孙。初，正伦无子，故以兄子志静为后。"杜志静为杜正伦仲兄杜正藏之子。堂侄过继的例子如《旧唐书·李孝基传》李孝基"无子，以从兄韶子道立为嗣"。李孝基和李韶均为李虎之孙，两个人为堂兄弟关系。

由此可见，陈褒应该是陈京亲兄弟的儿子。结合本书《从〈唐故秘书少监陈公行状〉推陈京生年》可知：陈京约生于746年。而陈褒约生于742年，比陈京大。这在古代大家族中，侄比叔大的情况常有之。虽之前将褒定为陈珰之子，主要是受武夷山族谱的影响；今据可信的新资料，予以纠正。

经过多年的探索研究，历经艰苦，今终于从湖南永州市道县仙子脚镇何家坪光绪丙子年司马堂《颍川陈氏续修族谱》及江西吉安市吉州区长塘镇陈家村（古称庐陵县吟溪山前陈家坊）道光八年（1828）《重修吟溪山前新居陈氏房谱》里找到证据。司马堂陈氏是庐陵陈拊从兄弟陈捷之子陈正巳的后人，并在其嘉靖《陈氏族谱虎溪重修序》云："虎溪陈氏疎（同疏）派江州义门，盖汉太邱长实（寔）之后。至唐秘书少监曰京家江州，自是同居，食不分异者十世。南唐升元间诏旌表其间，曰义门陈氏。时褎（xiù）袤（mào）裴（péi）褒虽分房而四而同居食，犹故也。"并在其世系图里，苌生子三：长褎次裴三袤；兢（京）生子一曰褒，褒字有功，南唐升元时旌表其间曰义门，妣常氏夫人生子二，长衍次灌。结合谱序"分房而四"得知，陈苌子陈褒已经过继三弟陈京。在司马堂谱序与世系顺序中还无法确定陈褒的排行，而在长塘镇陈家村《新居陈氏房谱》里有了答案，南宋嘉熙四年（1240）乔行简序直云"褎袤褒裴四房"。世系图记载苌生子三："褎，受'文'字号谱；袤，受'行'字号谱；裴，受'信'字号谱；兢（京）子褒，受'忠'字号谱，字有功，本苌子过继兢（京）为后，南唐旌表为义民（门），配常氏夫人生子灌。"

该谱说清了三个问题：其一，明确陈褒是陈苌之子，过继陈京。其二，四房不仅"同居食"，而且四房后人还合修族谱，按序受字号。其三，依据字号可知四兄弟排行：长褎次袤三褒四裴。因字号是按《论语·述而》"子以四教，文、行、忠、信"排列的。此外，江西泰和县柳溪族谱也记载"陈京以仲兄大理评事苌之次子褒为嗣"。由此三谱互相印证，殊为可信。

在2006年《义门陈文史考》初版中，既已定陈褒为陈苌子；后《义门陈文史续考》《颍川陈氏考略》又将其改为陈珰之子，主要受武夷山族谱的影响；再到本书重新确定为陈苌之子。此非笔者反复，实为求真求实。随着史料的发现及研究的深入，研究中往往会有一个"从肯定到否定再到肯定"的过程，其中的艰辛，自不必说。因此，对陈褒过继给陈京之前的身世，总算有个交代。

當襃兢

襃 謚受文字鐶
袞 謚 父行字魏
袞 謚 受信字魏
襃 受忠宇源繼之
有功本長子酒
娶鮑爲後南專
陸襃爲義民配
常氏夫人

新居陈氏房谱陈芟生四子

七瀧大宗譜

祖長次三祖
子子子兢
裦 裦 裦
字有功南唐元昇時旌裦其閭曰義門
娶常氏夫人 生子二長衍 次灌

司马堂谱陈芟生四子

勒江州安福相繼媲美之盛不鄙寜言是以題爲旌陳氏子孫履
仁蹈義秉風勿替者後更大有人焉
曽
隆慶四年
賜進士第奉政大夫兩京刑部郎中前吏部員外奉
詔起用吏科給事中歸耕又江水田曝豊鄔元標題
陈氏族谱虎溪重修序
虎溪陳氏郷派江州義門蓍溪太郞實之後至唐秘書少監曰
京家江州自是年十五南常十世唐元昇間
閭曰義門陳氏時裦寵裦雖分房而四而問居食猶故也裦其
傳至河南大守附宋大平興國間又旋表閭曰陳氏行義之門
京至拊十五世抃後從家洪之隆興久四傳至吉州刺史命
囚家廬陵之交坑又四傳至宋末將作監丞驤爲交丞相信國公
舊知丞相脱房以歸復賢師尊征海隅既又失利直邊劍戍南門生
故世譜多散逸驤獨以謚丞相大高其義留祭軍搭又爲銀
系出高華之胄懸孤之難知若京後至驤之後至驤之諸又交丞
元昇詔據學士徐彪進之譜以後隆帛朝旌詔具在日
相岸逃苦明文獻足徴無可疑者噫不倚已迫元末虎溪之傑
其世譜未之革命驟遂歸隱交坑愤懣以死其性恒然推原
是虎溪之陳當祀房雖分而祖驤而宗性恒也吾鄉大家率重世譜生
高皇御極國善首以義禮衏巳物故欵愛其弟性義楚府千戸今鎭東
昌職五襲兔孫楚相之事又有以厪賢駑起者日以達官不萃忠直見稱於時何陳氏
卻曰仲章官中軍晉都府都事并以才請忠直見稱於時何陳氏

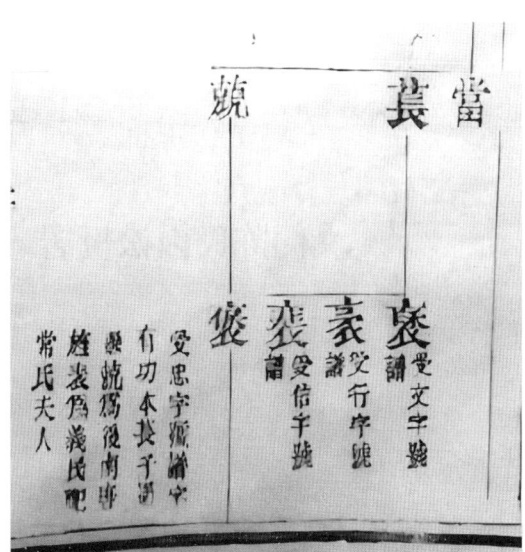

嘉靖《陈氏族谱虎溪重修序》

义门陈氏因讼析居

王象之

义门陈氏，在德安县西敷阳乡，伪唐旌表门闾。太宗见其家法曰：天下有此人家，真良家也！又曰陈早（即陈旭）一家孝友恭俭，长幼千余口，世守家法。尝置书堂于别墅，号陈氏书堂。五代时同居者七家，皆蠲复征役，旌表门闾，其犹著者陈氏也。其家有犬百余，一犬不至，群犬皆不食。至嘉祐（1056—1063）时，以岁歉乏食；知县邢，其姓者，因讼勒其析居。是时，老幼见监分官来，皆恸哭。

陈兢，《长编》云淳化元年（990），江州言德安县民，十四世同居，老幼千二百余口，常苦食不足，令岁贷官米二千石。

（录自《舆地纪胜》卷三十《江州》）

按　语

此文是南宋庆元二年（1196）进士王象之《舆地纪胜》中有关义门陈分家情景的一段记述。

陈早即陈旭，为避宋神宗赵顼讳改。敷阳乡，在今德安县吴山、爱民一带。当年合族同处是在太平乡常乐里，因地窄不易发展，"遂于居之左二十里曰东佳，因胜据奇，是卜是筑为书楼……"（见《义门陈氏书堂记》）创建东佳庄。

从"因讼勒其析居"得知，当年义门分家的起因由"岁歉乏食"而要求"贷粟"燃起的导火索。自淳化元年（990）以来，义门"岁歉乏食"，每年春荒不济，靠官府贷粟接济。民以食为天，义门人要"贷粟"，县令不肯，于是官司闹到上级衙门"勒其析居"。当"老幼见监分官来，皆恸哭"，已为时晚矣。

对这则史料，有两点可以讨论：一是官司能否闹到朝廷，皇上下旨分家，还是由上级官府或巡抚直接裁决分家？二是凭义门当时的经济实力，能否分迁到全国七十二州县？况且宋时落后的交通状况做不到，就拿当今的"新安江移民""三峡移民"，也没有分迁得如此广而远！

第二章 『异流同源』考论

江州义门陈"异流同源"考

陈 凌

天下义门出江州，其义门即江州义门陈，或称德安义门，亦称江右义门。

江州义门陈，古之浔阳县蒲塘场太平乡常乐里永清村，即今之江西省德安县车桥镇义门陈村，处于德安县城西北四十多公里深山之中。德安陈氏肇始于唐玄宗李隆基时期，御赐"义门"于唐僖宗李儇时期，兴盛于南唐烈宗李昪时期，繁荣于宋太宗赵光义至宋仁宗赵恒时期。从立庄到析庄，江州陈氏历经332年19代同堂共产，析庄时人数达到3900余人，可谓中国家族史之奇迹。

义门陈人多公认，德安陈氏建庄于唐玄宗开元十九年，始祖多追崇陈旺。然而，义门陈伯宣声名赫赫，亦被不少陈氏推为始祖、显祖，何也？

根据义门家谱记载，陈伯宣为陈旺祖父[①②]。然而，此说经不起推敲。陈旺于唐玄宗开元十九年（731）到德安开庄，各地宗谱几无异议；而为附会"伯宣孙旺"之说，该说便议定陈伯宣"生于唐高宗龙朔元年辛酉六月（661）"[②]。不幸的是，史载陈伯宣五世祖陈京殁于唐顺宗永贞元年（805）[③]，那么陈京主要生活在唐玄宗天宝年到唐顺宗永贞年间，即公元742—805年。如此一来，陈京反而生在七世孙陈旺之后若干年，岂不成了天大的笑话？

根究其因，正如《义门家范十二则》第九条所言"江州一族，异流同源"②。该家范是不是唐代陈崇所立，不重要，重要的是该论指点迷津，为我们道出了德安义门的伦理"真相"，也为各地义门陈宗谱提供了打开疑团的钥匙。

根据目前所发表的论文和出版的专著看，着力点都在集中探讨江州义门陈的文化底蕴和家族精神，如许怀林《陈氏家族的瓦解与"义门"的影响》④、黄宝权《论江州"义门陈"家族文化的特征》⑤、陈煜斓《家训族约的价值取向与社会效应》⑥、张劲松《陈崇与东佳书堂》⑦、陈凌《东佳书堂考》⑧，或探讨江州义门陈分庄的缘由，如陈世林《家国情怀与江州义门陈氏之聚散》⑨《宋仁宗敕令义门陈析烟之管见》⑩、李明明《江州义门陈氏宗族裂变考辨》⑪。这些讨论绝大多数基于一个事实，即相信江州义门陈"世代共产""千人合爨""百犬同槽"的神话传说，更相信江州义门陈既同源亦同流。然而事实如何，陈月海《义门陈文史考》⑫及陈月海、陈刚《义门陈文史续考》⑬，引用大量的第一手宗谱史料与史志相互印证：江州义门陈并非一脉相承。

本文在此基础上试着从几个方面论证，江州义门陈号称十五代同堂，实则"异流同源"。

一、义门陈始居地

义门陈故址，人们常说的是德安，家谱多记载江州，少数提到德化，还常涉义门铺。江州、德安和德化到底在何处，三处地名到底是什么关系？义门铺又究竟在何处？对于这些地名，义门陈家谱语焉不详，不甚了了。

江州即今之九江，"虞夏商周，故荆扬二州之境；春秋为吴楚地，战国属楚，秦为九江郡；汉初属淮南国，寻分属豫章郡，又分属庐江郡，三国吴属武昌郡；晋为庐江武昌豫章三郡地，后置浔阳郡，属江州"。⑭

江州之名始于西汉，"元康元年（前65），割扬州之豫章、鄱阳、庐陵、临川、南康、建安、晋安，荆州之武昌、桂阳、安成，合十郡，因江水之名而立江州。永兴元年（153），分庐江之浔阳、武昌之柴桑三县置浔阳郡，属江州"。⑭

陈氏义门肇始于唐末，根据唐代行政区划，"初改为江州，领浔阳、都昌、彭泽三县，属江南道。天宝初（742），改浔阳郡；乾元初（758），复为江州"。⑭

在各个朝代，九江地名不一，然"皆不嫌于互名"，或江州或九江或浔阳或柴桑。最初浔阳和柴桑原非一地之名，是分属两个不同行政区的基层单位。不过，随着时代的更替，便渐渐成了九江之代称。纵观历朝历代行政区划，江州是九江既古朴又确切的名字。自唐初开始，江州几乎一直是九江的名称，故而义门陈氏称为江州义门较为妥帖。

德安县古为历陵县，属豫章郡；五代十国之吴国顺义七年（927），才立为德安县。而德化县古属浔阳县，属庐江郡，后属江州，至南唐为奉化军节度，于是改为德化县。由此观之，德安立县在前而德化置县于后，然而都在唐末陈氏御赐"义门"之后。因此，当时义门陈既不可能名之德安义门，也不会称之德化义门，称之江州义门或江右义门理所当然。

德安义门之说当始自北宋，因为北宋是义门陈最繁荣的鼎盛时期。自唐僖宗中和四年（884）义门肇立至宋仁宗嘉祐七年（1062）析庄，在这178年时间里，义门陈氏主体都在德安，即浔阳县蒲塘场太平乡常乐里永清村。

蒲塘场为德安古名，"武德八年（625）又以历陵之故址立为蒲塘驿，隶楚城县"。"贞元中（785—804）刺史韦沇以去县遥远，权割三乡为两税场，因蒲塘之名而曰蒲塘场。寻废，至咸通五年（864）刺史李章到郡，百姓称便复置焉。"⑭这些文献记载证明，义门陈开山祖陈旺公元731年到德安开庄，其时德安无"德安"之名而有"蒲塘"之称，而且当时百姓一直习惯于这样的称呼。

所谓义门，不是哪个家族自封的，而是由帝王御赐的。古代帝王封赐义门并非随意之举，根据考证帝王御赐"义门"之条件[15]：首先得孝义传家，忠孝两全；其次数代聚居共产，特别是同源异流聚集，甚至异姓杂居；再其次非书香门第，即官宦望族。

江州陈氏是江南大姓，与这些条件基本相符：（1）义门陈氏最令人瞩目的便是忠孝节义，义门家法三十三条可见一斑；（2）其时陈氏同以陈叔明为源头而异于陈兼陈旺两支流派，其中甚至还有陈叔明其他兄弟之子嗣[13]，同源异流，数代共产；（3）当时陈氏虽早已不是官宦人家，却在公元880年前后创立了中国第一家书院——东佳书堂，一个数代耕读人家如此重视子弟教育，算得上书香门第。由此观之，皇帝御封"义门"合情合理。所谓义门始居地，顾名思义，就是最早得义门封赐的地方，那无疑就是今之德安县义门陈村。

《九江府复勘申文》[12]云："（德化）彼时族属已众，行义以闻，故山铺因以得名。""彼时"是陈伯宣未徙德安之时，而"彼时"陈氏还未得"义门"御赐，那么何以借"义门"之名而称山名铺。既然如此，德化县就不是义门始居地，而是义门显祖陈伯宣的江州始居地。"义门铺在（九江）城南六十里。""义门山在（九江）府城西六十里，与株岭高良二山相接，义门陈氏居其下，故名。"[14]由此可见，义门铺和义门山都在曾经的德化而今的九江，即陈伯宣始居地。"义门陈氏居其下"，当指陈氏得封"义门"之后迁居于此，多为陈伯宣后人。

陈伯宣自闽而来，首居庐山圣治峰下龙潭窝，因潮湿阴冷而迁居太平宫，即德化县甘泉乡泉水垅，而后又迁到德化县白鹤乡齐集里（又称"儒教里"），最后因避乱率族徙德安，与陈旺后人合族而居。德化县（今九江县及瑞昌市一部分）应该是陈伯宣的始居地，是他入德安前的主要活动范围。

陈旺与陈伯宣究竟什么关系，后代子嗣不得而知，但各自都知道自己祖籍何处。在德化陈伯宣生于太平宫齐集里，死后既有墓也有祠；在德化至今还有崇冈之地与陈崇冈之千年古砖[12]，证明德化县曾是陈伯宣之仲子陈崇的始居地：这些都是因为陈伯宣后人不忘祖恩之故。此外，义门陈氏后裔若为陈伯宣一支，则既称自己是德安人，也时不时自称作德化人，如陈延赏在进士名录中就填作德化人；若后裔为陈旺一支，则只称德安人，如陈度在进士名录中填作德安人。由此可见，当时人都自知虽同为义门而异流同源。

二、各争各的祖

义门陈氏各地宗谱，乱得最离谱的是陈旺与伯宣的关系。根据各地宗谱[①②]，义门世系自阔（字伯宣）起，阔生檀，檀生旺，旺生机，机生感，感生蓝，蓝生青，青生六子伉侍仲俛伟伸，仲生崇，崇生衮。这是明代嘉靖甲寅联修宗谱的结果，也是在义门之争中德安与德化（德化即今之九江和瑞昌）相互妥协的结果。

明代为表扬而访查江州义门遗址，当时德安德化二县为此各具申文力争。德安打的是陈旺开庄之牌，而德化强调的是"义门"之名牌，诸如齐集里、义门山、义门铺。九江府最终表扬的是德化义门铺，其理由[⑫]：（1）德安义门村"不当驿路"，而德化义门铺"则道驿路"；（2）德安"无子孙生员在学，祠之则典守无人"，而德化属义门"始居之地"，且"子孙犹在"。

九江府两点理由，第一点没有问题，第二点只说对了一半。当时"无子孙生员在学"，应该是事实，而"祠之则典守无人"则是托词，难道老百姓就不能典守祖祠吗。德化"子孙犹在"，难道德安就没有子孙吗，要不然何来德安德化义门之争呢。德化是不是义门始居之地，上文已经论及，这里不再赘述。

德安、德化二县之争，实质是两地义门陈姓之争。九江府义门陈姓不止德安德化二县，为何只有这两县相争，就因为这两县分别是陈旺和陈伯宣之始居地。二县义门人表面争的是义门始祖，实则争的是陈氏派系荣耀。当时他们都知道自己的始祖是谁，而且也都明白二祖虽同为义门却并非一脉相承。若他们都认为旺阔二祖是一脉相承的直系血缘关系，那么表祖扬孙都是光宗耀祖，表扬这个祖宗与表扬那个祖宗有何区别呢。

根据家谱记载，唐玄宗开元十九年（731），陈旺至德安县太平乡常乐里永清村开庄，数代单传至陈青才生有六子，于是人丁始昌。许怀林[⑫]指出："在一般情况下，世次混乱是与无名人显事相联系的，正是家族衰弱的反映。"无论史料还是族谱，唐代陈旺一支始终没有记载什么突出事迹，可见是世代平民百姓；又因数代单传，家族呈式微之态，自然也没有什么族谱记载之类。

根据《庐山志》记载⑥，陈伯宣生于唐穆宗敬宗之间（821—825），曾两次因避祸而背井离乡。第一次陈镛（镶）因避仇家而远走泉州仙游，数十年后因游庐山而定居圣治峰阴之龙潭窝，"尝以居地阴脉有余阳脉不足"而数次迁居，一卜太平宫，即凤凰山泉水垅（今九江市庐山区），再迁德化县白鹤乡齐集里（今九江县狮子乡牌楼村）。第二次因避战乱于乾符四年（877）率族迁至蒲塘场太平乡长乐里永清村（今江西德安县车桥镇义门陈村），江州义门从此繁荣昌盛。⑧

陈伯宣率族与陈旺后人"合族同处"，子孙如是聚族三百余年可谓久矣，然而他们异流同源之血脉一清二楚。正因为这一聚，唐僖宗中和四年（884）才首得旌表，从此江州陈氏始有"义门"之称。因为唐末政局动荡，陈伯宣这一支在德安定居下来。在御赐"义门"之后，为了这一御封之名，异流同源的两支也不能不聚族而居。然而，其中应该有一部分人在政局稍稳之后，不断回到了原籍德化县，因此那里才有一些地名冠以"义门"之名。

正因为这一"合族同处"，当谱牒散落焚毁之后，人们渐渐不明就里而错将两支合一。

三、各祭各的祖

1. 五祖祠

今之德安五祖祠，建于北宋五祖受封之时，重修于明代甲寅年间。五祖即陈旺直系五代，旺机感兰青。这一支一直独子单传，世代务农，《宋史》等史传不见记载，就连其直系孙辈陈泰《回义门累朝事迹状》⑫都没有提及。直到北宋1001年，胡旦亲过义门陈，循家谱阅家法究根源而作《义门记》，陈旺一支才出现在文字之中。令人惋惜的是，该碑记没有载入史册，只在民间流落，历经时代磨洗，早已面目全非。

德安义门陈氏五祖是唐代人却在宋代受封，受封之时为宋仁宗天圣元年（1023）。义门陈氏昌盛已久，陈氏五祖怎么到这时才受皇帝重视？皇帝自然看不见平民百姓，更何况是两百多年前的草民。唐代五祖之所以此时受封，当为后代子孙的奏请求封。义门陈氏十余代同堂，历经十四位家长：陈青、陈伉、陈崇、陈让、陈衮、陈昉、陈鸿、陈兢、陈肱、陈逵、陈袭、陈旭、陈蕴、陈泰。江州陈氏受封"义门"之时，虽是陈伉当家长，但功劳全在陈伯宣。自此之后，从陈崇到陈袭九任家长，皆出于陈伯宣一族。然而，陈旭当选之后，连续三任都是陈旺一族。

《宋赠义门陈氏始祖五世公爵敕》[12]云："褒崇虽吝于先朝，显扬宜彰于当代。"事实并非如此，首先陈旺一支是平民百姓，在唐代无显事可表；其次义门受封功在伯宣一支，当权者文化人一直是陈伯宣一支，因此陈旺一支五祖难以上达天听。在陈旺后裔陈旭当选家长之后，情况就不一样了。为了光耀陈旺这一支祖宗，他们自然极力为自家直系五祖请求御封，这是理所当然的事情。这也就是说，宋代五祖受封之日，正值陈旺一族回任家长之时。因此，此时在《义门记》中出现陈旺一支的相关文字记载也就不足为怪了。

德安义门陈，不仅今存五祖祠，而且曾经专门立过旺公祠，今存遗址。

2. 陈伯宣

从陈伯宣这一支看，他们祖孙数代对义门陈功莫大焉，而在德安义门怎么反而没有建祠祭祀，特别是陈伯宣——众谱公认的义门陈显祖。即使按照义门联宗谱世次，宋仁宗追美义门陈氏先人，也不至于偏偏上不及陈伯宣而下漏之陈崇。唯一的解释，就是陈伯宣和陈崇与之五祖并非直系一脉，陈旭等求封之时根本没有提到他们。陈旭求封五祖之史实，反而从侧面证明了异流同源，即陈伯宣并非陈旭之直系祖先，如若不然无法得到合理的解释。

陈伯宣不仅没有祠堂祭祀，就连坟墓都迁往旧地德化，在德化立祠祭祀（祠今已毁）。据家谱记载，陈伯宣[①]"卒葬东佳书院旁"，后"迁葬瑞昌金城乡白石渡北岭村乡球墩"。陈伯宣既然逝之德安葬于德安，后来又为何迁葬瑞昌金城乡？此无他，是因为叶落归根，是其后裔将其归葬到了始居地。该迁葬本身，既反映了其后代子孙后来又回到了故地，也能证实陈伯宣与陈旺本来就不是陈氏同一支系传承下来的。更深入一层考究，我们可以推断当时江州义门内部亲疏之分非常清楚，"异流同源"由此可见一斑。

陈伯宣墓迁至瑞昌金城乡，大致是其后人陆续回到始居地之后的事情。公元2008年因为国家征地，其墓再迁至瑞昌市夏畈镇三眼桥。当德安义门破败之后，陈伯宣后裔陆续回迁，更多地迁往瑞昌与湖北阳新交界之处。那里背负崇山峻岭远离繁华闹市，是个休养生息的好去处。当陈伯宣墓再次面临迁址时，正是义门人纷纷前往德安寻根之时；然而陈氏后裔选择的墓地不是德安而是瑞昌，而且更加远离德安，回到义门陈显祖陈伯宣后裔的聚居之所。

3. 陈三公

南宋陈士尹系果石庄陈思洪之五世孙[⑫]，伯宣生崇，崇生衮，衮生旸，旸生恭，恭生宗臣。宗臣之孙陈思洪分庄，而今多分布在赣鄂交界之地。

陈士尹字彦衡，抗金将领，与武宁人李彦先一起应诏勤王，与金兵鏖战奋不顾身，终以寡不敌众而战死沙场。绍兴十三年宋高宗论功行赏，追赠保义郎淮西统制兵马使，立庙祀之，赐匾额"忠壮"，后称为九里殿。九里殿在今德安义门陈，当地跑马岗据说为当年陈三将军练武场。[⑫]

虽然德安曾有九里殿祭祀陈士尹，但九里殿自拆毁之后则无人祭祀，即使未毁之时也名存实亡。更何况，九里殿为官府所建，并非当地义门人所为；至于为何立庙德安，那是因为陈三将军战于彼、亡于彼。当地人即使祭祀三将军，也并非为了纪念三将军本人，而是作为一尊神灵而有所求。

然而，在德化县，如赤土官庄新屋陈等地义门陈子嗣，每年正月都有大规模的祭祀纪念活动。赤土官庄，据谱记载[⑬]，其祖贵高公迁自高安县大城乡赤土官庄，赤土官庄之迁庄祖陈知成为陈伯宣六世孙。每逢其时，在热热闹闹的祭祀队伍中，众人抬着陈伯宣和陈士尹两尊塑像，在当地义门陈各村游走，每至一庄都要燃放鞭炮焚香祭拜。其日盛况空前热闹非凡，当地义门陈家家户户都要邀请亲朋好友一起庆贺。

陈伯宣黄脸，儒雅著作郎模样；而陈士尹黑脸，武将模样，还携带兵器。当地义门人只知尊陈士尹为陈三公或陈三都督，不知其人真实名讳，更不知世称三将军。陈三公本湖北果石庄，在湖北峒山仍有三将军庙，当地人称之"三将军"或"三菩萨"。

综而观之，古之德安、德化二县义门人，一直都争相祭拜自己的远祖，"同源异流"显而易见。

四、联宗重修宗谱

陈旺为德安义门的开山祖，而"义门"之名则始于晚唐中和四年（884），首功应归于陈伯宣，即陈伯宣当为义门陈之显祖。于是乎，德安推陈旺为义门始祖，而德化尊伯宣为义门始祖。无论尊谁为祖，当时都知道其中原委。然而，时移世易，自北宋嘉祐七年（1062）析庄之后，古之家谱不存而史书也缺少记录，两支合流则成了一桩疑案。

由于陈伯宣这一支有名人显事，其后裔又多有出息，所以明代义门遗址之争以德化义门取胜而告终。两县为始祖争执不休，于是官府出面调停。自明代嘉靖甲寅时期开始，至清代乾隆戊申年间，数次修谱都有官府直接参与干涉，为了抑旺扬阔而不惜牺牲世系伦理。

家谱源于秦汉，盛于唐宋，完备于明清。诗书簪缨之族，家谱早就有了。陈氏既曾建过国也曾立过朝，自然早有国史明文记载；而国朝破败之后，子孙遁迹，尤其是无官无名无业绩者，则无事迹可考。南陈子嗣自隋始，多隐姓埋名，如叔明一脉，独陈兼一支因官而有片言只语见诸史料，其余都难以考究。

陈伯宣[①]"公有文史才，住庐山期间，注司马迁史记，肇修家乘匡山谱，撰陈氏宗谱序，谱史来源与依据"。从此而后，陈氏便又有据可考。然而，朝代几度更替，遭逢乱世战火频仍，家谱散落或毁灭难续。自明代始，民间大规模修缮家谱，但政府强调宗谱重视三纲五常，颂扬忠孝节义，以达到光宗耀祖的目的。义门陈氏明嘉靖甲寅联宗重修家谱，离义门旌表之时已经过去七百余年，各地虽知远祖但世次难明，如陈旺陈伯宣之祖孙关系。《明嘉靖甲寅年重修宗谱凡例》[12]云："斯谱重表扬也，故公移先之，而标题俱称表扬云。"该谱与表扬江州义门遗址一脉相承，"公移先之"是为了表扬伯宣一族，而陈伯宣与陈旺到底何种关系，当时应该不甚明了。

明嘉靖甲寅义门陈氏重修宗谱时颇费周折，既有始祖之争，又因为家谱缺失而难序世系，还有官府参与出面调停干涉而不便"自作主张"。正如《明嘉靖甲寅年重修宗谱凡例》所云："旧谱散去，殊多错简。"客观事实如此，限于当时的条件，只好"芟芜屏复，间附己意。"

若说嘉靖甲寅（1553）九江联宗谱还只是为义门陈世系定下了基调，那么乾隆戊申（1788）重修家谱则成了后人修谱的规范蓝本。《石塘庄戊申重修宗谱序》[12]云：官方为了规范义门家谱，"叠经削其中字句，模糊茫然莫辨，倘仍依旧葫芦不举，将后之子孙其不视为亥豕鲁鱼也"。从此之后，义门陈氏家谱的确是一笔糊涂账。

明嘉靖甲寅修谱，虽然将伯宣"移先之"，但正如《凡例》所云："信固存矣，疑亦仍旧，重其传也。"虽然"芟芜屏复，间附己意"，但"以按之云"，"按意皆自旧谱之可疑者，据理详意，参史考传，而效一得云。虽撰之而后言，而亦不敢以自是。"然而，乾隆戊申重修时，则肆意削减字句，"删改家谱，以明识忌讳"（《火巷庄迁禄原坂派戊申序》[12]），"凡旧本之未符者，应汰必汰；新文之允协者，应增必增。"（《绍型绍廷等九人同识戊申序》[12]）在经过一番整齐划一的增删之后，于是乎义门陈家谱规范整饬一脉相承，貌似"无可挑剔"。

由官府直接参与，奉文改谱也是无可奈何之事。在家谱缺失史料不全的情况下，陈旺和陈伯宣二公世系难辨而又都被尊为义门始祖，当时官府为表扬之意而将伯宣公"移先之"，于是陈旺就成了"伯宣孙旺"。因为只有这样才能达到表扬伯宣的目的，也只有如此才能将同源异流的两支貌似"合理"地糅杂在一处。

德安、德化义门之争，争的是官府表扬，争的是两支陈氏祖先的荣耀；而联修宗谱则是在官府的参与下有序地将两支合为一支，这都是当时相互妥协的无可奈何之举。

五、文献互参考证

义门各家宗谱不一，今之如何判之是非曲直？其孰是孰非，不可凭一己之意愿，最关键的就是谱史相互印证。

自《九江义门联宗谱》问世后，义门陈氏世系似乎一目了然。为了达到进一步统一，凡有关牵涉义门世系的资料同样"应汰必汰""应增必增"，以至于许多貌似可信的文献资料都面目全非。例如，胡旦的《义门记》传抄本来就有错误，在《德化联宗谱》中改名为《宋咸平壬寅岁序》，并根据编者意思随意删改。（见《义门世次歧异成因探析》[12]）当然，凡早已入史的则无从修改，如《宋史》。然而若被引进族谱也会变相，例如，有些族谱在引用《宋史》时，一厢情愿地进行篡改，如"伯宣子崇"改为"伯宣九世孙崇"。（见《义门世次歧异成因探析》[12]）在《九江义门联宗谱》之后，抄录宗谱的史料则自然随之而错，如《江西通志》和明嘉靖版《九江府志》。此外，还有不少托名伪作。

尽管《九江义门联宗谱》影响巨大，但还有些义门旧谱或非联宗谱为我们提供了一些事实。例如，根据湖北石首《义门陈氏德星堂宗谱》[12]，叔明生志高，志高生才，才生蕴圭，"蕴圭司功参军，生二子，长子兼，次子旺"。据明嘉靖《陈氏兆祥宗谱序》[13]记载，"一支陈兼唐高宗上元进士……再一支陈旺陈昌迁江西德安，起家义门"。

据《宋史·陈兢传》[17]记，"叔明五世孙兼，唐右补阙。兼生京，秘书少监，集贤院学士，无子，以从子褒为嗣。褒官盐官令。褒生灌，高安丞。灌孙伯宣，避难泉州，与马总善，注司马迁《史记》行于世；后游庐山，因居德安，尝以著作佐郎召，不起，大顺初卒。伯宣子崇，为江州长史……崇子衮，江州司户。衮子昉，试奉礼郎……昉弟之子鸿……兢即鸿之弟……其从父弟旭……为江州助教。旭卒，弟蕴主家事。……

蕴卒,弟泰主之。泰弟度,太子中舍致仕。从子延赏、可,并举进士。延赏职方员外郎"。

在有关江州义门陈的史料中,《宋史》这一段应该是最齐全也最可信的文字。在《宋史·陈兢传》里,陈崇为伯宣之子,而上下数代都没提及陈旺之人。陈旺既为义门开山祖,怎么只字不提呢。史书中提到的都是义门陈氏名人或家长,都是对义门有功劳的人。陈旺的确是第一个到德安开基创业之人,但事实上与后来御赐的"义门"没有什么关联,而且数代单传无名人无显事,是故没有记载在史书之中。陈兢"为宜都王叔明之后",而且是陈兼一支陈伯宣的五世孙。在义门受封之前,史中只叙述陈兢的直系祖先,自然没有提及陈兼从弟陈旺;在义门受封之后,陈旺早已去世,当然也不可能再提到他。

"《宋史·陈兢传》还用了三个'从'字,极为精妙地把义门内部从属不同支系的人予以区分和勾画,同时还把他们的辈分做了兑换式的交待。"[13]"其从父弟旭",表明陈旭、陈蕴、陈泰和陈度同一支系,而与陈兢等并非同流;"从子延赏",则表明陈延赏与陈旭、陈蕴、陈泰和陈度并非同一支系人,当是陈兢的直系后裔。

除了《宋史》之外,还有些史料亦如此。清同治版《九江府志》[15]云:"陈崇,伯宣子。自伯宣居德安,合族同处。崇为江州长史,置田园,为家法,戒子孙,择群从掌其事,建书堂教诲之。僖宗时旌诏其门,南唐又为立义门,免其徭役。"《庐山志》[16]之《求是堂集》记载:"陈有伯宣者,游庐山乐之卜居焉。子崇,为江州长史。"唯独《新唐书·宰相世系表》记载,陈兼一支伯宣生旺,即陈旺为陈伯宣之子。《新唐书》成书于宋仁宗时期,此前胡旦的《义门记》就已经面世[13],因此《义门记》应该对《新唐书》有影响。《新唐书》虽然在表中将陈旺列在陈伯宣之下,但在传中却谨慎地没有如此记载,因史书文献中根本就没有陈旺的名字和事迹[13]。

从目前的资料来看,最有影响力的是《宋史·陈兢传》和《义门记》。这两份资料孰是孰非,从资料本身难以辨别。然而,我们看到《宋史》和《义门记》:(1)前者是官方的正式史记,后者是民间流传的散文式的叙述；（2）前者是有明确记载且无更改的前后一致的书面材料，后者是手手相抄口口相传而出现多种版本的散逸材料；（3）前者只记载了伯宣公一支而只字未提陈旺，后者却迎合了同源同支一家亲的思想。

民间多不读史不知史，因此大多宁信代代相沿的传说而不信史，更何况《义门记》符合"和谐"的宗族思想，更兼自明始官方为"大一统"之见参与家谱修订，由此家谱便肆意篡改成一本"清楚了然"的家史，也使本来口头相传的《义门记》成了正儿八经的文字记载，而实际上使本来就不明朗的伦理关系更加糊涂起来。

正因为如此，在没有其他更确切的证据之前，我们理当相信《宋史·陈兢传》，即陈旺并非陈兢这一支派祖先，也就是说当时在德安义门陈里面并非一本单支而是一脉数支。

根据陈月海考证[12]，江州义门陈自宜都王到陈崇之世系大致如下：

代数	1	2	3	4	5	6	7	8	9	10	11
世次	叔明	志高	才	蕴珪	兼	京	褒	灌	镶	伯宣	崇
生年	562				697		742			824	852

陈旺为陈兼弟弟，或从弟，伯宣为陈旺六世从孙，与青之六子是同辈从兄弟。参照史书和相关文献，江州义门该世次大致不错，各代先祖生年也大致与实际情况相符，当为较准确的考证。

义门陈追崇宜都王陈叔明为第一世祖，自叔明至蕴珪再到兼旺两支分张并行，唐末合族于江州德安永清村，共创百年义门盛世。

义门陈氏现有宗谱世次，不究则已，究则稀里糊涂不清不楚。

当陈伯宣率族奔往蒲塘场（今德安）之时，陈兼陈旺两支世系一目了然；自唐末义门受封至北宋析庄，两支关系还是清清楚楚的。然而，一经析庄陈氏子孙散落各地，历朝历代谱牒残缺不齐，几经兵燹战火，早先合流的两支渐渐模糊起来。从此往后，各家都清楚自己的迁庄祖为谁或者更远的义门老祖为谁，但对两支的关系则不甚明了。

既然义门陈氏自家都不清楚，那么就由官府出面表扬陈氏显赫人物。

明代嘉靖前后，义门陈氏之所以出现义门之争和奉敕改谱，都是因为陈家自己人对义门世次不甚明了而由官府出面调停。明代大规模修谱，官府明文规定颂扬忠孝节义，目的当然是为了达到整饬太平盛世的形象。既然自己都不甚清楚，而今有官府裁判，家谱便正式将二支糅在一处，哪还管他后代子孙视之"亥豕鲁鱼"。

今之谱牒，不管是清代的还是明代的，只要与明代甲寅联宗谱相关，都是值得怀疑的史料；而那些非陈兼陈旺两支的陈氏谱牒，甚至那些与陈氏有些来往的他姓家族谱牒（如西昌罗氏族谱[13]和武宁卢氏宗谱[12]），若能记载江州义门陈氏的相关信息，则反而是比较可靠的。

义门之争与奉敕改谱，从侧面反映当年义门陈"异流同源"，而《宋史》中相关的文字记载，陈月海考证的义门世次以及义门相关人事，则从正面证实陈旺与陈伯宣并非同脉所出。

参考文献

①江西省湖口县留市庄：《江州义门陈宗谱》影印版，2015年。

②陈峰总编：《中华义门陈氏大成谱》，2015年。

③柳宗元：《全唐文·唐故秘书少监陈公行状》，上海古籍出版社1990年版。

④许怀林：《陈氏家族的瓦解与"义门"的影响》，《中国史研究》1994年第2期。

⑤黄宝权：《论江州"义门陈"家族文化的特征》，《江西教育学院学报》2011年第5期。

⑥陈煜斓：《家训族约的价值取向与社会效应：以江州义门陈"家法"为例》，《闽南师范大学学报》2014年第2期。

⑦张劲松：《陈崇与东佳书堂：一种社会文化史的分析》，《湖南大学学报（社会科学版）》2008年第5期。

⑧陈凌：《东佳书堂考》，《南昌师范学院学报》2016年第2期。

⑨陈世林：《家国情怀与江州义门陈氏之聚散》，《江汉论坛》2017

年第 9 期。

⑩陈世林：《宋仁宗敕令义门陈析烟之管见》，《寻根》2015 年第 5 期。

⑪李明明：《江州义门陈氏宗族裂变考辨》，《史林》2020 年第 1 期。

⑫陈月海主编：《义门陈文史考》，江西人民出版社 2006 年版。

⑬陈月海、陈刚主编：《义门陈文史续考》，江西人民出版社 2011 年版。

⑭天一阁藏明嘉靖刻本影印《九江府志》，上海古籍书店 1962 年版。

⑮黎小龙：《"义门同居"的文化透视》，《寻根》1996 年第 4 期。

⑯吴宗慈等：《庐山志·太平宫》，江西人民出版社 2000 年版。

⑰［元］脱脱：《宋史·陈兢传》，中华书局 1985 年版。

⑱清同治《九江府志》，蒲亭官雁藏版，1984 年。

⑲江西省瑞昌市赤土官庄：《乌石义门陈宗谱》影印版，2015 年。

作者简介

陈凌，男，1967 年生，江西省湖口人，博士，江西师范大学文学院教授，研究生导师，主要研究汉语方言与地方文化。

本文是 2019 年国家社科后期资助项目"江西湖口方言词典"（19FYY011）和国家社科基金重大项目"苏皖鄂赣江淮官话与周边方言的接触演变研究及数据库建设"（19ZDA307）的阶段性成果。

东佳书堂考

陈 凌

东佳书堂，位于江西省德安县城西北义门陈东佳庄，即今之德安县爱民乡岩泉桂村。书堂自唐末肇建，历经数朝数代，一共700余年，最后毁于日寇炮火。

东佳书堂今之不存，除了义门陈宗谱和零星史料文献之外，其资料又十分稀少。宗谱文献资料少则也罢，而且前后乖舛，矛盾随处可见。尽管如此，东佳书堂自被发现之后，就引起不少研究者的兴趣，例如李才栋[①②]、阮志高[③]、孙家骅[④⑤]、陈雁南[⑥⑦]、邓洪波[⑧]、张劲松[⑨⑩⑪⑫⑬⑭]、黄宝权[⑮]、平坂谦二[⑯]、徐梓[⑰]等等。正因为材料残缺又真伪难辨，所以讨论多见分歧，分歧主要集中在东佳书堂的创始人和创建时间。

本文以考证义门陈相关人物生平事迹为经，参阅相关文献，拟就东佳书堂创建地址、创建时间、创始人、建筑规模和成效以及义门精神等问题做些探讨，以就教于大方之家。

一、创建地址

江州义门陈并非一个小村落，而是由多个小宗组合而成的大村落，类似如今同姓连成一片的巨型村落群。东佳书堂在江州义门陈，此说不差；但义门陈方圆数十里，东佳书堂到底在义门陈何处，值得考证。

《义门陈氏家法三十三条》(以下简称《家法》)[1]多次提到"诸庄""主庄""各庄"和"各房",如"掌一户版籍税粮及诸庄书契等""考较诸庄课绩""仍兼主庄之事""诸庄各立一人为首一人为副""每年收到谷斛至岁晚须具各庄账目归家""交领诸庄供应谷斛""一依主庄者次第施行""至费用物资惟冬至岁节清明掌事分派诸庄应付""诸房令掌事每月各给油一斤""凡嫁娶令掌事纽配诸庄应付布办""每年春首每庄抽后生丈夫一人归事桑柘""仰库司分派诸庄丝绵归与妇女织造""钱出库司分派诸庄应付""草席每年冬库司分派诸庄""每房各给一副"。

根据义门陈宗族组织,一姓一村,一村多庄,一庄多房。庄是因为人多根据大房分割的,大房主要指德安义门陈陈青之下的六个分支;庄中之房是根据该庄始祖下的分支派出的,若某庄人数庞大则又按其下各房进一步分庄。《家法》中"诸庄"和"各庄"之称,即表明义门陈即使算作一个村,当时也并非一庄。按照现在的称法,当时江州义门陈是陈姓多个村庄连在一起的陈姓村落群。不过,该村落群是一大家人,由一个家长统一管理;其家长类似今天的村长,只不过其村同姓罢了。《家法》中"各房"指的是各庄小房,而非已划为"庄"的大房;其"主庄"指大宗长房所在,与各庄相比,没有什么特殊之处,是最早定庄之处,也是各庄的榜样和中心,凡政治经济文化诸事皆视主庄而定,因此"一依主庄者次第施行"。

德安义门陈又称江右陈氏或江州陈氏,位于德安县城西北四十多公里的深山中。此处德安武宁瑞昌三地交界,丘峦重叠,交通不便,是个适于修身养性的"世外桃源"。江州义门陈主庄,在古之九江郡蒲塘场太平乡常乐里永清村,即今之江西省德安县车桥镇义门村。其他各庄也分布在这些重峦叠嶂之中,义门陈人世世代代都默默耕读于此。

东佳书堂是江州义门陈氏私家学堂,当然位于德安义门陈村,但并

---

[1]《家法》,见《义门陈文史考》,江西人民出版社2015年版。文中所有引文若无特别标注,则出自此书。

非位于主庄。《家法》之八云"立书堂一所于东佳庄",其东佳庄是义门陈中一庄,在东佳庄之东佳山(现名傅山)脚下,即今德安县爱民乡岩泉桂村。书堂此前在哪里不得而知,但在《家法》修立之后就定在东佳,因东佳之名而名,距义门陈主庄十余公里,离县城三十余公里。

二、义门世次

若想考究东佳书堂相关人事,我们必须弄清唐朝义门陈世次。根据陈月海考证,[16][21]义门陈五代以前的世系,谱与谱之间、谱与史之间以至史与史之间多不一致,人物生卒年以及大事记时间错漏百出,矛盾重重,甚至于祖孙颠倒,张冠李戴,谬以千里。

比照义门宗谱,究其原因,一是早先没有修谱,平凡人物不见史记,如陈旺一族;二是谱牒失传,或毁于天灾人祸,如朱陈大战;三是官方干预,肆意修改,如明代甲寅联宗续谱;四是续谱失察,以讹传讹,如明代之后义门陈修谱;五是盲目从祖,明知有误将错就错,或限于条件无可奈何,如2006年德安丙戌修谱。

义门陈明代嘉靖甲寅年间联宗续谱,官府直接参与审订,其《凡例》[16]云:"斯谱重表扬也,故公移先之,而标题俱称表扬云。""旧谱散去,殊多错简,今参互考辑,信固存矣,疑亦仍旧,重其传也。惟芟芜屏复,间附己意以按之云。"义门各分庄宗族对"奉文改篡"宗谱之事意见不一,但多抱着得过且过的态度,如株岭庄蓝桥派《戊申序》云:"诸君既有成议,余安得不随其后。"

明代九江义门陈联宗修谱,在官府的参与中完成,其意重在表扬陈伯宣开创"义门"并彰显避难德安义门之前的所谓"义门陈遗址"。正因为重在表扬,所以不惜牺牲伦理,将本来理不清的世系凭着主观臆断编排出一个系统的图表。从此而后,义门陈世次"抹糊茫然莫辨"。时移世易,后人多不明就里,稀里糊涂将此"奉宪饬修"的家谱作为蓝本,以讹传讹地一直延续到今天。

按照该蓝本,义门世系自阔(字伯宣)起,阔生檀,檀生旺,旺生机,机生感,感生蓝,蓝生青,青生六子伉侍仲俛伟伸,仲生崇,崇生衮。九江义门陈宗谱基本如此,但该蓝本疑点很多,其中最主要的问题是,九江联修宗谱在伯宣与陈崇父子中间平白插入七代人。一些非明代联修宗谱(如江苏毗陵陈氏宗谱)或史料(如《宋史》和《德安县志》)明确指出"伯宣子崇",即陈崇是伯宣之子,而非九世孙。

陈旺于公元731年即唐开元十九年到德安开庄,几成定论;绝大多数家谱及史书多这样记载,应该非常可信。然而,据《宋史》[1]《庐山志》[2]《德安县志》[3]等史料记载,伯宣生于敬穆之间,如此一来,陈旺怎么反成了伯宣孙呢。许怀林对此曾提出质疑"时间与世次似觉不符"[15],其实陈光亨在《义门碑考》[4]早就提出类似疑问:"谱载《义门碑》云伯宣公孙旺于开元十九年迁居德安,按伯公至南康在唐宪宗元和初年,若旺于玄宗开元十九年(731)迁居,反在元和前七十余年矣。"如此种种疑问,促使人们不得不重新考究江州义门世系。

根据义门陈氏相关宗谱记载,宜都王叔明以下宗派众多,在历史上来德安探亲访友甚至定居的也一定不少。然而,据明代嘉靖《陈氏兆祥宗谱序》记载,德安义门陈宗派主要有三支:一支陈旺,一支陈昌,一支陈阔(字伯宣)。陈昌子嗣如何,不见记载,具体情况不得而知;陈旺是开山祖,旺生机,机生感,感生蓝,蓝生青,青生六子,后裔庞大,最后几任家长如陈旭陈蕴陈泰都是这一支;陈阔是义门显祖,陈氏因之而得"义门陈氏"之封赐,从陈崇第三任家长到陈袭第十一任家长都属于这一支。

根据陈月海考证[16],江州义门陈世系自宜都王到陈崇大致如下:

---

[1] [元]脱脱撰:《宋史》,见卷四五六《列传》之卷二一五《孝义》之《陈兢传》,下同。
[2] 《九江府志》,清同治版,卷三八之《人物·孝友》,下同。
[3] 《德安县志》,清同治版,卷十一之《人物·孝友》,下同。
[4] 《义门碑考》,清道光六年进士陈光亨撰,见《义门陈文史考》,江西人民出版社2006年版。

代数	1	2	3	4	5	6	7	8	9	10	11
世次	叔明	志高	才	蕴珪	兼	京	褒	灌	瓘	伯宣	崇
生年	562				697		742			824	852

陈旺为陈兼弟或从弟，伯宣为陈旺六世从孙，与青之六子是同辈从兄弟。由此可见，这一段伦理前后都不乱，乱就乱在陈旺与伯宣的祖孙关系问题，是明代甲寅联宗修谱凭主观臆断所犯下的历史错误，即错将本为两支陈姓合而为一。幸好还有些老谱没有受明代联宗修谱的影响，如《湖北石首德星堂宗谱》《吴兴蓝田源流派衍齿录》和《苏南毗陵陈氏族谱》等，能与《宋史》《九江府志》《德安县志》等史料相印证，不然何以还原史实？

参照史书和相关文献，江州义门世次大致不错，各代先祖生年也不致与实际情况相距甚远，当为较准确的考证。古之凡记东佳书堂者都序义门陈氏世次，徐铉、章谷、杨亿等等都如此。今天我们要弄清东佳书堂，同样也必须先正这些与东佳书堂相关的人物世次并考证其大致生平事迹，不然下面的讨论将会困难重重并说不清道不明。

三、创始人

东佳书院创始人为谁，或曰陈崇，或曰陈衮，或曰陈褒。

陈衮为陈崇次子，曰崇曰衮，仅父子两代人而已，曰褒则大相径庭。江州义门陈始祖公推宜都王陈叔明，开山祖公认为宜都王五世从孙陈旺，显祖当为陈兼之六世孙陈阔。陈褒为陈衮六世祖、宜都王陈叔明七世孙，据《宋史》"（其父陈京）秘书少监，集贤院学士，无子，以从子褒为嗣，官至盐官令"。据柳宗元《唐故秘书少监陈公行状》[1]，该文作于"永贞元年八月五日"。陈京既然殁于唐顺宗永贞元年（805），那么主要生活在唐玄宗天宝年到唐顺宗永贞年间，即公元742—805年。若按此推理，其从子陈褒至少生于唐德宗时期（780—804），与东佳书堂创建的时间

---

[1]《唐故秘书少监陈公行状》，见《全唐文》卷五九一，下同。

唐昭宗大顺元年（890）相距一百多年，二者应该毫无关系。由此可推知，陈褒当为陈衮之讹，"褒""衮"手抄笔误而已。

东佳书堂创始人为谁？从江州义门陈氏宗谱看，陈伯宣应该是创建东佳书堂的倡导者，陈崇是家法明文规定书堂立于东佳庄的执法人，而陈衮则为"东佳书堂大规模扩建者"。⑩

江州义门陈开山祖陈旺，随从兄兼至江州，后因兼移官别任，则于唐玄宗开元十九年（731），自江州迁至九江府德安县太平乡常乐里永清村艾草坪。其之所以没有随兼而去，大致因为处理兼的田产之类而滞留（宗谱云"因官置产"），二十多年后又发生历史上著名的"安史之乱"，长此以往就不得不在德安深山之中定居下来。旺生机，机生感，感生蓝，蓝生青，五代单传，青生子六曰伉侍仲俛伟伸，随后家族人丁才兴旺起来。乾符二年（875）王仙芝起义（民间亦称黄巢起义），乾符四年（877）票帅柳彦璋攻打江州，陈兼六世孙陈伯宣为避兵乱率族迁居德安深山，与陈旺后人"合族同处"。⑯

从祖辈兼、旺二兄弟看，正如《义门家范十二则》[1]所说，陈伯宣与陈旺后裔属于"异流同源"。陈伯宣率族而至，当受到陈旺后裔热烈欢迎：一方面，古人很重视宗族血缘关系，更何况陈氏为义门，只要是"家门"（同宗），无论是熟识的还是陌生的都会受到礼遇；另一方面，陈伯宣原居齐集里（原九江县牌楼村），离德安义门陈相距不远，既是一脉同宗又是近里邻居，应该相互往来彼此非常熟悉。

陈旺一族最先定居德安义门陈，但名姓多不见唐代史书；自旺至青五祖受封，那是宋代的事情，也是这一支重新当上义门陈家长之后的事情。此无他，只因这一支一直都是平民百姓，古来"世次混乱是与无名人显事相联系的"。⑯然而，陈伯宣时有嘉名（著作佐郎），在德安义门陈应该很有威望，甚至在整个江州也有威信。根据家谱记载，从此以后，德安陈氏人丁突然兴旺起来，当是合族而居的结果；不到十年即唐僖宗

---

[1]《义门家范十二则》，见《义门陈文史考》，江西人民出版社2006年版。

中和四年（884）就受到皇帝旌表，赐"义门陈氏"，当是陈氏合族以孝义远近闻名的结果。义门陈氏从此得"义门"之名，也从此显耀于世。从义门陈氏宗谱和各史料看，主要功劳当归显祖陈伯宣。

陈伯宣有何功劳？无非是使德安陈氏很快兴旺发达起来。

创建书堂和修订家法，是文化人做的事情，是书香门第的传统。德安义门陈开山祖陈旺一族不见史传，是因为他们数代单传而且都是平民百姓。平民百姓别说建书堂立家法，恐怕连最基本的家谱都没有。陈伯宣出身于世代官宦人家，时有清名；据《德安县志》记载，陈伯宣"注司马迁《史记》行于世，尝以著作郎召，不起"。待来德安之后，发现德安陈氏人口骤增，作为文化人他便从政治经济思想文化教育各方面对德安陈氏进行规划。在陈伯宣倡导的规划中，创立书堂和修订家法应该是最突出的项目。在短短几年里该规划就颇见成效，尤其是七年后就受到皇帝的旌表，让德安陈氏名声大振。于是乎，陈伯宣一支在德安义门陈的地位迅猛看涨。

据陈氏宗谱记载，陈伯宣移居德安之时，从父陈青依然健在。"（陈青）生子众盛，庭训益严。""青公即陈之显祖，义门第一任家长也。"陈伯宣到德安之后，义门陈为何明文立家长？（1）两支"合族而处"之后，家族庞大，人口众多，到了不得不立一人主管全家事务之时；（2）家大业大，子孙良莠不齐，若想肃整门风振兴家族，必须进行统一的管理；（3）青公之所以为显祖，不仅因为家族繁盛，更因为辈长，是理所当然的当家人。

从义门陈氏家长制度看，家长多出长房，但并不尽然，若有变故或长房无能则由旁出或他出。考究义门家谱，义门陈氏家族民主意识较强，历任家长任贤用能。若陈伯宣初到德安义门陈之时就拟立家长，陈伯宣再怎么有能耐有影响也当不得这个家长；就算从父陈青已故，当时于义门无半点功劳的陈伯宣也担不起这个重担。陈青之后第二任家长陈伉，陈伉之后则落到伯宣一支的陈崇身上。陈崇能当选为家长是民主商议推荐的结果，当然也是其父伯宣此时有功于义门且教子有方的结果。

当时陈氏两支合族之后，义门陈人口迅速骤增，"陈氏始起者二百人，家法行三百人"。这时又正值祸乱之时，在家长的领导下，政治、经济、思想、文化、教育等各方面都亟需规约。这一切在陈青第一任家长时就应该有指导思想，在第二任家长时初具规模，到第三任家长时便该形之于明文法规予以约束，于是陈崇于唐昭宗大顺元年（890）立家法三十三条。

家法开篇曰："吾家袭秘监之累功，承著作之贻训，代传孝悌，世业诗书，由是子孙众多，上下和睦，迄今存殁十一代，曾元数百人，贻厥孙谋，承其余庆。"其言"袭秘监之累功"，当指先祖陈兼一支以下历任"秘书少监"；所言"承著作之贻训"，讲的是谨遵先父著作佐郎陈伯宣的遗言。据《德安县志》记载，陈伯宣"大顺初卒"，即陈伯宣去世不久则《家法》立。这并非要等到父辈亡故才立家法，而是陈崇觉得没有父辈做靠山而应该尽快把早就酝酿的家法拿出来，为自己以后的一切言行做理论支撑。由此可见，家法虽由崇出，却是与老一辈义门人共同商议的结果，更是将潜在的家规家训进一步制度化的结果，从此家法更加完善化更加透明化。

从家法可知，东佳书堂创立者不该是陈崇更不是陈衮。自东佳书堂有文献明确记载起，第一任家长是陈崇，第二任家长是陈让，第三任家长才是陈衮，怎么推断创立者也轮不到陈衮头上。然而，陈衮是为东佳书堂大兴土木之人，是东佳书堂各种设施的完善者，更是将东佳书堂推向辉煌的大功臣。义门陈氏书堂正式名之为东佳书院，陈衮功不可没，因此后人建衮公厅于书堂亦理所当然。正因为如此，后人提起东佳书堂，首先想到的是陈衮，但大功臣是功劳卓著者而不等于创立者。

历代宗谱都追望族重官宦名人，突出宗族中的功勋卓越者，开山祖陈旺、显祖陈伯宣、家法修立者陈崇、书堂扩建者陈衮以及陈兢、陈旭等等莫不如此。唐僖宗公元884年首旌"义门"之时，家长为谁，不是陈崇而是陈伉。陈氏宗谱为何不对陈伉大书特书，原因就是受旌之功臣不是陈伉而是陈伯宣。陈伯宣算是"功高盖主"，不久家长就落到他这一支陈崇头上。这里必须指出的是，东佳书堂创立之初，家长也同样是陈伉。然而，义门陈氏从来没人说，东佳书堂是陈伉创立的，何也？道理同上，创立书堂也是陈伯宣等人倡导出来的，只是由家长陈伉领头支持并兴建罢了。由此可见，陈伯宣于德安义门陈确实功劳赫赫，称之显祖名副其实。

综上所述，东佳书堂是在著作佐郎陈伯宣以及第一任家长陈青等老一辈义门人的倡导下，由第二任家长陈伉领头集体创办的私学，是唐僖宗时期义门陈老一辈族人集体智慧的结晶。陈崇是在家法修立之后的第一位明文规定的执行者，而陈衮是东佳书堂建设的大功臣。

四、时间与名称

根据现有研究，东佳书院修建于公元890年以前，基本上成了定论。根据《家法》，其中第八、九两条是这样记载的：

八、立书堂一所于东佳庄，弟侄子孙有赋性聪敏者令修学。稍有学成应举者，除现置书籍外，须令添置。于书生中立一人掌书籍，出入须令照管，不得遗失。

九、立书屋一所于主宅之西，训教童蒙。每年正月择吉日起馆至冬月解散。童子年七岁令入学，至十五岁出学，有能者令入东佳。逐年于书堂内次第抽二人归训，一人为先生，一人为副。其笔墨砚并出宅库，管事收买应付。

徐梓[⑰]认为这是义门陈当时的建学兴教计划，即陈崇出家法时并没有实施这一计划。该观点值得商榷。（1）《家法》条文是深思熟虑的结果，但不可能是计划，而是在现有基础上进一步条文化规范化，以使之家喻户晓遵照执行；（2）这是家法不是兴建计划，重在法则的制定，即将日常事务纳入法规条文，而不是大兴土木；（3）《家法》目的在乎"推功任能，惩恶劝善"，"须令均等，务求和同，令子孙无间言而守义范也"。

若说《家法》所指都是设想，那么义门陈此前就没有什么生活，一切规范（或说计划）自此凭空而起，这绝不是事实。若书屋和书堂由此而预设，那么此前义门教育何来，唐僖宗此前又何以旌表义门？陈氏异流同源合族而居，人数众多亟须加强教育，为子孙计书堂应运而生合情合理。《东佳书院记》[1]云："人愈众矣，骄奢淫佚所自邪也，不督之以诗书，教之以礼乐，欲其相观而善，巩不可得。"既然如此，创立东佳书堂的思想，在"合族"之后就开始有了，而不可能等到旌表义门数年之后。

根据《家法》制定的年代，陈氏书堂早已有之，当在890年之前。张劲松[13]认为："早在东佳书堂前，陈氏就已经有了为科举服务的、相当于高等教育层次的家塾。"其实，是东佳书堂创立的时间应该更早些。根据陈伯宣为了避乱率族来德安义门的时间，东佳书堂创立时间当在公元877—890年13年时间里。根据封建帝王赐封"义门"之理，东佳书堂创立时间则应该在唐僖宗中和四年受朝廷旌表之前，即在公元884年之前。

中国封建王朝对大家族同居共产的生活方式历来大加褒奖，据史料记载义门同居多在南北朝至明清时期，而皇上对义门家族大加旌表则多自唐始。[20]封建皇帝旌表义门，并非随意乱封，而必须有一定的条件，归结起来：（1）孝义传家，忠孝两全；（2）数代聚居共产，特别是同源异流聚集，甚至异姓杂居；（3）非书香门第，即官宦望族。皇帝旌褒的表面是家族门间，其实是宣扬严厉的宗法制度和大家族以孝义为根本的家庭教育，其意就是为天下树立榜样，为和谐统治奠定牢固根基。义门陈得以旌表自然也不例外，在时局不稳的情况下，唐僖宗赐之义门正当其时。根据封建帝王赐封的条件，德安陈氏应该是数代同居的楷模、异流同居的表率和家族教育的先锋。正因为这样，我们将东佳书堂的创立时间推至公元877年（陈伯宣率族来归）至公元884年（唐僖宗御赐义门）之间，即公元880年前后。

在《家法》修订之前，义门陈当有书屋和书堂，不仅有固定的地点"东

---

[1]［宋］章谷撰：《东佳书院记》，见《中华义门陈氏大成谱》。

佳庄"，亦有固定的名称"东佳书堂"。《家法》云："童子年七岁令入学，至十五岁出学，有能者令入东佳。"若没有固定的名称，《家法》中不可能只呼地名"东佳"，因为"东佳"之名可指山，亦可指庄。陈崇是《家法》的第一执行者，也是陈氏书堂明文化之后的第一位维护人。自立《家法》之后，书堂便法定于东佳庄，而书屋定于主宅之西。

义门陈第四任家长是陈让，第五任家长才是陈衮。陈崇"生子三让衮蜕"，家长之任继陈崇而首先落到陈让的身上，大致陈让在三兄弟中最有威望最得长辈厚爱。据家谱记载，"（陈让）为唐御前兵司使司。主家政，设局务，长幼有序，晨昏有礼，克遵家范，是训是行，谨达父志，南唐又受旌表"。然而，陈让主家政数年之后就由陈衮主政，其原因不得而知。其时宗谱从陈让开始连续三代连生卒年都没有记载，根据宗谱规律，大致当时政局不稳，家族也风雨飘摇，没有心事顾及续谱之事（义门俗规是每年正月增续前年的人丁增减情况）。

既然陈让时又受南唐旌表，则这时东佳书堂就已经颇具规模，且已经有了相当的影响力了。然而，由于政局不稳，这段历史在宗谱中没有详细记载。不过，在陈衮任第五任家长之后，宗谱明确记载："于居左二十里东佳山麓立书楼，聚书千卷，置田二十顷。"在政局不稳定之时，读书之风俨然日炽，读书人更沉溺于三坟五典。自招收外姓之后，东家书堂求学人数日渐增多，"延四方学者，伏腊皆资，江南名士皆肄业于其家"。[1]此时正值陈衮当家作主，他更重视家庭教育，更重视东佳书堂的修建；在财力许可的情况下，自然要大规模添置建筑、书卷和学田。

书屋和书堂都是家塾性质，陈氏书屋是"训教童蒙"，为基础教育，东佳书堂为的是进一步"修学"，具有高中或大学的性质。在陈崇立《家法》之时，东佳书堂规模虽不甚宏大，但藏书修学讲学授徒一应俱全，只是不见刻书记载。根据书院的定义，此时该书堂虽无书院之名，却已有书院之实了。⑲在陈衮立书楼之后，东佳书堂规模日渐宏大，随之教育机

---

[1]［宋］文莹撰：《湘山野录》，见卷上《吴国五世同居者》。

构日益完备，教育制度也日渐明晰化，更兼以外来游学者众，书堂就是名副其实的书院了。至于书堂之名为书院所取代，当在唐亡之后，大致是宋代书院勃兴之后的事情。

五、规模与成效

根据考证⑥，东佳书院始创于唐末，兴盛于五代，繁荣于宋代，是一家在私学基础上逐步形成一整套教育体系的典型民间书院。

《家法》云："崇所虑者将来昆云渐众，愚智不同，苟无敦睦之方，虑乖负荷之理。"其目的有二，最低目标是"推功任能，惩恶劝善"，教化儿孙；最高目标是"恢振义风"，"阖宗荣耀"，振兴义门陈，以达到光宗耀祖的目的。

据《陈氏推广家法十五条》[1]记载，"子孙于蒙养时，先当择师，稍长，令从名师习圣贤书，教给礼义；不可读杂字及学习滑词讼之事，以乖行谊心术，亦不可学诬罔淫邪之说。若资性刚敏，明物清醇者，严教举业，期正道以取青紫。若中人以上，亦教之知理明义，使其去其凶狠骄惰之习，以承家教。又当教之以忠厚而俭朴，因之庶免习为轻浮以入败类"。

为此，义门陈在教育方面不断增加投入。东佳书院创建于公元880年前后，在陈崇时期应该就颇具规模，这时不仅有书堂，还有别墅。别墅与书堂本是两种不同性质的建筑，别墅为的是迎宾客，相当于现在的旅馆，所有探访义门陈的客人都住在这里；而书堂一开始就是藏书修学之所，不过修学之人离家较远亦可入住别墅。日后东佳书堂对外开放，"送往迎来，日无暇时"，别墅便纳入书堂成为东佳书堂的一部分。

到陈衮任家长之时，不仅有别墅和书堂，还特"建书楼于别墅"，"以延四方之士，肄业者多依焉"。[2]为供给教学之用，学田也达到二十顷。此处"书楼"并非书堂，而是在东佳山下另建书楼。此前东佳书堂既是

---

[1]《陈氏推广家法十五条》，见《义门陈文史考》，江西人民出版社2015年版。
[2][宋]马令撰：《南唐书》，见卷一《轶事》篇。

读书之地也是藏书之所，此后书堂与书楼两分，即将读书之处书堂与藏书之处书楼分开。书楼所藏之书，或由义门宗族购买，或因官购置，或为皇帝赏赐。据杨亿《御书楼记》，宋太宗"又赐以御书五十轴，共前一〇四卷"[1]，"所藏书帖，号为天下第一"。[2]

东佳书堂日后根据需要而不断扩建，经过几代人不断努力，东佳山下便建设成以书堂为中心的东佳建筑群。东佳书堂建有廨院、御书楼、集贤院、礼圣殿、衮公亭、寄咏舒、望云庵，还有三间试堂、四间讲堂以及其他"书楼堂庑数十间"。景德四年（1007），进士章谷回到了曾经就学的东佳，刚一临近，"遥望一方，宇栋连云，旌旗映日，气象万千"，不禁发出"令人畅然"的赞叹。于是写下《东佳书院记》[3]，具体描述了"正堂九架，以利讲学；庑房四百，以便潜究；兼亭台楼阁，耸延四方；更立紫岩，抒怀远眺，俱不能外也"。可修身可养性，可潜修可讲学，让人流连忘返咏叹不绝。

书堂建筑越来越完善，规模越来越大，对外影响越来越深远。到南唐时，"四方游学者，自是宦成名立者盖有之"。[4]据义门陈氏家谱记载，唐僖宗李儇、南唐烈祖李昇、宋太祖赵匡胤、宋太宗赵光义、宋真宗赵恒等五位皇帝明文给予旌表；而寇准、陈尧叟、文彦博、吕蒙正、晏殊、李昉、宋琪、欧阳修、朱熹、吕端、钱若水、黄庭坚、杨亿、苏轼等名人雅士都来此游历讲学。皇帝题诗题字赐封，使之声名远播；文人墨客歌咏讲学以及达官贵人观光造访，亦使其名声大噪。东佳书堂，一时盛况空前，正如晏殊诗云："西斋辉赫亘山隅，佳致清风世莫如。乡党名流依绛帐，烟罗幽景似仙居。趋庭子弟皆攀桂，弹铗宾朋遍食鱼。翰简传经亚邹鲁，粉牌留咏尽贤儒。"

东佳书堂是适应家族需要而产生的，也是适应当时的科举制度而产

---

[1] [宋]杨亿撰：《御书楼记》，见《中华义门陈氏大成谱》。
[2] [明]文德翼撰：《求是堂文集》，见《义门陈文史考》，江西人民出版社2015年版。
[3] 《义门陈文史考》，江西人民出版社2015年版。
[4] 《义门陈文史考》，江西人民出版社2015年版。

生的，[38][39]开了民间私家学堂之先河，在教育上取得了相当的成效，为朝廷培养了大批人才，在书院史上具有划时代的意义。当然，最受益的还是江州义门陈氏子弟。据家谱记载，唐宋时期，从书院走出"八英九才子"与"同榜三进士"更是传为美谈：这在教育史上不能不说是个奇迹。

六、义门精神

东佳书堂虽今之不存，但其精神不灭且扬之海内外。

"德安义门陈氏已成为中国史上最巨大、最典型、最严密、最罕见的封建家族组织。"[1]其之所以能够"萃居三千口""合爨四百年"，总体而言归作内外两大因素，首先得益于《义门家法三十三条》，以法律条文的形式将一切行为规范化，促使家族成员同心同德共同维护家族利益和荣耀；其次得益于历朝皇帝旌表，皇帝旌表这一殊荣无疑使义门陈氏在政治经济文化各方面都享受到特殊礼遇，家族社会地位随之也得到大大提升，这反过来又促使义门陈氏为维护这一殊荣而聚居得更加团结义气。

无论是内在的动力还是外在的影响，义门陈这块荣誉牌子若想继续维护好，家族重视教育是必不可少的，抑或是最重要的。中国传统教育的目的是什么？《礼记·大学》云："大学之道，在明明德，在亲民，在止于至善。"这应该是最高理想目标，为达此目标由"格物致知"而"诚意正心"，继而"修身齐家"，最后"治国平天下"。中国传统教育目标五部曲，一言以蔽之即明是非懂道理，说到底也就是"忠孝节义"。中国传统教育四字诀是义门同居传家的根本，也是历朝历代统治者维护社会安定的基石。德安义门陈不惜大力投资东佳书堂，其最终目的还是为了耕读传家、义门永葆、子孙恒昌。

从东佳书堂创立之后的成效来看，义门陈之义门精神的确发扬光大了。根据《家法》，江州义门陈子弟，自七岁始在书屋接受基础教育，

---

[1]《九江教育志》，中华书局1996年版。

成绩优异者继而前往东佳书堂"修学",准备科举考试。这些学习都是免费的,费用全出自学田。在东佳书堂,不仅义门陈子弟免费,就连外来游学者都包吃包住,以致"江南名士皆肄业于其家"。

当是时,义门常乐里门庭若市,风光无限,最重要的是促使陈氏义门精神绵延至今。

宋嘉祐七年(1062),江州义门陈奉旨分庄。然而,在陈晞主持下,东佳书院仍旧延续着。据《同治九江府志》之"学校·书院"条记载,宋崇宁间,东佳书院被德安县接管,由东佳山下迁至德安县城郊河东以西,旧址已为民居,所迁儒学一仍义门之名,称作"义门书院"。"明嘉靖十一年生员胡光时等呈当前复为学地,二十六年知县蔡元炜建中堂五间,东西号舍共十间,改立河东书院。""清朝道光三年知县巴彦布重修,改名为敷阳书院。""咸丰四年知县刘希洛议撤河东屋材改迁城内试院左侧,甫兴工旋遭匪扰,石木料无存。"

东佳书堂成绩斐然,"可称为中国书院发展史上的第一个里程碑"[9]。其成绩突出,不仅仅局限于培育出多少进士状元或者多少宰相名士,最核心的还是义门精神一直支撑着千百名义门人同居共爨数百年。从东佳书堂的兴衰看,其意义还远远不止于此,东佳书堂哪怕改朝换代即使搬迁异地,仍旧不废"义门"之名。此无他,即义门精神感染所致也。

义门家法也影响颇深,义门精神也传播甚远。根据义门研究者介绍,广州以及马来西亚的陈氏书院都贯彻着这种义门精神,这当是我们义门陈的研究者们需要继续挖掘的课题。

综上所述,根据相关史料考证,东佳书堂原建于东佳庄东佳山(现名傅山)下,即今德安县爱民乡岩泉桂村。它是公元880年前后在陈伯宣老一辈陈姓族人的倡导下,由第二任家长陈伉带领义门族人共同创办的私学,是唐僖宗时期老辈义门人集体力量与智慧的结晶。

第三任家长陈崇是以家法形式将东佳书堂明文化之后的第一位执行者,而第五任家长陈衮则是将东佳书堂推向鼎盛辉煌的功劳卓著者。

在陈崇立《家法》之时,东佳书堂已经集藏书修学讲学授徒于一体,虽无书院之名却已具书院之实。自唐僖宗时期开始，德安义门陈氏开创民间私家学堂——东佳书堂，为义门陈氏家族同居数百年奠定了牢固的思想基础，同时也使陈氏义门精神传播海内外并永存人间。

参考文献

①李才栋:《书院的起源与宋代书院的发展》,《华东师范大学学报(教育科学版)》1985年第3期。

②李才栋:《从早期江西三书院看教育、科举制度的互动关系》,《江西教育学院学报》2004年第2期。

③阮志高:《江州陈氏东佳书堂研究》,《江西教育学院学报》1989年专刊。

④孙家骅:《陈崇与东佳书堂》,《白鹿洞书院通讯》1989年第1期。

⑤孙家骅:《早于"白鹿书院"的"东佳书堂"》,《历史知识》1999年第4期。

⑥陈雁南:《东佳书院的沿革》,《白鹿洞书院学报》1993年试刊。

⑦陈雁南:《东佳书院创建年代考》,《白鹿洞书院学报》1993年试刊。

⑧邓洪波:《中国书院史》,东方出版中心2006年版。

⑨张劲松:《东佳书堂:中国书院发展史上的第一个里程碑》,《船山学刊》2008年第2期。

⑩张劲松:《陈崇与东佳书堂》,《湖南大学学报》2008年第5期。

⑪张劲松:《陈崇与东佳书堂关系的再认识》,《教育史研究》2008年第3期。

⑫张劲松:《家族书院与家族发展的互动解读》,《船山学刊》2006年第4期。

⑬张劲松:《科举:书院起源研究的新视角》,《社会科学论坛》2006年第11期。

⑭张劲松:《唐代江州陈氏东佳书堂的性质问题刍议》,《南京晓庄学院学报》2007年第2期。

⑮黄宝权:《江州"义门陈氏"家族的教育活动》,《教育评论》2012年第5期。

⑯陈月海主编:《义门陈文史考》,江西人民出版社2006年版、2015年版。

⑰徐梓:《东佳书堂小考》,《湖南大学学报(社会科学版)》2015年第1期。

⑱胡青:《科举制是古代书院发展的基础和动力》,《湖南大学学报(社会科学版)》2005年第6期。

⑲张劲松:《论书院的边界》,《教育评论》2008年第3期。

⑳黎小龙:《"义门同居"的文化透视》,《寻根》1996年第4期。

㉑陈月海、陈刚主编:《义门陈文史续考》,江西人民出版社2011年版。

史与史比较之辨证考述

陈惟林　陈　立

《宋史·孝义传陈兢》（以下简称《宋传》）和《唐书·宰相世系表》（以下简称《唐表》）及《唐书·陈京传》，俱为义门世系及其源流的重要史籍。只要我们坚持唯物主义历史观，科学地全面地甄别三者的异同，能充分认识相互承接的关系，对于义门陈文史的考证与研究，甚为有益。

一、《唐表》与《唐书·陈京传》及《陈京行状》比较

《唐表》是义门前期世系及其源流的专述，也是为唐代陈兼陈京"父子两秘监"撰写的家世。若为"楚相"陈轸而撰写，不会写到陈兼这个层次上来，何况之前还有"汉相"陈平诸人呢？从《唐表》所列义门前期世次舛误来看，编修者不完全是"失察"，主要是掌握原始资料不足，是依据柳宗元《唐故秘书少监陈公行状》（简称《陈京行状》）而来，将两者对照即明。《唐表》载："叔明，字子昭，隋鸿胪少卿；（子）某，会稽郡司马；（孙）某，晋陵郡司功参军；兼，右补阙、翰林学士。"而《陈公行状》篇首即云："五代祖某陈宜都王；曾祖某会稽郡司马；祖某皇晋陵郡司功参军；父某皇右补阙翰林学士赠秘书少监；某州某县某乡某里陈京年若干状。"可见《唐表》只补上"叔明""兼"两个人名，世次相同。再联系柳文末句："宗元，故集贤吏也，得公之遗事于其家。书而授公之友，以志公之墓。"由此推想，陈京墓碑上的铭文，绝不会有

此"某"字。可见《陈公行状》文是初稿，文中数处"某"字，皆为预留空白，交付给陈京生前之友带到陈家，由其自己填补，以免出错。也说明此文来自《柳宗元全集》，而非陈氏谱牒。

《唐表》后格载："京，字庆复，秘书少监；褒，以从子继，盐官令；灌，高安丞；伯宣，著作郎；旺，字野王；机。"推测此说，依据时之谱或传言，有误。只要与《唐书·陈京传》（以下简称《唐传》）对比便知。《唐传》载其世系为："陈京，字庆复，陈宜都王叔明五世孙。父兼，为右补阙，翰林学士……京无子，以从子褒为嗣，褒孙伯宣，辞著作佐郎不拜。"可见《唐传》撰修者相当谨慎，不轻易将旺、机父子录入传中。若"旺"真为伯宣之子，焉有不录之理？何况执笔者为《唐书》撰修成员，且"表""传"同载一书。由此证明，《唐表》所载义门前期世系依据不足，故有错漏。

二、《宋传》与《唐表》及《马总传》比较

《宋传》之所以成为考证义门世系的可靠史典，缘其为《唐表》之续，且对前书予以修正和补充。修正之处有四：改"叔明四世孙兼"为"叔明五世孙兼"；改"褒孙伯宣"为"褒生灌""灌孙伯宣"；改"伯宣子旺"为"伯宣子崇"；改"义门一个支系"为"义门两个支系"。前三处修正，显而易见；后一处修正，尚需详述。

义门人本是兼公、旺公两支后人的"合族同处"，《唐表》混为一支。《宋传》修正这个问题的手法相当高明，仅三次使用"从"字，就把义门两个支系表述出来，充分展示义门的孝义风貌。《宋传》云："叔明五世孙兼，唐右补阙。兼生京，秘书少监，无子，以从子褒为嗣，褒至盐官令。褒生灌，高安丞。灌孙伯宣，避难泉州……伯宣子崇为江州长史……"此一"从"也。褒为何人所生，此处不究。

《宋传》继续曰："褒生灌，灌孙伯宣，伯宣子崇，崇子衮，衮子昉，昉弟之子鸿，兢即鸿之弟。"其实，鸿是兢的堂兄，不仅不称兢为"从弟"，反而直呼为"弟"，表明二人同属兼公一支后人。接着笔锋一转："后兢

死，其从父弟旭每岁止贷粟之半""旭卒，弟蕴主家事""蕴卒，弟泰主之，泰弟度"……此二"从"也。陈兢之所以称旭、蕴、泰、度为"从父弟"，是因为他们不属于兼的支系人。按义门宗谱，陈旭是俛公玄孙，陈蕴是伟公玄孙，陈泰、陈度是伸公玄孙。若按"从子定义"，这四人之间相互称"从弟"或"族弟"，但由于同属旺公支系而皆呼之为"弟"。《宋史》文末笔锋复转："从子延赏、可。"此三"从"也。为何"延赏、可"是陈泰的"从子"呢？因延赏、可俱为兼公一支后人，为伯宣耳孙。如若不然，何必"从"之？《宋史》运用"从"字，巧妙地把两支系人区分开，这是《宋史》撰者的高深之处。

　　《宋传》对《唐表》的完善有三：

　　　　一是义门世次：《唐表》言陈兼为叔明第四世，伯宣为八世。《宋传》依据义门世谱补之，兼为叔明第五世，伯宣为第十世，陈昉为第十三世，陈兢为第十四世，延赏、可为第十五世。

　　　　二是义门世系：《唐表》虽然记述义门前期世系，但义门世系自何世何祖始，却未标明。《宋传》将起止世次和内部支系，十分巧妙地表述清楚。开篇即云"陈兢，陈宜都王叔明之后"，点明义门世系自叔明始。文中用三个"从"字，交代了义门内部两个支系。文末"蕴卒、弟泰主之。泰弟度，太子中舍致仕"。按《宋史》，陈兢是陈兼的十代孙。旭、蕴、泰、度与陈兢为同辈人。按义门宗谱，旭、蕴、泰、度是陈旺的第十代孙。并由此，陈旺应该为南朝陈某王爷的五世孙。乾符四年（877），贼帅柳彦章袭陷江州，为避兵乱，伯宣举家由德化白鹤乡泉水垅迁居德安与陈旺后人"合族同处"共建义门，时陈伉为家长。中和四年（884），获唐僖宗旌表"义门陈氏"。陈延赏、陈可为叔明第十五代孙，到了这一辈义门开始分庄，于是陈延赏子孙择居高安陈家湖。

　　　　三是义门事迹，《宋传》以义门显祖和家长为主线，将义门的盛事殊荣，按时间顺序一并表述，使义门"始于唐、盛于宋"的三百多年的发展历程载入史册。

　　《宋传》和《唐表》一样，亦有瑕疵，即"灌孙伯宣，避难泉州，与马总善"一语，经考证，此说与马总传记不符。据《唐书·马总传》《资治通鉴·唐纪》《唐刺史考》载马总事迹：唐贞元十六年（800）贬泉州别驾，元和初（866）迁虔州（今赣州南康）刺史；长庆二年（822）入为户部尚书，三年（823）卒。此年伯宣尚未出世。《九江谱》载《旌门记》亦云："瓖避难泉州仙游县，生伯宣。"可见"与马总善"者，非伯宣本人，而是其父陈瓖，即镛也。因《宋传》未言及陈瓖，故言伯宣"与马总善"权作交代。至于有谱云："伯宣与马总善，总移官南康，遂偕游庐山，悦其地圣治峰而家焉。"乃是传言，不足为据。

《义门记》是记述义门的又一名文，文采飞扬，"甚有古风"，是享誉"史笔文华，著声三朝"的胡旦所撰，时值宋咸平五年（1002），比《义门陈氏书堂记》晚33年。作者"因访名家，得诣陈氏，览世谱，阅家法，询事实，俱知其状，因为之记"，所写的义门世次，应比《义门陈氏书堂记》更为准确。然观诸谱所载《义门记》，其世次整体错位。究其原因，它不是胡旦原文！南宋中书舍人周必大曾言《义门碑》："中经兵火，得贤宰吕仁甫（即吕广问）表而出之，又可传远。予恐拓本颇难，为刻版付陈氏裔孙达善，使以携归。"后来发现此版有错，周必大亦言"疑后来碑误"。《德安县志》《宿松谱》均言："抑碑经火后，本版错误，有如同益公所云。"德安陈月海先生亦言："义门碑历尽兵燹数竖数毁……传至今日的《义门记》，彼此互异，内容多寡不同，且多与史书方志不符。"就是这样一个"错误"版本《义门记》，也被九江《明嘉靖甲寅重修谱》改得面目全非。篇名被改为《宋咸平壬寅岁原序》，内容改得"与府志不同"，以致义门世次紊乱至极。由此证实，自明清以来，广为流传的《义门记》不是胡旦原著，应以《宋传》正之。

三、《宋传》与《续资治通鉴长编》及《方志》

《宋传》言："昉家十三世同居，长幼七百口。"全句意为：第十三世陈昉为家长时，义门陈家男女老少七百人聚居同炊。然持"伯宣孙旺"观点者，却曲解为："自伯宣起至陈昉曾孙辈，已有13代人同居。"

出此言者，忽视了两个重要问题：一是陈昉的家长任期自南唐升元三年（939）至宋开宝六年（973），而开宝六年上距伯宣生年唐长庆四年（824）只有149年，149年时间内伯宣如何能传十三世孙？二是《宋传》记述的义门代表人物，上自叔明，下至延赏、可，何曾言及延赏的子、侄一辈？到了延赏辈，义门开始分家了。

《续资治通鉴长编》（简称《长编》）中亦有与《宋传》相同的记述，《长编·卷三十一》载："江州言德安县民陈兢十四世同居，老幼千二百余口。"《长编·卷四十》载："旭家长幼千余口。"因兢、旭同辈，故省"十四世同居"语。陈泰《回义门累朝事迹状》亦可佐证，该文引江南西路转运使张齐贤奏言："陈鸿家自来积善，孝悌相承，义聚一十四代。"鸿乃兢、旭之兄，且"世""代"二字意同，都是表明这几位家长为第十四世。即使持"伯宣孙旺"观点的宗谱，如湖北天门《月光垸谱》也言"十五世同居""十六世同居"，俱指家长的世次，未曾言及家庭成员的代数。《长编·卷一百一》又载："江州民陈蕴，聚居二百年，食口二千。"此述更详，还交代了义门聚居的年数。"二百年"是概数，意为"约二百年"。记述此语的时间是宋天圣元年（1023），上溯"二百年"，即为唐长庆末至太和初（824—827），这个时期正是青公六子相继成年，婚娶生育之时，一家三四十口合爨同居，聚而不分。

国史有此之载，府县又何志之？《九江府志·人物·孝友》载："陈崇，伯宣子。自伯宣居德安，合族同处。崇江州长史……。陈昉，崇之孙，江州司户衮之子，试奉礼郎。昉家十三世同居，长幼七百口。"《庐山志·太平宫·山川胜迹》载："然陈氏家谱，陈宜都王五世孙兼，唐玄宗时仕为秘书少监。兼子京，德宗时亦为秘书少监。京无子，以族子褒为嗣。褒子瓘，瓘之子避仇徙居仙游而生伯宣，计其生，当在敬穆之间（824年）。"《德安县志·人物·寓贤》载陈伯宣、陈昉、陈旭等人传记，俱以《宋传》为据，内容与措辞相同，俨如翻版。可见《宋传》和《长编》及府县志所载义门世次一致，内容相同，都是以陈兼一支为主体，以义门家长为主线，自上而下地记述义门世次与事迹。

考述至此，即可作结：《宋传》是《唐表》的续篇，并对《唐表》之误，据实正之。《九江府志》《德安县志》早以从史。然而传至今日的《义门记》，由于"本板错误"，应当彻底纠正过来，恢复义门世次的历史原貌。

作者简介

陈惟林，男，1945年1月生。中专文化，中级经济师。退休后，为中华诗词学会、湖北诗词学会会员，荆州市诗词学会原常务理事、石首市楚望诗社原副社长兼主编。著有《义门考异录》《梅林掠影》诗文集及其续集。诗词文章曾获多种奖项。

（此文由陈惟林、陈立父子撰写于2015年11月，今编辑时略有改动。）

略论《宋史·陈兢传》之"从"义

陈　刚

《宋史·陈兢传》记载："褒生灌，灌孙伯宣，伯宣子崇，崇子衮，衮子昉，昉弟之子鸿，兢即鸿之弟。"

陈惟林、陈立认为：其实，鸿是兢的堂兄，不仅不称兢为"从弟"，反而直呼为"弟"，表明二人同属兼公一支后人。接着笔锋一转："后兢死，其从父弟旭每岁止贷粟之半""旭卒，弟蕴主家事""蕴卒，弟泰主之，泰弟度"……此二"从"也。陈兢之所以称旭、蕴、泰、度为"从父弟"，是因为他们不属于兼的支系人。按义门宗谱，陈旭是俛公玄孙，陈蕴是伟公玄孙，陈泰、陈度是伸公玄孙。若按"从子定义"，这四人之间相互称"从弟"或"族弟"，但由于同属旺公支系而皆呼之为"弟"。《宋史》文末笔锋复转："从子延赏、可。"此三"从"也。为何"延赏、可"是陈泰的"从子"呢？因延赏、可俱为兼公一支后人，为伯宣耳孙。如若不然,何必"从"之？《宋史》运用"从"字，巧妙地把两支系人区分开，这是《宋史》撰文者的高深之处。

现如今，一种主流的观点认为只有未出服的叔伯才称之为从父，未出服的堂兄弟才称之为从父兄弟。"对此，笔者认为该观点对错各一半。

笔者认为"从弟"有三种释义：（1）从弟旧义，中古时期以同曾祖父不同父亲而年幼于己者的同辈男性为从弟。（2）从弟新义，唐宋以后以同祖父不同父亲而年幼于己者的同辈男性为从弟。（3）从弟裹义，由于古时语言的地域习惯等因素，有人也将比"从弟本义"血缘隔得更远的"平辈"或"辈分难辨而年龄比自己稍小的非亲兄弟（同族兄弟）"笼统地称为从弟。如《宋书·列传第二十七·谢灵运传》："在郡一载，称疾去职。从弟晦、曜、弘微等并与书止之，不从。"

谢衮	谢奕	谢玄	谢瑍	谢灵运
	谢据	谢朗	谢重	谢晦
	谢安	谢琰	谢峻	继子谢弘微
	谢万	谢韶	谢思	谢曜 谢弘微，出嗣给谢峻

由上表可知，无论按照"从弟"旧义还是新义，"晦、曜、弘微"三人与谢灵运同高祖（谢衮）而不同曾祖，当称之为"族弟"而非"从弟"。此处称之"从弟"，当以"从弟裹义"来解。

《晋书·帝纪第五》："秋七月，刘聪从弟曜及其将石勒围怀，诏征虏将军宋抽救之，为曜所败，抽死之。"

栾提羌渠	栾提于扶罗（持至尸逐侯单于）	刘豹（左贤王）	刘渊	刘聪玄明
刘亮	刘广	刘防	刘绿	刘曜永明

由上表可知，无论按照"从弟"旧义还是新义，刘聪、刘曜已出五服，"刘聪"当称刘曜为"族弟"而非"从弟"。此处同样以"从弟裹义"来解。

据齐运通、杨建锋编《洛阳新获墓志》二一一《唐故银青光禄大夫延王傅上柱国李公（齐之）墓志文并序》称志主李齐之是"我开元皇帝四从叔，我相国晋公五从兄"。开元皇帝即李隆基，晋公即李林甫，列举以上三人世系如下表：

李虎	李昞	李渊	李世民	李治	李旦	李隆基
	李祎	李叔良	李孝斌	李思晦	李林甫	
	李亮	李神通	李孝锐	李璟	李齐之	

以上世系表里的李隆基、李林甫两人与李齐之均出五服，但依旧分别称呼他为"四从叔""五从兄"。此处同样以"从弟裹义"来解。

所以，由上三例，足见古人有时候对于同高祖不同曾祖或者出了五服的族人均称为从弟，因此，笔者完全赞同陈惟林、陈立之观点："《宋史》运用'从'字，巧妙地把两支系人区分开，这是《宋史》撰者的高深之处。"

广信庄乾隆丁未谱

陈月海　陈　刚

一、乾隆丁未谱序

盖闻：夫家之有谱，犹国之有史，河流千溪当有源，树发千枝当有本。家之有谱若山之来龙，水之有源派也。吾派千枝百叶，万古流芳，难□□矣。然世代相继，垂之永远。庶以先志，□□子孙，知其本源，不枉百世先贤之功，贤垂流传范，当不忘宗功祖德，溯本穷源，宜洎上古。从来为人者，当承前启后，居以忠孝仁义，胸怀坦荡。吾世家长绵，遗志不乱，当洎三皇五帝，舜之遗风，掾永端□□□□□□□□，满公也。历大周王朝时，应传二十世，数十位君侯，灭于楚，□应传愍公，数世当传汤公，再传□□□□已百载矣。常著白甲白袍，名满长葛。几经磨难，几度煌煌。已洎霸先立国矣。一封天下陈，藩王四起，官者如云。三世而五君，奈何叔宝志大才疏，灭于大隋杨氏，合族悲彻，不可挽回矣。呜呼！宜都王者叔明公，归顺广君而得保全。收纳一族，家小同存，勤俭小微，子孙发达，后裔□□（繁昌）。唐僖宗特大受天恩，得封义门。大宋时皇上特敕对联：家兴业旺，民贷粟与官，同族共居十有余世。百姓艳羡，奸佞妒目，一家人口三千余。宋帝心惊，遂听信谗言，下旨成文。吾家奉旨分析，不可拖延，上年奉旨，下年迁丁，四分五裂，如刮骨之殇，无文可表。应二百九十一人与阄见鉴，阄以天地大吉，得分田庄一百零八处。吾家占广信府八十一庄,二房三人均有所产。先移鼠蚕坝,后走大田村。继礼公大修宋谱,一人全资,首执总领,一言不合,收殁吾家全谱。无计可施,伯喜公便自著族书传留,移居大福堂龙虎山。因侵占道门菜地而不容,复迁梧桐里老贯窝。为寻堂枝,走访吉州府,安身朱氏巷。洎邦公时,已居楚南陈家湾也。邦之力大,可追霸王;食之斗米,欺凌乡里,人所恨之。一旦行伍从军,勇不可挡,明王爱之切切。八月得玉印,大涨吾家威仪也。明王口授先锋副职,玉印常留,更赐金炉一樽,令使顶敬香火,合族尽欢。大修祠庙,东西合一百二十步,南北合八十步,净高合三丈余,廊柱围五尺,基深二人深,条石当四拾。雄哉!吾家业果,公功洎伟。俱良田千亩,井备八口,不畏饿寒。远近艳羡,佳名同传,不可语焉。尖刀留手掌,万邪莫敢沾。三楚称人杰,真男子也。下传三子:家伟、家棋、家佑。伟传三子,棋传二子,佑传四子。鸿公早不出琼,觅奇方保全香火,大幸!朱家天子屠毒天下,追尽杀绝,分房逃难。金炉破三,各房收纳,留念传认。长房逃回老家,吾家走落差河,幺房走秀岭。后聚无期,天阴败北,光阴虚过,遂走点兵山,合族陈家嘴,落脚麻黄省孝感乡世居。哞天王宝盖,风水大兴。一倡族会,重修族谱,拟定传二十字。奇方收录于内,传认药引,各各谨行,不可擅专。吾家二房阶旺、朝宝公最为突名,朝荣勇力,可比先祖;以明公更实,聪慧过人,六岁能诗文,摘录家谱。早早举人夭寿,享凡例立葬,界达五百步。因播州之祸,吾家迁居遵义府东通化乡通坪里七甲上梨土世居。各房均发人丁,人人享俸,一族皆兴。铭公倡会,筑祠建庙,应首执。高定八尺八,进退一百二十步,戏基置前,义堂于后,左右置屋八间,耳二楼,均成一室;正厅后置雅厨,正中天梁,金狗护衙,院前种四柳,院后栽八柏,石岗置来龙,石墩置去水。大兴气象,正合八景。吾家掌粮租,母持家各礼均维。岁寒聚高石坎,岁春聚懒板橙,端午杨家巷,中秋大梨土,岁岁宜然。各房悉知,添丁进口,俱报表细录。长房统裁,各礼调停。不可厚此薄彼,大小事俱同商,一派兴旺光景。只因长房叔祖偷换乌纱,偷改官印,克扣军饷,中饱私囊,一族惧祸。东窗事发，各走四方，改名换姓，互不相认，吾家方得保全。吾祖应龙公奔走多处，方落于东道府遵义城南懒板橙族叔陈文金处，安身歇居。公能文能武，常年外出荣谋。吾祖母携二子，寻找落于四川省巴县姜家寨大伯应魁处借居，大其、小其寄于大伯名下收养。癸未年（1763），重庆府地涝灾，方寻至族叔大积、大利公处，合于南乡八甲清潭里茶渡坳上。乾隆十三年（1748）族会，吾家因排行与族中争闹，由万明大伯等人做主，陈万书草拟二十字另立一房，抄录族中老谱为根本，并书表悃四匝，文书九道告祖。另立契文一张，上达族会，凡令例文十二条通报全族。孙，陈藩领弟三人择地另居。后因涪州族中来族调停，方允祭祖拜坟，此事当记，不可忘。

丁未岁（1787）末陈藩记

附乾隆丁未谱序原件

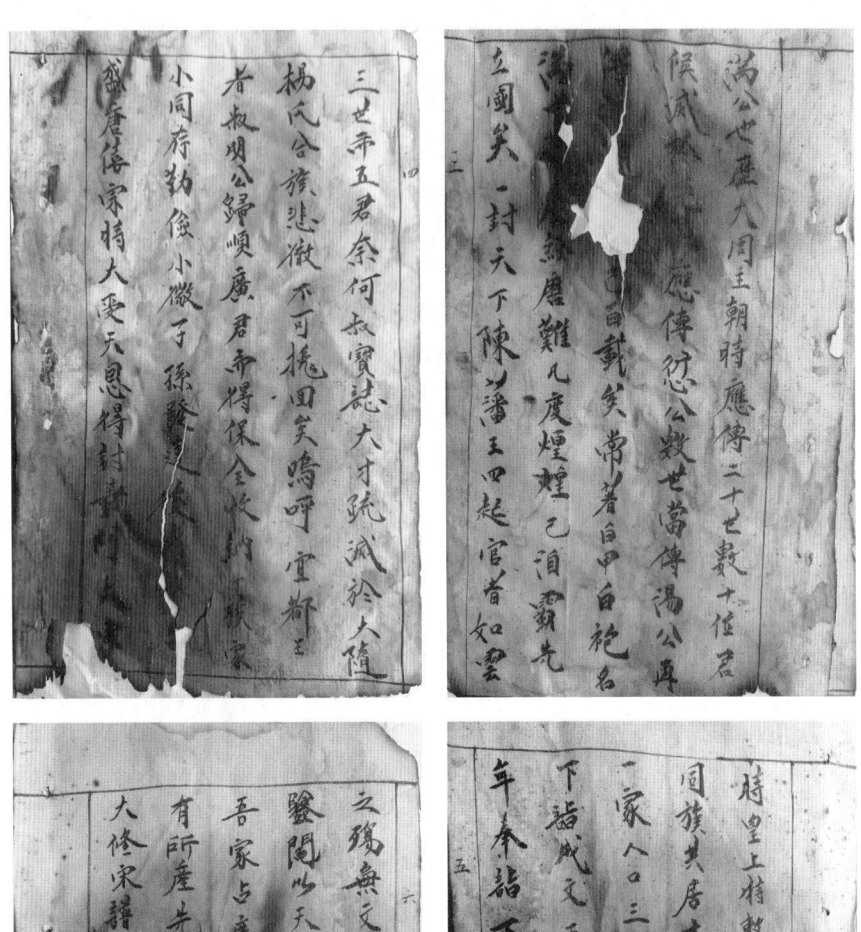

满公世历大周王朝时应传二十七载十任君
候威城□□□应传衍公数世当传阳公专
□□□□□日戴笑常着白巾白袍名
□□□□□□难几度烟烟已消霸先
立国笑一封天下陈为潘王四起官首如云

三世帝五君余何故宝志大才跣减於大隋
杨凡合旅悲徹不可挽回笑呜呼灵都王
昔叔明公归屿广君帝得保全众纳获家
小同存勤俊小微子孙隐逸一起
盛唐僖宗特大变天恩得封蔺门之宗

时皇上特敕对联家兴素旺民觉业關官
同旗共居十有余世百姓艳叹奸佞炉目
一家人口三千余众宗帝心惊遂听信谗言
下诏成文吾家奉诏分析不可拖延上
年奉诏下年迁丁四分五裂知刻骨

之殇无文可衰应二百九十一人岁闾见
鉴闻以天地大吉得分田差一百零捌疑
吾家占庞倍府八十一崖二房三人均
有所产先移鼠蚕烛徙走大田村继禮公
大修宗谱一人金贯首乾總领一言不合

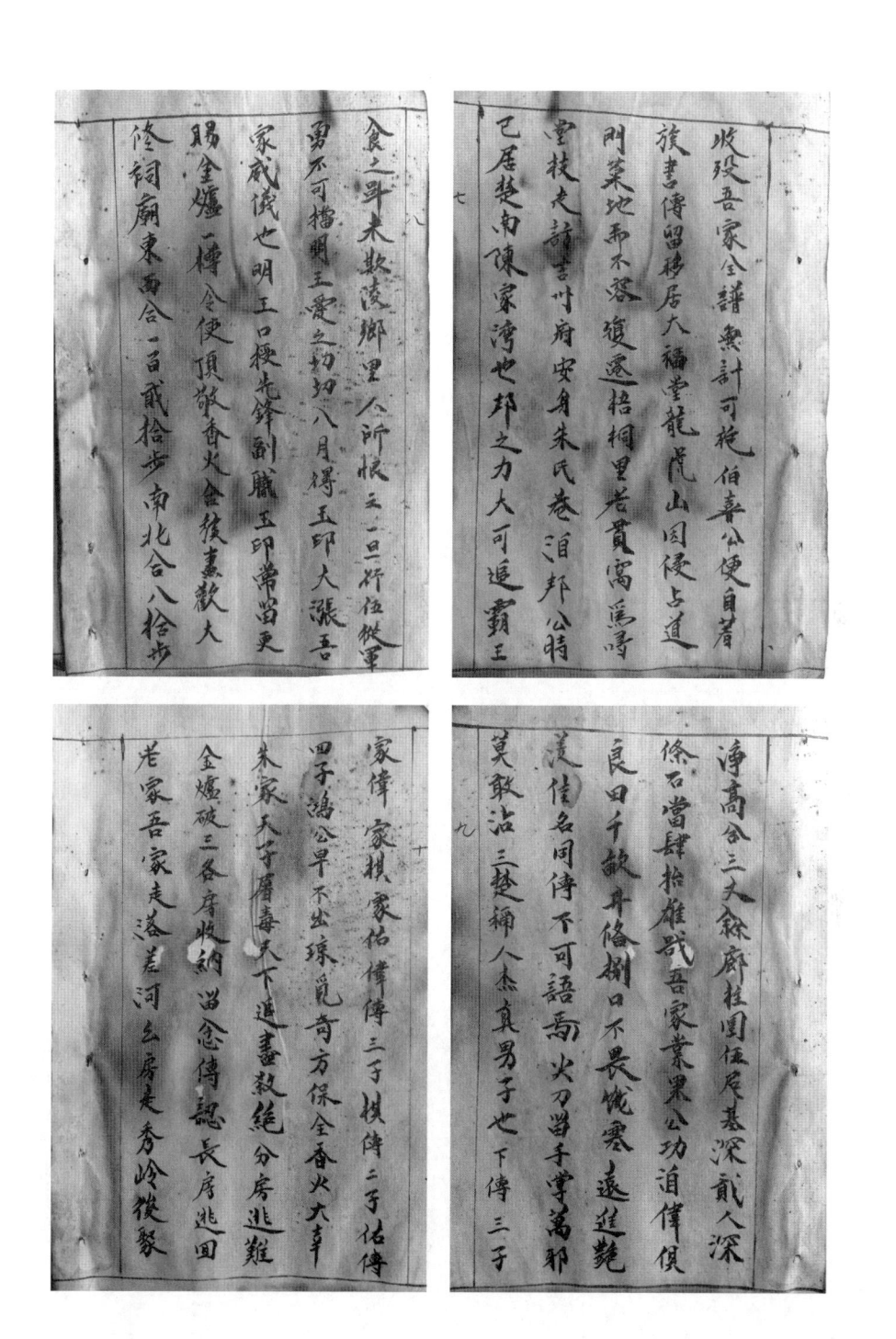

（右上）
收殁吾家全譜無計可施伯壽公便自著
旗書傳留穆居大福堂龍虎山因便占道
門策地帶不落復選一梧桐里若貫寓焉
嘗枝走諭吉州府安身朱氏卷淚邦公時
己居楚南陳蒙灣世邦之力大可追霸王

（左上）
食之界未敗凌鄉里人所帳立一旦作伍從軍
男不可擋明主愛之封功八月得玉印大漲吾
家歲儀也明工口稷先鋒副職玉印常當更
賜金爐一傳令便頂敬香火金饒甚歡大
修祠廟東西合一百貳拾步南北合八拾步

（右下）
淨高合三丈餘廊柱團位居基深貳人深
條石當犀拾雄戟吾家業果公功道偉俱
良田千畝身陷剡口不畏饑寒遠進藝
美信名同傳下可語喬火刀當手掌萬邦
莫敢治三楚稱人傑真男子也下傳三子

（左下）
家偉家棋家伯傳三子棋傳二子佑傳
四子鴻公早不出琢覓奇方保全香火大幸
朱家天子層毒下逼盡殺絕分房逃難
金爐破三各房收納詔念傳認長房逃回
若家吾家走落羌河玄房走秀嶺徙聚

（右上页）
無朝天陰敗祖光陰虛過遂走失氏山合旗陳家唯落腳麻貢省孝感鄉世居呼天王寶鑑風水大興一倡旗會重修族譜擬定傳二十字奇方收錄於內傳認藥引各各謹行不可擅專吾家二房階旺朝寶公

（左上页）
最焉哭名朝榮男力可比先祖以明公更寬聰慈迥人六歲能詩文摘錄家譜早早舉人夭壽亭丁凡倒立舞界達任佰歲因掘卅三禍吾家墓屋遭義府東通化鄰通坪里七甲上梨七世居各房均發丁人八亨

（右下页）
僚一旗皆興銘公倡會築祠建廟應首執高定八定八進退一百貳拾步戲基置前義豐癸德左右置屋八間耳二樓閣成一堂正廳後置雅廚正中天梁金鉤撻衚院前種肆楖柷後栽八柏石街置朱龍石埕

（左下页）
置去水大興氣象正合八景吾家棠糧祖毋詩家各禮柄雒歲寒聚髙石坎歲春聚懶板棕端楊家卷中秋大梨土歲之宜然各房悉知淦丁進口俱報長細錄長房統貳各謹綱停不可厚此薄彼大小事俱同商

一派興旺光景只因長房叔祖偷換
匃紗偷政官印克扣軍餉中飽私囊
一族俱禍東窗事發各走四方改名
換姓立不相認吾家方得保全吾
祖慈龍公奔走多慮方落於東

道府蓬義城南蠟椒橙攸叔陳文
金垂安身歇居公能文能武常年
外出采祿吾祖母携二子時避落
於四川省巴縣姜家寨九伯應邈
憇情居大其小其哥於大伯名下

收養癸未年重慶關地游兇方哥
至族叔大鎮大利公慮合於南鄉
八甲靖潭里茶護坳上乾隆十三
年族會吾家因排行與族中爭
瞻山萬明大伯等八作主陳萬

書草敘二十字另立一房抄錄族中
老譜萬根本益書表烟四匝文書九
道告祖另立契文一張上達族會
凡令例文十二條通報全族孫
陳藩領第三人擇地另居後因浩

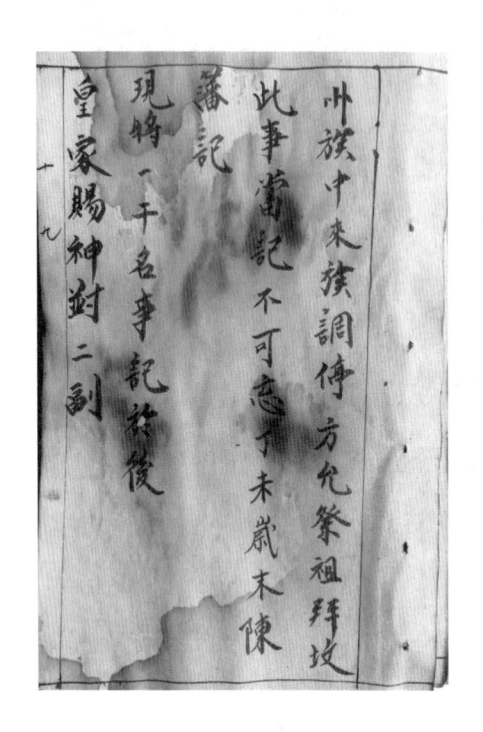

二、乾隆丁未谱序中迁徙地

嘉祐七年江州义门大分庄，陈崇玄孙陈知本分迁上饶县鼠蚕坝、大田村，后移居贵溪县大福堂龙虎山，复迁吉州庐陵县梧桐里老贯窝，后又迁泰和县朱氏巷、陈家湾，后又迁黄冈落差河，后又迁湖北孝感乡点兵山、陈家嘴世居，后又迁贵州遵义府东通化乡通坪里七甲上梨土世居。后又迁四川省巴县姜家寨。癸未年（1763），与族人合居遵义府南乡八甲清潭里茶渡坳上，即今遵义市播州区新民镇茶渡。

自从分家后为了生计，这一族人几经迁徙，倍尝艰辛。如今分居更广。

三、广信庄世系

广信庄乾隆丁未谱世系是以太丘长陈寔为一世祖，到陈叔明为二十世。这和《陈氏谱考辑要》以满公为陈姓一世祖，到太丘长陈寔为四十二世，再到南朝陈叔明为六十一世，世次相同。本文为义门广信庄世系，当以叔明为一世祖，与《宋史·陈兢传》同步。叔明以上世系不录。

二十世祖：陈叔明（即义门一世祖，以下类推）

二十一世祖：陈志能

二十二世祖：陈定

二十三世祖：陈然（应为球）

按：此为"球"。陈然是蕴玉之子，与旺公是堂兄弟，为岳阳王陈叔慎玄孙。此为修谱时抄错。

二十四世祖：陈兼

二十五世祖：陈京

二十六世祖：陈裹（褒之形误）

二十七世祖：陈灌

二十八世祖：陈镛（镛，是正确的。义门谱多曰"镶或瓖"）

二十九世祖：陈阔（字伯宣）

三十世祖：陈崇

三十一世祖：陈衮

三十二世祖：陈良

三十三世祖：陈霖

三十四世祖：陈知本

按：广信府，宋为信州，元为信州路，元至正二十年（1360）至清末为广信府。治所上饶县（今上饶市广信区）。在陈知本这一代义门开始分庄，陈知本分迁信州上饶县。广信庄，是后人追述时所使用的地名，以后代前。

三十五世祖：陈胜铁

三十六世祖：陈沐启

三十七世祖：陈汝忠

三十八世祖：陈守智

三十九世祖：陈继樘

四十世祖：陈振显

按：振显之子伯喜，伯喜子清，漏记了伯喜。乾隆丁未谱世系在其后"垂线图鉴"中有补充。丁未谱序中有"伯喜公便自著族书传留"，即此公。

四十一世祖：陈清

四十二世祖：陈必龚

四十三世祖：陈宗勉

四十四世祖：陈世直

四十五世祖：陈长兴

四十六世祖：陈贤泰

四十七世祖：陈定邦。父贤泰又名河生，船户将军，母徐氏。公生于至正七年（1347）丁亥十月。从小力大，每食斗米，可开五石强弓，用三尖两刃刀。十四岁加入红巾军，十七岁擢玉印先锋官。方氏育三子：家伟、家棋、家佑。

附广信庄世系原件

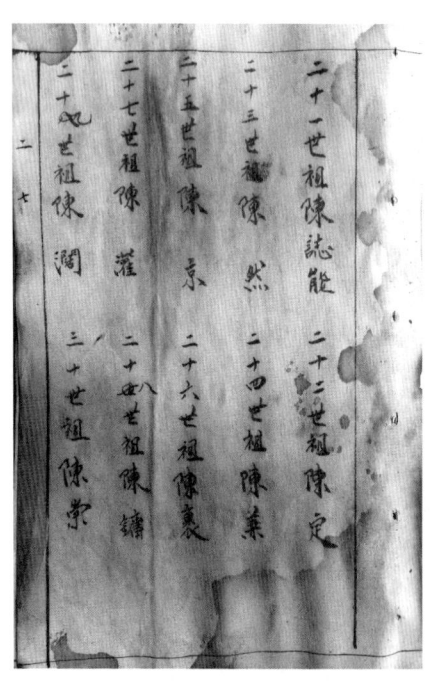

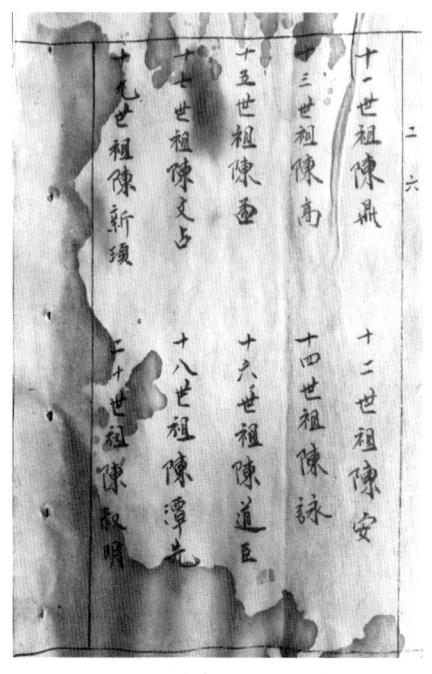

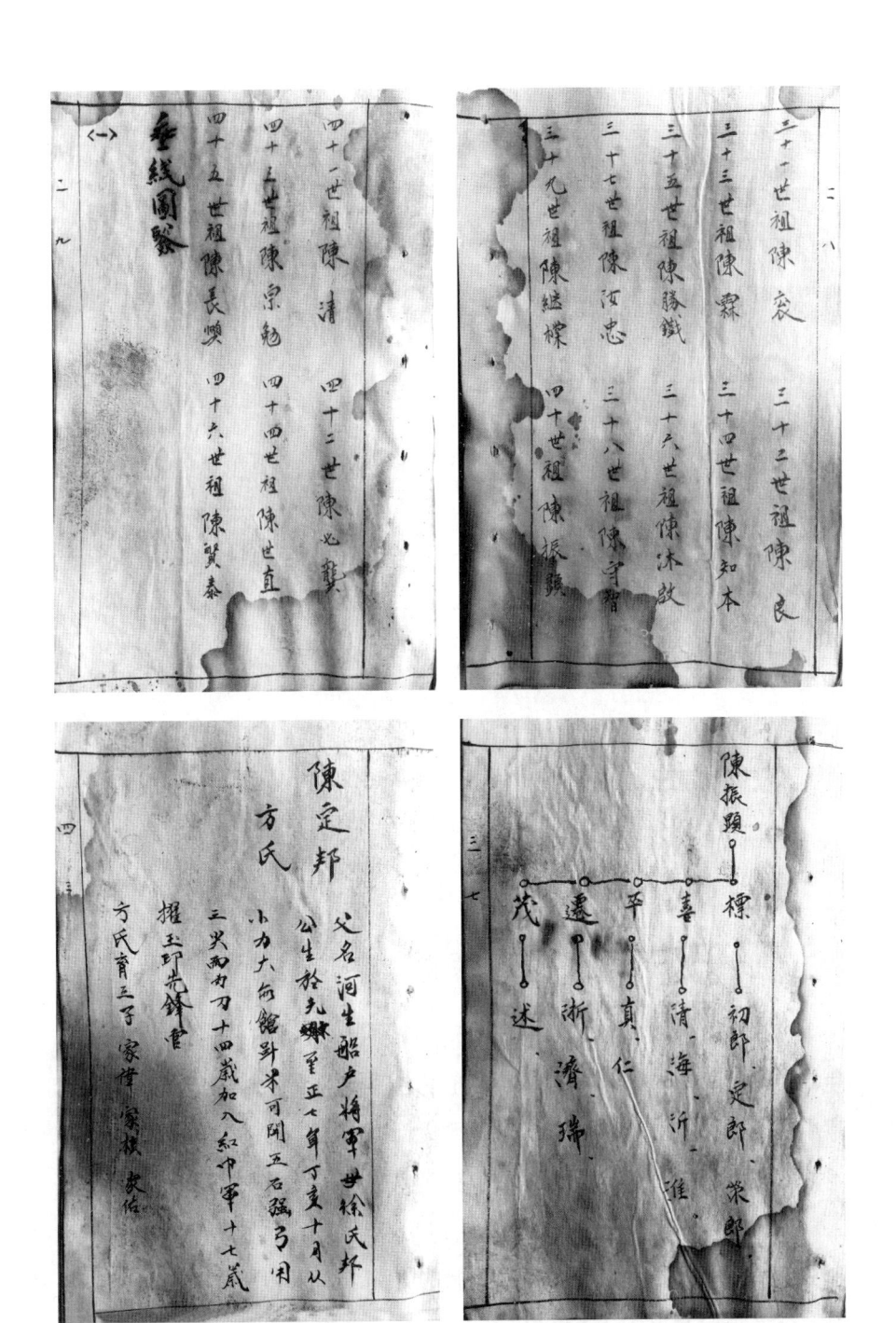

三十二世祖陳袞　　三十三世祖陳良

三十三世祖陳霖　　三十四世祖陳知本

三十五世祖陳勝鐵　　三十六世祖陳沐敦

三十七世祖陳汝忠　　三十八世祖陳育晉

三十九世祖陳繼樑　　四十世祖陳振頭

垂綫圖繫（一）

四十一世祖陳清　　四十二世祖陳必冀

四十三世祖陳泉魁　　四十四世祖陳世直

四十五世祖陳長頫　　四十六世祖陳賢泰

陳振頭 — 標 — 初郎、定郎、榮郎
　　　　　 — 喜 — 清、海、沂、淮
　　　　　 — 平 — 貞、仁
　　　　　 — 遠 — 漸、濟、瑞
　　　　　 — 茂 — 述

陳定郎　父名河生船戶將軍世徐氏邦

方氏　　公生於先嫩里正七年丁亥十月以
　　　　小力大布館對米可開五石強弓用
　　　　三犬兩勾刀十四歲加入紅巾軍十七歲
　　　　擢玉印先鋒官
　　　　方氏育三子　家煌　家楨　家佑

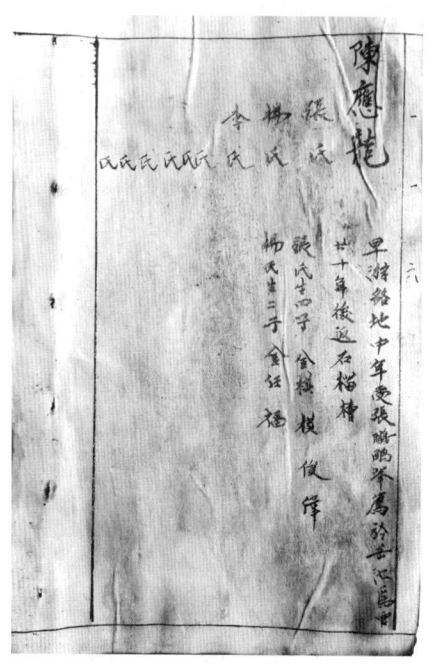

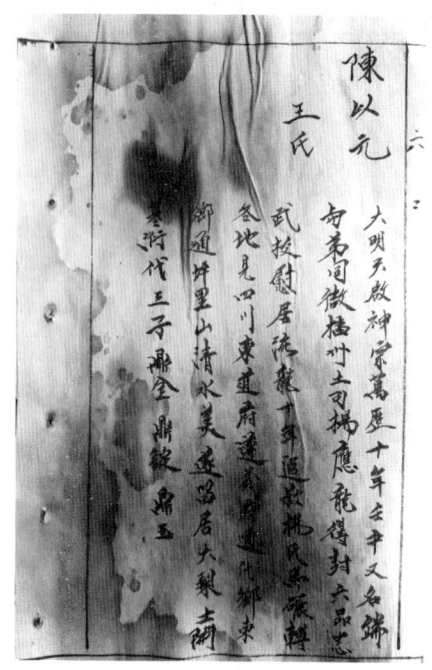

四、广信庄历届修谱时间（据该谱记载）

第一届：陈继礼，约在南宋嘉定间。

按：依新谱陈继樘行传，生于建炎二年（1128）。陈继礼是其同祖父之堂弟，约出生于1148年，推其六十岁修谱，大概生于嘉定元年（1208）。

第二届：陈伯喜，约在南宋嘉定间。

按：依新谱伯喜行传，生于宋孝宗癸卯（1183），三十岁修谱大概生于嘉定六年（1213），仅仅相隔五年之后重修宗谱，符合乾隆丁未谱序中所述继礼和伯喜之间闹矛盾，即"无计可施，伯喜公便自著族书传留"。

第三届：陈定邦，元至正二十三年（1363）。

按：依乾隆丁未谱陈定邦行传："公生于至正七年……十七岁擢玉印先锋官。"丁未谱序云："明王口授先锋副职，玉印常留，更赐金炉一樽，令使顶敬香火，合族尽欢，大修祠庙。"正合至正二十三年。此"明王"暗指陈友谅。另据新谱陈长兴行传，公生二子：贤都、贤泰。贤都亡于至正二十三年鄱阳湖大战。贤泰为船户将军，生子定邦，理应袭其职，然鄱阳湖大战败北，族人四处逃散。

第四届：陈家棋，明洪武二十六年（1393）（见新谱家棋行传）。

第五届：陈以明，明万历二十八年（1600）[见另一谱嘉庆十九年（1814）谱序]。

第六届：陈铭，清康熙。

按：乾隆丁未谱陈以元行传："又名端。大明天启神宗万历十年（生），与弟同征播州土司杨应龙，得封六品忠武校尉。"陈铭是陈以元玄孙，可顺推至康熙朝修谱。由丁未谱序"吾祖应龙公奔走多处"可知，事情发生在陈藩曾祖应龙公辈，亦可逆推时间仍在康熙朝。

第七届：陈藩，清乾隆丁未年（1787）。

五、乾隆丁未谱解读

通过对乾隆丁未谱的解读，主要有以下六大特点：

1. 自义门分家迁广信后，为了生计几徙其地，每次迁徙基本上有迁徙原因、时间和地点。

2. 如实记录家事，不避家丑，为本序一大特点。如"邦之力大，可追霸王；食之斗米，欺凌乡里，人所恨之"。及"只因长房叔祖偷换乌纱，偷改官印，克扣军饷，中饱私囊，一族惧祸"。以及"乾隆十三年族会，吾家因排行与族中争闹"等。

3. 谱序与历史重大事件相吻合。如"朱家天子屠毒天下，追尽杀绝，分房逃难"，因其先祖陈定邦为陈友谅部将玉印先锋官，鄱阳湖大战败北后，不得已族人四处逃散。又如"播州之祸"，即万历二十四年（1596）播州土司杨应龙公开反叛朝廷，挑起战端，万历二十八年（1600）被平定。其先祖陈以元随军征讨杨氏，得封六品忠武校尉，战后留居遵义府东通化乡通坪里七甲上梨土。

4. 此序点睛之笔即叔明公"收纳一族，家小同存"，表明南朝陈灭国后，叔明收养兄弟孤苦子女，共同生活，视为己出。如叔慎战败后潜逃在外，其子（志）高最符合叔明收养条件。

5. 世系详实，尤其是叔明后裔在义门一支的真实性：叔明→志能→定→然（应为球）→兼→京→褒→灌→镛→伯宣→崇→衮→良→霖→知本。如此详实，弥足珍贵。

首先是"伯宣子崇"与《宋史·陈兢传》吻合，非大一统谱论者所坚持的"伯宣孙旺"。从叔明到知本十五代，对比《宋史·陈兢传》从叔明到延赏十五代，义门开始分家。陈延赏择居高安陈家湖，陈知本分迁广信庄。从族谱层面验证了《宋史·陈兢传》的准确性。

其次是"志能、定、球（错为'然'）"三代，与现行九江义门谱世系截然不同，但它与江西泰和柳溪谱、温州平阳凤凰山陈归后裔谱、吉水县古富村族谱、龙南县元开公支系谱相一致，以此证明志高非叔明之子。峡江马埠谱记载叔慎生志高，《陈氏入蜀记》更直说"义门开派之宗是为旺公焉，原系蕴珪之子，叔慎玄孙"。将"志高、才、蕴珪、旺"四代人归位于叔慎名下，极其珍贵。

再是"灌子镛"也与现行九江义门谱截然不同，但它与江西修水龙峰陈氏谱及《吴兴蓝田源流派衍齿录》记载完全一致。龙峰谱黄庭坚《龙峰凤山义井序》载：灌"长子镛之子孙居江州者，宗族七百余口。每食，长幼各次其坐；畜犬百余，共牢而食，一犬不至，诸犬不食。佥曰'义门'。逮余归田由江州过凤凰山，审其详则不虚矣。"由此可见，北宋老谱就是"灌子镛"，恐无"灌子镶"一说。

6. 从南宋嘉定到乾隆丁未年共修谱七届，差不多平均一百年修一次。其中第二届与一届仅相隔五年，事出有因，同室闹矛盾，为赌气而修谱，如实记载，留予后人。广信庄修谱从宋代到乾隆丁未年，未曾间断，传承有序。

由以上六点证明此谱的珍贵性，它与《陈氏入蜀记》《马埠谱》《毗陵谱》《花田谱》《罗氏谱》同为义门陈氏族谱之瑰宝，为义门拨乱反正，还原历史提供证据，其贡献不可磨灭，功莫大焉！

所以，我们特别致谢贵州遵义市播州区尚嵇镇大坝村陈同明宗亲提供的乾隆丁未谱电子影印件。该谱先珍藏于遵义市播州区新民镇茶渡一户同宗家里，2020年冬至，陈同明与年近八旬的大伯陈近贵一同去茶渡将该谱请回自家珍藏，并逐页影印。2021年正月，陈同明母亲去世，云南盐津县庙坝镇盐井小学老师陈泽奎等一行六人前往吊唁，陈同明将该谱转赠陈泽奎带去盐津，重新装裱珍藏。2021年11月，我们收到陈同明馈赠的电子影印件，并公之于世。

《陈氏入蜀记》发现之经过

陈光富

《陈氏入蜀记》是我川贵陈氏传家宝，1980年，我大伯陈正罡回老家四川古蔺县白坭乡抄自民国老谱，同时还抄回世系和字派，说是老家拆祠堂时发现的，后珍藏于大房国朝家。

《陈氏入蜀记》从陈胡公开篇，写到太丘长陈寔、陈武帝霸先、岳阳王陈叔慎、叔慎曾孙蕴珪、蕴珪之子陈旺，以及分迁万福庄庄祖陈禺、徙泰和县习权祖等，再到入蜀始祖陈宗武及其玄孙陈璧，一脉相传，承接有序。

陈璧，时为永宁府府官，当时家族已分为四大房，人口渐多，为"追源溯本，能启后昆"，遂于清康熙甲午初冬上浣日撰序留给后人。2003年，我仁怀茅坝镇陈氏二修族谱，收录此序。

2017年3月11日，我领陈月海等人前往金沙县西洛乡阳登村拜访我大伯陈正罡先生，并索求《陈氏入蜀记》手抄件，见图一。

图一

图二

图三

图一：陈正罡手抄件，共 10 张，见《陈氏谱考辑要》第 247 页。
图二：陈月海与陈正罡合影。
图三：从左往右为陈吉文、陈光富、陈正罡、陈月海。

作者简介

陈光富，男，1981 年生，贵州省仁怀市茅坝镇人。2005 年毕业于河南南阳国医大。曾是贵州诗词协会会员及中华诗词协会会员。2015 年与族人共同修撰川黔地区《义门陈氏万福庄宗谱》。

综合考证，正确理解义门世系

陈先富

2020年春节是一个特殊时期，由于"新冠病毒"的侵袭，全国人民宅家隔离。某君通过网络煽情，先就《义门陈文史考（二版）》《颍川陈氏考略》两书关于义门陈氏"异流同源"等问题，首先发难，进而双方展开大辩论。

几个月下来，双方争辩愈演愈烈，焦点是"伯宣孙旺"、义门建庄祖是陈旺还是陈伯宣、义门陈氏家族是"异流同源"还是陈伯宣一支嫡系直传等问题。

下面就这几个问题，谈谈我个人的看法，与族人共同讨论。

一、"伯宣孙旺"是义门宗谱讨论的焦点，也是常谈到的问题，一旦主要矛盾解决了，其他问题会迎刃而解。如果说陈伯宣是陈旺之祖的话，其先决条件应该是伯宣的年龄一定要比陈旺大，必须在唐开元十九年（731）前几十年出生（因731年是陈旺在德安建庄时间），这一点不能含糊。而且要与伯宣的上下传承人物相联系，如果伯宣与直系血缘先祖同时期出生或先于他们，那么这个"伯宣孙旺"的说法就不能成立。世界上没有上下传承的晚辈比长辈大的先例。只要看看监察御史柳宗元《唐故秘书少监陈公行状》，和"仙桃黄绫老谱"中的"京、褒、灌"的出生时间。"伯宣孙旺"的说法就不攻自破。

陈某君在他的《六十二世祖陈叔明公至八十四世分庄祖的世系解

读》一文中说："从义门陈氏一世祖叔明公至八十四世分庄的二十三代人，从叔明公出生年代按公元 555 年计算，到 1062 年奉旨分庄共计 507 年，共 22 代人，按科学的测算方法是 1062-555=507 年，507÷22=23，也就是这个时间段人均 23 岁繁育一代，这种算法符合那个朝代人类繁育间隔年限的科学性。"

陈某君用笼统数据来模糊代均概念，如果从史料中任意获取某个人的出生时间来测算，就对不上号。分析陈某君的这段话，不到 200 个字出现四处错误：

1. 明清以来的族谱皆云叔明生于 555 年，其实，叔明生于 562 年，这当以叔明墓志铭为是；然而陈某君他们就是不肯承认，抱着老谱不放，为之一错。

2. 义门陈分庄代数的错误。按《宋史·陈兢传》，江州义门陈从一世祖叔明到延赏分家为十五代，这是大家公认的分庄代数。"从义门陈氏一世祖叔明至八十四世分庄的二十三代人？"这是二错。

3. 用分庄时间去减人员出生时间之计算方法错误。陈某君是把分庄年代数 1062 年减去叔明出生 555 年，等于 507 年，除以 22 代人，即（1062-555）÷22=23 岁，犯了概念性错误。这种测算方式是把分庄时间同人物出生时间混为一谈，偷换了概念，根本不存在什么准确性，更谈不上什么科学性。这是三错。

4. 陈某君不敢玩真的，看来底气不足，不敢拿出具体人的真实出生时间来推算，即如他所说的伯宣 731 年建庄，或说伯宣嗣圣年（684）撰匡山谱序，则无论他定伯宣何年出生，与其一世祖叔明、六世祖陈兼、五世祖陈京等，都是相抵牾的，其矛盾无法调和。这是四错。

测算代均年数的正确测算方法：是以某人至某人的出生时间来计算，如陈叔明至陈延赏这十五代，是以延赏的 960 年出生时间减去叔明出生 562 年，除以 14 代。即（960-562）÷（15-1）=28.4，这种测算方法才是科学合理的。

两书通过史志谱综合考证的义门陈氏世系，不怕调取任何一个人来计算，都能立得住。下面就"两书"考证的生年实算几例，看看他们的代均年数。

陈兼与叔明，即（697-562）÷4=33.75（年）

陈褒与叔明，即（742-562）÷6=30（年）

伯宣与叔明，即（824-562）÷9=29.1（年）

延赏与叔明，即（960-562）÷14=28.4（年）

下面不妨以《中华义门陈氏大成宗谱》所载伯宣出生于661年来计算代均：

伯宣与叔明，即（661-562）÷9=11（年）

伯宣与陈兼，即（661-697）÷4=-9（年），为负数。

是正确的就不怕调出来检验。《中华义门陈氏大成宗谱》中的伯宣出生时间比他六世祖陈兼还要大30多岁，孰是孰非，读者自会掂量，不用多说。

二、陈伯宣不是陈旺之祖，那陈旺是从哪里来的，是谁之后必须有一个交代。经梳理，陈旺来源有三处。

1. 湖北石首"德星堂"宗谱载：蕴珪生子二，长子兼、次子旺。叔明之后。

2.《陈氏入蜀记》载：义门开派之宗是为旺公焉，原系蕴珪之子，叔慎玄孙。其裔世代同居于长乐里，代传孝悌，感化百犬之风。

3. 江西峡江县马埠镇陈氏族谱载：叔贞（慎）→志高→才→蕴玉→然→衮→可一、可二。

上述陈旺世系的三处来源虽不相同，但至少说明一个问题，即陈旺不是陈伯宣之孙，这三处讲得非常清楚。

三、陈旺到底是叔明之后还是叔慎之后？自然联系到"异流同源"上面来了。如果是叔明公之后，那就是同属叔明祖之源，异于兼、旺两支之流；如果是叔慎公之后，那就是同源到宣帝陈顼，异于叔明、叔慎兄弟两支。可以说"异流同源"在立论上没有问题，无可厚非，那就看属哪一边的可能性大。

属叔明一支的资料来源有：湖北石首"德星堂"宗谱载："蕴珪生子二，长子兼、次子旺。"

属叔慎支系的资料来源有三：

1.《陈氏入蜀记》记载：叔慎→志高→才→蕴珪→旺的世系。

2.江西峡江马埠陈氏族谱记载：叔贞（慎）→志高→才→蕴玉→然→衮→可一、可二的世系。

马埠谱虽未直接说叔慎与陈旺的关系，但九江谱说衮生可一、可二，迁吉水土桥瓜源；新淦谱说衮公由土桥瓜源迁居新淦，为新淦始迁祖。由此，陈衮是叔慎的六世孙。宗谱载陈蕴生陈然，陈然生衮，蕴珪生陈旺，因此他们是堂兄弟。由此得出陈旺属于岳阳王叔慎支系。根据几位知名专家的考证，一致认为志高家族是从颍川汝南迁来江州。而陈褒是从浙江金华迁武宁，陈褒生陈灌，陈灌生陈镛（镶），陈镛避仇难而外逃仙游生伯宣。后来伯宣隐居庐山龙潭窝，再移居德化（今九江）白鹤乡甘泉垅。乾符四年（877）黄巢大将柳彦璋攻陷江州，为避兵乱，因居德安，"合族同处"。

3.光绪六年（1880）江苏武进《毗陵双桂里陈氏宗谱（忠节堂）》明确将叔慎一支列入义门世系，并记载叔慎有两个儿子"宗先与宗清"。

上述叔慎支系的三条资料来源，第1条志高和才两代由第2条增补，第3条资料在《江西通志》《峡江县志》《临江府志》均有叔慎及子嵩（字宗先）的相关记载。

义门人实为异流同源，除上述两支外，还有义阳王陈叔达一支曾经也有人参加义门大分庄。至今，江西吉水县赤岸村在其祠堂仍悬挂"义门"匾额。查阅他们的族谱，赤崖庄"以崇"公居然是陈达礼之后，并在"以崇"条目下注曰："公曾参与义门大分庄后回迁赤岸，为三十六庄。"明末清初，以崇公后人还有两庄回迁德安，即今德安县邹桥乡马觜头和聂桥镇郎昌坂陈家是也。

有人又说：异流同源的考证是移花接木、东拼西凑、断章取义、孤证不引、手抄失真，并予以否定。试问，任何人写书、立传、修谱，是否需要收集资料，分析整理，去伪存真，最后汇编成书？怎能说是移花接木，东拼西凑，断章取义呢？《陈氏入蜀记》有记载，江西峡江马埠陈氏族谱有记载，江苏武进《毗陵双桂里陈氏宗谱（忠节堂）》有记载，江西吉水县赤岸村族谱有记载，这些资料来之不易，弥足珍贵啊！怎能说孤证不引，手抄失真？从某种程度上说，手抄件更为真实。

考证族谱世系文化，能作为证据的莫非来自两个方面，即史志谱的文字记载和现实生活中人和物的存在。四川古蔺县、贵州仁怀县、江西峡江县、吉水县、江苏无锡市、湖南岳阳市等地，有几十万陈叔慎后人还不能证明是谁的后裔吗？仅凭一句"造假，不成立，义门世系不需要考证"，就能把这几地叔慎后人千余年的传承一笔抹掉？他们会答应吗？

四、陈某君对江州一族的第三个关键词是："异流同源，源头在哪？江州一族始迁祖伯宣也。"这里又偷换概念，什么都以陈伯宣为源头？以伯宣为源头，无论从哪方面来说，都行不通。如下：

1. 把伯宣出生时间提前到661年，比其六世祖陈兼还大30多岁，行不通；

2. 把十五代分庄从伯宣公算至延赏公，怎么算也只有六代，算不通；

3. 把唐开元十九年（731）义门建庄说成是陈伯宣，就以"仙桃黄绫老谱"中几个人物出生时间来看：京（684或687年），褒（710年），灌（728年），因此说伯宣731年出生，行不通；

4. 把伯宣公说成义门始祖，731年建庄他没出生，832年建庄他只有8岁，还是行不通。

而《中国影像方志》说："追溯江州义门陈的来龙去脉，要从一个叫陈旺的人说起。"整篇不提伯宣半个字。难道《中国影像方志》在瞎说不成？为什么《中国影像方志》中不提"伯宣孙旺"呢？卖《中华义门陈氏大成宗谱》时就提"伯宣孙旺"，搞义门开发宣传时就只字不提"伯宣孙旺"。

实在想不出他们为什么要把陈伯宣放置源头的理由。想来想去只有一种可能，凭的就是明嘉靖三十二年（1553）奉文改谱后的所谓《远宗记》

《义门记》中的"其孙旺"。这些都是大成谱的源头,所以,陈某君说:"当然是专业类别的'谱'的可信程度大于'史'。"这就是陈某君以谱论史,坚持大成谱"正确"的真正原因。

《宋史·陈兢传》《续资治通鉴长编》是史官编修的,其真实性和权威性不容置疑,后人必须遵循的历史依据。多谱记载,陈旺开元十九年(731)迁徙德安县长乐里建庄,后逐渐形成"异流同源,合族同处"的集体生活。因此,多元一体的陈氏后人组成一个义门大家庭,其内部世系有:

1. 陈叔明五世孙兼的一支世系;
2. 陈叔慎五世孙旺的一支世系;
3. 陈叔达支系后人的世系;
4. 可能还有其他王爷后人曾经参与义门的世系。

总而言之,以上几种世系的义门陈氏后人,他们认同"异流同源,合族同处",怎么办?根本"不需要警惕身边有人打着什么旗号来正本清源,也不需要标新立异的创造发明"(此为陈某君的原话)。我们说,义门本来就是多元一体的大家庭,共同生活,分家后散落在各地。对此,目前只是有些人没有觉醒罢了,因此需要大家多宣传;时间是最好的良方,义门人"异流同源",经得起历史的检验。继承义门陈氏世系,我们采用考证后的"异流同源"世系!

最后用唐大顺初(890)陈崇《义门家范十二则·联族党》中一句结束本文:"江州一族,异流同源。阅十一世,和处笑喧。非吾叔伯,即我弟昆。"

由豫章罗氏姻亲考兼旺同代

陈月海　陈　刚

豫章罗氏，是南昌一名门望族，其始祖乃西汉罗珠[①]。现从罗氏族人与熊氏、杜氏以及义门族人的联姻，考义门兼旺同代。

由于罗氏谱是后人修的，所以谱上的生辰时间有误差，因此我们才依据史志综合考证相关的人物、事件及其生卒时间，从时间上证实陈旺为唐开元间人，和兼为同时代人。

一、陈旺与罗宏爱及熊曜

罗氏宗谱载："罗珠第二十九世孙宏爱，汉直公子，唐开元中举帖试[②]，授闽中尉。葬南昌县木山濠冈。元季，黄冈裔孙则名重立墓石。配熊氏，小蓝熊参军彦方公之女，待诏王伾志墓，葬东坛，即今柏庄。宏爱长子绍忱，字立敬，号玉崖，配陈氏，江州太平乡常乐里义门陈旺赠晋国公女。"

简短的一段话，所含信息量大，交待了三姓之间的联姻。

罗宏爱，史志虽无记载，但其岳父熊彦方祖孙三代在万历《南昌府志》卷十八《人物传》中却有载："熊曜，南昌人。祖九思，察孝廉。父彦方，广州录事参军。曜刚正，有词学，与礼部达奚珣、右丞王维为文章好友。开元中及进士第，解褐[③]贝州临清县尉，转左骁卫胄将军，卒。"同书卷十七《选举·科第》载"开元中进士，熊曜"。

熊曜是罗宏爱的妻舅，其事迹在唐代史籍中有记载，如《元和姓纂》

卷一《南昌熊氏》载"开元临清尉熊曜";《封氏闻见记》卷九亦载"熊曜为临清尉,以干蛊④闻。平原太守宋浑⑤被人告,经采访使论。使司差官领告事人就郡按之。行至临清,曜欲解其事,乃令曹官请假而权判司法"。虽未载熊曜的生年,但他与达奚珣、李颀、王维、高适、岑参等为诗文好友,可藉参考。

1. 考熊曜的诗友生年及其之间的交往

达奚珣（690—757）,《洛阳考古》2015 年 01 期赵菲菲《唐达奚珣夫妇墓志考释》刊录的《唐故先府君河南尹达奚珣公墓志铭并序》载："享年六十八,以至德二年十二月廿九日奄弃⑥孝养。"天宝六载（747）,达奚珣夫人寇氏去世,李颀、王维、熊曜等撰挽歌。

李颀（690—754）,见《西南师范大学学报（人文社会科学版）》1979 年 03 期载谭优学《李颀行年考》。

高适（700—765）,见周勋初《高适年谱》。

王维（693—760）,见《山西师大学报（社会科学版）》2018 年 01 期载王辉斌《王维生卒年考实》。

岑参（716—770）,见《成都大学学报（社会科学版）》1983 年 02 期载刘尚勇《岑参生卒年考》。

以上几人的年龄,最大 690 年出生,最小 716 年出生,由此可推熊曜生年应在其间。

王维开元九年（721）中进士,然而仕途一直不顺,直到开元二十三年（735）三月受宰相张九龄的提携任右拾遗。开元二十五年（737）,王维赴河西任监察御史,熊曜在京城作诗《送杨谏议赴河西节度判官兼呈韩王二侍御》(《全唐诗》卷七百七十六),诗题王侍御,即王维。由此可知,熊曜与杨谏议、韩侍御也是好友。

开元二十三年（735）熊曜、李颀考中进士,同年参考者高适、陈兼、杜甫等皆落榜。

开元二十六年（738）守选期满,熊曜、李颀分别任临清尉和新乡尉,并在赴任前同高适在洛阳赋诗赠卢主簿,高适赠诗《同熊少府题卢主簿茅斋》,诗题"熊少府",指即将赴任的熊曜。李颀赠诗《望鸣皋山白云寄洛阳卢主簿》,事见周勋初《高适年谱》。熊曜赠诗已佚。

天宝三载(744),熊曜在临清尉任上款待来之京城的好友岑参、杜华。后岑参赋诗《敬酬杜华淇上见赠兼呈熊曜》,诗中写道:"熊生尉淇上,开馆常待客。喜我二人来,欢笑朝复夕。"岑参呼熊曜为"熊生",此"生"当先生解。司马贞索引:"自汉以来儒者皆号生,亦先生者省字呼之耳。"是年,岑参29岁。

熊曜自开元二十六年任临清县尉,到天宝三载已满7年,因此推熊曜时年45岁以上,比岑参约长16岁,即生于695—705年之间。

2. 考罗宏爱的生年

熊氏,罗宏爱夫人。她是参军熊彦方之女,熊曜之妹。熊氏的墓志铭是待诏王伾撰。王伾,杭州人,唐德宗贞元末为翰林院待诏,很受太子的信任,累迁正议大夫、殿中丞、太子侍书。顺宗即位后,任左散骑常侍,仍待诏翰林。王伾是"二王八司马"[7]永贞革新成员。王伾与王叔文分别是唐顺宗的书法、棋艺老师,两人年龄相仿。王叔文生于天宝十二载(753)(《柳宗元集》卷十三孙氏注《故尚书户部侍郎王君先太夫人河间刘氏志文》),推王伾生年约在750年前后,为熊氏撰墓志铭时大约30—35岁。罗宏爱,唐开元中举帖试,授闽中尉,综合参照对比,其生年大约在710年。

3. 陈旺的外孙罗鸣尹和罗鸣谦

罗鸣尹、罗鸣谦,是罗宏爱的孙子即陈旺的外孙。据明朝《溠川足征录》文部卷七《罗氏宗谱序》载:罗绍忱长子"鸣尹,字周伊,奉节度季公讽檄,置炉于永王墓并丰城,引溪二所铸钱,以便商旅"。

序中的"永王"即李璘(720—757),唐玄宗李隆基第十六子。至德元载(756),唐肃宗以永王叛乱割据江东为由派兵围剿。《旧唐书》卷十《肃宗本纪》至德二载二月戊子:"永王璘兵败,奔于岭外,至大庾岭,为洪州刺史皇甫侁所杀。"

永王墓在今江西南昌县广福镇板湖村永木黎家村西200米处的吴家

山缓丘上，为南昌市文保单位。

"节度季公"，即季广琛，开元二十三年（735）中智谋将帅科，为永王部将。唐肃宗至德元载（756）十二月，季广琛由江陵挥师东下，直扑广陵，中途归顺朝廷；次年（757）永王兵败被杀（《旧唐书》卷一百〇七《李璘传》）。乾元元年（758）五月，季广琛以荆州长史赴河南行营会计讨伐叛军史思明于河北，拜青徐等五州节度使，八月兼任许州刺史（《旧唐书》卷十《肃宗本纪》）。"讽檄"，即向皇上谏劝讨伐叛军的檄文，当在此年。

"安史之乱"，是唐朝经济由盛转衰的祸根。唐肃宗乾元元年（758）发行虚价的"乾元重宝"及"重轮乾元"，钱制渐趋混乱。唐德宗建中元年（780）推行"两税法"，以铜钱征税，货币供应不足；唐武宗会昌年间铸了"会昌开元"，才缓解了严重的钱荒。会昌五年（845），朝廷下令诸铸钱监所铸均于钱背增添州名，统称"会昌开元"。《新唐书》卷五十四《食货四》载："武宗废浮屠法，不足以加铸，许诸道观察使皆得置钱坊，淮南节度使李绅请天下以州名铸钱。"如"京"为京兆府，"洛"为洛阳，"洪"为洪州。如今出土的"会昌开元"钱币上铸有"洪"字，即洪州铸钱监铸造的。会昌五年，鸣尹约66岁。但从"置炉于永王墓并丰城，引溪二所铸钱"来看，罗鸣尹参加铸钱应在会昌五年之前。

罗鸣谦"字周益，元和十二年诏入粟助边，授解褐宣议"（罗愿《罗氏宗谱序》）。

"入粟助边"，是唐朝政府为弥补财政困难，允许士民向国家捐纳钱粮以获取官职，属于买官行为。《册府元龟》卷五〇九《鬻爵赎罪》载："唐宪宗元和十二年（817）诏曰：入粟助边，古今通制……纳粟一千石者，便授解褐官，有官者依资授官。纳粟二千石者，超两资授官……"《鬻爵赎罪》所记买官卖官事，在时间上与谱序相合，从而证实罗鸣谦元和十二年"入粟助边"之真实性。

另据明朝正德二年（1507）安徽歙县《罗氏宗谱》载："文昌公，呈坎之始祖也，来自洪都，唐季值巢寇之乱，世传为兄弟曰文昌曰秋隐，潜身遁迹，以待天下之清。至歙呈坎，观其山水秀丽，因以家焉。"罗文昌（罗鸣谦之孙）、罗秋隐（罗鸣尹之孙）两兄弟皆罗宏爱五世孙、罗绍忱曾孙。陈伉为家长时在唐乾符年间，正值黄巢之乱。换言之，陈旺六世孙陈伉与罗宏爱五世孙文昌、秋隐为同时代人，因陈旺比罗宏爱大20多岁，正好弥补了这一代时差。

二、陈蓝亲家罗仪闻

罗氏宗谱载："罗珠第三十二世孙仪闻，字先生，周领之子，生四子，曰天德、天化、天节、天相。天化赘蜀青神谏官杜礼公女杜氏，居蜀；天相赘江州义门陈吴国公蓝女，因家德安长乐里。"

罗仪闻的第二子天化入赘青神县杜礼，四子天相入赘义门陈蓝女，这在几地的罗氏族谱里多次提起。

《乾隆三年南关罗氏宗谱原序》载："夫谱之所系为甚重，与予族之由来为甚远者，诸序已言之悉矣，无庸独赘言。予族之居历陵（德安）者，盖予族之始来历陵也。以企生一十七世孙天相娶江州义门陈蓝女，遂自吉水溪下徙历陵长乐里居焉。厥后瓜瓞蕃衍，乃有分居，犹自相往来，有欲相聚之意。故遵生之支有迁吉水而徙虔化，徙虔化而迁居石笏，由石笏而来安邑者，则由黄田之支是也。有由吉水而迁奉新，由奉新而迁安邑者，则嘴上之支也。迄今栗坑，长坑、城上、黄田，有室字福侧，田地狭隘，不得已而散居德安府城，江北黄梅，广济者始不可胜数也。"由此得知，在九江和黄梅等地的天相后人很多（详见《颖川陈氏考略》之《天相后裔在德安和德化支派》）。

另《罗氏历代分居赘徙考》亦载："尝思万物本乎天，人本乎祖。是以欲体祖宗之德，笃亲亲之义，则谱尚焉。按吾罗氏肇自祝融，受姓于郐公，后之子孙固班班可纪也。厥后珠公，汉相国大司农，居省城豫章……天化公居蜀青神谏官杜礼女……天相迁德安……其间录载不过大约所举耳。"

古代男人入赘，一般难以启齿，但罗氏宗谱毫不遮隐，反复提到天化、天相两兄弟入赘的事情，这种极其低姿态的族谱实录，可见事情的真实性。

陈蓝与其亲家罗仪闻史志虽无载，但是罗仪闻的另一亲家杜礼却有载，他是杜甫的曾孙。

宋人杜大珪《名臣碑传琬琰集》卷五十四查钥撰《杜御史莘老行状》："公讳莘老，字起莘，姓杜氏，其先京兆杜陵人。唐工部郎（杜）甫自蜀如衡湘，其子宗文、宗武、从实。宗文子复还蜀，居眉之青神，自号东山翁。东山翁生礼，礼生详，详生晏，景福中第进士，官至侍御史。公于御史八世孙也。"查宋人王十朋《梅溪集》（四库本）后集卷二十九《杜殿院（莘老）墓志》亦载："先生（杜甫）之子曰宗文、宗武。宗文之子居蜀之青神，号东山翁。东山翁生礼，僖宗时为谏官。礼生详、详生晏，景福为侍御史。"由此可见，杜礼家青神为谏官，当是罗天化的岳父，无疑。

杜甫生年，《旧唐书》卷一百九十下《杜甫传》载"永泰二年，啖牛肉白酒一夕，而卒于耒阳，时年五十九"，即杜甫生于公元712年。杜甫比陈兼小十几岁，为同时代人，甚友善。天宝十二载（753）冬十月，陈兼晚年应辟右补阙，杜甫闻讯后十分欣喜并作《赠陈二补阙》诗贺之，详见《陈兼生平事略新考》。杜甫六世孙杜晏"景福（892）中第进士，官至侍御史"。可推其出生在862年。景福时，杜晏约30岁。现依据杜莘老的行状及墓志铭，并以代均30年为一代，可以列出杜甫至杜晏的世系及生年。

杜甫（712）→宗文（742）→东山翁（772）→礼（802）→详（832）→晏（862）→……莘老，大概如此。

罗天化的岳父杜礼约生于802年，唐僖宗朝为谏官，时年约在65—70岁之间。陈蓝、杜礼同为罗仪闻亲家，三人为同时代人。

罗仪闻父罗周领，字鸣领，补虔王府记室。考虔王，为唐德宗第四子李谅，《旧唐书》卷一百五十《德宗顺宗诸子》载："大历十四年（779）封，授开府仪同三司。贞元二年（786），领蔡州节度大使、申光蔡观察等使，以大将吴少诚为留后。……十六年（801），徐帅张建封卒，徐军乱，又以谅领徐州节度大使、徐泗濠观察处置等使。"之后史书无载，李谅可能去世了。由此，罗周领大约生在760—770年间，补虔王府记室应在779—801年之间。因此，罗周领和东山翁、陈感为同时代人。

三、结语

综上所述，罗宏爱大约出生在710年，比其亲家陈旺约小20岁；罗宏爱之子即陈旺女婿罗绍忧，约生于740年前后，也就是说陈旺在50岁时生女配绍忧；绍忧长子鸣尹约生于780年，"会昌五年"约66岁。绍忧次子鸣谦大约出生于785年，"入粟助边"时约33岁。因此，陈旺与其亲家罗宏爱及其妻舅熊曜，同为开元时人。陈蓝、杜礼同为罗仪闻亲家，同时代人。罗仪闻父罗周领任虔王李谅记室，与杜礼父东山翁、陈蓝父陈感为唐德宗朝人。陈蓝是陈旺的曾孙，杜礼是杜甫的曾孙，逆推陈旺与杜甫亦为开元时人。由此佐证了《颍川陈氏考略》推算陈旺生年在692年间，较为准确。

今通过罗氏、熊氏、陈氏、杜氏之间的姻亲关系，参照相关史料，足以证实"兼旺是同时代人"。

四、附罗、熊、陈三族联姻关系表

豫章熊氏	豫章罗氏		义门陈氏	
	罗昌（第18代）			
	罗智慧	罗智达		
	罗昭祖	罗冲祖		
	罗景富	罗景休		
	罗万成	罗万平		
	罗元凤	罗元鹏	罗元晖	
	罗世则	罗世道	罗世义	陈顼
	罗志刚	罗志毅	罗志羲	陈叔明	陈叔慎

续表：

		罗尹祺	罗尹桢	罗尹时	陈志能	陈志高
熊九思（645—？）		罗有居	罗有容	罗有作	陈定	陈才
熊彦方（670—？）	熊九思女（685—？），嫁罗汉中，即熊曜姑	罗汉穆，行二（680—？）罗汉中，行三（683—？）娶熊九思女	罗汉民	罗汉值	陈球	陈蕴珪
熊曜（692—？）	熊彦方女（712—？）嫁罗宏爱	罗宏元，罗汉穆子，（723—？）娶陈兼女（725—？）	罗弦中	罗宏爱（710—？）娶熊彦方女	陈兼（697—762）与熊曜友善	陈旺（692—？）
			罗绍淳	罗绍忱（740—？）娶陈旺女	陈京，有一姐姐嫁罗宏元	陈机，有一妹妹嫁罗绍忱
			罗周领	罗鸣尹（780—？）罗鸣谦（785-？）	陈褒	陈感
			罗仪闻		陈灌	陈蓝
			罗天相入赘陈蓝女		陈铺	陈蓝女招赘罗天相

注　释

①罗珠（约前245—前155），世人尊称罗珠公，字怀汉，号灵知，生子六，汉高祖五年（前202），罗珠出任江西九江协从灌婴侯，始筑南昌城，惠帝六年（前189）罗珠奉命进京任治粟内史，主管农业。官拜相同大司农，乃西汉一代贤臣。汉高后五年（前183）吕后临朝称制，纲常紊乱，罗珠谢病辞官不仕，隐居洪崖山，罗珠逝于景帝二年（前155），享寿九十一岁。罗珠公是天下罗氏之祖。"天下罗家无二派"，自罗珠之始，家族繁衍，分支发展脉络清晰，家谱记载严谨有序。

②举帖试：以帖经试士。唐代明经科举考试的一种方法。

③解褐：脱去粗布衣服，喻入仕为官。

④干蛊：泛指主事、办事，干练有才能。

⑤宋浑：唐邢州南和人，宋璟子。与李林甫友善，多得援引。为平原太守时，重征一年庸调。转东京采访使，强纳寡妇。以赃败，流高要，会赦，量移至东阳。人不堪其弊，讼之，配流浔阳。代宗广德中，起为太子谕德，物议薄之，乃流寓于江岭，卒。

⑥奄弃：忽然舍弃。犹永别，谓死亡。

⑦二王八司马：指的是唐顺宗年间推行一系列善政的一批革新派官僚士大夫，主张打击宦官势力，革新政治，其中的"二王"即王叔文、王伾，"八司马"指韦执谊、韩泰、陈谏、柳宗元、刘禹锡、韩晔、凌准、程异；改革失败后，俱贬为州司马。

按　语

罗、熊、陈、杜四姓姻亲相互关系，来自道光二十六年（1846）赣县罗明高主修《豫章罗氏大成谱》，他们的生年据史推证。

熊彦方之妹嫁给罗汉中，首开熊罗两姓姻亲，之后熊彦方女嫁给罗宏爱，亲上开亲。陈兼寓居江州既已和熊曜相识，后在京城又同高适、王维等为诗文好友。开元二十三年（735），熊、高、陈、杜一同参加科考，熊曜及第，高适、陈兼、杜甫落榜。是年，王维和陈兼受张九龄的体恤栽培，先后荐为右拾遗和封丘县丞。

由熊曜搭桥牵线，陈兼女嫁给了熊曜亲姑父罗汉中的亲侄儿罗宏元。随后由熊曜、陈兼牵线，熊曜的亲外甥罗绍忱娶了陈旺的女儿。再后来，罗天相又入赘陈蓝女，罗天化入赘杜礼女。从这四姓相互联姻及其生年，印证了"兼旺同代"的这一重要史实。

关于《由豫章罗氏姻亲考兼旺同代》的一点补充

陈 刚

最近有人以罗氏谱中罗宏爱等人在"行传"中的生辰来否定罗氏与陈氏的姻亲关系。关于罗氏宗谱里的人物生卒时间,笔者并非视而不见,既然敢于晾晒谱页,就有十足的底气。下面就罗氏谱中的人物生卒做一点补充。

罗氏谱是后人修的,每代生辰不可能记得那么清楚,误差难免,但这并不影响罗氏谱记载罗、陈、熊、杜四姓联姻的真实性。正因为谱上的生辰时间有误差,所以我们才依据史志综合考证相关的人物事件及其生卒时间。

退一步来说,即使按照谱上的生年时间,最多的也不过相差三四十年,也不抵义门谱中的"伯宣孙旺"相差170年之多。如罗氏谱记载:宏爱生于唐开元戊辰(728),笔者考证则是710年。宏爱长子绍忱生于唐贞元丙寅(786),笔者考证则是740年。仪闻生于唐至德丙申年(756),笔者考证则是785年。

任何事情都需要综合分析、以理服人,不能一叶障目。比如说,罗氏谱反复提到天化、天相两兄弟入赘的事情,这种极其低姿态的族谱实录,相信事情的真实性。后来陈青生六子,罗天相才从长乐里迁居德安聂桥乡永丰村栗坑垄,他的后人多数在九江。再说罗天化的岳父杜礼,更有明确的墓志铭记载。光这两点就足够证实兼旺同时代了，甭说罗宏爱妻舅熊曜开元进士及王伾给熊夫人写墓志铭等相关事件了。

还有一个证据，据明朝正德二年（1507）安徽歙县《罗氏宗谱》载："文昌公，呈坎之始祖也，来自洪都，唐季值巢寇之乱，世传为兄弟曰文昌曰秋隐，潜身遁迹，以待天下之清，至歙呈坎，观其山水秀丽，因以家焉。"文昌、秋隐两兄弟皆罗宏爱五世孙、罗绍忱曾孙。陈伉为家长时在唐乾符年间，正值黄巢之乱。换言之，陈旺六世孙陈伉与罗宏爱五世孙文昌、秋隐为同时代人，因陈旺比罗宏爱大二十来岁，正好弥补了这一代时间差。这岂不是又一铁证？

最后，我们就拿很多人奉为至宝的仙桃牛公庄明代万历谱来说说这件事情。万历谱载："老谱（指万历之前的谱）载以唐元（玄）宗开元辛未年（731）迁德安，论者谓时不相符。"连明代义门先贤都认为陈旺开元十九年建庄和旺公为伯宣孙这一说法与时代不相符。由此可见，历代义门老谱均记载陈旺开元十九年建庄，岂能有假？！这该是义门谱记载的事实吧？到底谁对谁错，一目了然，不必多言。

若想否定罗陈姻亲关系，重在举证。仅凭生辰误差就想全盘否定，未免过于武断。除非把熊曜、杜甫、王伾、达奚珣、王维、杜礼、虔王李谅等相关历史人物一概抹去，同时还要把罗文昌、罗秋隐唐乾符年间迁安徽歙县呈坎建庄事以及明代义门老谱载陈旺开元十九年建庄等全部抹去，否则，无论如何也推翻不了我们的考证。

附件：明万历牛公庄谱载陈旺开元十九年建庄

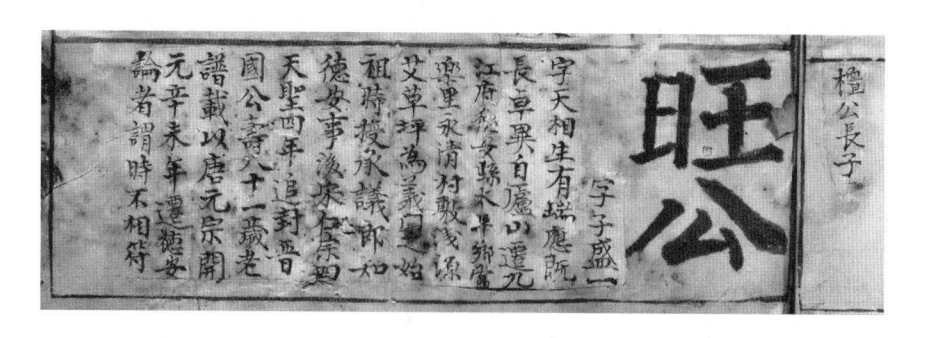

以古人取名习惯论"异流同源"

陈 刚

据众多史料和族谱得出义门陈氏实为叔明、叔慎两大支派"异流同源"之结论。简要概括义门前五代世系为：

1. 叔明支系：叔明→志能→定→球→兼。
2. 叔慎支系：叔慎→高→才→蕴珪→旺。

以上结论在《颖川陈氏考略》中有《叔明五子辨析》《叔明子嗣再考》《玉笥陈岳世家》《陈旺世系考》等章节已有详细论述，不再复述。今另辟蹊径，采用古人取名用字的习惯，再论义门实为叔明、叔慎两大支系的"异流同源"。

一般古人取名，同辈兄弟者，若是双字名，则大多数以字辈来取名；若是单字名，则大多数以偏旁部首相同或字意字形相近来表示辈分。如陈氏族谱常见的人名：伯宣、伯党是以中间"伯"字表示兄弟；谈先、霸先、休先，是以末尾"先"字以示兄弟；另外陈青之子陈伉、陈仲六兄弟皆以偏旁"亻"以示兄弟。

参照古之取名习惯，先谈叔明到陈兼的世系。

第一代：叔明、叔慎为亲兄弟，是陈宣帝之子，均为"叔"字辈。

第二代：志能，与叔坚之子志本为堂兄弟，均为"志"字辈。陈志本源于《陈敬玄墓志铭》（《唐代墓志汇编续集》天宝〇四九）。另外还有志龙、志熙、志静、志范四个亲兄弟。

第三代：定。江西吉水古富村族谱、江西龙南元开公陈氏族谱明确记载陈定为志能之子、陈球之父、陈兼的祖父。陈定兄弟有宏、宣，三人名均有"宀"。其中陈宏来自《元和姓纂》"宜都王叔明孙绎、宏。绎，侍御史；宏，荆州刺史"。湖北谷城县《庙滩义门陈氏宗谱》记载宏是志能的儿子。陈宣来自《湘西陈氏族谱》，是志能的另外一个儿子。

第四代：球。其兄弟目前可考者一人，名璋。球，本义为玉的一种，特指玉磬。璋，古玉器名，形状像半个圭。两字均为"玉"旁且义近。陈璋，白居易外曾祖父。白居易在《襄州别驾府君事状》（《白居易集》卷四十六）一文中详载其母为"颍川陈氏，陈朝宜都之后。祖讳璋，利州刺史；考讳润，坊州鄜城县令；妣太原白氏"。白居易为乡贡进士之时，到京城求官曾给陈京写了一封自荐信《与陈给事书》（《白居易集》卷四十四）。这正是因为其母与陈京为同族，才会向陈京写书，请多加关照。

第五代：兼，行二，字不器。据《毗陵陈氏族谱》载，陈兼胞兄名陈秉。"秉""兼"字形相近。陈兼生四子：当、苌、京、归。

再来谈陈叔慎到陈旺的世系。

第一代：叔慎，字子敬。略。

第二代：高。陈高有一弟名嵩。高、嵩均有高远之意。陈高，出自江西马埠陈氏清光绪年间七修族谱，该谱明确记载陈高为叔慎之子。陈嵩出自南宋王象之《舆地纪胜》卷三十四《古迹》："陈岳阳王墓，《旧经》以为王乃陈高宗第十六子，正（祯）明二年台城陷，被害。唐武德中，子嵩为吉州别驾，迁葬墓于此。"

第三代：才。陈才的兄弟无考，不叙。

第四代：蕴珪。有两位胞弟：蕴玉、蕴璋，这两人在绝大多数的义门谱里都有载。这三兄弟均为"蕴"字辈，且后一个字与美玉相关。蕴珪生子旺，蕴玉生子然。

第五代：旺。陈旺，据贵州仁怀宗武公支系谱、湖北石首和高安旧谱等载其为蕴珪之子。陈旺有两位兄弟可考，分别为昌、然。"旺""昌"与日相关，意指兴盛；"然"字，徐铉曰："今俗别作燃，盖后人增加。"

说明"然""燃"互通，意指火烧。三字义相近，均有红火之意。通过古人取名习惯再一次确证陈旺与陈昌、陈然是同辈兄弟。

陈昌，据鄂州陈琢《义门陈氏历史资料简编》援引明嘉靖《陈氏兆祥宗谱序》："……再一支陈旺、陈昌迁江西德安，起家义门。"今陈昌后人无考。

陈然，义门谱和新淦谱都载为蕴玉之子。然生衮，衮由江州迁居新淦，为新淦陈氏开基祖。陈衮与陈京为同辈，同属于第六代，新淦《燕叙堂族谱》一修序中言"京公之弟衮公"。

从以上这些古代义门先祖取名习惯这一新视角，仍然可以得出义门为叔明、叔慎这两大主体所构成，另外还有叔达等王爷后人也参与其中。如吉水赤崖庄以崇公就是叔达之后，据吉水族谱载"公曾参与义门大分庄后回迁赤岸，为三十六庄"。明末清初，以崇公后人又有两庄回迁德安，即今德安县邹桥乡马觜头和聂桥镇郎昌坂陈家。义门人"异流同源"，该成定论。

论志高是叔慎之子

陈 刚

现今主流义门谱载陈志高之父为陈叔明，经过我们翻阅多部族谱，再结合其他史料文献综合考证其父实为岳阳王陈叔慎。该观点在《义门陈文史续考》就有定论。如今，我们再详细梳理其族谱来源，提供综合考证的依据，以证实本观点。

首先，我们查到了各地谱中有陈兼相关世系的记载，如：

1. 江西龙南县谱载陈兼世系

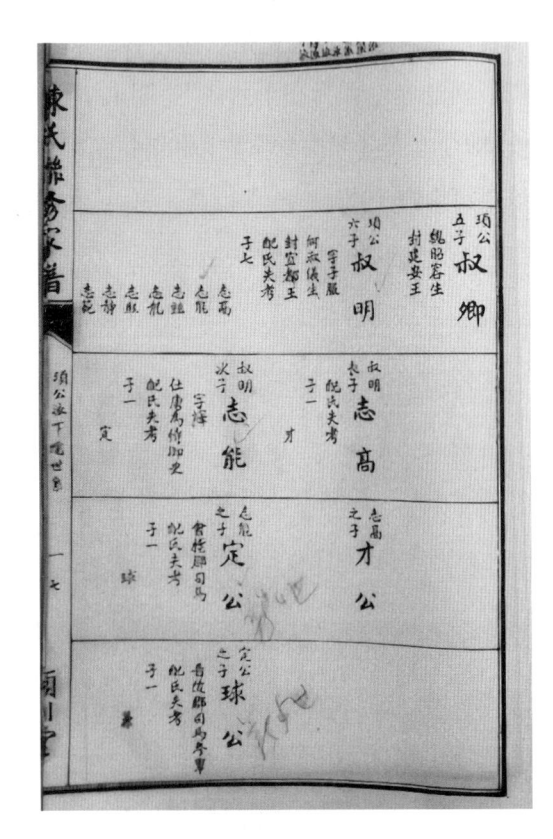

2. 吉水县古富村族谱序中陈兼世系

潁川陳氏叔明位下繁衍古富譜序

族之譜猶之木有本水之有源也大有本則樹濃葉茂水有源必資波源之切而後則道號綿長族之有譜能述祖先銘功德序生歿分昭穆詳地形明支派論世系長幼尊卑不紊其亂德近觀就之失其本彼於四方者收于譜中而此則世系體昭穆明人倫分其僞辨矣從唐宋陈兼一公作譜始有焉由胡滿公受姓之初迨有陳姓也黃帝傳滿公二十五世孫而淸公傳至曇頊公六十七世頊公生子四有二吾村乃頊公之大子叔明生六子述高志能士鐩志朗志靜志範其弟志能之子定之子球球之子業業之子京京公乃江州義

3. 伯党后裔泰和柳溪谱载陈兼世系

叔慎 字子剛謚聖王

叔明 字子思性恬為在東朝仕隋陳亡後入陳隱侍郎以疾一卒子陳郡司功参軍子一曇

譯 正中

宏 定 球

叔獻 孝

叔齋

泰和这个世系把叔明的两个孙子绎、宏误为叔明之子，今当纠正。参见《元和姓纂》。

4. 温州平阳凤凰山陈氏谱载陈兼第四子陈归支系："叔明→定→球→兼"，这里也是把孙陈定误为叔明子，从而少了一代。

因此，有很多陈兼之后且非义门陈族谱记载的世系为叔明→志能→定→球→兼，这个不是我们"推理"出来的。

先谈志能。叔明子辈的班辈为"志"，没有多大问题，因叔明同母兄叔坚的儿子名"志本"，见《唐故永嘉郡永嘉县令陈公墓志铭并序》。

江西泰和柳溪谱首修于南宋绍兴十二年（1142），温州平阳凤凰山陈氏为考功员外郎陈归的后裔，该谱创修于南宋淳祐十年（1250）。两谱均有定、球的相关记载。这说明叔明→志能→定→球→兼这一世系并非空穴来风。

以上世系，可参考《以古人取名习惯论"异流同源"》一文，文中的陈定还有宏和宣等兄弟；球也有兄弟名璋，并且陈球的孙

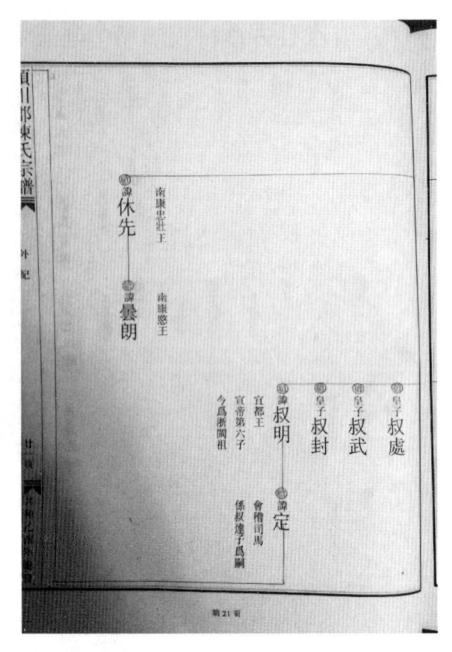

浙江平阳凤凰山陈氏谱照一

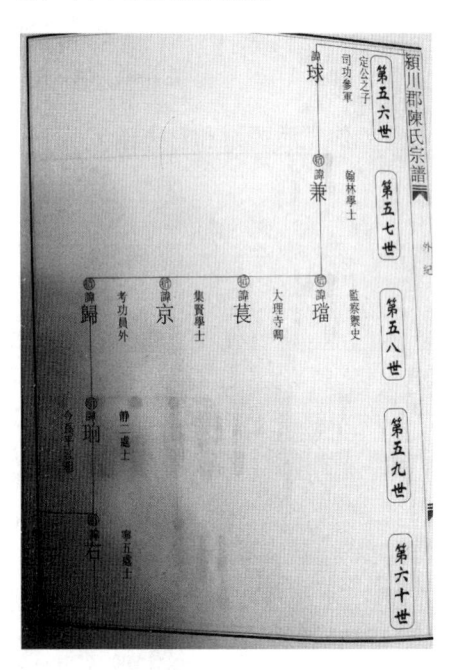

浙江平阳凤凰山陈氏谱照二

子陈京与陈璋的外曾孙白居易有书信往来，都居住颍川长葛。今本书依据最近发现的广信庄乾隆丁未谱记载的世系：叔明→志能→定→然→兼，（仅第四代"球"错为"然"）由此证实了这一世系。由此，陈兼的上三代为志能、定、球，乃确证无疑。

再来谈谈陈志高及陈旺的相关世系

1. 万福庄宗武支《陈氏入蜀记》（详见《陈氏谱考辑要》第 247 页）明确记载："义门开派之宗是为旺公焉，原系蕴珪之子，叔慎玄孙。其裔世代同居于长乐里，代传孝悌，感化百犬之风。"由此可列世系为 1 世叔慎→4 世蕴珪→5 世陈旺。

2. 峡江马埠陈氏光绪七修族谱载叔慎世系为：叔贞（慎）→志高→才→蕴玉→然→衮（新淦始祖）→可二……

虽然马埠谱因避宋孝宗讳改叔慎为叔贞。又因蕴珪蕴玉为亲兄弟，陈旺与陈然当为嫡亲堂兄弟（详见《以古人取名习惯论"异流同源"》）。马埠谱与《陈氏入蜀记》互为印证，说明这两支人都是叔慎之后。此外，众多义门陈氏谱都有"志高→才→蕴珪、蕴玉、蕴璋"之记载，可惜是接在叔明名下，而唯一不同的就是峡江马埠谱记志高为叔慎之子。既然蕴珪、蕴玉为叔慎曾孙，那志高自然就是叔慎之子了，这丝毫不牵强。我曾经多次论证过志高与叔慎另一子嵩，这两人名字义相近，都有高远之意，符合旧时取名的习惯，同时还发现常州毗陵谱载陈嵩有一支后人名为"曦、权、愈、蒂、春"，跟义门志

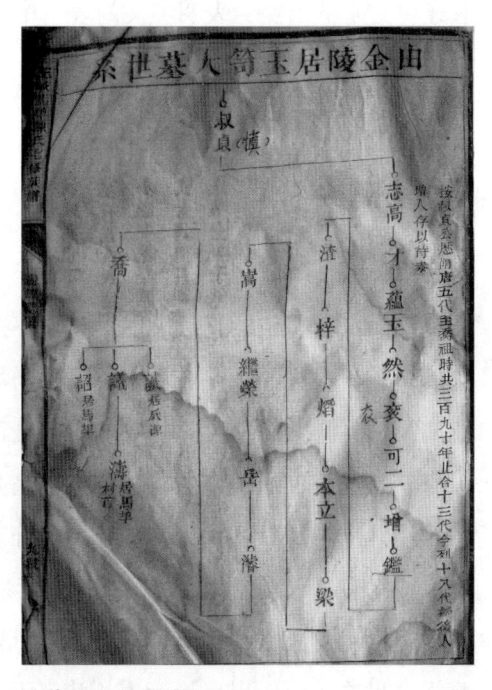

马埠陈氏七修谱世系

高系之旺、机、感、蓝、青连续五代对应，这不能说是一种巧合，只能是他们符合古人亲房之间取名用字的习惯而已。由此，陈旺归属于叔慎系，非叔明系。至于为何多一个"志"，想必是义门后人修谱时加上去的，等同于志能一辈；但是也有多谱无"志高"之说。如《修水凤山谱》《海灌沭陈氏四修族谱》和湖南《衡山陈氏宗谱》均载为"子高"，即某某之子名高。（详见《颍川陈氏考略》之《叔明五子辨析》）。因此，义门谱中的"志高"，是由叔慎之"子高"转变而来的。

另据湖南图书馆藏本《花田陈氏（敦睦堂）三修族谱（卷三）"衍齿录"》得知："叔明公，江州义门派……配万氏生子五，子孙初家九江德安……"在我们见到的众多族谱中，确实此谱不同凡响，它所载史料与众不同，不仅言之合情理，考之有依据，并且多与史籍相符，值得信赖。因此，我们可以锁定叔明配万氏，生五子这一事实。

常州毗陵陈归后裔谱【上海图书馆914178-85】载叔明配某氏生子六："定、铉、童、熙、静、廉"，并在其条目下注"详载义门表"。仅长子"定"下未注，表明"义门表"中无此名，由《以古人取名习惯论"异流同源"》一文知，定为叔明之孙。常州另一映山堂毗陵谱【上海图书馆jp1079】载叔明配范氏生子五：铉，字季伦；龙，字季仲，后未详；熙，字季进，后失考；静，字季方，后无考；谦，字季撰，后无考。再对比其他义门谱综合考证为：志铉、志龙、志熙、志静、志范这五人。因吴语"范氏"即"万氏"；"铉字季伦"即"志能"，映山堂谱、古富谱、龙南谱、广信庄谱均记载陈兼为其后；"季撰"即"志范"。丝毫不见志高的影子，可见志高并非叔明之子，马埠谱记载其是叔慎之子即为正确归属。详见《颍川陈氏考略》之《叔明五子辨析》一文。

在这里我们做一个假设，假设志高是叔明之子，那么《宋史》缘何连续用几个"从"字来说明陈旺系与陈兼系之间的关系？如果都是叔明之后，有必要分得如此清楚吗？古代帝系重宗法、论血统，如果是小宗，只能追溯到藩王。如刘秀，"世祖光武皇帝讳秀，字文叔，南阳蔡阳人，高祖九世之孙也，出自景帝生长沙定王发"。（《后汉书·光武帝纪》）再如刘备："先主姓刘，讳备，字玄德，涿郡涿县人，汉景帝子中山靖王胜之后也。"（《三国志·蜀书·先主传》）正因为陈兼陈旺所属不同藩王之后，才如此隐晦曲折地道出义门是"异流同源"，为两大藩王的后裔所构成。

再来说一下，为何在义门相关文献里只字不提叔慎呢？可能原因有二：一是古代官本位思想作祟，陈兼、陈京、陈褒、陈灌、陈伯宣、陈崇等人都是做官的，在社会上有地位；而陈旺支系的人，在陈旭之前一直是默默无闻的耕农小民；所以，无论是《唐书》还是《宋史》均未提及陈旺做官的事，更别说他的高祖叔慎了。因叔慎有历史故事，更要尽量隐讳。二是义门异流同源同为南朝陈派，源自陈宣帝陈顼，不能多次申报义门。如果逾越叔明，等同于逾越了小宗之法，无此必要。但在义门分庄之后，由于各宗其祖，才有叔慎一说。史书没有提及的东西，不见得就不存在，比如说义门陈操官至尚书，其后分居南昌庄。如果不是大䜣禅师相关佛学典籍上有记载，我们哪里知道义门还有这么一个重要人物呢？（详见《陈氏谱考辑要》之《唐朝尚书陈操考》）

有不同观点的人认为志高志能为叔明子，几乎为各地义门谱系所共识。我们得出志高为叔慎子的重要依据为江西峡江马埠、新淦老城等地自称叔慎后裔的老谱世系，是否能经得住推敲？

必须指出，明清以来的义门陈氏谱是经不起推敲和考证的。虽然陈兼系出叔明，但是叔明后代不光仅义门。若按此说法，"共识"的东西就是正确的吗？那么竟有绝大多数的义门谱都说"伯宣孙旺"，这也是共识，能对吗？我们只有站在更高的角度去查考叔明后人陈归、伯党等及白居易外祖父家族，以及叔明兄弟的后代族谱是如何记载的。只有跳出义门谱混乱的怪圈子，才会有新的发现。

不同观点的人认为志高是自称叔慎后裔的族谱世系，对此世系产生怀疑。要证明志高是否为叔慎之子首先要看史，如果于史无载，那就要看谱载是否合情合理。首先，《新淦谱》记载："蕴玉生然，然生衮，唐大历中由江州徙吉水土桥瓜源肇基，开派燕叙堂，后由土桥瓜源迁居新淦陈家壑至今，尊衮公为燕叙堂一世祖。"很明显，陈衮（与陈崇子同名，并非一人）是陈旺的堂侄，先同住江州，后陈衮迁土桥瓜源、新淦陈家壑开基，这个说法并非新淦老谱孤证，义门谱同样也是这么说的，地点和事件能对得上。义门谱和新淦谱同时又讲陈衮与陈京是兄弟，世次也对上了。这里的"大历中"极其准确，因陈京是大历六年进士，充分说明新淦谱记载陈衮活动时间十分准确，时间又对上了。"燕叙堂"这个堂号，是解决志高是谁之子最大的突破口。"燕叙堂"，则来源于陈叔慎，"燕叙"即宴饮叙谈。这里是指祯明三年（589）隋军已据荆门，南至湘州，城内将士莫有固志，克日请降。叔慎乃置酒会文武僚吏，酒酣，叔慎叹曰："君臣之义，尽于此乎？"以激士气。后设计诓杀了隋朝大将庞晖及随从百号人。为记此事，其后人故以"燕叙"做堂号。如果志高、然、蕴玉、衮等不是叔慎后代而是叔明后代，那笔者实在想不出为什么堂号偏偏叫"燕叙堂"？为什么陈衮又执着迁徙土桥守叔慎大墓？据峡江陈和根宗亲提供信息，土桥就在廖田旁边即今峡江县马埠上村和水南村的接合部，叔慎大墓（又名匡墓）就在廖田。瓜源即现在的峡江县桐林乡西排村，今已无陈氏后人居住。此地于崇山峻岭间，地势险峻，为叔慎子孙守大墓的理想场所，同时也历尽艰辛。

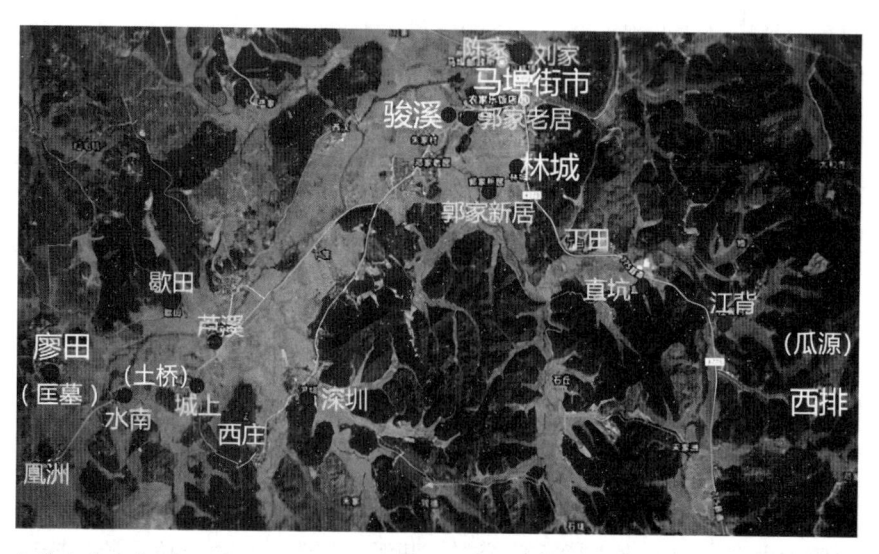

叔慎大墓示意图

现在问题又来了，有人怀疑叔慎大墓是真的吗？好在江西省府县三级志书都有叔慎大墓的相关记载。

《江西通志》一一〇卷载："岳阳王墓在新淦玉笥乡安山，相传陈高祖第十六子名叔慎。唐武德中，子嵩为吉州别驾，迁葬于此。"

《隆庆临江府志》卷十三载："陈岳（阳）王墓《旧经》载王陈高帝第十六子，祯明二年台城陷被害。唐武德中子嵩为吉州别驾，迁葬于馆头大淫头，有庙。"

乾隆三十二年《峡江县志·祠庙》载："岳阳王陈高帝第十六子贞明二年台城陷被害，唐武德中子嵩为吉州别驾，迁葬于馆市大淫头。"

有人又要较劲了，说没有宋代的记载，不足为凭。好在南宋王象之《舆地纪胜》有明确记载，该书卷三十四《古迹》："陈岳王墓：《旧经》载王陈高帝第十六子，贞（祯）明二年台城陷，被害。唐武德中，子嵩为吉州别驾，迁葬于馆头大淫（头），有庙。"

宋代史料记载叔慎"祯明三年台城陷被害"，与正史完全一致，并不抵牾；其迁墓时间在唐武德中；至于陈嵩由何处迁来，志书未讲，但这并不影响志高世系之结论。至于峡江马埠老谱记载叔慎兵败后潜逃至玉笥，娶匡大夫女，生子嵩（字宗先），这在史书上虽未记载，但可备一说，因为史书未记载的东西还多着呢。另外志高于叔明抚养的重要依据是《广信庄乾隆丁未谱序》载叔明公"收纳一族，家小同存"，表明南朝陈灭国后，叔明收养兄弟孤苦子女，共同生活，视为己出。

综上所述，叔慎"奉母南奔"娶匡大夫女是否准确，都不影响叔慎大墓的真实性，以及叔慎两子高与嵩世系的可靠性，此为义门"异流同源"之实际存在的事，不可否认。

《舆地纪胜》

再论志高是叔慎之子

陈　刚

笔者再论志高是叔慎之子，继续列举证据。最直接的证据有二：一是峡江马埠谱明确记载叔慎子志高；二是义门宗武支系《陈氏入蜀记》明确记载陈旺是叔慎玄孙，蕴珪之子。

光绪年间马埠陈氏七修谱证据如下：

峡江马埠镇陈氏是岳阳王叔慎之后，其谱序云："叔贞（慎），字守正，封南王。因国大难奔豫章，入新淦之大墓，有匡大夫者以女妻之，生子名嵩字宗先，隐居玉笥，号小隐。"其世系图："叔贞（慎）→志高→才→蕴玉→然→衮。"另外还有明嘉靖八年吉水进士罗洪先撰《白沙陈氏宗谱序》（《念庵文集》卷十二）载："……按某族祖钝叙其正统，谱曰陈氏之先出高宗子叔慎之后，叔慎子曰宗先，当隋末徙庐陵匡墓，依富人匡太以居，号小隐，今其地为玉笥之廖田，是宗先其始迁祖也。考之史，淳于姬生岳阳王叔慎，祯明三年台城失守，为秦王所害，年才十有八，其子孙之徙在隋之末，理则宜。然《临江志》云玉笥乡有陈岳王庙，唐武德中王之子嵩为吉州别驾，卜隐于此，遂迁王墓馆头安山，由是言之嵩即所谓小隐者，而宗先岂其字耶！宗先之后又几世为观察判官岳，岳生翰林学士潘，潘生门下侍郎乔，乔相南唐后主，死事于开宝八年，宋太祖嘉乔之死，诏许归葬且官其三子诚、议、诏……"

对比以上两份资料可以知道，叔贞就是叔慎。因其生子均为嵩，再说吉水下白沙族是从峡江马埠陈家分迁的，马埠谱在世系图里追记长房志高，理所当然。《临江府志》的记载源于南宋王象之《舆地纪胜》卷三十四《古迹·陈岳阳王墓》，此不赘述。清代族谱虽有"因国大难奔豫章，入新淦之大墓"，但明代罗洪先已经说过匡大夫之事是发生于陈叔慎子陈嵩之时。罗氏所说与正史并不矛盾，这一资料弥足珍贵。

为什么叔慎变成了

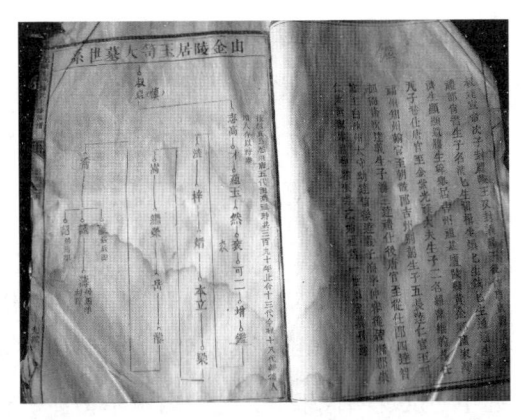

马埠七修谱叔贞（慎）子志高世系

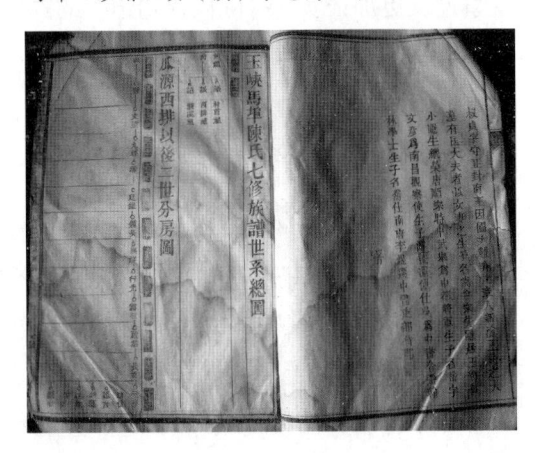

马埠七修谱序叔贞（慎）介绍

白沙陈氏宗谱序

《永乐大典》之陈早

族谱里面的叔贞呢？源于避讳宋孝宗赵昚，宋代理学家慎德秀就因避孝宗赵昚讳改"慎"姓为"真"姓。相似的例子如义门陈旭，《永乐大典》引用《江州志》载："宋陈早义门子也。"陈早，即陈旭。后人为避神宗赵顼讳而改。后世为了忠于原著，即使到了明代也未改陈早为陈旭。

　　证据二来源于《陈氏入蜀记》，该文是陈光富先祖陈璧于康熙甲午年所撰。陈光富大伯陈正罡老先生于1980年回四川古蔺县白坭乡大房陈国朝家所抄，序里所涉及的历史事件与《明史》《清史稿》等无不吻合。近年还发现明代朱燮元《督黔疏草》卷二有陈璧叔高祖陈宗文相关的平乱事迹，更加证实了《陈氏入蜀记》的真实性。

　　以上为直接证据。除上述外，间接证据还有两个，都与正史相关。

　　第一，新淦开基祖是叔慎六世孙陈衮，蕴玉之孙，陈然之子，堂号曰"燕叙堂"。燕叙堂来源于《陈书》的陈叔慎与众将领在湘州宴饮叙谈抗隋的事，见《考略》第287页，此略。

　　第二，高、嵩字义相似。另有无锡陈敏支系谱载叔慎次子陈嵩之后有：陈曦（字天升，唐散骑常侍，弟昫。曦生二子，长权次枢）→权（字师忠）→愈（字仲通，枢子应）→苇（字元茂，征授度支判官户部郎中，应子芬）→春（字育和，荫授宣城令），这一连五代名讳和字都与旺机感蓝青连续五代对应，见《考略·陈旺世系考》第291页。以近支堂兄弟字辈相

钦定四库全书

绍兴十八年同年小录

清乡建贤里兄为户

第百十七人吴良骥字德称小名德昭小名明叔年二十六五月二十日生外氏陈偏侍下第三兄第四人一举娶曾祖肇故不仕祖先故不仕父行故不仕本贯温州瑞安县集善乡懋德里父为户

第百十八人叶衡字梦锡小名俊哥小字邦彦年二十七正月十九日生外氏张偏侍下第三兄第二人二十一举娶闻氏曾祖清故不仕祖尚故不仕父应故不仕本贯婺州金华县大云乡安期里兄庭坚为户

第百十九人陈长源字远翁小名孙小字子渊年三十二月十九日生外氏林具庆下第八十一兄第五人二举娶柳氏曾祖敏故左朝请郎祖昕故不仕父正夫见任承信郎本贯常州无锡县扬名乡城西里高祖通议为户

第百二十人刘坦字道夫小名吉老小字彦达年五十五十一月初二日生外氏孙偏侍下第八兄终鲜娶

《绍兴十八年同年小录》记载陈敏曾孙陈长源

同的规律推论，陈旺是叔慎之后。

陈乔，按《白沙陈氏宗谱序》为陈叔慎次子陈嵩之后。咸淳《毗陵志》明确记载乔为"庐陵人，徙居锡山"。在陈乔后人陈长源的进士录里，有"常州无锡县扬名乡城西里"的明确记载。

还有进士陈敏，字伯修，号濯缨居士，毗陵无锡人，神宗熙宁三年（1070）进士。以王安石荐除太学正，职守天台，将蔡京手下所立党人碑击碎，辞职而归。与苏轼甚厚善。陈敏为陈乔六世孙，另外还有陈之茂为陈乔九世孙。以上几人在咸淳《毗陵志》卷十六有明确记载，同时

《毗陵志》记载陈乔、陈敏、陈之茂

宋代正史也有明确记载。另外，无锡陈敏支系和峡江马埠、吉水下白沙从北宋初便开始分支至今已有千年，但是这三地族谱却不谋而合，由此可见，该世系的准确性。

否定志高是叔明之子的间接证据还有两个。

第一，明清以来多数义门谱中陈兼世系为"叔明→志高→才→蕴珪→兼"。笔者依据最新研究发现，唐代家讳极其严厉，已经上升到法律层面。《唐律疏议》卷十《职制》："诸府号官称犯祖父名，而冒荣居之者，徒一年。"明确规定要避祖父和父亲的讳。《全唐文》卷三七三收录了陈兼的一篇《陈留郡文宣王庙堂碑（并序）》，从文中直云"有三才然

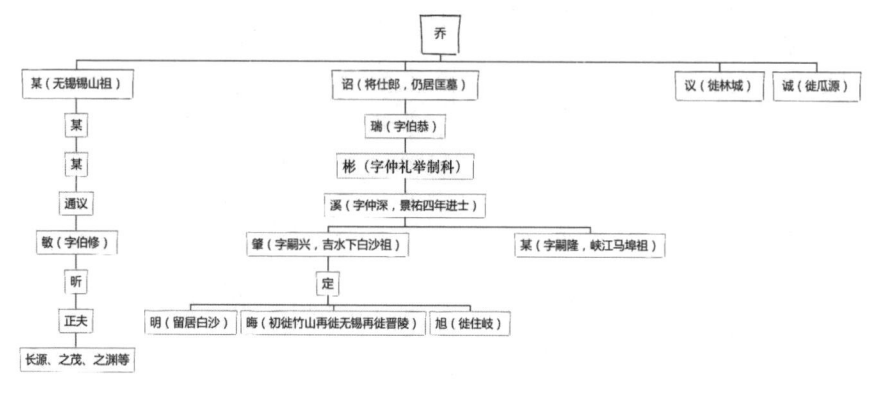

叔慎裔孙陈乔支系图

《元和姓纂》之叔明孙宏

后有刚柔，刚柔交而利害作乎其中"。来看，陈兼没有避讳"才"字，由此可见陈兼的祖父绝对不是陈才。这从根本上否定了"叔明→志高→才→蕴珪→兼"之说。

俗话说不破不立，由此可见陈叔明到陈兼的世系"叔明→志能→定→球→兼"的可信度极高。再加上陈定兄弟有《元和姓纂》陈宏佐证，陈球兄弟有《白氏长庆集》陈璋佐证，这就更加提升了该世系的可信度。

第二，《宋史·陈兢传》连续用几个"从"，说明叔明、叔慎

《白氏长庆集》之宜都王之后陈璋

《宋史》之一

《宋史》之二

两支的关系。"兢即鸿之弟","旭卒,弟蕴主家事"。"蕴卒,弟泰主之。泰弟度,太子中舍致仕。"其世系为:

叔明之后:伯宣→崇→衮→良→兢

叔明之后:伯宣→崇→衮→曜→鸿

叔慎之后:伟→奇→迨→俦→蕴

叔慎之后:俛→德→冰→镐→旭

叔慎之后:伸→克思→顺→玘→泰

叔慎之后:伸→克政→训→建→度

很多人认为"从"为宗族中次于至亲的亲属,即同曾祖父之兄弟可称从兄弟,同高祖之同辈可称再从兄弟。古代的"从"之非常复杂,采用传统五服制度去解释《宋史》中的义门,是根本行不通的。对此,湖北石首陈惟林、陈立二位先生《史与史比较之辨证考述》文及笔者《略论〈宋史·陈兢传〉之"从"》有详细论述,此不赘述。笔者需要增加一点的是,古代藩王小宗制度溯源最远至藩王。"从"字比较隐晦地揭示了义门分属两个藩王之后,《宋史·陈兢传》是义门"异流同源"最有力的证据。

归纳之,无论是直接证据或间接证据,都有史料支撑,志高为叔慎之子的结论能成立。

由唐代避讳三论志高是叔慎之子

陈 刚

　　本人在《再论志高是叔慎之子》一文中已经说明了，唐代由于法律的规定，祖父和父亲的名讳都要避。有读者反驳，认为杜甫没有避祖父杜审言之讳，举出的例子是杜甫诗《九日登梓州城》"共赏重阳节，言寻戏马游"来辩驳。

　　唐代避讳的方法主要有三种。第一，改他字。如柳宗元为避李世民的讳改"民风"为"人风"（《捕蛇者说》）。第二，省略字。如"陈显达"省为"陈达"，唐人避讳显字，因唐中宗名显。（《魏书·天象志》）。第三，缺笔。如避李世民、李渊的"世""民""渊"之讳，要缺笔。见下：

　　要说杜甫不避家讳，那是误传。苏轼在《赠李琪》中写道："恰似西川杜工部，海棠虽好不留诗。"在他看来，杜甫一生不写海棠诗，那

世字缺笔：唐·柳公权楷书《大唐回元观钟楼铭》 　　民字缺笔：唐·颜真卿楷书《东方画赞碑》 　　渊字缺笔：唐·欧阳询行书《千字文》

是因为他的母亲名为海棠，是为了避母亲的讳。杜甫的父亲叫杜闲，所以杜甫在诗中也没有使用过"闲"字。有人说杜甫诗句有"闲"，举例《留夜宴》诗"临欢卜夜闲"，七言诗"曾闪朱旗北斗闲"。对此，南宋周必大《二老堂诗话》卷下《辨杜诗闲殷韵》详细论述杜甫诗中并没有"闲"字：世言杜子美诗两押"闲"字，不避家讳。《留夜宴》诗"临欢卜夜闲"，七言诗"曾闪朱旗北斗闲"。俗传孙觌《杜诗押韵》亦用二字，其实非也。卜圜杜诗本云"留欢上夜关"，盖有投辖之意。"卜"字似"上"字，"閑"字似"關"字，而不知者或改作"夜阑"，又不在韵。卜氏本妙不可言。"北斗闲"者，盖《汉书》有"朱旗绛天"，今杜诗既云"曾闪朱旗"，就是因朱旗绛天，斗色亦赤，本是殷字，于斤切，盛也。又于颜切，红色也。故音虽不同而字则一体。是时宣祖正讳"殷"字，故改作"闲"，全无义理。今既祧庙不讳，所谓"曾闪朱旗北斗殷"，又何疑焉。

周必大辩证了杜诗中的两处"闲"字，均非出自杜甫本人之手，一为传写之误，一为后人避当朝讳所改。杜甫父母的名字都要避讳，唯独不避讳祖父，可能吗？由于唐代有"二名不偏讳"，偏讳在古代指君上、尊长的名字是两个字，只涉其中一字不算犯讳，此处"言"不算犯讳。

诸如偏讳再试举几例。

柳宗元官监察御史，为避祖父名讳，于是上书皇帝："臣祖名察躬。今臣蒙恩授前件官，以幼年逮事王父，礼律之制，所不敢逾，臣不胜进退惶恐之至。谨诣光顺门奉状以闻，伏听敕旨。贞元十九年闰十月日，承议郎新除监察御史臣柳宗元奏。"皇帝回复："奉敕新除监察御史柳宗元，祖名察躬，准礼，二名不偏讳，不合辞让。年月日检校司空同中书门下平章事杜佑宣。"此处"察"不算犯讳。

陈子昂父名陈元敬，其有诗"太极生天地，三元更废兴"。王维父名王处廉，其有诗"行到水穷处，坐看云起时"。白居易父名白季庚，其有诗"季夏中气候，烦暑自此收"。以上均不算犯讳。

要说李白不避讳其父李客，那也值得商榷。范传正在《唐左拾遗翰林学士李公（白）新墓碑并序》曰："父客，以逋其邑，遂以客为名。"

就是这句话，成为了李白父亲叫李客的证据，而且，也是唯一的证据。仔细琢磨体会，这句话表达的意思其实是：李白的父亲客居外乡，以从他的家乡，也就是户籍所在地逃亡，于是就以"客"为名了。很显然，范传正想表达的意思是：李白的父亲以"客"为名，是从家乡逃亡以后，因为客居外乡，才不得不为之的事情。由此可知，范传正的原文其实是："父客以逋其邑，遂以客为名。""客以逋其邑"，其实是"逋其邑以客"的倒装句式，旨在强调以客居外乡的形式从家乡逃亡。文字中并没有确认李白的父亲是李客或者叫李客，这和我们今天见到的原文大不一样。这又是怎么回事呢？原来，古代是没有我们今天见到的这些标点符号的，我们所看到的标点符号，都是后人自己加上的。至此，我们终于发现了事情的真相：范传正在《唐左拾遗翰林学士李公新墓碑并序》一文中，其实写得非常清楚明白，李白的父亲是逃亡以后，才改名为李客的，可是，专家们在解读的时候，却因为没有完全理解透彻作者的意思，断句加标点符号出现了严重的错误，这才得出了错误的结论。而且，今天我们所见到的这个错误的断句有一个很大的漏洞：难不成李白的父亲一生下来还没有起名字就逃亡了？又或者李白的父亲在逃亡以前一直没有名字？显然，这不可能。

高适、贾至、独孤及等人都是陈兼的好友，他们对陈兼的才华评价很高，称他有"王佐才"，也没有避陈兼的家讳"才"。"王佐才"，是指辅佐帝王治国创业的才能。还如高适《宋中遇陈二》："常忝鲍叔义，所期王佐才。"独孤及《送陈兼应辟兼寄高适贾至》："所以王佐才，未能忘茅茨。"并在《送陈赞府兼应辟赴京序》中继续称赞陈兼："（天宝）十二载冬十月，果以公才征。"同样也没有避陈兼家讳"才"。唐代好友之间交往，很重视别人的家讳，如冒犯别人的家讳，一般是不会容忍的，那些达官贵人更是如此，再试举两例。

第一例仍用杜甫避讳的事。唐朝剑南节度使严武的父亲是唐朝名臣严挺之，有一次杜甫酒醉失言对严武说："公是严挺之之子。"严武一贯威猛骄悍，一听杜甫冒犯了他父亲的名讳，顿时色变。杜甫见状不妙，赶紧自呼祖父名讳说："仆乃杜审言儿。"这才扯平了，无事。由此可见，杜甫先冒犯了严武家讳，才直呼祖父的名字以求原谅。（《唐摭言》卷十二）同时可以再一次看出，杜甫的确是避了祖父杜审言之讳的。

　　第二例是唐代郗昂的故事。郗昂与韦陟友善，一日闲话国朝宰相，韦陟曰："谁最无德？"郗昂误对曰："韦安石也。"已而惊走出，逢吉温于街中，吉温问："何此仓皇？"答曰："适与韦尚书话国朝宰相最无德者，本欲言吉顼，误云韦安石"，既而又失言。后又犯房琯父讳，郗昂士一日犯三宰相讳，"举朝皆叹"，而韦陟也与之绝交。（《唐国史补》卷上）

　　由此可见，如果陈兼的祖父真的叫陈才，高适、贾至、独孤及等好友断然不会直呼陈兼为"王佐才"，因为已经严重侵犯了陈兼的家讳，有翻脸绝交的风险。因此，陈才不是陈兼的祖父。

　　从上述避讳来看，志高→才→蕴珪→兼→京这个世系是完全站不住脚的；并由此反证志高是叔慎之子，理应成立。

用公元年代分析旺公与伯宣的世系世次关系

陈昌勤

我于20世纪90年代接触家谱。1991年，台湾的大叔陈文璐从台湾寄给我40多页的散页谱，因为看到上面有我爷爷的名字，带着一种探究世祖历史的好奇心，翻看散页家谱时又发现其中有我六世祖陈銮公的名号。他是一位显赫的人物，曾是嘉庆二十五年的探花，初授编修，道光十九年后，又署理两江总督兼江南河道总督，亲自督察巡阅，与林则徐同朝为官。以前根本不知道我还有这样一位嫡系六代先祖。正是出于这样的好奇心，一步一步进入寻根问祖的家谱"世界"。

通过多年的努力，我不仅发现了先祖陈銮公的东湖墓葬，还收集整理了先祖的不少散佚资料，并联系到失散多年的众多陈銮公后裔。于是探访家族成员，了解家族历史，查资料、寻老谱，追根溯源。2017年终于完成了我们武昌这一支家谱的续修。

修谱离不开查资料，阅读老谱，通过查阅相关资料了解到我们江州义门陈在历史上是一个显赫的大家族，从唐朝开始，受到历朝历代皇帝的旌表。今天，"义门陈"后代在全国恐有上千万人口，数百年来各庄各支修谱无数。

但我在修家谱的过程中，发现一个普遍问题即所有老谱用的都是中国老黄历（即农历，60年一个甲子轮回纪年法。这个纪年法是与皇帝在

第五十七世 猛
字自强，生于南宋文帝元嘉十三年（公元446年），仕梁为长safety太守，后升至史部两书。妣胡氏、唐氏、马氏，均封夫人。子二，道臣、道卿。

第五十八世 道臣
字元忻，名通贤，生于南宋孝武帝大明二年（公元458年），仕梁为太常寺卿。妣王氏、陆氏，俱封淑人。子三，文赞、文继、道先。

第五十九世 文赞
字端林，生于南齐高帝建元二年（公元480年），任梁为中郎将，后次子霸先即帝位追封为王。妣谭氏、魏氏、蔫氏，俱追封为皇后。子三，谭先、霸先、道先。

第六十世 谭先
字始兴，生于南齐东昏侯永元元年（公元490年），仕梁，官至东宫台同，霸先即帝位，封昭烈王。妣王氏，赠封太君。生子二，佛、顼。

第六十一世 顼
字绍世，生于南梁武帝大通三年（公元529年），初封安成王。文帝（倩）召扶辅伯宗（倩之子）即位，三年后，废伯宗，改元太建，谥宣帝。妣李氏、张氏、王氏、谢氏，共生子三十二人。叔宝、叔陵、叔英、叔坚、叔澜、叔卿。

第六十二世 叔明
字子昭，生于南梁敬帝绍泰元年（公元555年），封宣郡王。妣万氏、高氏。志高、志能。

第六十三世 志高
字伟都，生于陈废帝光大二年（公元568年）任隋，为会稽郡司马。妣李氏，子二，德、才。

第六十四世 才
字维庆，曾接郡司功参军，妣李氏、郑氏，子三，蕴圭、蕴玉、蕴革。

第六十五世 蕴圭
字礼品，生于隋至德二年（公元584年），妣蜂氏，汪氏，子一，兼。

第六十六世 兼
字明德，生于隋开皇十八年（公元598年）唐高宗时举进士，为升阳，曾翰林院学士，秘书少监。妣慕氏、咸氏，子五，当、袁、京、齐、归。

第六十七世 章
字夏庆，生于隋炀帝大业九年（公元613年），唐高宗时举进士，官至太常寺博士，显曾院秘书少监。妣杨氏、常氏，无子，立胞弟袁之子褒为嗣。

第六十八世 褒
字德宇，唐肃宗至德年间，封给事，官至监军官令。妣冷氏，子二，灌、济。

第六十九世 灌
字泽民，唐德宗时，为高安县丞。妣黄氏、马氏、孙氏，子二，钰、钿。

第七十世 钰
名嗣，隐居林泉，终身不出仕。妣 氏，子一，瓌。

第七十一世 瓌
字重玉，生于唐太宗贞观八年（公元635年），初为淮安令，继为临海令，赠太子太保。以老族状，避难于福建莆州之仙游乡。妣谢氏、胡氏，子六，滨、浞、潭、湙、润、拊。

（三）德安义门世系（1—12世）

第一世 阔
字伯宣，世称贞隐先生，生于唐高宗显庆元年丙辰（公元656年）唐开元元年移官南康，原有《教民建训》，因与马总友善，同游庐山圣治峰，至龙潭祭，爱其地，遂结茅庐于其下，后移居德安葛之水清村。注《史记》，著《匡济谱》。以文史名闻京师，武则天摆政，屡征不就，卒隐东佳书院旁，迁于瑞昌金城乡之珠墩，后朝廷追赠景城大史，立祠九江府，号集井祠，每年由当地官员率行祭祀。晋封太夫人，继妣张氏，赠夫人，子二，檀、佶。

第二世 檀
字大用，生于唐高宗调露元年己卯（公元679年），随父居龙潭窝，博学多才，不求国达，寿八十二岁。宋天佑四年追赠楚国公。妣周氏、张氏，子三，旺、晚、晚，二妣均追赠太君。

第三世 旺
字天相，号野玉，生于唐武周神功元年（公元697年），于公元731年迁至九江德安县水清村，为德安义门陈氏的始祖，时授江州牧，官承义郎，德安知军。宋仁宗四年追赠晋国公，墓葬公山，妣孙长媚太君，子三，机、棋、模。

第四世 机
字衍孟，生于唐玄宗开元十二年（公元732年），德宗时举进士，入中书令舍人，任宗八令，后赠国公。妣王氏，赠太君，子一，感。

第五世 感
字世通，生于唐代宗元年（公元762年），授迪功郎，赠许国公。妣邱氏，赠太君，子一，蓝。

第六世 蓝
字友发，生于唐德宗贞元十六年（公元801年）隐居不仕，元后赠国公，妣李氏，赠太君，子一，青。

第七世 青
守仁恭，生于唐文宗太和九年（公元835年），唐僖宗时，举进士，官朝散大夫，宋仁宗赠齐国公。妣赵氏，封氏，俱封太君。子六，伉、仲、待、伦、伟、伸。

第八世 仕
字肯楷，生于唐咸通十年（公元869年），官授进士郎。妣关氏，子三，玫、旭，丙。

第九世 玫
字克娴，为德化令，授登仕郎。妣王氏、余氏，子三，谦、论、讲。

第十世 谦
字迪吉，宋举进士，为德化令，授文林郎。妣王氏，子四，铸、铙、铤、怅。

第十一世 铙
字整冠，妣郑氏、乔氏，封氏，子二，旋、湛。

第十二世 旋
字业林，妣陈氏，封氏，子四，如滨、守滨、宗滨、宗昌。

（四）义泰庄世系（1—10世）

第一世 守琉
宋嘉佑七年官侍生朱修善，是为义泰庄始祖，公生于宋仁宗嘉二年（公元1092年），率蕃榴林镇两河口东街小巷，其墓已于公元2000年重修平山庚向。生前曾授中大夫，任福建福州知府，妣谢氏，生于宋仁宗天圣二年（公元1092），卒于宋哲宗元佑四年（公元1089）与公合葬。子二，宗有，宗正、宗威、宗惠。

第二世 宗正
字为殷，宋神宗时举人，授江宁军政大夫，生于宋仁宗皇祐五年（公元1053年），卒于宋徽宗宣和三年（公元1121年）。

位的时间连在一起的，如果不知某代皇帝就无法转换成公元纪年，所以称"皇历"）。现代人用的是公历，世界通用的历法，时间轴线清晰明了。因此，我编修家谱时就把家谱中的历代人物生殁时间用公历表示出来，一代一代的人物一目了然，容易查出族谱中的错误。

正因为我用公历标注先祖生殁时间，发现了我们义门陈始祖陈旺与伯宣的世系问题。下面是我蕲春庄义龙窝1989年根据老谱编修的谱系行传。

从世系行传标注的时间上来看，"第一世阔，字伯宣。生于唐高宗显庆元年丙辰（656），生子檀、修"。"第三世旺，字天相，生于唐武周神功元年（697），于公元731年迁至九江德安县永清村，为德安义门陈氏的始祖。"仅从祖孙代均为20.5年看，似乎还勉强，但如果把他们的代数拉长到五代以上，问题就显露出来了。

"陈兼，生于隋开皇十八年（598）"，从陈兼到陈旺即"兼→京→褒→灌→钰→瓌→伯宣→檀→旺，为九代。今按多数义门谱，从陈兼到陈旺为八代，其中的"钰、瓌"为同一人，即修水龙峰谱中的"镛"，灌公之长子。计算陈旺到陈兼的代均时间：(697-598)÷7=14.14（年），这显然是错误的。再计算陈兼到伯宣为六代，即(656-598)÷5=11.6（年），依然是错误的。再从一世叔明到十世伯宣，即(656-555)÷9=11.2（年）。在此世系行传中，无论抽查任何一组数据都是错误的。所以说，明清以来的宗谱，无论世系还是人物的生辰，都是后来修谱人杜撰的，经不起时间的验证。

下面再来对照我们蕲春祠堂老谱世系时间：叔明（555）→志高（568）→才（未标注）→蕴圭（584）→兼（598）→京（613）→褒（未标注）→灌（未标注）→钰（未标注）→瓌（635）→阔字伯宣（656）→檀（679）→旺（697）→机（732）→感（762）→蓝（801）→青（835）→俛（865）→玫（未标注）→谦（未标注）→饶（未标注）→肱（未标注）→守琥（1092）。

按照上面世系标注的年代，计算伯宣至叔明历经101年传了11代，代均9.18年，明显错误。

再从守琉到伯宣共13代436年，代均36.3年。

这两组数据差别这么大，不合逻辑。并由此推守琉生于公元1092年，显然不对。1062年分庄，守琉应有60多岁，大约生在1000年之前比较靠谱。因其同代人陈延赏生于宋太祖建隆元年（960），"淳化三年（992）壬辰孙何榜进士"。

下面我们就根据专家们"异流同源，合族同居"的考证来看，即从义门谱的"合二为一"世系中移出"檀、旺、机、感、蓝、青、伉之六兄弟"这七代人，重新编制世系如下：1世叔明（562）→ 2世志能（未标注）→ 3世定（未标注）→ 4世球（未标注）→ 5世兼（697）→ 6世京（未标注）→ 7世褒（742）→ 8世灌（未标注）→ 9世镛（即镶，未标注）→ 10世伯宣（824）→ 11世崇（852）（崇、勋、玫为亲兄弟）→ 12世谦→ 13世饧→ 14世镰→ 15世守琉（990）。到守琉这一代义门开始分家，守琉分迁湖北蕲春庄。

从1世叔明到7世陈褒历经180年，代均30年。

从1世叔明到10世伯宣历经262年，代均29.1年。

从1世叔明到11世陈崇历经290年，代均29年。

从1世叔明到15世守琉历经428年，代均30.5年。

从10世伯宣到15世守琉历经166年，代均33.2年。

从11世陈崇到15世守琉历经138年，代均34.5年。（注：这里应该要用陈玫的出生时间来计算，因陈玫是守琉的直系先祖。）

从上面所述任意调出一组数据，其代均都能符合"28±4"这个传代常数，符合人类生育规律。

因此说，"义门陈"是由多支陈姓合族同居所组成的群体，很有道理，并由此解决了"义门陈"历史遗留下来的很多问题。

作为一个亲身编修过义门陈氏宗谱的人，我深有体会：厘清陈旺和伯宣的世系关系非常重要，能消除千年以来长期困扰"义门陈"修谱中世系错误的痛点，从理论到实践，其意义深远。建议今后负责编修族谱的人，在修谱中尽量把历朝历代世祖的生殁时间用公元时间标注出来，其时间轴线就清晰了，对与错则一目了然。

作者简介

陈昌勤，男，1953年1月生，武昌人。义门陈蕲春庄后裔，原湖北经济学院高级工程师。其六世嫡系祖陈銮，清道光年间署理两江总督。

论《义门"异流同源说"质疑》

陈月海

近日某先生连发《唐陈伯宣活动年代考》《唐陈伯宣活动年代续考》《再论义门陈"异流同源说"之缺陷》三篇文章,其内容是以谱考史并改史。凡是我们书中的考证跟明清以来的义门谱所说的不同点,都是错误的,无论你依据的是哪部正史、方志还是名家著述,都不能算数。下面就以某先生所说的为据,再来讨论义门人是"异流同源"还是一支"嫡系直传"。问题很简单,只要把它放到时间天平上,就能看清究竟,明辨是非。

在《陈伯宣活动年代考》中,某先生"推算伯宣祖出生时间约为公元731年,卒年约在敬穆之间,即公元821—825之间"。而在《唐陈伯宣活动年代续考》中则又改口说:"如此表述我的观点:陈伯宣到江州庐山的时间是唐贞元十六年至元和初年(800—806);生卒年或活动年代在我国唐代的公元八世纪三四十年代至公元九世纪上叶,即出生年约在公元730—740年,卒年约在公元820—830年之间。"

前文既说"约为公元731年",后文又说"即出生年约在公元730—740年"。好吧,就按照你后文所说的"公元730—740年",折中"735年"可以吧?!并由此来算一算义门每代人代均间隔与时间比的关系。

明清以来义门谱基本上是以叔明为一世祖往下捋,捋到陈延赏十五代。其中从伯宣上至叔明为十代,义门谱和《宋史·陈兢传》是一致的;从伯宣下到陈延赏与《宋史·陈兢传》则不同,原因是在伯宣陈崇之间硬生生插进"檀、旺、机、感、蓝、青、仲"这七代人，致使家谱与宋史不合。究竟谁是谁非，由时间来鉴定。

一、明清义门谱中世系

1 叔明→5 五世孙兼→6 京→7 褒→8 灌→9 镶→10 伯宣→11 檀→12 旺→13 机→14 感→15 蓝→16 青→17 仲→18 崇→19 衮→20 昉→21 兢、蕴、度→22 延赏

（注：《宋史·陈兢传》从叔明到五世孙陈兼，中间三代名讳未书，故此略。）

二、人物出生时间

1. 叔明，据其墓志铭生于公元562年（谱载 公元555年）。

2. 陈兼，字不器，行二。开元十二年（724）至开元二十年（732），因科考落第而寓居江州蓝桥坂。开元二十一年应制科试无成并以文词入选翰林待诏。开元二十四年（736）春，受名相张九龄提携转任封丘县丞。开元二十八年（740）辞封丘县丞回泗州为民。天宝十二载（753）十月，应征入京为右补阙。后因任职安氏伪朝，故在乾元元年（758）贬为清江县丞。上元二年（761），改任武陵县丞。宝应元年（762）卒于武陵任上，赠秘书少监。（详见《陈兼事略新考》）

另据豫章罗氏宗谱载：陈兼有一女生于唐开元乙丑（725）年，嫁罗氏宏元。宏元生于开元癸亥（723）年（谱照见《义门陈文史考（二版）》第265页）。据其生平事迹推陈兼约生于695—700之间，折中697年。

3. 陈京，字庆复，陈兼第三子。据柳宗元《唐故秘书少监陈公行状》载："公大历中始来京师，中书舍人杨衮，杨舍人炎读其文，惊以相视曰：子云之徒也。常以兄之子妻公，由是名闻。……贞元二十一年（805）四月二十五日，终于安邑里。"由于陈京无子，以褒为嗣，所以这里应以陈褒来推算比较准确，因其后是陈褒的子孙。据修水龙峰陈锽后裔谱考，陈褒生于742年。

4.陈伯宣,按《庐山志》桑乔推"其生当在敬穆（824）之间"；"大顺初（890）卒"（《宋史》）。某先生说,推算代均不能以《宋史》为据。那么就按他所说的伯宣735年生来计算代均。

5.陈崇,字克尊,义门第三任家长。据鄂州陈琢《义门陈姓历史资料简编》载其"生于唐大中六年壬申（852）,唐乾符元年甲午（874）举人",大顺初（890）立义门家法。

6.陈蕴,伟公玄孙,据《续资治通鉴长编》卷101载"癸亥（1023）,而蕴八十,且有行义"。由此可知其生于944年。

7.陈度,伸公玄孙,据《江西历代进士名录》载："陈度,字叔宪,江州德安县人。景德二年（1005）登进士第,仕终太子中舍。"又据其《墓志》载："景德二年（1005）春于御前擢第,……天圣六年（1028）五月二十五日终,享年七十有三。"由此,其生于956年。

8.陈延赏,字子中,江州德化人；淳化三年（992）壬辰孙何榜进士（《江西历代进士名录》）。另据高安陈家湖延赏后裔谱载其生在建隆元年（960）。

三、计算他们的代均时间

叔明至陈兼（697-562）÷4=33.75（注：未受"二合一"谱系影响）

叔明至伯宣（735-562）÷9=19.2

叔明至陈蕴（944-562）÷20=19.1

叔明至陈度（956-562）÷20=19.7

叔明至延赏（960-562）÷21=18.9

陈兼至伯宣（735-697）÷5=6.8

陈兼至陈崇（852-697）÷13=12.9

陈兼至陈蕴（944-697）÷16=15.43

陈兼至陈度（956-697）÷16=16.18

陈兼至延赏（960-697）÷17=16.4

陈褒之伯宣（735-742）÷3=-2

陈褒至陈崇（852-742）÷11=10

陈褒至陈蕴（944-742）÷14=14.4

陈褒至陈度（956-742）÷14=15.2

陈褒至延赏（960-742）÷15=14.5

伯宣至陈崇（852-735）÷8=14.6

伯宣至陈蕴（944-735）÷11=19

伯宣至陈度（956-735）÷11=20.1

伯宣至延赏（960-735）÷12=18.75

从上述平均每代间隔时间看，义门"合二为一"谱系明显不能成立！如果按照《宋史·陈兢传》《通鉴续编》《江西通志》《九江府志》《德安县志》《庐山志》等书载"伯宣子崇"和伯宣"计其生当在敬穆之间"以及"大顺初卒"这一时间来计算，同时把叔慎一支"旺机感蓝青"等从中分离出去，计算结果符合"28±4"年这个代均常数规律，并且人物世次、记事等都能与时间相符，与史志相合。详见《陈氏谱考辑要·总论·义门世系》，这里不重复。

最后谈一谈《义门记》。

《义门记》的作者是胡旦，字周父，渤海郡（今山东惠民）人，不是德安胡旦。某先生说其"母亲和夫人都是义门陈娘家人"，此实为道听途说，详见本书《胡旦辨》。

《义门记》虽记述义门起止和显要事迹，但可惜，由于天灾人祸，《义门碑》历尽兵燹，数竖数毁。传到今日的《义门记》已出现多个版本，文字多寡不一，标题各异。有曰《义门碑记》，有曰《宋咸平壬寅岁序》，有曰庆历四年《义门陈氏金字谱序》等，并在传递转抄中又舛误不断，世次与时间极不吻合，相互矛盾十分突出，多与史书方志记载不符。此错由来已久，早在绍熙五年（1194），益国公周必大《跋德化县陈氏义门碑》即指出："胡周父史笔文华着声三朝义门碑甚有古风，中经兵火，得贤宰吕仁甫表而出之，……疑后来碑误。"这里，胡周父显然是指渤海胡旦而非德安胡旦。清乾隆《德安县志》卷十一"人物·孝友"在载述陈昉事迹后有一按语指出:"抑碑经火后,本版错误,有如周益公所云;又不第若官二字为然耶!"到了明嘉靖年后《义门记》才收入地方志,得以保存到今天。可是某先生却说:"《回义门陈累朝事迹状》和《义门记》是原文转载于宋史(《义门记》因兵燹个别字有误)。而《宋史·陈兢传》是元人在《回义门陈累朝事迹状》和《义门记》等史籍的基础上改编的,距两文成稿时间近300年。"

唉,在此不想多说,只问一句:《宋史》里有《义门记》吗?

驳《略论〈宋史·陈兢传〉》一文

陈 刚

今偶见某老先生《略论〈宋史·陈兢传〉》一文，就其一些观点，实不敢苟同，并提出自己的观点，供参考。

首先，作者仅凭"《宋史》是元朝的脱脱领衔主修，脱稿时已是元朝至正五年（1345），距义门分庄已经过了280余年"，并以此否定"伯宣子崇"这一历史，认为是脱脱搞错了。其实，对于《宋史》的形成，清代史学家赵翼考证后认为"宋史多国史原本：宋代国史，国亡时皆入于元，元人修史时，大概只就宋旧本稍为排次"（见《廿二史札记》卷二十三）。在"《宋史》496卷里，人物《列传》有255卷，占一半以上，其中大部分人物传记当为宋朝廷修国史时取自各家行状、表志、碑铭、言行录、遗事等"。

"伯宣子崇"，当源于北宋朝国史，是依据义门人所呈报的"谢表、家谱表、具状"等文献，这一点不可否认。而《略论〈宋史·陈兢传〉》的作者仅凭"《宋史》距义门分庄已经过了280余年"就不敢相信是真的，未免失之偏颇。

紧接着，老先生又以《义门记》做反驳依据，严重违背不能"以虚假事作考据"的原则。因为我们一再论述，南宋建炎之后的《义门记》，都是后人整理编辑的作品，非胡旦原著，详见《〈义门记〉新解》。

《略论〈宋史·陈兢传〉》的另一论点："只有未出服的叔伯才称之

为从父，未出服的堂兄弟才称之为从父兄弟。"对此，即"是也非也"。我们认为"从弟"有三种释义：（1）从弟旧义，中古时期以同曾祖父不同父亲而年幼于己者的同辈男性为从弟。（2）从弟新义，唐宋以后以同祖父不同父亲而年幼于己者的同辈男性为从弟。（3）从弟裹义，由于古时语言的地域习惯等因素，有人也将比"从弟本义"血缘隔得更远的"平辈"或"辈分难辨而年龄比自己稍小的非亲兄弟（同族兄弟）"笼统地称为从弟。如《宋书·列传第二十七·谢灵运传》："在郡一载，称疾去职。从弟晦、曜、弘微等并与书止之，不从。"

	谢奕	谢玄	谢瑍	谢灵运
	谢据	谢朗	谢重	谢晦
衮	谢安	谢琰	谢峻	继子谢弘微
	谢万	谢韶	谢思	谢曜
				谢弘微，出嗣给谢峻

由上表可知，无论按照"从弟"旧义还是新义，"晦、曜、弘微"三人与谢灵运同高祖谢衮，当称之为"族弟"而非"从弟"。此处称之"从弟"，当以"从弟裹义"来解。

《晋书·帝纪第五》："秋七月，刘聪从弟曜及其将石勒围怀，诏征虏将军宋抽救之，为曜所败，抽死之。"

栾提羌渠	栾提于扶罗（持至尸逐侯单于）	刘豹（左贤王）	刘渊	刘聪玄明
刘亮	刘广	刘防	刘绿	刘曜永明

由上表可知，无论按照"从弟"旧义还是新义，刘聪当称刘曜为"族弟"而非"从弟"。同样此处只能以"从弟裹义"来解。

所以，老先生说"古人注重传承，不会将不同支的二人称为'从父兄弟'，犯常识性的错误"。由上两例，足见老先生的观点站不住脚，犯了常识性的错误。从上面"同高祖"同族兄弟也称为"从弟"，难道古人就不明血缘亲疏的关系吗？要知道，古人对出了五服的族人也会称之为"从弟"，老先生只知其一不知其二也。

最后，老先生再次拿后人整理的《义门记》"青，显祖也；伉，二世长也；崇，三世长也……"和"其孙旺"说事，在此不值得一驳了。他得出的结论是："'伯宣子崇'是脱脱之误，是其对'其孙旺'不能理解，干脆删除。"这些，仅为老先生的个人臆测而已，不足论。

义门考证必须以理服人

陈先富

目前，义门大一统论者将目光转移到《陈氏入蜀记》这篇文章上。有人说："如果在《陈氏谱考辑要》一书附上说明《陈氏入蜀记》手稿是由今人陈正罡抄写，也就没必要让我花费精力考证了。另，关键是原稿内容与正罡手抄稿是否一致，这个更重要。"也有人说：有关"志高为叔慎之子"的有力证据目前仅万福庄宗武支系《陈氏入蜀记》一例。在学术上"孤证不立"……缺乏足够的说服力，等等。

这些人都认为《陈氏入蜀记》是有力证据，但都带有附加条件，一个是"原稿更重要"，一个是"孤证不立"。其实，我认为这些附加条件并不重要，因为陈月海、陈刚二人在相关的文章里面已经表述得很清楚了，孰是孰非读者心里自有杆秤。重要的是我们从辨析中得到哪些启示，获得了哪些共识是值得我们思考。本人就此有以下四点浅见，供参考。

1. 史籍记载的时间与人物时间不符，我们采信哪一种？我的观点：考证的原则是要以史为据，但要综合分析，看它是否合情理。如《新唐书·艺文》有"陈伯宣注《史记》贞元中上"的记载，而陈伯宣在《唐表》里又没有生卒记载，后来发现陈伯宣在《宋史》《庐山志》中有生卒时间，但与《唐书》又不同，怎么办？这样就须要有足够的旁证资料来佐证《唐书》上记载的时间是对还是错？通过陈月海、陈刚从陈叔明、陈京至陈灌等一系列直系亲属，以及陈旺亲家罗宏爱及陈锽、陈伯党孙陈晖等旁系人的生卒时间来佐证，从这些人的生卒时间来考证"《唐书》贞元中上"的记载为错讹，并说明了《唐书》记载陈伯宣注《史记》是他父亲陈镛(镶)的事而移到子辈，陈伯宣不可能与他五世祖陈京年龄相差无几，生卒时间便是硬件依据。因此，采信生卒时间来排查义门世系世次，合情合理，详见陈月海、陈刚书中的考证。

2. 江州义门陈始祖定位应从宜都王叔明算起，这在《宋史·陈兢传》和义门谱是一致的。宋嘉祐七年（1062）义门分庄，第15代是陈延赏辈，这是按《宋史·陈兢传》中的世系实际代数排下来的，而不是分家时长幼人数有15代的抽象代数。因此，只有从叔明至延赏才是15代，其他任何人至延赏公怎么算都算不出15代。所以，无论是从生卒时间还是代数计算上以及建庄年限等，伯宣为义门始祖的说法都不能成立。请看：

① 1世叔明→2世志能→3世定→4世球→5世兼→6世京→7世褒→8世灌→9世镛(镶)→10世伯宣→11世崇→12世衮→13世昉→14世兢→15世延赏。

② 1世叔慎→2世(志)高→3世才→4世蕴珪→5世旺→6世机→7世感→8世蓝→9世青→10世伉→11世忻→12世经→13世渤→14世梓→15世守成。

③ 1世陈旺→2世机→3世感→4世蓝→5世青→6世伉→7世忻→8世经→9世渤→10世梓→11世守成。

④ 1世伯宣→2世檀→3世旺→4世机→5世感→6世蓝→7世青→8世伉→9世崇→10世衮→11世昉→12世兢→13世延赏。

从以上几组排列数字看，简单明了，不需再争。伯宣只能作为义门显祖。

3. "江州一族，异流同源"，这是不争的事实。其实异流同源早就存在社会上，只是某些人不愿认同罢了。湖北石首（德星堂）及高安老谱有载蕴珪生子旺；江苏武进《毗陵双桂里陈氏宗谱》及江西吉水县的《白沙陈氏宗谱序》及峡江县马埠镇陈家村等地均有陈叔慎的后人（详见《颍川陈氏考略》"玉笥陈岳世家"，其实文章里面引用的马埠光绪七修族谱已经讲得十分清楚明白，志高是叔慎之子）；另外还有贵州仁怀市陈光富一支和四川古蔺县的《陈氏入蜀记》皆载为叔慎后人。同样，这些支系从唐朝以来就生活在各个地方，流传千年，他们不承认自己是叔明之后，有谁敢说他们是数典忘祖，离经叛道？难道还能强人所难，非得承认是叔明一支？而且各地还有很多兼公支系、旺公支系的后人，他们认同异流同源，认同兼、旺两支的存在，能奈他何？这就是当前所面临的现实。同时也是对那些持所谓"原稿更重要""孤证不立"观点的人的有力驳斥。

4. 江州义门建庄人是谁，也是争论的焦点。义门陈建庄人是谁，有多种说法：有的说是陈旺，有的说是陈伯宣，还有的是两种说法都对，看你是从哪个公算起，他们认为从伯宣公算起是731年，从旺公算起是832年。如果是这样，问题又来了。陈伯宣的生卒时间有人说在824—890年，也有人说在730—824年。然而从731年建庄到1062年分家，聚居332年，15代不分家是史学界所认定的事实。

我们来分析一下在这个时间陈伯宣能不能建庄？如果以伯宣730年出生，731年建庄，岂不是一岁神童？如果以伯宣公740年出生，731年建庄，岂不是时光倒流？如果以旺公832年建庄的话，只有230年，又达不到332年15代不分家的这个标准。因此，谁在731年来德安建庄就成了空白。只有一种可能，义门陈建庄人不是陈伯宣。那是谁呢？看看《中国影像方志》德安篇"义门陈"是这么说的："追溯江州义门陈的来龙去脉，要从一个叫陈旺的人说起。……陈旺举家迁徙至江西省德安县车桥镇，筑屋造舍，繁衍生息。"这段话填补了731年无人建庄的空白。到德安车桥镇最早筑屋造舍,繁衍生息的是陈旺，而不是陈伯宣。

综上所述，以上四点是义门陈世系获得共识的重要内容。有些宗亲本着对家族事业的热爱和关心，查阅了很多资料，花费了不少时间和精力，来信阐明观点，表达心声，其精神可贵，值得肯定。然而陈月海、陈刚宗亲掌握的史料丰富，研究时间长，办事认真，为陈氏文史研究做出了贡献，特别对义门陈氏文史及世系源流花了不少时间走访各地义门陈氏家族，求真务实，大家有目共睹。

仅举两例：如有的地方族谱记载，不认同"伯宣孙旺"的观点，为了证实这一事实，他们查阅了陈伯宣的直接亲属和间接亲属的生卒时间，用这个关键证据使人信服。由于"伯宣孙旺"观点不能成立，义门陈的世系按陈叔明一支排序下来也就不能成立。为寻找依据，陈月海、陈刚两人前后历经多年的时间走访查证，发现确有叔慎支系的人且有族谱，然后得出了义门陈"异流同源"的结论。这个结论应该是可信的，谱中有记载，宋代图经也有记载，其居地有人有谱，你不相信都不成。

我们在考证义门陈世系时，不管是集体还是个人，对考证的观点都要以理服人，不能蛮干，更不能凭感情，只有这样，才能得出正确的结论。

评析《义门陈旺谱系论》

陈月海　陈　刚

近日，陈宗蕈的《陈姓通史》出版了，其中引用了《义门陈文史考》中"叔明五世孙旺"①和《颍川陈氏考略》中"叔慎五世孙旺"②。最终他认可"叔明五世孙旺"，并认为"叔慎五世孙旺"是"新说的创立，于史无据。所依据的家谱证据，相对晚近，实际上以谱改史、以谱证谱"。③因此，下面就从两方面对《义门陈旺谱系论》进行评析。

陈旺是陈叔明之后，于史有据吗？

陈旺在史书上的记载，仅存于《新唐书·宰相世系表》"伯宣子旺"。除此之外，再无其他正史记载。然而《新唐书·宰相世系表》错讹过多，广受史学家诟病。史学家赵超评论："《新唐书宰相世系表》中亦难以避免错误。至于传刻中出现的字误、行误更是常见之事。前人对《宰相世系表》的评价往往不甚高，也在于此。清代沈炳震斥之最烈，其《新旧唐书合钞》中云：'《新书宰相世系表》舛讹特甚。'《唐书宰相世系表订讹》中云：'就其所列官爵谥号，或书或否，或丞尉而不遗，或卿贰而反阙，或误书其兄弟之官，或备载其褒赠之职，更或其生平所偶历，及未尝居是官，庞杂淆乱，不可究诘，合之史传，不胜纠摘。……此书不足征信，适以滋谬，举可废也。'"④

事实证明，无论是"伯宣子旺"还是"伯宣孙旺"都是错误的。我们在《义门陈文史考》《颍川陈氏考略》等书中再三辨析，认定宋史"伯宣子崇"是正确的。陈宗彗也认识到"'子崇'版伯宣与陈崇为父子，与二人同为晚唐人相吻合。说到此，在义门陈世系中，'子崇'版为真，'孙旺'版为伪，显而易见。"⑤则"无论'子旺'说还是'孙旺'说都是一个伪命题"。⑥

既然"伯宣子旺"和"伯宣孙旺"被否定，又何来陈旺是陈叔明之后呢？接着陈宗彗又说："不能因为它（指代伯宣孙旺）有问题就全盘抛弃，它反映的'陈旺为叔明后'的重要观点，是不能被推翻的，不能泼洗澡水连婴儿也泼出去。"⑦此说很不严谨，因为《唐表》记载的"伯宣子旺"被否定后，再也无其他正史可以证明陈旺是陈叔明之后，不知"婴儿"从何而来？考证最要紧的是直接史证，就目前情况来看，根本没有。其实，"叔明五世孙旺"和"叔慎五世孙旺"都是来自家谱，"于史无据"。

再说，《新唐书·宰相世系表》乱接世系的情况比比皆是，就拿陈夷行家族来说，《新唐书·宰相世系表》列其世系为："忠→邕→夷则→□□→喜，陵州别驾→闻，陵州刺史→仲宇→光象"，这个世系大错特错。按《厦门墓志铭汇粹》提供的唐代三方墓志铭，即《故奉义郎歙州婺源县令陈公（元通）墓志铭并序》《唐故歙州婺源县令陈府君（元通）夫人（汪氏）墓志铭并序》《唐故颍川陈夫人墓志》所整理出来的世系：陈喜、陈仲宇是陈承之后，而陈承比陈忠还要大25至30岁，绝非陈忠的后人。

陈喜家族在《唐表》失据，但有墓志可证；类比陈叔明五世孙陈旺，既于史无据，又无过硬的资料来证明；而"叔慎五世孙旺"则不然，见下文。

陈旺是陈叔慎之后，是以谱改史吗？

陈宗彗又说"叔慎五世孙旺"是"用清代谱序《陈氏入蜀记》，去更改史志明载的唐宋世系，不符合史学研究规则。"⑧既然上文谈到陈旺为陈叔明之后于史无据，那么也就不存在陈旺为陈叔慎五世孙是"以谱改史"。我们在《关于考证义门陈旺世系的经过》一文指出："陈旺一连几代单传，人丁单薄，世为耕农，史书自然无记载。因此，研考这一支世系，只能通过族谱筛选查证、综合分析；大浪淘沙，沙尽终见真金。

除此之外，别无良法。"

而陈宗彗用石首、高安谱"兼弟旺"一说，充其量也只能算作以谱求证陈旺世系，和正史记载的陈叔明相关的世系毫无关联。实际上，此说跟古蔺《陈氏入蜀记》"叔慎五世孙旺"一样，均为南朝陈宣帝子辈的第五代人，世次吻合，两者所说同在一条起跑线上，都是以谱为证，关键是看谁说得更有道理。

再说，"叔明五世孙旺"，也仅仅出现在石首、高安现代人的手抄件中，就连其出处与时间也难以稽考，对比有明确记载的康熙甲午（1714）《陈氏入蜀记》及光绪《马埠谱》《燕叙堂谱》，谁更晚近，谁又更准确？一目了然。《陈氏入蜀记》直说"义门开派之宗是为旺公焉，原系蕴珪之子，叔慎玄孙。"这是"叔慎五世孙旺"的谱序证据，岂不比石首、高安谱仅在世系图中"兼弟旺"详明得多？！其中"蕴珪子旺"与石首、高安谱所记相同；在《马埠谱》中，则明确记载"叔慎子志高，志高子才，才子蕴玉，蕴玉子然，然子衮，衮子可二"，由此，陈旺和陈然是堂兄弟，同为叔慎五世孙。（见《陈氏谱考辑要》第281页）

但是，陈宗彗无视我们考证陈旺世系的这一经过：首先是《武进毗陵双桂里谱》把我们引到峡江县马埠陈村；再由《马埠谱》把我们引到新淦燕叙堂；从《马埠谱》中的两支合二为一世系对比新淦《燕叙堂谱》衮公单独一支世系；最后回到《马埠谱》"叔慎→志高→才→蕴玉→然→衮→可二……"的世系上，并由此导出"叔慎→志高→才→蕴珪→旺→机"这一支。顺势而为，水到渠成。而陈宗彗竟说："恰恰是这些家谱没有陈旺的记载。用《马埠谱》前半段和《义门谱》的后半段嫁接出来的'叔慎五世孙'陈旺世系，既无史志资料，又无家谱资料，更不是规范的证明。"[⑨]此话差矣，说明他不动脑子想，无视我们从新淦《燕叙堂谱》陈衮世系这一重要的中介环节推导的这一事实。

对于研究者来说，当然要采用更为可靠可信的族谱观点。然而陈宗彗却说是"新创立的学说"，不知哪一点是新创？

纵观《关于考证义门陈旺世系的经过》一文，我们认为考证是严谨而有据。

"叔慎五世孙旺",除了四川古蔺《陈氏入蜀记》及江西峡江《马埠谱》两重证据外,本书又新增了江苏武进章衡《重修宗谱序》及台湾田氏谱《雁门堂之由来》的两重证据。《重修宗谱序》明确说明义门陈由陈叔明和陈叔慎两支组成;而《雁门堂之由来》明确将德安义门陈溯源至陈叔慎。在关山阻隔交通通讯不发达的清代,四川古蔺、江西峡江、江苏武进三地陈氏谱和台湾田氏谱竟有如此相同记载,按照四重证据法及概率论,"叔慎五世孙旺"足够可靠可信。至于陈宗彗执意要将其定为"以谱改史",那也只得由他自说自话吧!

参考文献

①陈宗彗:《陈姓通史》,线装书局2024年版,第641页。

②陈宗彗:《陈姓通史》,第642页。

③陈宗彗:《陈姓通史》,后记。

④赵超编著:《新唐书宰相世系表集校》,中华书局1998年版,前言。

⑤陈宗彗:《陈姓通史》,第468页。

⑥陈宗彗:《陈姓通史》,第469页。

⑦陈宗彗:《陈姓通史》,第641页。

⑧⑨陈宗彗:《陈姓通史》,第642页。

第三章

散记考论

关于考证义门陈旺世系的经过

陈月海　陈　刚

当代人研究义门陈"异流同源",武穴陈殿荣宗亲开其首端。他"潜心考查江州义门陈氏的史志和数十庄宗谱,觉得一些重大问题上有不相符的地方,谱与谱、谱与志、谱与史、史与史亦存在着相互矛盾之处,即使同一庄谱,上卷与下卷、前修与后续也诸多相悖"。于是,他撰写了《江州义门宗谱考》(见《义门陈文史考(二版)》第186页)。

陈殿荣考陈旺、陈然为一人,这与我们后来的研究,仅差一步之遥。2006年3月出版的《义门陈文史考》没有接受他的研究观点,而是采用了湖北石首市陈惟林家谱"兼弟旺"之说,即叔明生志高,志高生才,才生蕴珪、蕴玉、蕴璋三兄弟。蕴珪生兼、旺。蕴玉生然,然生衮,衮生可一、可二。由此,旺和然是堂兄弟,而非"一人"。再说,石首谱与江西高安老谱相同,于是,我们采用了石首谱之说。

随着研究的深入,后来发现陈兼,字不器,行二。同时还发现毗陵谱、吉水古富谱、赣州龙南谱、泰和柳溪谱等,皆载陈兼的上源为叔明→志能→定→球→兼。对此,我们既惊又喜。

好消息接踵而来,2009年又发现光绪六年《毗陵双桂里陈氏宗谱》(《中华族谱集成·陈氏谱卷》第一册,巴蜀书社1995年版)载岳阳王陈叔慎之子陈嵩支系:1世叔慎→2世嵩→3世普→4世亮→5世曦(字天升)→6世权(字师忠)→7世愈(字仲通)→8世苘(字元茂)

→9世春（字育和）。

《毗陵双桂里陈氏宗谱》为我们的研究开启了新的思路，虽然其谱中的世系世次也很乱（详见《义门陈文史续考》第283页），但它与峡江马埠谱、吉安下白沙谱能够对接，尤其从陈曦到陈春这五代世系，正好和义门陈旺到陈青相对应，甚感惊奇。难道这是一种巧合？世上巧合的事是有的，但一连五代人的名和字不仅义合，连偏旁部首也类似，绝非偶然，两者之间准有瓜葛。倘若是后人刻意为之，其动机是什么？

毗陵陈氏迁自吉水八都镇下白沙村，下白沙则迁自峡江马埠镇陈家。2010年春，我们赶往马埠陈家查考他们的老谱。

在峡江马埠镇陈村见到清同治七修谱，其世系见下面吊图。

吊图题为"由金陵居玉笥大墓世系"，意为陈叔慎由金陵来到玉笥大墓（又名王墓），世系世次为叔贞（慎）→志高→才→蕴玉→然→衮→可二→增→鑑→渣→梓→焰→本立→梁→嵩→继荣→岳→潸→乔→诚（居瓜源）、议（徙林城）、诏（居马埠），并在右边有一按语："按叔慎公历隋唐五代至乔祖时共三百九十年，止合十三代，今列十八代，疑后人增入，存以待参。"从按语知，修谱者认为传十三代与时间合适，谱载十八代不知所出，故"存以待参"。据马埠陈风章老师说：衮子可二的后人在新淦（今新干）有很多。于是，我们又赶到新干县。

新淦陈氏燕叙堂族谱是以衮公为一世祖，上源虽未叙，但口耳相传叔慎后且祠堂上方供奉叔慎牌位。其一

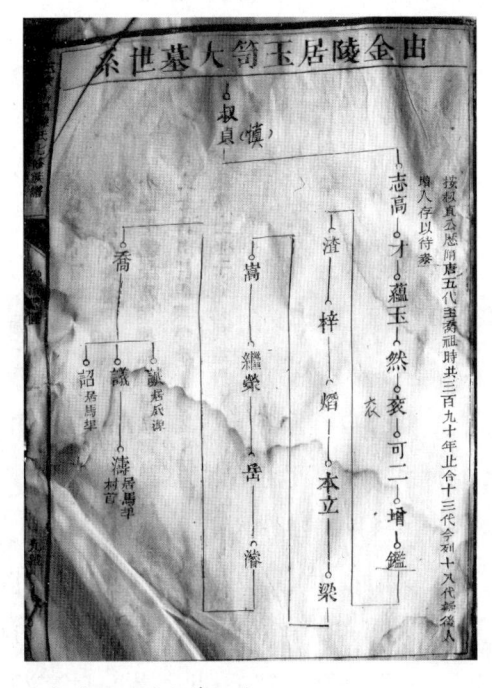

由金陵居玉笥大墓世系

九江《义门陈氏宗谱》

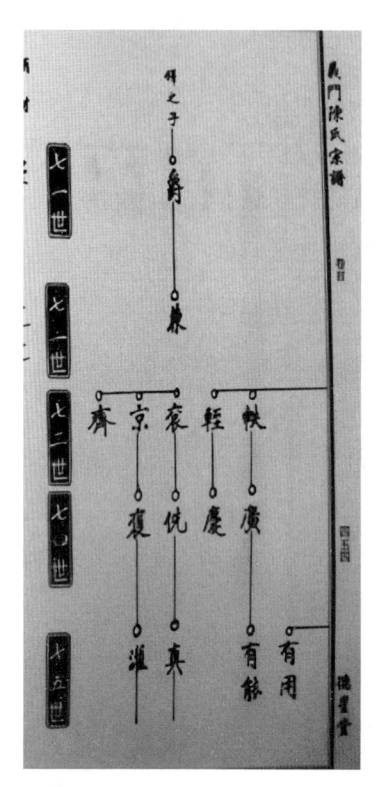

修谱序载"京公之弟衮公"。这跟九江《义门陈氏宗谱》相一致（见左图），并在序中写到衮公由江州迁吉水"土桥瓜源"。土桥瓜源和马埠村邻近，陈乔之子诚公即居住瓜源。

查燕叙堂六修谱"纪遗"云："我族始祖本衮公，后八世分八房，由八房分二十七房……"世系为：衮→可二→增→鑑→渣→梓→焰→本立、本道、本生→梁之兄弟八人→二十七房。后分为八大房，八大房之后又分为二十七房。（详见《陈氏谱考辑要》第281页）

如果把峡江马埠谱和新淦燕叙堂谱对照一下，其"按语"中的疑问立刻解决。嵩，字宗先，是叔慎之子，马埠谱却接在燕叙堂梁公名下，把两支人合为一支。按时间，梁公为宋初人；而嵩为隋初人。由此可知，历史上这两支人曾经在一起合修过谱。日久文字剥蚀不清，后人弄不明，当作一支嫡传世系编入吊图，所以它跟时间不合，故"存以待参"。

通过上述几地族谱记载的现象，于是陈旺自然连接上岳阳王陈叔慎，毫不牵强。因为义门谱有陈才生蕴珪、蕴玉、蕴璋三兄弟；又有"蕴珪生兼、旺"；蕴玉生然，然生衮，衮生可一、可二的记载。

兼公自有上源，把"兼弟旺"分开单列，剩下的就是"蕴珪生旺"的世系，顺势而为，水到渠成。

既然陈旺、陈然是堂兄弟，不妨两支人对照一下，看其世次与时间。

义门：1世旺→2世机→3世感→4世蓝→5世青→6世伉公（六兄弟）→7世忻→8世经→9世直→10世才→11世延辖（这里只列出一庄对比）。

从陈旺到延辖11世，嘉祐七年义门分家，延辖率家分迁武宁县升平乡（见《陈氏谱考辑要》第 132 页）。

燕叙堂：1 世然→2 世衮→3 世可二→4 世增→5 世鑑→6 世渣→7 世梓→8 世焰→9 世本立（三兄弟）→10 世梁（兄弟八人）→11 世二十七房。其八大房分居村落，族谱有记载，（见《陈氏谱考辑要》第 281 页）。

自发现新淦燕叙堂族谱如此记载，综合推证，于是决定把陈旺这一支接到岳阳王叔慎位下。族谱虽然没有明说陈旺是叔慎之后，但能够从燕叙堂陈然世系导出陈旺世系。

2011 年 9 月，《义门陈文史续考》纠正了 2006 年 3 月出版的《义门陈文史考》中的"兼弟旺"，改为"叔慎玄孙旺"。当时还心存怵悸，并写上这样一句话："在没有新的确凿证据出来之前，此为陈旺世系之首选。"是为自己留下回旋余地。

上天不负有心人。2017 年 3 月，我们居然发现了《陈氏入蜀记》。《陈氏入蜀记》明确告诉后人："义门开派之宗是为旺公焉，原系蕴珪之子，叔慎玄孙。其裔世代同居于长乐里，代传孝悌，感化百犬之风。"（详见《陈氏谱考辑要》第 247 页）至此，一颗惴惴不安的心终于安定了。

陈旺一连几代单传，人丁单薄，世为耕农，史书自然无记载。因此，研考这一支世系，只能通过族谱筛选查证、综合分析；大浪淘沙，沙尽终见真金。除此之外，别无良法。

信的人自然信，不信的人始终不会信。近日网上又有人怀疑起峡江叔慎大墓的真实性。

关于叔慎大墓，不但明清地方志有记载，就连南宋王象之《舆地纪胜》卷三十四《临江府·景物上》亦载："安山，在新淦县南六十里，有陈岳阳王墓及庙。"同卷《古迹》载："陈岳阳王墓，《旧经》以为王乃陈高宗第十六子，正（祯）明二年台城陷（注，台城陷，是在祯明三年）被害。唐武德中，子嵩为吉州别驾，迁墓葬于此。"王象之《舆地纪胜》引用《旧经》，说明《旧经》早于《舆地纪胜》。据张国淦编著的《中国古方志考》第 568 页所载："（临江军）旧经，佚，蒲圻张氏大典辑本。"

《舆地纪胜》

既然那时候已有记载，岂能有假？在此之后，明清《江西通志》《临江府志》《峡江县志·寺庙》等志书均有载，内容大致相同，此略。

乾隆三十二年《峡江县志·寺庙》载："岳阳祠在峡东玉笥乡，旧载岳阳王，陈高祖第十六子，祯明二年台城陷被害。唐武德中，子嵩为吉州别驾，迁葬于馆市大浚头，墓有庙。事见邑人吴节性墓记。"

吴节性，峡江人。洪武乡贡，历官国子助教；广东左布政使吴杨之父。"墓记"，虽未见其文，但叔慎子嵩迁王墓葬于峡江安山大浚头可为铁证，岂容置疑？

如今吉安、吉水、峡江、新干等地叔慎后裔很多，皆以叔慎为一世祖，并在祠堂上方供奉叔慎牌位。感兴趣者，可前往瞻仰。

义门陈世系考证的历史与现实

陈永华　陈德金

江州义门陈氏后裔在"伯宣孙旺"这个问题上很纠结，争论不休。这是历史遗留下来的问题，争议已久。

在网络信息发达的今天，资料的搜集与提供很便利，既有史书记载，也有来自明清的族谱。不同观点的人，选择资料不同，前者以史为据，综合考证；后者只信自己的家谱，一条道走到黑。

辩论是件好事，听众能从双方辩论中分析真伪。当前，从专家学者们的考证情况来看，关于"伯宣孙旺"和"叔慎玄孙陈旺"的观点，渐趋明朗，既有历史依据又有现实依据，能够使人信服。

一、先说"伯宣孙旺"。这是自南宋后遗留下来的问题，思维混乱且僵化。考证"伯宣孙旺"的最可靠证据就是要拿出伯宣公的生卒时间，以及他的一脉传承的上下世系，摆上桌面，岂不一目了然？否则就无法把他们的来龙去脉说清楚。为什么？也就是说，如何定位"伯宣孙旺"，考证时既要与历史事件相符合，又要与伯宣上下代人物的时间相符合，同时还要与陈旺731年建庄时间相符合。这三个符合，坚持"伯宣孙旺"的人，恐怕难以做到。

如果说伯宣公曾在嗣圣年（684）撰"匡山谱序"，那么伯宣公至少生于660年前，请诸位想一想，伯宣的十世祖宜都王陈叔明生于陈天嘉三年（562），岂能百年内繁衍出十代人？！

若按《庐山志·太平宫·山川胜迹》说伯宣"计其生，当在敬穆之间"，即公元824年。这一年正月穆宗薨敬宗继位。《宋史》载伯宣"大顺初（890）卒"。由此，伯宣享年67岁。从叔明到伯宣历时262年，平均代均29年。请想一想，上述哪个时间段合理，能经得起时间的检验？！

二、再来说说"叔慎玄孙旺"世系世次。说清这个问题，无非运用史证和物证。虽说《陈书》记叙叔慎经湘州一战被俘杀害于汉口，但是峡江马埠陈氏族谱说叔慎在峡江玉笥避难，娶匡大夫女为妻，生子嵩字宗先，唐武德中宗先三十几岁为吉州别驾，并建庄廖田，后把父坟由大墓迁葬安山，立庙祭祀，时称"岳阳王祠"，又称"岳阳王庙"。这段历史在峡江、吉水、毗陵等地叔慎后裔中，他们只认定自己是叔慎后人，属于宗先这一支系，从而否定《陈书》叔慎被害于汉口的事。在这里，现实存在的人和事，恐怕要胜于史书记载。如果《陈书》说陈叔慎在汉口被害是真实的，就不会有如今的峡江、吉水、毗陵等地的叔慎后人。如果那段历史是假的，又如何被姚思廉写进《陈书》？问题挺复杂，成因有多种。但我们必须承认上述这几地陈叔慎次子陈嵩所繁衍的后人，这是真真切切的现实。

说完陈叔慎次子宗先的这一支，再来说说陈叔慎长子（志）高的一支世系。

据峡江马埠镇陈家清同治七修族谱"由金陵居玉笥大墓世系"载：叔慎→志高→才→蕴玉→然→衮→可二→增→鑑→渣→梓→焰→本立→梁→嵩→继荣→岳→潸→乔→诚（居瓜源）、议（徙林城）、诏（留守大墓）。并在右边有一按语："按叔慎公历隋唐五代至乔祖时共三百九十年，止合十三代，今列十八代，疑后人增入，存以待参。"从按语知，修谱者认为传十三代与时间相合，谱载十八代不知所出，故"存以待参"。

叔慎生于572年，从叔慎到陈梁14代，若按30年一代，由叔慎到梁需要390年时间，即梁公为北宋初宋太祖朝人。叔慎次子嵩是隋朝初人，怎么能接在梁公的名下？

查新淦燕叙堂老谱，梁公接在"本立"名下，本立是衮公的八世孙。

在其一修谱序中说"京公之弟衮公"。这跟九江《义门陈氏宗谱》相一致，并在序中写到衮公由江州迁吉水"土桥瓜源"。

燕叙堂六修族谱"纪遗"云："我族始祖本衮公，后八世分八房，由八房分二十七房……"世系为衮→可二→增→鑑→渣→梓→焰→本立、本道、本生→梁兄弟八人，后分为八大房，八大房之后又分为二十七房。（详见《陈氏谱考辑要》第281页）

如果把峡江马埠谱和新淦燕叙堂旧谱对照一下，"按语"中的疑问立刻解决。嵩，字宗先，叔慎之子，马埠谱却接在"燕叙堂"的梁公名下。此处是把两支人合为一支，就像江州义门谱把叔慎后人陈旺接到叔明后人伯宣名下一样，犯同样的错误。由此推知，历史上这两支人曾经在一起合修过谱。日久岁长字迹不清，后人搞不清楚，当作嫡系一支。

义门石首、高安老谱载志高生才，才生蕴珪、蕴玉、蕴璋三兄弟。蕴珪生兼、旺。蕴玉生然，然生衮，衮生可一、可二。并且还有较多的族谱都是这么说的。因此，旺和然是堂兄弟。既然陈然、陈衮是叔慎的后人，陈旺当然也就是陈叔慎的后人，道理简单又明了，一点也不复杂。

四川古蔺县陈氏《陈氏入蜀记》明确记载："义门开派之宗是为旺公焉，原系蕴珪之子，叔慎玄孙。其裔世代同居于长乐里，代传孝悌，感化百犬之风。"（详见《陈氏谱考辑要》第247页），此外，湖南岳阳陈氏族谱也是如此记述。

历史过程具有不可逆性，认识历史只能通过现存的史料。要形成对历史客观准确的认识，必须重视史料的搜集、整理和辨析，去伪存真，这是历史学的重要方法。

作者简介

陈永华，男，1970年生，新干人。江西省委党校社会学专业研究生毕业，现在共青城工作。曾主编《共青故事》《中华义门陈》杂志。

明万历谱载陈旺开元十九年建庄

陈光富

明朝万历年牛公庄族谱

今据湖北仙桃市张沟镇新西村陈江培老人保存的牛公庄明代万历谱"世系行传"在旺公下载："老谱载以唐元（玄）宗开元辛未年（731）迁德安。论者谓时不相符。"连明代义门先贤都认为陈旺开元十九年建庄与世系行传中伯宣在唐宪宗元和十四年三月初吉,天降神人访公于匡庐之居的"时不相符",即陈旺为伯宣孙,这与时代不相符。由此可见,历代义门老谱均记载陈旺在开元十九年建庄常乐里,岂能有假？！这是义门谱记载的事实。

这里所说的"老谱",当指万历年之前的谱。然而,到了明万历年间,义门世系就有如此错讹,并一错再错,错到今天。

陈镛(镶)与伯宣

陈月海

高安县丞陈灌长子陈镛,各地族谱书其名和官职不一,常见的有镛、镶、瓌、瀼、壖、环、襄等,同指一人。福建谱叫"临海令陈瓌",常州毗陵谱叫"临海令陈壖",义门谱叫"临淮令赠太保镶、瓌、襄",龙峰谱叫"唐著作郎镛"。出现这些名字,除音同形近误抄外,有的可能曾经改过名。

修水《龙峰陈氏宗谱·世系》载:"镛,灌公长子,行二十一郎,本名钰,避郕王讳改镛,唐著作郎,为江州义门之祖。"晚年隐居庐山圣治峰,卒葬庐山东麓。

"避郕王讳",在唐朝中期甚至整个唐朝也没有一个叫"郕王",何以避讳?查"郕王"为明景帝朱祁钰,避他的讳改,不可理解。因为龙峰谱在明朝之前的所有旧序中只有"镛"而无"钰",何以避讳?"本名钰",疑受祁门特峰《江南陈氏大成宗谱》的影响,为后来修谱时增补。

《修水县姓氏志》援引龙峰谱载:次子陈锽于"建中元年庚申(780)侍父陈灌赴高安就任县丞〔注:时间应以《义门陈姓历史资料简编》'唐德宗时(780—805)任高安县丞'为是〕,由居地武宁蒿溪,途经修水龙峰,见山川秀丽,景色宜人,意欲迁居于此……后果迁分宁龙峰,筑庐而居。其父陈灌、母黄氏皆卒于高安官舍,唐德宗兴元元年甲子(784),锽扶父母灵柩归葬于龙峰洞之八公楼下。后又于蒿溪移祖父陈褒和祖母合葬于龙峰洞之蜈蚣钳"。

从上面这段文字可以看出四个问题：

1. 陈灌举孝廉任高安县丞，岁数虽大，但不至于四年就夫妇同时亡于官舍。

2. 只要熟悉武宁地形的人就有疑问。公元800年，武宁、修水同属一县，武宁偏东北，与德安、永修交界；修水偏西南，与江西铜鼓、湖北通山及湖南平江邻近。一条修河自西向东贯穿两县，上游是修水，下游是武宁。由武宁蒿港（即蒿溪，今巾口乡）去高安，最方便的途径是顺修河而下，经箬溪河到永修河入赣江转老抚河口直达高安，不会逆流西行百余公里至修水县义宁镇，再转东南方向翻山越岭30余公里到龙峰，再翻山越岭去高安。即使择旱路去高安，也是由武宁经靖安县、经奉新县到高安。无论择水路还是旱路，都不会绕路经龙峰。

3. 四年后陈锽扶父母灵柩归葬，为何不葬武宁蒿溪？武宁有山有水地貌壮观，无论是地理条件还是交通条件都比龙峰优越，难道寻不到一块风水宝地？况且陈褒夫妇已经安葬蒿港，理应附祖坟安葬，又何苦后来迁葬陈褒夫妇？

4. 次子陈锽扶灵柩归葬，怎不见长子陈镛？一系列疑问扑朔迷离，让人不得其解。

陈锽晚年仍甚思念兄长，在其《且安且止居记》中写道："兄镛，祖居蒿港，今为隔属。孔怀之念，曷刻忘之？""孔怀"，喻兄弟情深，甚思念。思念陈镛，是不忘同胞情；思念蒿港，是不忘始居地。如果陈镛不是避仇在外浪迹江湖，能有如此深沉思念？

据龙峰族谱编修陈步云老先生回忆，旧谱写陈镛"爱山水，浪迹江湖"是托词，其实就是亡命在外，四处躲闪，有时不得不改名。鄂州陈琢《义门陈姓历史资料简编》载："灌，唐德宗时（780—804）任高安县丞。心清政简，豪猾畏之。"问题就出在"豪猾畏之"四个字上。据龙峰宗人传说，陈灌在高安做官得罪了当地豪猾，夫妇被害于官舍，陈镛杀了豪猾全家，外逃避难；陈锽扶柩归来，不敢葬蒿港，就葬在龙峰深山老林避仇人，怕遭报复。恐怕这就是旧谱中的所谓"爱山水，浪迹江湖"之隐情。谱说"避难"，准确地说应该是"避仇难"，这有《庐山志·山川·桑纪》可以佐证，志曰："避仇仙游而生伯宣。"这既符合民间传说，又能说清陈镛（镶）四处奔波，老不露面的原因。否则，难以解释上述离奇现象。

晚年陈镛（镶）去过南康（今赣州南康区），因访马总不遇而返，后游庐山并隐居。常州《毗陵陈氏宗谱·墓葬》载"临海令壤（镶）公墓在南康府庐山"（见《义门陈文史续考》197页），由此证实了陈镶晚年隐居庐山。

现在，我们仔细想一想，在义门族谱里有关陈伯宣的事迹，实际上多半是写陈镛（镶），由于年代久远，父子的行事难以分清，故《宋史》有"灌孙伯宣，避难泉州，与马总善"一句。众所周知，在泉州避难的是陈镛（镶），而非陈伯宣。"伯宣与马总友善"，是后人之误。徐铉《义门陈氏书堂记》说陈京"以从子褒为嗣，至盐官令；生瓘（灌），至高安县丞；其孙避难于泉州之仙游生伯宣"。这里虽然多出一代，暂且不论；但就"避难于泉州之仙游生伯宣"，说得明明白白，是先避难后生伯宣，这是事实。

查《资治通鉴》卷二三五载马总也是在"贞元十六年（800），盈珍谗其幕僚马总，贬泉州别驾"。元和初（806—810），自泉州迁虔州（今赣州南康区）刺史，后迁安南都户。长庆三年（823）卒。而伯宣"计其生当在敬穆之间（824）"，何以"与马总善"？

"与之友善"，实际上是指陈镛（镶）与马总友善。马总迁任南康刺史，陈镛曾经造访不遇而返，后游庐山隐居，注书《史记》。

陈镛（镶）究竟做了多大的官，谱说不一，还是修水龙峰谱"唐著作郎"比较靠谱，不可能官"临淮令赠太保"。《宋史·陈兢》说伯宣"尝以著作佐郎召，不起，大顺初卒"。官府怎么不以"著作郎召"？而以"著作佐郎召"？值得思考。这或许父子同职要分主次。陈镛（镶）卒后，陈伯宣离开了庐山圣治峰前龙潭窝，移至山下太平宫，继续注书。后迁至齐集里，乾符四年（877），贼帅柳彦璋攻陷江州，伯宣因居德安，"合族同处"。

时光转到北宋，义门人仍合族同处，义风愈加昌著，对外宣传的始终是上自宜都王，中经两秘监，下有"辞著作佐郎"陈伯宣，及"大顺中，崇为江州长史，乾宁中崇弟勋为蒲圻令，次弟玫本县令"，（《义门陈氏书堂记》）以及《宋史》云"崇子衮，江州司户，衮子昉，太常寺奉礼郎"等一系列官职，门庭显耀。然而此时的陈镛(镶)，恐怕已淡出时人的记忆，故《宋史》有"灌孙伯宣避难泉州，与马总善"，及《义门陈氏书堂记》误"昔马总尝左迁泉州，与之友善"，以及《新唐书·艺文》"陈伯宣注《史记》一百三十卷，贞元中上"之误记。"与马总善"的时间，跟著作郎陈镛（镶）避难泉州的时间基本符合。唐德宗贞元间灌任高安县丞，四年后夫妇殁于高安官舍，陈镛杀人后外逃泉州避难；马总也是在"贞元十六年（800），盈珍谗其幕僚马总，贬泉州别驾"（《资治通鉴》《唐书·马总传》）。于是二人患难相识相交，这跟江西武宁县宝泉庄族谱载"陈瓖与马总为宦友"相合。并由此推"陈伯宣注《史记》一百三十卷，贞元中上"，是写陈镛而误为伯宣。再说，史书误记的也是常事，如《新唐书·宰相世系表》载"伯宣子陈旺，孙陈机"，能信吗？不管是史志还是谱载，都要放到时间这个天平上，看它能否稳得住，合不合情理，进而综合推证，这是研究者所必须具备的思维方式。

以上辨析为我之管见，局限难免，不当之处，请方家指正。

德化陈氏故里故居的演化及文德翼序

陈月海

一、从黄庭坚、文德翼的序，看江州德化陈氏故里故居的演化

宋绍圣初，黄庭坚出任宣州知州，改知鄂州，中途回修水，次年为修水义宁镇良塘村凤山陈氏撰谱序曰：陈灌"长子镛之子孙居江州者，宗族七百余口，每食，长幼各次其坐。蓄犬百余，共牢而食，一犬不至，诸犬不食。金曰义门。逮余归田由江州过凤凰山，审其详则不虚矣"。（详见《义门陈文史续考》第326页）

灌公长子陈镛，即义门谱中的陈镶（据说为避仇难改名）。凤凰山，在今柴桑区义门铺村，"文革"时曾名凤凰大队，古驿道边。黄庭坚由北向南经九江回修水，德化义门铺是必经之道。"审其详则不虚矣"，说明当年在凤凰山、齐集里这一带聚居了很多伯宣公后人。"不虚矣"，包含人口、民居建筑及其设施诸方面。绍圣初，距离义门嘉祐七年分家也仅32年，有如此规模则说明在义门分家前即有之，而非分家后新建。

到了明末清初，文德翼在《江州义门陈氏族谱序》中说："古今称义门者，不过数十家，而吾江州陈氏为最著……陈氏故里故居今俱在也，余屡过之，两者不一见焉。盖世代湮远，兵燹之余，宜其然欤！"

"故里故居今俱在"，指的是旧址遗迹，此时已不见黄庭坚当年的那

个景象。不然，怎见得"余屡过之，两者不一见"？又何"盖世代湮远，兵燹之余，宜其然欤"？

到了清同治年间，《同治德化县志》载："义门山，甘泉口西北为义门山，其下有义门铺。义门山与株岭相对，义门陈氏居其下，尚有牌房（坊）遗址。义门坂者，以陈氏旧居得名。陈公伯宣宗祠在焉。祠后为义门山，祠左有前明敕建义门坊。"由此可见，此时牌坊已毁，只有遗址。

前几年，笔者曾多次前往德化白鹤乡齐集里（今九江市柴桑区狮子乡牌楼村）凭吊遗址，所见所闻，故居风光不再久矣。连嘉靖癸丑年表扬义门遗址所竖的牌坊门楼，也仅剩下残垣断壁，瓦砾废墟。还好，有一口古井保修完好，当地人称之"伯宣井"。

嗟乎，义门陈故里故居，从黄庭坚所见的一片旺盛景象，到文德翼"屡过之，两者不一见"，再到吾辈凭吊时仅见零散遗存，如伯宣井、义门巷、义门山、住刀岭、狗屎坡、义门陈氏议事厅基址碑石等。（详见《义门陈氏文史考·义门旧地一日行》）偌大的村庄，如今只有一户陈姓人家，其余皆外迁，散居各地。文德翼所说的"其合而离，离而复合，总之不离江州者"，意味颇深。

二、德化历届续谱为何不录文德翼的序？

文德翼，字用昭，信国公文天祥后裔。他的十世祖从吉安迁至九江瑞昌九都源，祖父迁至九江郡城，世居德化。明崇祯七年进士，官授吏部郎中、嘉兴推官等职。为人正直明允，不为权贵所挠，人品清逸，学问渊博，著书颇丰，均《四库总目》并行于世。

文德翼母亲陈氏，德化人，曾为母亲撰《先妣太孺人陈墓志》。也曾为娘舅家族撰《江州义门陈氏族谱序》（见《庐山志·纲之六·艺文·历代文存》），序曰："使君且以更老宾之于乡矣，率仲叔季弟幼子童孙以嘱余序，余敢以不娴于谱牒而负其敦睦之教也哉！"

古人修谱，多请名人撰序，以增光族望。既然恭请名人撰序，后来又为何弃置不用？是文句不佳还是另有隐情？时至今日，我们只能从明清"奉文改谱"推知其故。如乾隆五十三年《义门重修家谱序》云："因及家谱,奉文改纂,一呈安邑（即德安）教谕吴（即吴起铎）,复呈前任（德化）县主沈,叠经削其中字句,抹糊茫然莫辨。倘仍依旧葫芦不举,将后之子孙其不视为亥豕鲁鱼也。"

然而,文德翼在序中却直说："余按史：陈有伯宣者,游庐山乐之,卜居焉。子崇为江州长史。至僖宗时,衮始以六世同爨得旌。至南唐时,兢始得以其子孙益多得立义门。延于宋初,垂十三世矣。"

今天看来,其关键语句即伯宣"子崇为江州长史",恐不合"时宜"。明嘉靖三十二年为争义门表扬,德安德化具文申报,各持己见,九江府派人复查,后在九江府太守钟卿（字班田）"主之尤力"下,以"义门山""义门铺"地名为由上报按院,结果御史萧端蒙批下："义门既系始居之地,又山与铺俱以此得名,想其当时同居行谊亦已著矣。其地亦应表扬,仍照前批,树坊立门。"于是,次年德化宗人捐资建祠,联宗修谱。

建祠容易修谱难,其世系世次如何排列？直到乾隆戊申年以"六庄公识"《义门陈氏重修家谱序》才定调,序曰："顾义门之得名由伯宣,则今日之修义门之谱也,亦宜以伯宣公为断。志曰：自闽中来隐居庐山,注司马《史记》,征召不起就拜著作郎。其孙旺居德安太平乡,九世孙崇为江州长史,治家有法,累世同居,盖公之志,固潜心学问而谋求家政者矣。夫由公而旺公为三世,至青公为五世,至崇公则七世矣,至兢公则十二世矣。"（注：标着重号的跟上句自相矛盾。从伯宣至青为七世,不是五世；至崇是九世,不是七世。）如此定调,在嘉靖甲寅谱中还没有。甲寅谱只强调："斯谱重表扬也,故公移先之,而标题俱称表扬云。谱牒,家之事也,录之次。公移者公为义门设,而遗迹攸关,因以著表扬之意。"（甲寅谱《凡例》）

后来修谱人觉得人物与时间矛盾,于是编出陈伯宣"嗣圣元年（684）"撰《匡山谱序》及《圣治峰记》等荒诞不经的文章,把伯宣生活时间大大提前［见《义门陈文史考（二版）》第232页］。对此,文德翼指出："采访真人见梦于开元皇帝,去旌时绝远。俗神怪其说而不察,是可哂也。"

文德翼，一代才俊。明亡，不愿受清统治，隐居山中不仕。但他对九江地方文化的发展出力尤多，如兴建儒学、修州府县志、兴修文化遗迹，等等。

按照史学家章学诚"地近则易核，时近则迹真"的原则判析，身为陈家外孙的文德翼，曾亲眼所"见宋元以来，吾乡所遗碑碣，凡属陈氏子孙题撰者，不称官爵类，曰旌门陈某，以旌门优于官爵也"，难道他不清楚吗？再者，文德翼品学兼优，为一方学者，序中断无虚妄之言！今观九江陈氏历届续谱，为何不录其序？

义井——修水县城古名井

陈跃进

德安车桥有个义门陈，这几乎为天下人所尽知。然而，修水县城老城区原来有一口本应该与义门陈并名的古井——义井，不仅鲜为人知，就在本县，甚至是县城的居民，知之者也不多。

在明嘉靖时期编纂的《宁州志》中，义井就清晰地标注在州治城郭图中。另据清同治时期编纂的《义宁州志》所述："义井，在义井巷内。"又，"义井巷，在州治西一百步"。这简短两句话的描述，说明了义井所在的位置和因为有了义井而有了义井巷。可见这口井在当时是很有影响和名气的。

旧时州府（即衙门）在今天的老党校旧址附近，现在那条街道还留有一个衙前的名称。往西约一百步，就到了老地税局的宿舍。旁边紧挨着的是陈家园，稍往西，便是陈家老屋等。

由此可见，旧时有许多陈姓人居住在这口古井的周围。据黄庭坚所述，是"百有余灶，共泉一井"，也就是有超过百户的陈姓人家居住在此，共饮一口井之水。

我的族兄陈沿阳先生曾经到实地做过调查，原工作于县房管所的退休老人和曾经居住在这口古井旁的老人们证实：这是一口圆形古井，井壁砌以青砖，井口用石圈加固防护，建筑精巧，井水幽深清澈，水质优良。有单位曾在井中安装抽水设备，用于食堂取水。

义井

1997年，这口古井所在的地块由县房地产部门出卖给县地税局建办公楼和宿舍，于是，这口经历过千年沧桑岁月的古井被填毁。

这口古井之所以非常有名气，不仅仅是当时关于这口古井的故事传说令人敬重，更有我县先贤、北宋著名书法家、诗人黄庭坚曾经应陈氏族人之请，欣然命笔，为这口井写下《龙峰陈氏凤山义井谱序》。文中写道："余居翰林编集天下忠孝节义之士，首见分宁陈灌二子。次子陈锽之子孙居凤山者，百有余灶，共泉一井，以次而汲。岁旱水断流，井亦枯竭。长幼具衣冠拜曰：'人非水火，莫资所生，今泉涸绝，必也积衅所致。'三祷其泉，腾沸清甘。咸曰'义井'。"

这段文字关于义井的大概意思是：陈锽的子孙在凤山居住，凤山即是凤凰山的另一别称，这里所指的就是当时分宁县城所在地。他们有一百多户，共饮一井水，平时按照一定次序取水。遇到一年干旱，井水枯竭。于是，老少们穿戴整齐，在井旁焚香叩拜，说："人没有水与火就不能生存，如今井水没有了，一定是我们积下了什么错误，老天在告诫我们。"三拜过后，井里突然冒出清甜的水来，大家就都称这口井为"义井"。

据陈氏宗谱记载，陈灌曾任高安县丞，死于任上后，其次子护灵柩到分宁，安葬于今黄坳龙峰山，被后裔尊为迁分宁始祖。他有两个儿子，长子陈镛居于江州，次子陈锽居于分宁。

黄庭坚在写过义井后，接着写："长子镛之子孙居江州者，宗族七百余口。每食，长幼各次其坐；畜犬百余，共牢而食，一犬不至，诸犬不食。金曰'义门'。"

义井陈，义门陈，这两个事件的真实性似乎让人猜疑，但黄庭坚又写道："逮余归田由江州过凤山，审其详，则不虚矣。"这是说他从外地回家途中，从江州经过凤凰山下了解到的。黄庭坚在京城担任编史官多年，如此言之凿凿，说明这两个事件都是他自己审查无误的，岂能不信？！

接着，黄庭坚叙述这两个事件产生的原因："噫，水，阴气也；犬，家畜也。水性下而犬性恶，二者皆非灵物。祷之而水复生，饲之而犬候食，岂非陈氏有令德感天之极施者乎？"他认为，陈氏这两个事件的出现，可能是其祖先有感动天地的德行。

自古以来，人们就非常推崇一个"义"字。黄庭坚以物喻人，并在文尾说，"故曰：'一人义，则一家义；一家义，则一国义；一国义，则天下义。其机理如此'"。

作者简介

陈跃进，男，曾任修水县文化广播电视局副局长，江西省作家协会会员，《古城旧梦》特约作者。在《江西日报》《江西画报》《九江日报》等报刊发表过多篇文章，并出版过多本文学书籍。

陈檀非伯宣子亦非陈旺父

陈烈龙　陈朝亮

古人同辈兄弟取名规则大致是：名为双字，其中一字为班辈，如陈宣帝四十二子叔宝、叔明、叔慎等，以"叔"为班辈；陈文帝子辈以"伯"为班辈。若单字名则多以偏旁部首作字辈，如陈青生六子曰伉、侍、仲、俛、伟、伸，皆以"亻"为辈分。有的则以近义词表示同辈，在此不举例。

顺着这个思路，有谱载陈旺子侄有机、棋、棣兄弟三人，均从"木"。三人名不仅同偏旁，义亦同。

然而明清义门谱写陈檀为伯宣子陈旺父。陈檀于史无考，考"檀"字义：常绿乔木，木材坚硬。有"檀香""紫檀"。这个"檀"与陈机三兄弟在班辈上及词义上完全相同。由此可见，陈檀应该是陈机兄弟辈的人，不可能是陈旺的父亲。退一万步来说，如果真为陈旺父亲，那陈机几兄弟的字辈岂不与祖父同为"木"？唐代避讳极其严格，取名用字必须避祖、父之讳，否则触犯法规。所以从避讳这一层面上来说，陈檀绝非陈旺的父亲。此为明清谱一大错抄。

由于宋元战火连连，义门族谱资料几乎焚毁殆尽，即使幸存的族谱，也是断编残简，模糊不清了。明代人修谱误把陈檀为陈旺父亲，贻误至今，今当纠正，不能再以讹传讹了。

同理，从古人取名规则及其他史料证明陈旺的父亲就是陈蕴珪。如陈旺有同辈兄弟陈昌，从"日"。还有堂弟陈然（蕴玉子）。"然"，古同"燃"。

由是旺、昌、然三字义相近，有兴旺之意。

另据《义门陈氏书堂记》《宋史》等史料，我们知道陈伯宣生有四子，依次为□、崇、勋、玫。"崇"指高贵。"勋"指大功、达贵。"玫"指宝贵的美石。三兄弟的名字均含高贵显达之意，与乔木之"檀"，意思相去甚远。故而陈檀不是陈伯宣之子，更不是陈旺之父。

作者简介

陈烈龙，男，1977年5月生，湖北黄石人。湖北颍川古建园林工程公司法人代表，从事古建筑设计与施工、文物修缮等20余年，尤其在承建家族祠堂、家庙、门楼等建筑时，能够将相关研究知识运用到古建筑设计中，获得好评。

陈朝亮，男，1979年4月生，南昌市新建区望城镇人，高中毕业。江西朝云建筑工程劳务有限公司董事长，奉新县朝云农场董事长，江西省历史学会陈氏研究专业委员会常务副会长。

从《唐故秘书少监陈公行状》推陈京生年

陈月海

《唐故秘书少监陈公行状》（以下简称《行状》）是柳宗元在陈京卒后撰写的，"以志公之墓"。

本文着重讨论两个问题，一是世次，二是陈京的生年。

《行状》开篇即指明陈京的世系世次为"五代祖某陈宜都王，曾祖某皇会稽郡司马，祖某皇晋陵郡司功参军，父某右补阙翰林学士赠秘书少监，某州某县某乡某里陈京年若干状"。其实，这里实缺高祖，唐代称谓五代祖即高祖的父亲，即陈叔明；与之对应的是其《宋史》称谓六世孙陈京，互为逆向关系。岑仲勉在《元和姓纂四校记》中云："五代祖某陈宜都王，曾祖某皇会稽郡司马，祖某皇晋陵郡司功参军，父某皇右补阙翰林学士赠秘书少监，其间实缺'高祖'一代。后《唐表》不察，以'孙'为'子'，误矣。夫柳文之书宜都王，重其王孙之后也；缺高祖不书者，未仕或非仕于唐也。"古时重名宦，常于名宦不显者有意忽略。《行状》只书官职不写名讳，是预留空白由陈家自行填写。"书而授公之友，以志公之墓。"现在，我们所见的是柳宗元的原稿文章，非碑文。也许墓志上不是这样写的，也未知。

下面讨论第二个问题

《行状》说陈京"自颍川来，隶京兆府万年胄贵里，讳京。既冠，字曰庆复"。

"自颖川来，隶京兆府万年胄贵里"：是说陈京从颖川来到长安，住在万年县胄贵里。"京兆"，即长安京兆府，下辖多个县。长安和万年是市区的两个县。陈京一到京城就住在市区，表明他有落脚点，不需要投宿客店。在"胄贵里"，应该有陈兼留下的房产。天宝十二载（753），陈兼辟为右补阙，讽谏之官，隶属中书省。他在京城当有寓所。尽管此时陈兼不在世了，但还有其兄珰和苌呢。

"自颖川来"，点名颖川是陈京的出生地和籍贯。其父原为泗上人，按理自"泗上"来，又何故"自颖川来"？在《陈兼生平事略》里已经说过："陈兼为前程而广交朋友，结识名流，早已回归祖居地颖川。"（见《颖川陈氏考略》）也就是说，陈兼在任封丘县丞时即已回归颖川祖居地。天宝九载（750），陈兼还为颖川长葛陈寔陵园撰"陈太丘祖德碑"。《先君石表阴先友记》说"陈京，泗上人"。那是从其父籍贯来的，不代表陈京也是"泗上人"。

既然陈京生于颖川，可能与其兄陈珰陈苌非一母所生。因在开元乙丑（725）年，陈兼生有一女，后嫁西昌罗氏。陈兼生陈京时，差不多接近50岁，之后还有陈归出世。因此，不排除陈兼在颖川另有妻室。

陈京"大历中，始来京师"，（《行状》）没有具体点明哪一年，更没说哪一年的进士第，只说"举进士，为太子正字、咸阳尉……给事中、秘书少监"。

关于陈京举进士时间历来有两说，即大历元年（766）和大历六年（771），皆来自文章注疏。"大历元年进士第"来自《昌黎集·与陈给事书》韩注引樊注云。"大历六年进士第"来自《先君石表阴先友记》注疏。两说辨析如下。

从"大历中，公始来京师"来看，《行状》本身就已经否定了"大历元年进士"。假如真的是大历元年进士，就不会有"大历中，公始来京师"这一句，岂不矛盾？按《登科记考凡例》，凡应试者须在头年底来到京师等候，第二年开年参加会试。"应举者乡贡进士例于十月二十五日集户部，生徒亦以十月送尚书省。正月乃就礼部试……通于二月发榜，四月送吏部"。因此，陈京不得为大历元年进士。

"大历六年进士"，来自《先君石表阴先友记》注疏："陈京，字庆复，陈宜都王叔明五世孙。大历六年中进士第。"此说应当可信，与《行状》不矛盾。但凡后之著书者，基本采用大历六年之说。

陈京来长安，由于其父曾经在京师做官，有很多亲朋故旧，所以，陈京早早便来长安。《行状》仅说"大历中，公始来京师"，没有具体说哪一年。既然大历六年中进士，推其大历三年来京师，亦不违文意。陈京提前来京师，一则为了复习功课；二则为了奔走公卿门下"投卷"，求得名士的指点和推荐。

唐代科举取士中投卷、荐卷之风盛行。允许人向主考官推荐优秀人才，应试考生也可以将自己的得意文章编成长卷，投献给达官显贵或文坛名士求得他们的赏识，提高考生的知名度和及第机会。这就是所谓"投卷"。在此方面，陈京是有条件的，在其兄长的疏通和引见之下，同时拜会了中书舍人常衮和杨炎。"中书常舍人衮、杨舍人炎读其文，惊以相视曰：'子云之徒也。'"（《行状》）子云即杨雄，字子云，西汉时著名文学家、语言家，与司马相如齐名。刘禹锡在《陋室铭》中写道："歇马独来寻故事，文章两汉愧杨雄。"这是后人对杨雄在西汉文坛上所处地位的评价。常杨二人用"子云一流的人物"来评价赞赏陈京，足见评价之高。并且常衮还"以兄之子妻公"，把哥哥的女儿许配给陈京做妻子。想一想，其间若无父兄的面子能有这等好事？无意中捡个"闺门千金"，喜结伉俪。须知，古时的儿女婚姻，出于父母之命，媒妁之言。父不在兄为父，其中断然少不了兄长的周旋与撮合。

"男子二十，冠而字。"（《礼记·曲礼上》）"既者"，已经也。表明陈京大历三年已经是二十出头的人，二十一二岁。如果冠戴已久，就没有必要点明"既冠"。

推大历三年（768）来京师，又知来时为"既冠"之年，且知大历六年（771）进士第，如此，基本能够推导陈京的生年。

推陈京生于公元746年，26岁中进士，贞元二十一年（805）卒，春秋六十。卒后54天，夫人常氏故。呜呼哀哉！

按《行状》所叙，陈京"四命为集贤学士"。柳宗元曾经是陈京的属下，对其情况应该了解。贞元二十年冬，德宗十分器重陈京，谓之有宰相之才，欲用之。正值陈京病重，遂罢。再迁给事中（《唐书卷二百·列传·儒学下》）。

历史上，陈京的主要贡献在礼仪上，大体庙制之论，即"自古未有功隆盛德为一代之太祖而列于昭穆之次者也，亦未有非受命而追崇之祖居东向之尊历百世而不迁者也"。庙制既成，影响后世。到了北宋，因太宗兄终弟及之故，其地位尤高。

龙峰谱中的时间矛盾再考

陈月海

龙峰旧谱由于蛀蚀残缺，导致后人叙述人物时间前后不一致。下面就谱中所说的时间相互矛盾，做一研究。

其一，在锽公条目下附注及序云："锽卒于大和二年（828），寿75岁（即锽生于754年）。780年侍父赴任高安丞，兴元元年（784）扶父母灵柩归葬龙峰洞之八公楼下，之后移祖父陈褒和祖母合葬于龙峰洞之蜈蚣钳。"

其二，族谱重辑《梁龙德二年分家关约》说陈锽第七子陈靖的三位兄长分别于"唐乾宁二年（895）、天祐元年（904）、天祐三年（906）相继而殁，陈靖见诸侄年幼，抚为己子，包含共居"至分家。

上述列出两个时间段，究竟以哪一个为准？我们不妨逐一推敲。

先把两个时间段放在一起研究，即按"锽公条目下附注"754年陈锽出生，那么第七子陈靖最晚生于813年（拟锽60岁生靖，已至极限），龙德二年（922）主持子侄分家，陈靖岂不活到110岁？这与事实不符者一。

陈靖的三位兄长分别于895年、904年和906年相继而殁，"诸侄年幼"托付于靖。既然"诸侄年幼"，其兄殁时最大不超过35岁（即择906-35=871），由此推陈靖第三兄约生于871年前后；则陈锽无论多大年纪生靖，其出生一定在906年之后；何以在建中元年（780）"侍父赴任高安丞"？此与时空不符者二。

查《分家关约》所列时间无出处，而"条目及序"中的时间最早出现在明万历二十五年丁酉（1597）谱《正讹论序》，序载："今自一世祖灌，推之唐大历乙卯（775）居武宁蒿港，生子二，长曰镛次曰锽，及德宗建中元年（780）应诏为高安丞，卒于官，次子锽于兴元元年甲子（784）扶柩卜葬龙峰。"

这一时间也是推出来的。按此推理，灌举孝廉入仕，年纪应该比较大，设780年赴任高安县丞时38岁，即灌生于743年。设褒21岁生灌，则褒生于723年，这岂不比陈京早出世二十几年？此于事理不符者三。

上述两个时间段放在一起研究则相互矛盾，单独推演又行不通，所以这两个时间段都不能信。

1994年龙峰谱收录邱志尹的《明正德丙寅序》说："陈之上始于颍川，蔓延婺之金华。唐贞元间（785—805），有讳灌公者为江西高安丞，卒于官。子二人，曰镛曰锽。"这里又出来一个"唐贞元间为高安丞"的时间。如果在此时间出任高安县丞，正好与鄂州陈琢《义门陈姓历史资料简编》（下称《简编》）所说陈灌在"唐德宗时（780—804）任高安县丞"的时间相符合。

> 生子二，灌、济。
> **六十九世　灌**
> 灌，一名理，字公圃，一字介重（一说，字泽民），号梁夫，褒之长子。居婺州，唐德宗时（780—804年）任高安县丞。心清政简，豪猾慑之。娶马氏，又孙氏，生子镳。
> 济，褒之次子。娶周氏，生子二，晋、煌。

《简编》载灌于唐德宗时任高安县丞

邱志尹的序比《正讹论序》早91年，按理可信度要比《正讹论序》高，但遗憾的是后人续谱，从明至清及民国所有的谱序皆鱼贯沿袭明万历二十五年（1597）《正讹论序》时间，从未考虑过明正德丙寅（1506）序的时间，为之一大疏忽。

下面再来看龙峰谱其他旧序是怎么说的。

《宋元祐三年（1088）戊辰序》载："今概我祖籍宁之源，由大唐德宗朝名灌者，以世胄起家蒿港得任高安丞，不禄。次子锽扶葬龙峰。"这与《简编》同。

黄庭坚《龙峰陈氏重修宗谱序》把这一时间说得更笼统："至唐而有高安丞灌，魄兆于龙峰。"

从上二序所说的时间来看，反倒可信，不清楚的只得笼统。

《分家关约》载："一世祖灌，推之唐大历乙卯（775）居武宁蒿港。生子二，长曰镛次曰锽，及德宗建中元年（780）应诏为高安丞，卒于官。次子锽于兴元元年甲子（784）扶柩卜葬龙峰。"

德宗朝共有三个年号，即建中、兴元、贞元。按邱志尹的《明正德丙寅序》和《宋元祐三年戊辰序》，灌公出任高安丞及殁于官的事件发生在德宗朝贞元间。下面不妨将"建中元年""兴元元年""贞元间"这三个时间，组成一组时间链来推敲并演绎。

1.既然《正讹论序》说"灌于唐大历乙卯（775）居武宁蒿港,生子二，长曰镛次曰锽"，设"建中元年（780）"和"兴元元年（784）"为镛锽二人的出生时间，结合"唐贞元间有讳灌公者，为江西高安丞，卒于官"的这个条件，推陈灌贞元十六年（800）赴任高安丞，锽17岁侍父随行，做官四年即到了贞元十九年（803），陈灌夫妇被害于官舍，陈镛杀了豪猾全家外逃避难，锽扶柩择葬龙峰这么一个过程。

2.灌不是科班出身入仕，谱有两说，一说"以世胄起家蒿港得任高安丞"，一说"以孝廉举官"。但不管以哪种形式入仕，其入仕岁数都比较大，设39岁赴高安丞，则灌生于公元762年，大历乙卯（775）年随父陈褒由金华来居武宁蒿溪。建中元年（780）生镛，兴元元年（784）生锽。这个推理在另一篇明序《中房洲师檄公支分迁源流记》中得到印证："我长溪一支原灌公自婺州金华迁武宁县蒿港而生镛锽二公。"这就是说，"镛锽二公"出生在武宁蒿港。

上述1和2推理符合序意，既合"德宗朝"这个大时间段，又合"贞元间"这个小时间段，且数字之间又不矛盾，推理应该立得住。

3. 设褒 21 岁生灌，则褒生于 742 年。过继京公为嗣，比陈京年龄大，曾经同在德宗朝为官。

4. 据《庐山志》载，伯宣生于"敬穆之间"（即 824 年），其时镛 45 岁。《资治通鉴》卷二三五载马总是在"贞元十六年（800），盈珍谗其幕僚马总，贬泉州别驾"，四年后（即 804）陈镛（此时或许改名镶）因避仇于泉州仙游，结识马总，患难相交，与马总友善。元和初（806—807），马总迁官虔州南康刺史；元和中（约 813 年）又由南康迁安南都户。元和中，陈镛曾经去过虔州访马总不遇而返，后游庐山，即宋史载"灌孙伯宣，避难泉州，与马总善……后游庐山"。实际上，这里是把父辈发生的事情移到子辈，因避仇泉州仙游者是陈镛而不是伯宣。伯宣是出生在泉州仙游。（见徐铉《义门陈氏书堂记》）

伯宣随父游庐山已是成年人，因伯宣少有文史才，陈镛要带在身边，一来注书有帮手，二来身边有人料理。陈镛（镶）隐庐时估计年纪不小，至少已逾花甲。由于多年奔波在外，心灰意冷，意志消沉，遂隐居庐山圣治峰前龙潭窝注书，消磨时光。若干年后，陈镛卒葬庐山东麓，伯宣下山移居太平宫，继续注书，子承父业。后迁德化白鹤乡，乾符间为避柳彦璋兵乱因居德安，"合族同处"，共建"义门"。

以上为龙峰谱时间矛盾的相关考证，要想完完全全复原一千多年前的那段往事，已是不可能了。但是，可以通过一些可信的资料进行梳理推考，并作合理的推演，使之更加接近历史，我们一直在努力。

这页谱图所透出的历史信息

陈度安

先看这页谱图：

近日有人晒出这页谱图，想借此证明公元876年从江州德化移居德安"合族同处"的不是伯宣，而是陈伉。

众所周知，无论是史书还是族谱都说陈伯宣由仙游来游庐山而隐居圣治峰前龙潭窝，后移居太平宫，再移居德化甘泉乡泉水垅（后称齐集里）。这里至今仍有"伯宣井"遗迹。伯宣井后面是义门山，前面是株岭山。明嘉靖三十二年（1553）表扬"义门陈氏遗址"即在此村，今名牌楼村。

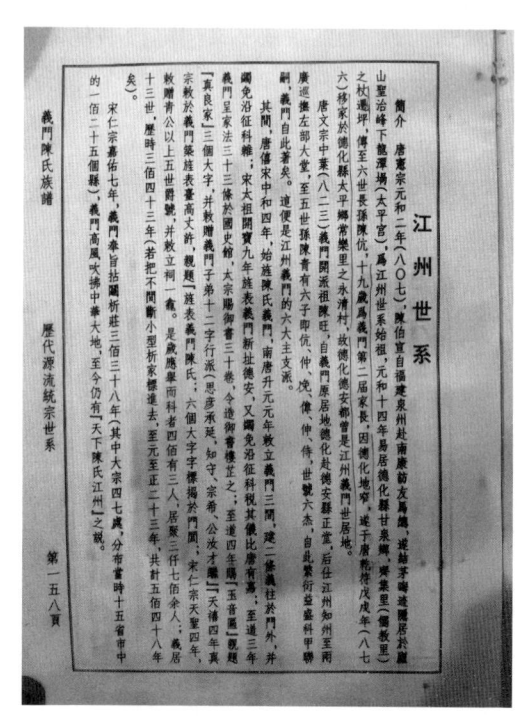

陈伉，乃陈旺的五世孙陈青的长子。乾符间任家长，家有人口90余，世居德安太平乡常乐里。他不存在"移家常乐里之永清村"和自己的父亲青公及众兄弟"合族同处"。

整页谱文字很乱，别的不究，单说"六世长孙陈伉，十九岁为义门第二任家长，因德化地窄，遂于唐乾符戊戌年（876）移家于德化县太平乡常乐里之永清村"。明眼人一眼就能看出此句既误且错。误公元876年丙申为"戊戌"，错太平乡常乐里永清村在"德化"。众所周知，"太平乡常乐里"是在德安！

我们常说乾符四年（877）柳彦璋攻陷江州，陈伯宣为避兵乱率家移居德安，与旺公后人合族同处。今从情理细节上看，乾符四年迁居德安的时间并不准确。其实在乾符三年（876）柳彦璋攻打江州城时伯宣就率家移居德安了，不会等到次年城池破陷后离开。因此，公元876年是陈伯宣迁居德安之确切时间。这一发现非常珍贵，把伯宣移居德安的时间提前一年。

《宋史·陈兢传》惜墨如金，仅"后游庐山，因居德安"一笔带过。因什么而居德安？没有说，把因柳彦璋攻打江州这事件给省了。

修谱者误伯宣为陈伉，"因德化地窄，遂于唐乾符戊戌年移家于德化（安）县太平乡常乐里之永清村"。这个"因德化地窄"的理由更不成立，站不住脚。真正"地窄"的倒是德安，而非德化。凡到过德化、德安的人都知道这一点。晒谱者适得其反，反倒透出伯宣移居德安的确切时间是在公元876年。

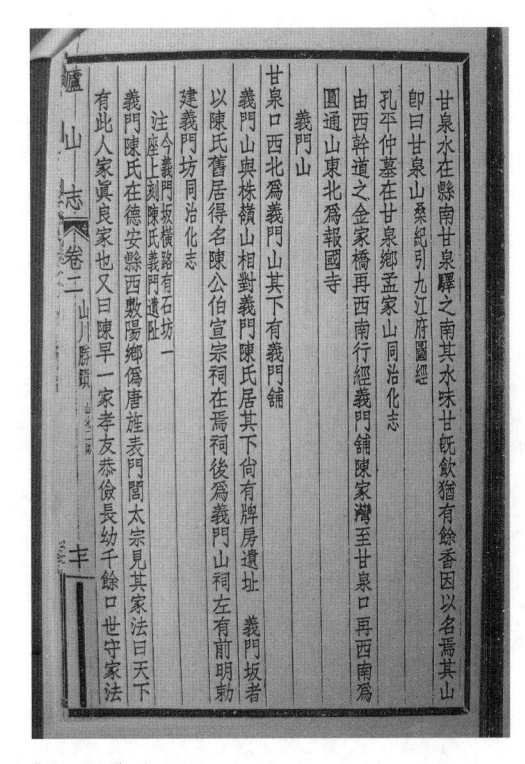

《庐山志》卷二

再看《庐山志》转载"同治德化志",即知道伯宣的故居是在何处!

作者简介

陈度安,男,1951年9月生,湖北孝感人。武汉舜裔陈氏文化研究院发起人之一,江州义门陈麻城庄联谊会常务副会长,麻城庄族谱主编。

读《陈氏研究论文选》的一点感悟

闵清忠

义门陈,从陈旺731年来德安开基建庄,到唐乾符三年(876)陈姓人"异流同源""合族同处";再到唐中和四年(884)唐僖宗旌表"义门陈氏",之后在北宋嘉祐壬寅年(1062)与德安县令"打官司"争强斗狠,结果被上级官府或者朝廷勒令析庄,由此,历时332年的兴衰史就此终结。从此,义门人分迁外地,天各一方,各自走向新生活。在这332年中,合族同处有186年;共同享受官府"蠲免杂役""贷官粟"等优惠政策178年。

我是在德安磨溪乡土生土长的,与车桥乡义门邻近,从儿时起,有关义门故事和传说,耳熟能详,如"百犬同槽""九里殿""百婴待哺"等等。

我是作者的忠实读者,他和陈刚出版的每部作品都送给我看。今天,我伏读他发来的《陈氏研究论文选》电子版文稿后,

伯宣因居德安线路示意图

深有感悟，并对义门陈历史有了新的认知，对义门的印象愈加清晰。

义门陈发展历程大体可分为四个阶段：

一、开基建庄。义门陈氏始祖陈旺，字天相，南朝陈岳阳王陈叔慎后裔，于唐玄宗开元十九年（731）建庄九江郡浔阳县蒲塘驿太平乡常乐里（德安县志曰"长乐里"）永清村，购田置产，耕读传家。旺生机，机生感，感生蓝，蓝生青，青生六子曰伉、侍、仲、俛、伟、伸，六生十七，十七生三十二，自是家族兴旺起来。青，显祖。乾符年间，陈伉主家政，家庭人口九十余，不分家，财产共有。

二、合族同处。义门开基145年后，即在公元876年贼帅柳彦璋攻打江州城时，为躲避战乱，南朝陈宜都王陈叔明五世孙陈兼的六世孙陈伯宣，从庐山脚下德化县甘泉乡甘水垅举家迁居德安，与陈旺六世孙陈伉几兄弟合族同处，共建义门。

德化县甘泉乡甘水垅，即今九江市柴桑区狮子镇牌楼村。牌楼村，是因明朝嘉靖三十二年在此村表彰"义门陈氏遗址"而得名。牌楼村，曾经是陈伯宣家族的故居（参见《庐山志》卷二《山川胜迹·义门山》）。

三、旌表陈氏。唐中和四年（884），唐僖宗李儇见江州陈氏一族昌盛，数世同居逾150余年"合族同爨"。黄巢动乱后，为安抚民心，朝廷旌奖了一批"德义人家"。对江州陈氏，唐僖宗御笔亲题"义门陈氏"四字旌之，从此，江州陈氏始有"义门陈氏"这个称誉。

四、义门分庄。北宋嘉祐七年壬寅（1062），义门开始分庄。关于分庄的起因，目前有两种说法，一是义门谱说：由于义门盛大，有威胁朝廷之嫌，于是仁宗皇帝下旨令其分家。另一说法见南宋王象之《舆地纪胜》卷三十《江州·义门陈氏》记载："至嘉祐时，以岁歉乏食。知县邢，其姓者，因讼勒其析居。是时，老幼见监分官来，皆恸哭。"按理说，后一种说法接近历史真相，有理有据。因为义门人搞的是家族集体经济，吃大锅饭，干多干少一个样，粮食产量上不去，遇到荒年，饥饿难熬，正如义门谱中《义门记》所载："淳化初，殿中丞康戬理江州事，又奏陈氏一宗千口,近年乏食,饥贫难济。请每岁春首贷粟二千石以赡之，俟丰年还官。"以及"至道以来，仍岁饥荒，陈氏举宗啜粥，杂以藻菜，怡然相存，义之所至也"。这些记载颇为可信，因李涛在《续资治通鉴长编》卷三十中亦载："淳化元年五月癸丑，江州言德安县民陈兢十四世同居，老幼千二百余口，常苦食不足。"由此算来，义门人从宋太宗淳化元年（990）起，到仁宗嘉祐七年（1062）分家，这数十年生活过得很艰难。为"贷粟"，强跟县令打官司，最终导致义门大分析。这个记载，应该是真实的历史。

月海先生是我师范同学，被他秉持求真务实和传信不传疑的学术精神所感动。二十多年以来，他勤耕不辍，如今已逾古稀之年，尚奔波不息，研考成果颇丰，甚感钦佩！岁在2023年立冬日写。

作者简介

闵清忠，1955年7月出生，江西德安磨溪人，中师毕业（进修大专），教师职业，副高级职称。

参加九江市义门陈研究视频会有感

陈世奎

2022年11月18日,江西九江学院庐山文化研究中心和九江市义门陈文化研究会共同举办省际文化研讨视频会,我应邀参加了会议。

会议主要议题有:1.江州义门陈的起始时间与地点;2.江州义门陈始祖问题;3.齐集里与常乐里关系和地位问题;4.太平宫、义门铺、东佳书院等在义门陈历史中的地位问题;5.江州义门陈显祖历史问题;6.其他江州义门陈重大历史定位问题。

会上,我也做了《时间证明"伯宣孙旺"是错误的》的简短发言。因为这是唐代的历史,必须用唐代的史料作证据。

我先听取别人的论述发言,听了之后,自然有了自己的一点印象:

凡是史料丰富,并以史为据论述者,都是通过大量的史料来证明自己的观点。

相反者,则史料不足,多以谱为据,多争论、反驳别人的观点。这部分人或许读书欠缺,未能找到大量的史料,只能用族谱上的东西来反驳他人观点。为了驳倒他人的观点,他们甚至把宗谱的人物时间前移后推,或前移百年,或后推百年,全然不顾事实,以此来否定《宋史·陈兢传》。这类人的发言,我仔细听之思考之。

对于义门陈历史文化研究,出现上述两类人,观点不同是自然的。这可能跟他们读书多少和掌握史料多少有一定的关系。

一是因为唐代的图书，民间很少，县一级图书馆存书也很少，主要存于大型图书馆，如中国国家图书馆，一般人很难借阅。因为这些人多为中老年人，电脑使用或许不熟练，很难进入国家图书馆网站查阅资料。史料不足，则证据自然不足，其驳论自然难以服众。

二是研究的目的不同，寻找的史料证据也就不同，因人而异。

纵观义门陈文化研究，当前有两大目的：

研究者是为了义门陈族史正本清源，尽量还原历史，便于义门陈人修谱，传承义门陈文化。研究的结果与族谱出入较大，结论是，义门陈人不是一个支派传承，而是几个家族的合族同处，异流同源。

反对者为了文化旅游服务，为了利益，借义门陈古代文化资源搞开发，急需统一义门陈，编制义门陈统一字辈的族谱，入谱的人越多越好。

于是形成这两大派别，是必然的趋势。前者以个人研究者居多，后者则成立了组织机构（也有个人）。但两派的研究就目前形势来看很难融合，无法沟通。方向不同，找不到认知的交集点。

以史为据的历史文化研究者，已有丰富的研究成果，这些成果几近于历史的真实，最起码的是史料真实而丰富。

以谱为据者则尊重明清以来的族谱，认为谱是对的，前人修谱不会错。因其目的不同，或许不需要史料来证实义门陈历史人物；证实了反而不利于故事的发展和旅游开发。

如何处理好这两者的关系，是一个新课题。我认为，义门陈历史文化研究不是为了营利，而是为了解决义门陈历史的诸多谜团。历史的问题，应该把尊重历史放在第一位。尊重历史，并不妨碍文化旅游开发，相反，更有利于义门陈文化的发展与开发。同时，也要正确地对待营利性的文化开发，两者要相互尊重，互不苛求，求同存异。也许这是最好的理想状态。

胡旦辨

陈月海　陈　刚

北宋历史上有两个胡旦，一个是山东滨州渤海人，即《义门记》作者。另一个是江西江州德安人，是义门陈家的外甥。

先说渤海胡旦。《宋史》卷四百三十二《胡旦传》载："胡旦字周父，滨州渤海人。少有隽才，博学能文辞。举进士第一。"即太平兴国三年钦点状元（见《续资治通鉴长编》卷十九）。初官"将作监丞、升州通判"。后历官左补阙，左拾遗、直史馆等。

由于胡旦多次上书论时政利弊，于是迁淮南东路转运副使、知海州。太平兴国八年，黄河决口，胡旦向太宗呈献《河平颂》，议论时政，忤怒太宗，贬为殿中丞、商州团练副使。后来，胡旦又上《平燕议》，建议出兵收复燕云十六州，受太宗赏识，起为左补阙，复直史馆，迁修撰，以尚书户部员外郎身份知制诰，迁司封员外郎。

胡旦有一好友，名马周，因常诋毁朝政，众人怀疑受胡旦的指使，遂将胡旦贬为坊州团练副使。又因他擅离所部，谒见宋白，胡旦被贬绛州，后复为工部员外郎，入直集贤院，迁本曹郎中[①]知制诰，史馆修撰。（见《胡旦传》）

《义门记》中有这么一句："持史笔，坐命词不当。"这在《宋史·胡旦传》中有类似的记载："素善中官王继恩，为继恩草制辞过美。"他与王继恩缠到一起，由是，《长编》卷四十一载：至道三年（997）二月，宋太宗病重，宦官王继恩暗中串联参知政事李昌龄、殿前都指挥使李继勋、知制诰胡旦等与李皇后一起谋立楚王赵元佐。三月,宋太宗驾崩,真宗赵元侃即位。四月辛酉,工部郎中[②]知制诰、史馆修撰胡旦,责授安远节度行军司马。五月甲戌,户部侍郎、参知政事李昌龄,责授忠武节度行军司马;宣政使、桂州观察使王继恩,责授右监门卫将军,由均州安置;节度行军司马胡旦,削籍流放浔州。

四月、五月,胡旦遭连贬。故而《义门记》有"连贬岭表"一句。

真宗即位,"咸平二年(999),郊(祀),大赦"。(《文献通考》卷一百七十三)是年,胡周父由岭南浔州赦免回京,即《义门记》中"己亥岁(999)会赦东归"。辛丑(1001)春过浔阳,因访名家,得诣陈氏,于是写下《义门记》。

胡旦一生做官很不顺利,跌宕起伏。仁宗朝以秘书少监致仕,寓居襄阳,卒。由于家贫,子孙无钱安葬,只得停棺民间。皇祐末年,襄阳知州王田请示朝廷赠襚,得以入土为安。

胡旦学识渊博,著述甚丰,有《汉春秋》《五代史略》《将帅要略》《家传》等三百余卷传世。

再说德安胡旦,其母为义门陈氏。据《大明一统志》卷五十二《江西布政司·九江府·人物·宋》载:"胡旦,德安人。咸平间登进士,授朝奉郎,累迁兵部郎中、直秘阁、上柱国,赐紫金鱼袋。"

四库本《江西通志》卷九十二载:"胡旦,德安人,父清娶义门陈氏女生旦。咸平间进士,累迁兵部郎中、直秘阁。"

上两志都说"咸平间进士",但未说是哪一年。

下面再看《永乐大典》卷六七〇一《名宦》引《江州志》刊"咸平六年三月诰令":"咸平六年状元魁天下。其授诰曰:朝奉郎行太常博士、上骑都尉、赐绯鱼袋胡旦;右可授朝奉大夫行尚书兵部郎中、直秘阁、上柱国、赐紫金鱼袋。……朕顺风款拜,尚质荐诚,荷福膺之骈臻,俾嘉惠而溥畅。以尔等并称俊造,亟历官常,咸有公材,闻于朝著。讲礼曲台之殿,职宜修升,燎兵园之郊,庆赏滋洽。允宜茂渥,以嘉休恩,赠以阶资，书于勋籍，祗服明命，无忘饬射。可依前件。咸平六年三月日诰令。"

此说成咸平六年状元，也是错误的。从诰令看，如果"咸平六年状元"，就不该初授如此之多的官职，"赐绯鱼袋"前所列官职，应该是咸平六年之前的。"右可授"以下为咸平六年新授官职，到"赐紫金鱼袋"止。由"赐绯鱼袋"到"赐紫金鱼袋"为两个阶段，从"朝奉郎行太常博士"到"朝奉大夫行尚书兵部郎中"，官阶由小到大，官运亨通。因此，胡旦不得为"咸平六年进士"。再说，咸平六年又没有开科考试。

对以上说法，同治十年《德安县志·选举》则说："咸平六年，周公振志：是科，有胡旦举进士第一。蔡志云按：通考止太平兴国三年状元胡旦，系滨州渤海人；咸平五年状元王曾，六年不贡举，足知其谬。旧志及府志即改为咸平间进士，是亦调停之说。咸平尽六年，贡举三次。岂可容臆揣者耶。省志载旦传仍府志，而于举选表内又列太平兴国三年状元。胡旦前后自相抵牾若此。"由此，《德安县志》也没说清胡旦是哪年的进士。

康熙《江西通志·选举》载："胡旦，德安人，太平兴国丁丑科状元。"其实，这是将太平兴国三年庚午渤海胡旦状元误为二年丁丑事，说成德安胡旦。然太平兴国二年状元是河南吕蒙正。（见《宋史·吕蒙正传》）

德安胡旦，字明远，宋太宗朝中进士，具体是哪一年还真无法查证。德安胡旦仕途较为顺利，但名气远没有渤海胡旦的大。

如今的《义门记》有好几个版本，都说胡周父为"尚书兵部郎中"。其实，这个任职是德安胡旦的，后人误为渤海胡旦，张冠李戴。由此说明《义门记》原著，早已失真；今日的《义门记》，不是胡旦的原著，其中讹误极多。详见《〈义门记〉新解》。

注　释

①迁本曹郎中：指工部郎中，是由"工部员外郎"升迁本部"郎中"。《宋太宗实录》卷七十九、卷八十载胡旦为工部郎中。

②工部郎中：《长编》错为"兵部郎中"。今据《宋太宗实录》卷七十九、卷八十及《宋史·胡旦传》纠正。

《陈氏书堂记》的作者不是徐锴

陈月海　陈　刚

今天，我们所见徐锴《陈氏书堂记》一文（见明嘉靖《九江府志》卷十六及清《钦定全唐文》卷八八八），其实，此文作者不是徐锴，而是其兄徐铉，文章本名为《义门陈氏书堂记》。

查南宋陈思《宝刻丛编·卷十五·江州》曰：南唐"义门陈氏书堂记，徐铉撰，徐锴书并篆额。（《诸道石刻录》）"。寥寥数字，价值千金。"石刻录"，为某金石学家采风实录。

《义门陈氏书堂记》的作者误传至今，恐有千年。一开始，可能采信于《江南余载》卷下，载："徐锴撰《义门陈氏书堂记》，有'男女长幼以属会'之辞，既已授之，又密令写碑人自于末添一'食'字，或问其故，锴曰：'非食无以义聚，欲以此一字为陈氏子孙之诫耳。'"由此，那时的文章标题还没有错，只是作者由徐铉错为徐锴。其"男女长幼"一句在明清《陈氏书堂记》里被写成"长幼男女"，顺序给颠倒了。应该是先写性别，后写年龄，就像今天填写表格一样，先是性别后年龄，从未见有先填年龄后填性别的。"于末添一'食'字"，是徐锴添加的。对照明清《陈氏书堂记》，确有"长幼男女以属会'食'"这一句。

既然书堂记是徐铉所撰，其"大顺中，崇为江州长史"之陈崇，当为伯宣之子无疑。因为，徐铉在《江南录》里既已说过从叔明到陈崇"存殁一十代，曾玄二百人"。两文同为一人所写，其认知当然相同。

《义门陈氏书堂记》

　　至于《陈氏书堂记》写"伯宣与马总友善"以及灌"至高安县丞，其孙避难于泉州之仙游生伯宣"，与事实不符。对于此错，是当年徐铉的门生前进士章谷记错？还是后人抄错？不得而知。

　　今《陈氏书堂记》本名及作者大白，为之幸事！在《陈氏书堂记》前冠名"义门"二字，不生歧义，标题与内容高度统一。

　　徐铉，字鼎臣，扬州广陵人。五代末至北宋时期大臣、学者、书法家。工于书法，喜好李斯小篆，与弟徐锴合称"江东二徐"。初仕杨吴，任校书郎。再仕南唐，历任知制诰、中书舍人、翰林学士、吏部尚书。开宝八年，随后主李煜归顺北宋，历任太子率更令、散骑常侍。淳化初，因事贬为静难军行军司马，病逝于任上，时年76岁。另据《舆地纪胜》卷二十六《江南西路隆兴府》载："徐铉墓，在新建县苏黄门。哀其墓云：铉当太祖之际，奋其区区之忠，以身请觐。寄首领于斧钺之下，觊幸万一，以延国主朝夕之命。当时，安知骸骨尚归葬于鸾岗。"

关于大小陈旺和分庄诏的由来

陈月海

大小陈旺

2006年3月《义门陈文史考》出版前夕，网上已见"兼弟旺"和"大小陈旺"一说。于是，我和修水县陈良兴宗亲一同前往江西高安请教高安市检察院陈和平宗亲。简述如下：

首先我问他"兼弟旺"的出处，和平说：老谱上有这个记载，并答应下午回家拿谱给我们看。晚饭时，出席的还有时任高安土管局局长陈建国宗亲和他的司机。饭桌上，我问谱带来了吗？和平说没有找到，并说他曾经在乡下搞社教时见过"兼弟旺"的谱……饭后，只见他跟局长叽咕了一会，局长答应第二天叫司机送我们下乡查谱，且笑着对我说，祝你们马到成功！

第二天上午，我们一行四人跑了两个乡镇，看了一些宗谱，就是没有找到我们所要的"兼弟旺"的宗谱。午后，又来到了大塘乡某某村（村名记不清）"义门祠堂"楼上，见一乒乓球桌上堆满了清朝、民国的线装谱，道光年间为最多。村里一个小头头对我们说：这些谱，是去年修谱时从各村（自然村）收上来的，等等。于是，我们分工查谱，查了半天也没有找到"兼弟旺"，倒是见着道光十八年的一篇残序："庆历四年，登科者四十有五。"倒也高兴，因它不同于众谱所云"是岁，应举登科者四百零三",觉得"四十有五"比"四百零三"靠谱些。后来就把这篇残序录入书中,取名《拾遗》并加按语(见2006年《义门陈文史考》第163页)。

随着研究的深入,后来才知道"这两说都不靠谱",因为庆历四年不是大比之年,哪来的登科进士?

再说"小陈旺"。临别时,陈和平很严肃地对我说,因为族谱上都说"伯宣孙旺",如果没有的话,恐怕宗亲们从感情上难以接受,还是写上"小陈旺"比较好,既坚持了"兼弟旺",又兼顾了"伯宣孙旺",各取所需,岂不两美?建议书上一定要写上小陈旺……我当即顶他:"你还嫌义门世系不够乱,又来个小陈旺?若如此写下,岂不是乱中加乱……"

这就是"小陈旺"的来历,是陈和平宗亲从感情角度深思熟虑出来的,是否妥当,读者自辨。

关于"小陈旺"这件事,我和编委陈良兴是见证人,趁我们还健在,如果不说出来,恐越传越远,越传越邪乎……

分庄诏

唯尔江州德安县义门陈氏,同居一十五世不为不久,义居三千九百不为不多;朝廷恩赐盖已有年,各属安存已非一日。窃虑尔民生齿日众,难为统属之方;年谷不登,得无饥馁之患?但世道颓靡,已匪唐虞之日;人心不古,岂皆尧舜之民?恐后失于检束,变起不虞,上负德于朝廷,下遗羞于厥祖。朕为尔等恤之怀之,特诏尔民分居。硕业析俭营生;持已往之仁,以杜将来之患。尔等各宜殷勤是务,毋辜堂构之谋;棠棣同泽,弗负丝纶之贵。鸟兽有异巢之日,烽茧有散处之时;物类犹然合离,人生岂可长群?盍各遵依,勿怀晋变。

特诏。

圣宋嘉祐壬寅年七月

原按:"圣旨"是由德安陈良明宗亲从瑞昌陈德银家拿来的手抄件,

藏抄件者因文化不高，只读了几年私塾，不可能伪造，想必有其来历。手抄件传来时，尚空缺几个字，后来根据上下文义补上。如"棺弟同泽"，先疑为"恺悌同泽"，后经一学者说"宋人常用棺弟比喻老少"；再如"烽茧"，疑是"蜂茧"的误抄；该学者又说："烽茧"是对的，煮茧时要加火烧，达到一定的温度，茧就散开了。经此一说，觉得很有道理，因此，对抄件愈加确信不疑。"圣旨"，则无论从用词方面，还是寓意方面都很深奥，大有"非掌制诰者莫办"之感。故而作遗文补辑（见《义门陈文史考》2006年3月版）。

今按：以上为2006年3月《义门陈文史考·分庄诏》按语，2015年8月文史考再版时，对有些词语和断句感觉不妥，略改。如"特诏尔民分居。硕业析俭营生"，改成"特诏尔民分居析业，勤俭营生"；"圣旨"标题，是依据内容新加；落款，参照《敕封江州义门陈氏分庄十二郎记》之"圣宋嘉祐壬寅年秋月"。诸如此类文章，一律编入《义门文献辑录》，仅作文化欣赏，没有当作"史料"编辑。

"圣旨"一经公布，在民间迎合了很多人的好大心理需求，一抄再抄，一传再传。如湖南株洲市二中老师陈岚凌老先生竟将文章喷绘成长约90公分，宽约40公分的黄色"圣旨"，四处张扬。

陈岚凌老先生，是我研究族史的入门领路人，他对家族文化的热爱，达到入迷如痴的程度，一个年近八旬的老人经常来义门，来时不是儿子作陪就是女儿送来，后来儿女们都不愿意了，他就雇人作伴而行。有一次，为了能够清楚地拍照旺公墓碑，他用毛笔把碑字描黑，差不多弄了近2个小时，顶着烈日。我在一旁，时而帮他描一下，让他歇一歇。还有一次去修水乡下看"圣旨"[后来才知道，是"旌表门闾"复制品，见《义门陈文史考（二版）》第41页]，为了翻录圣旨，他从株洲市请来了画师和摄影师，等等。在他的精神感召下，我走上了这条艰难坎坷的路，二十多年如一日，一条道走到黑。

如今的"圣旨"越做越漂亮，不仅设计图案光鲜（见下照），还加上"奉天承运，皇帝诏曰"这戏剧套话。"奉天承运"是"论奉天殿名

"圣旨"创作品

而及之",源于明代的奉天殿。明朝前的圣旨没有这等套话。同时他们还改了几个字,如"窃虑"改成"切虑",意思变了;"上负德于朝廷,下遗羞于厥祖",他们改成"上德于朝廷,下遗羞于厥祖",去掉"负",意思大变了;还将"棺弟"改成"棺悌";落款日期,改成"宋嘉祐七年七月初三日",最后盖上鲜红的"皇印",如此这般再次创作,加大宣传力度!对于文化方面,我们历来不去理会,仅看看而已,一笑了之。

陈岚凌先生描黑的墓碑

德安、德化两县为争义门表彰的经过

陈德金

事情得从明朝嘉靖三十二年（1553）说起。

明嘉靖三十二年，巡按江西监察御史萧端蒙为"兴教化，励民俗，善民心"而表彰义门陈氏。是年八月初三，九江府推事潘季驯自省城回，称蒙巡按监察御史萧之钧示：表彰江州义门陈氏遗址。于是，九江府行文两县查访义门陈氏遗址并上报。德安县、德化县立即派员赴民间查访。

一、德安县回府申文

为奉府帖，查太平乡陈氏故址，现存遗迹等因。依仍遵出告示：其陈氏遗迹或见属于军民之家，止是查明表识即已，并不追取其地以妨民业，庶不病民及为查访之累耳。

依奉遵照，随差老人周文宪往太平乡查复。随据周文宪带同彼地陈氏子孙陈永洪、陈观亲族执谱一本并同周文宪备开手本到县。查得义门陈瓘秀发仙游，伯宣晦迹庐阜。再世陈旺占籍德安，始于盛唐开元九年（注：谱志皆云"开元十九年"，此处疑漏"十"）及李昇升元元年（937）历十一世。陈衮为江州司户始立义门。一家倡义之风，累朝褒崇之典。本县常乐四图，实其故里。即今年代虽更，陵谷未变；残碑断碣，尚或悬诸丘崖；故址荒祠，犹未鞠为禾黍；遗泯可证，文献足证兴孝兴悌；将以树之风声，吊古怀贤；伏望扬其厥里。为此，合就申报。

除将陈氏族谱一本,并查过见存基址缘由,另具揭帖一本,印封,差人赍送告投外,县司今备前由,合行申送。伏乞照验施行。

德安开具查出揭帖:

一、陈氏原自基址,现在地名义门,系民人潘鑑、郑聪等人居住。

二、三门旌表台石磉二个,现在义门民人潘鑑管业。

三、义门陈书院,现在地名塘下山。为民人桂睿基址,桂以良牌右。

四、碑石亭,现在义门民人潘鑑、郑聪基址。

五、大厅堂在义门民人潘鑑、郑聪基址。

六、秋千亭计六座,现在义门民人潘鑑、郑聪基址。

七、祖先道院,现在义门民人潘鑑、郑聪基址。

八、祠堂一所,在永清寺东首。由民人潘鑑、郑聪管业。

九、镇场山、望仙亭,在民人潘鑑、郑聪基址。

十、金鸡石,现在义门陈氏旧址水口。

十一、凤凰山,现地名东源。

十二、摘星楼,现在民人王伏珺屋畔。

十三、公婆丘,计一十二亩,现民人王伏观、徐观尧佃种。

十四、百犬牢基址,现在义门民人吴伦上首。

十五、东皋书院、祠堂,现在义门吴秉常下首。

十六、陈旺公墓,现在东源山顶。

十七、猫儿塘,现由义门民人郑兰管业。

十八、东佳书院,现在地名紫岩泉,为桂以宣管业。

十九、陈三将军忠壮王庙,现在地名九里殿。

以上诸迹,具以申报。

二、德化县查议申文

九江府德化县为查访遗迹事抄:

蒙府内牌前事云,委本县主簿欧阳潮、邹邦等前往本县甘泉乡齐集里查访义门陈氏。现支派元孙陈济系冠带生员,年七十七岁,居蓝桥坂,其余同宗之人丁散居九江各处，约有百余口。宗谱明白，其先世合族处所，止存荒地并树山一所，坐落义门山。先年置立急递铺，名为义门铺。后奉明文改路并铺，改后实难查认。为此，合行移牌儒学查议。查得陈济，廪膳生员，奉例给领冠带。今居蓝桥坂，离义门旧址十余里。查据家谱，实系义门之后裔。今耆年守善，颇有古风。旧址在义门山下，与军屯相混合。因转达竖坊题额，表扬其处，应使前贤遗迹不致湮没，民风丕振。并估计建牌坊、门楼合用工料，数月揭帖，合行申报，伏乞蒙批施行。

计开合用工料于后（略）

三、九江府复勘申文

九江府经历司为查访遗迹事，承准本府照会。

嘉靖三十二年（1553）八月初三日，本府推事潘某自省城回，称蒙巡按监察御史萧钧示，义门遗迹当在德安县等因，准此案。先蒙院宪牌行前事，依蒙行。

据德化县申称，转行本府并该县各儒学查访，俱据县志载义门山注：城西六十里与株岭、高梁山相接，义门陈氏原居其下故名等因到府。据此随查，因陈氏子孙俱各散居，止据现居蓝桥坂冠带生员陈济，称年七十七岁，赍送族谱到府，审与县报相同，具由回报前后。

近因祭祀文庙，府县二学生员、供事咸在，倍加询之。复据德化县学生员陈言、陈盟，执伊先世系洪武年间占籍德化县楚城乡，原合民户由帖送验，内有"义门裔主"四字，称先世祠堂及受旌处所在德安县太平乡常乐里，今宗人散居各府不一。其义门山、义门铺虽系居址，缘坐德化、德安、瑞昌三县合界之中，止便蓝桥一派，余派不便如赐表扬。愿于受旌处所以彰故迹为幸。然近又诸生面询，众称瑞昌、德安、德化等处陈姓俱系义门后裔，自兵燹后，各从他地先后徙回居住，人各以义门陈姓相呼，俱不系存留支派。据此，因见各说不一，深惧上辜院宪查访意，具由禀请。

适蒙本官传蒙前因，复查德安县志载义门遗迹下注云：在县西北六十里，太丘后二十九世孙伯宣隐居庐山，今江州太平宫，后迁义门，因兵燹立铺于其上，故名义门铺。唐时置庄籍于德安县太平乡常乐里，自是宗族益盛，旌表不次。窃详德安之西北即府城之西，其志各注云六十里，显今义门铺系其始居之地。彼时族属已众，行义以闻，故山、铺因以得名。其后徙居德安县，人益繁炽，声名文扬，由出累代。表彰其地益重。且德安县在府之西南，距今之义门铺一百余里，不当驿路，又无子孙生员在学，祠之则典守无人，遗之则湮没可概。合无乞容本府行令该县，将陈氏原日有何见存遗迹，逐一查出，立碑表识，以垂久远。如就始居之地表扬，则道驿路，子孙咸在，仍就只照前议，围墙树坊。听陈济等率其族人自建祠堂，以承宗祀，于义亦通。

缘蒙查访遗迹事理，未敢擅便，合就呈禀。为此，今备前由，合行照会，即日转呈，伏乞照详施行。

巡按江西监察御史萧批：义门（指齐集里）既系始居之地，又山与铺俱以此得名，想其当时同居行谊亦已著矣。其地亦应表扬，仍照前批，树坊立门。该府再行帖德安县查常乐里遗址"别加表识"。

按　语

从一府两县的"申文"来看，"常乐四图，实其故里"，指的是德安县太平乡常乐里。"义门山、义门铺"是指"德化县白鹤乡齐集里及甘泉乡"。常乐里、齐集里实为义门两处"始居地"，一个是陈旺开元十九年建，一个是陈兼的六世孙陈伯宣由福建仙游来游庐山隐居圣治峰前龙潭窝，后移居太平宫，再后移居德化县白鹤乡齐集里。唐乾符四年（877），为避柳彦璋围攻江州之兵乱，陈伯宣率家因居德安。从此，这两支人"合族同处"，共建义门，获得中和四年（884）旌表。

"义门陈书院，现在地名塘下山（今德安爱民乡），为民人桂睿基址。"这里当为两支人共同开辟的东佳庄即东佳书院所在地（见徐铉《义门陈氏书堂记》）。之后，这里就成了义门的经济文化教育之中心。到明朝嘉靖年间，时人已经不清楚这段历史，因而发生上述两县争执，各说各的理。

九江府复勘申文云："窃详德安之西北即府城之西，其志各注云六十里，显今义门铺系其始居之地。彼时族属已众，行义以闻，故山、铺因以得名。""显今义门铺系其始居之地。"这话虽未错，但忽略了时间概念。"常乐里"与"齐集里"，实为两地陈姓人的"始居地"，而时间有前后，相距一百余年。

这次争执的结果，在九江府太守钟卿（字班田）的"主之尤力"下，以"义门山""义门铺"地名为由上报按院，于是就在德化县白鹤乡齐集里"树坊立门"，表彰"义门陈氏遗址"。九江府再行帖德安查常乐里遗址，"别加表识"。

对此，江西师范大学文学院陈凌教授在《江州义门陈"异流同源"考》一文中有精辟论述："明代为表扬而访查江州义门遗址，当时德安德化二县为此各具申文力争。德安打的是陈旺开庄之牌，而德化强调的是'义门'之名牌，诸如齐集里、义门山、义门铺。九江府最终表扬的是德化义门铺，其理由：（1）德安义门村'不当驿路'，而德化义门铺'则道驿路'；（2）德安'无子孙生员在学，祠之则典守无人'，而德化属义门'始居之地'，且'子孙犹在'。

九江府两点理由，第一点没有问题，第二点只说对了一半。当时'无子孙生员在学'，应该是事实，而'祠之则典守无人'则是托词，难道老百姓就不能典守祖祠吗？德化'子孙犹在'，难道德安就没有子孙吗？要不然何来德安德化义门之争呢。德化是不是义门始居之地，上文已经论及，这里不再赘述。

德安、德化二县之争，实质是两地义门陈姓之争。九江府义门陈姓不止德安、德化二县，为何只有这两县相争，就因为这两县分别是陈旺和陈伯宣之始居地。二县义门人表面争的是义门始祖，实则争的是陈氏派系荣耀。当时他们都知道自己的始祖是谁，而且也都明白二祖虽同为义门却并非一脉相承。若他们都认为旺阔二祖是一脉相承的直系血缘关系，那么表祖扬孙都是光宗耀祖，表扬这个祖宗与表扬那个祖宗有何区别呢？"

（注：申文原件，见九江义门谱及各地义门族谱）

作者简介

陈德金，大专文化，义门陈后裔，热爱义门陈文化，从小酷爱书画，作品入展入编120余次。

关于义门分庄的几个问题之思考

陈月海　陈　刚

关于义门分庄，为什么要分，如何分，分多少庄以及分庄祖的名讳等诸多疑问，一直是个谜，困惑着我们。

一、为什么要分庄

义门分庄的因果关系，南宋王象之在《舆地纪胜》卷三十《江州·义门陈氏》一文中已经说得很清楚："至嘉祐时，以岁歉乏食。知县邢，其姓者，因讼勒其析居。是时，老幼见监分官来，皆恸哭。"这就是分庄的根本原因。

"嘉祐七年"，是分庄的准确时间。如《永乐大典·方志辑佚·江州志·碑碣》载："德安县蒲塘驿《义丰亭记》。嘉祐七年，朱仲经记。"这是为分家建亭纪念。又如宋朱熹《过石塘留言》，也证实了分庄时间。

《全宋文》卷五六五九朱熹《过石塘留言》载："上行三十里许，至卜邻乡之石塘，见其群峰环绕，林茂树密，土沃人稠，而途遇多俊髦，往往谙揖逊风。询之，则前嘉祐年间，由江州义门所析之一庄也。"文章不仅点明"嘉祐间"分庄，还说安义县石塘庄是众多分庄之一。

义门人自淳化元年以来，"常苦食不足，令岁贷官米二千石"（《续资治通鉴长编》），因此，时而有外迁者，如江西高安荷山乡上寨陈氏《纪述·信山府君墓表》载："公姓陈氏，讳愈，字启信，号信山，曾祖楚望，祖舜举，父鼎立，母刘氏。公先世江州人也，宋咸平中（998—1003），江州益大，子姓万指，至苦乏食。有讳忠诚者，始自江州来居高安之椒坊，五传至便金，再徙桐里之东保。"［详见《义门陈文史考（二版）》第347页］在分家前他们既已离开义门。另据民国二十三年湖北黄冈忠义堂加琉公支派《陈氏宗谱》之《合族重修谱总序》记载："迨后生齿浩繁，门闾狭隘，玉粒难供，终食不继。宋庆历四年（1044）奉旨同商，拨遣各省府州县处居者殊难以枚举，稽旧牒可证，来黄州回居院处者一千四百口，时本支加琉公寓居其中焉，转迁黄安庄。"此次的外迁人数众多，规模较为庞大。

终因"岁歉乏食"，供食困难，靠官府"贷粟"，以接新粮。如此寅吃卯粮，实在难以维持下去，导致义门大分庄。

二、义门人究竟分了多少庄、分往哪里去？

嘉祐七年义门陈究竟分了多少庄，谱说纷纭。有说108庄，有说291庄，还有说334庄。另据湖北黄梅县宗琉公后裔遵义堂《陈氏宗谱》、德化谱、大冶谱等记载，义门有祖产的大庄50处，没有祖产的庄67处；后67处又被分成300庄或291庄；可备一说。详见本书《义门分庄之去处》。

义门人分往哪里去？对此，《义门分庄之去处》指出江州、江东路、洪州，即东连吴越，西抵荆襄等地为主要去处。下面可以从另外两方面佐证这一说法。

《全元文》卷八三五《书临川陈氏谱后》（虞集）载："江州陈氏义门，南唐时所表，至宋之盛，誉望尤著。其后子孙散处江湖之间。今江东西陈氏，率宗义门盛德之族，固宜蕃衍悠久如此哉！"

文中提到的江湖、江东、江西这三个地方为义门分庄的主要去处。江湖，指江南西路和荆湖北路，即江西与湖北，跟现今的行政区域大致相同。江东，指江南东路。据《宋史·地理志·江南东路》载："东路，府一：江宁。州七：宣、徽、江、池、饶、信、太平。军二：南康、广德。县四十三。南渡后，府二：建康，宁国。州五：徽、池、饶、信、太平。

军二：南康、广德，为东路。"

义门分家"散处江湖之间"与《义门分庄之去处》不谋而合。

下面再以名人文集、方志及墓志铭中的义门分庄迁徙地进行分析：

姓名及族属	时间	地点	南宋隶属	出处
陈允中	宝祐元年	高安	江南西路	中华石刻数据库《陈允中墓志铭》
陈世昌	开禧三年	高安	江南西路	中华石刻数据库《宋复州录参奉议陈公墓志铭》
陈端兴	景炎元年	安仁	江南西路	中华石刻数据库《宋故陈公庆贰宣义扩志》
陈仙之女	淳祐二年	丰城	江南西路	中华石刻数据库《宋故夫人陈氏圹记》
陈骧	南宋末年	庐陵	江南西路	文天祥《文信国公集》卷八《庐陵衡塘陈氏族谱序》
陈汝先	绍熙三年	安义	江南东路	《全宋文》卷五六五九朱熹《过石塘留言》
陈思悦	嘉祐间	安义	江南东路	四库本《江西通志》卷二十二《社平书院》
陈大䜣	至元二年	南昌	江南西路	《笑隐大䜣禅师语录》卷四（虞集）《元广智全悟太禅师太中大夫住太龙翔集庆寺释教宗主兼领五山寺笑隐欣公行道记》
陈宗达	康定初	黄梅	淮南西路	四库本《大清一统志》卷二百六十四《流寓》
陈子英	泰定初	黄梅	淮南西路	四库本《湖广通志》卷五十二《陈子英》
陈琥	景定中	高安	江南西路	《弇州续稿》卷七十《赠文林郎陈次公传》
乌江陈氏	—	永丰	江南西路	《解学士文集》卷五《乌江陈氏族谱序》
陈绩	—	安仁	江南东路	乾隆十六年《安仁县志》卷十《侨寓》
东川陈氏	—	乐安	江南西路	《全元文》卷六八九何中《东川陈氏家谱跋》
陈兢之后	—	建昌	江南东路	周祖撰《明史文苑传笺证》卷二《陈际泰》
陈天生	—	豫章	江南西路	四库本《湖广通志》卷一百十六李焘《陈处士墓志铭》
陈思一、陈思二	嘉祐	麻城	淮南西路	王汝霖《麻城县志稿》陈兴转述元人陈洪基《校祖思一思二公分阄簿序》
陈倬	—	咸宁	荆湖北路	《全宋文》第一百七册卷二三二二《黄庭坚四五·家诫》
陈彦成	庆历	建昌	江南东路	清《建昌县乡土志》
陈珹	—	临川	江南西路	《全元文》卷八三五《书临川陈氏谱后》
蚕溪始祖	康定中	南昌	江南西路	《明文海》卷四百四十五《陈一泉先生墓志铭》

通过上面方志、名人著述及墓碑中的若干人的住地分析，主要分迁地有 21 处：江南西路 12 处，江南东路 5 处，淮南西路 3 处（虽说黄梅县在南宋时隶属淮南西路，但它与九江为一江之隔，元代之后隶属湖广、湖北；麻城县隶属黄州，都距离九江不远），荆湖北路 1 处，基本印证了虞集所述的义门分庄去处，大致在江东、江西、湖北这三个地域，再次与《义门分庄之去处》一文所说不谋而合。

三、谱说宋太宗御赐义门十二字，究竟是真还是假？

自建炎年间"义门碑"遭毁后，谱中就出现了"伯宣孙旺"一说。如王汝霖《麻城县志稿》记载麻城庄陈兴公转述元代洪基公《校祖思一思二公分阄簿序》："《江州图经》：南唐陈崇，唐徵士伯宣后也，伯宣孙旺……择宋仁宗赐字'知守宗希公'为号自立簿。"该《江州图经》，据张国淦《中国古方志考》考为《淳祐江州图经》。由此可见所谓宋太宗御赐十二字，或谓宋仁宗所赐，以及"伯宣孙旺"等等，出现在南宋晚期。后来修谱者以讹传讹，成了"义门分家以这十二字为号拈阄，庄分七十二州郡"。后来又说一百零八庄，是按"知守宗希公汝才思彦承延继"十二字跟"成先迁升仁悦大通琉"九个字对应排列取名，谓之大庄。诸如江西武宁宝泉庄谱、湖北大冶庄谱所云。

直说了吧，一百零八庄是谱匠刻意编造的。据嘉靖《湖广图经志书》卷之五《应城陈氏谱序》载，本县陈金"正德辛未（1511），奉命总制江西诸藩军务，至江西德安求陈氏遗谱，而遍阅焉。……宋嘉祐间析烟作二百九十一庄，公盛分于蒲圻、思济分于汉阳、思聪分于汉川、思温分于周陂、思明分于三台。蒲圻属于武昌府，汉阳汉川则属于汉阳府，应城则属德安府。至于周陂则汉川之域，三台则应城之地，土壤相连，甚为切近"。此序说分庄去处，也依旧在"江湖"境内，当时所谓按十二字对应九字分 108 庄还未成型。之后续谱，谱匠便将公盛改为宗升，思济改思通，思聪改彦通，思温改承通等等，都是为了圆"十二字对应九字"所谓 108 庄这种谎言所做出的努力。

下面再以北宋《墓志铭》、南宋《旌表》及元《宋史·陈兢传》进一步分析其真伪。

1. 北宋康定元年（1040）余靖在《宋故殿中丞知梅州陈公（坦然）墓碣》提到"公入语容守陈延赏曰：'贼势剽悍，难以力兢，且胁从之人，本无战心……'"以及《宋史·陈兢传》说陈延赏为叔明十五世孙，《江西通志·历代进士名录》载陈延赏登"淳化三年（992）壬辰孙何榜进士"，这表明"延赏"取名已久，并非义门分庄时按"十二字"所取。嘉祐分庄时延赏已故，其子孙择居高安陈家湖。

2.《宋史·陈兢传》载"从子延赏、可，并举进士"，陈可，即延可，延赏同辈人，非义门分庄临时按十二字取名。

3. 北宋《曾巩集》卷四十七撰《太子宾客致仕陈公（巽）神道碑铭》明确记载陈巽（古通逊）的生卒及其世系：让→彦璩→俊→巽（992—1076）→耆、聃→瑰。陈巽为义门第十四世人，嘉祐分庄时其子耆、聃大约四十来岁，皆单字名，也没有按"十二字"取名。而义门谱却说陈巽（逊）生子四：汝成、汝尚、汝心、汝良。显然，这些都是明清以来修谱匠们按所谓"十二字"新编的人名。

4. 北宋陈肱，据《祠部集》卷三十五《权大名府朝城县主簿陈君（肱）墓志铭》载其世系：肱（1019—1071），生子两子曰硕、砥，是以偏旁"石"为班辈。可是在义门谱中却是这样说："陈肱，叔明十四代孙，持家政时，值江州饥荒……娶尹氏，生子四：继宣、继衮、继定、继全。"同样是明清修谱人按"十二字"新编的名字。

5. 再看陈度的子辈：按《宋史》陈度为义门第十四世，与陈旭是兄弟。天圣七年（1029）陈延赏撰《权太子中舍致仕陈公讳度墓志铭》载其世系：克政→建→训→度（956—1028）→延卓、延琉、延势、延璹（shú）、延谡、延订、延琏。早就以"延"字作班辈，并非分庄临时所取。

6. 再看谱中的所谓陈延年，即陈年，德安人，崇宁五年丙戌蔡嶷榜进士（四库本《江西通志》卷四十九）。这"延"字，明显是明清修谱者加上的，原本是单字名。

7. 按南宋《敕赐陈氏旌表门闾》提到德安义门火巷庄进士陈炎，继珪五世孙，分家后又七世同居获旌表。其世系：继珪→守荣→忠厚、忠昉→□□→炎。细心人一眼能看出问题，即继珪之"继"和其子守荣之"守"，同在"十二字"内，难道父子能够同字辈？

8. 再依据《宋史·陈求道传》《全宋文·黄庭坚四五·家诫》《湖广通志·卷六十四义士志》等史料结合咸宁义门陈氏族谱，其世系为：徇（据咸宁谱补）、佗、倬→康民（倬兄子，是彦成兄弟或堂兄弟，元祐进士）→求道（进士，靖康间判都水监）→符、泊（泊，据咸宁谱补）、佺→凯→陵→启昆→忠，终未见用"十二字"取名。

通过上述资料分析，义门分庄祖的真实名字是各有所取，相互之间毫无规律可循，并且出生时间大多在嘉祐之前，多为单字名。

四、如此错乱，缘何形成？

下面再举几例，供大家思考。

1. 江西都昌县南桥庄 2018 年 10 月间出土《宋先府君陈公（梓）圹志》，发现义门都昌南桥庄分庄祖"继铭"，也是明清修谱人按"十二字"取名。但据出土的《宋先府君陈公（梓）圹志》载，南桥庄始迁祖讳邺，陈尧叟从父，南唐保大间（943—958）自豫章徙居南康都昌县南桥，为南桥一世祖，非"继铭"者！（墓志见《陈氏谱考辑要》第 232 页）

再结合郑元祐《陈徵墓志铭》、《东里文集》卷十四杨士奇撰《故翰林检讨陈君（继）墓碑铭》、《文敏集》卷二十二杨荣撰《故翰林检讨致仕陈君（继）墓志铭》、《吴都文粹续集》卷四十陈完《仲兄醒菴先生墓志铭》、宋龚明之《中吴纪闻·丁陈范谢》、《王安石集》卷一百《永嘉县君陈氏墓志铭》、《姑苏志》、《浙江浦阳龙城谱》、《浙江富阳富春谱》等资料综合考证，陈邺上下世系为叔达→贤德→□□→光弼→汇→奇→芳→□□→□□→翱（翱、翔、翮、翔，其中翔为陈省华曾祖）→諲→赞明→邺（排行十七，都昌南桥始迁祖）、郁（苏州祖）、鄢。

同时考鄱阳西庄陈继铿，据安徽安庆市元永公支系谱载："继铿公与兄继铭同迁南桥时年幼，后长由南桥复迁鄱阳西庄（今之茶泊山）。"谱载继铛后面连续五代人与陈邺后人"昉、英、高、猛、彰"字辈相同。故鄱阳西庄非义门分庄。陈邺有弟是真，但非名"继铛"，真名失考。他们是叔达之后，赞明之子。

2. 义门谱载公升分得咸宁庄（一名瑃溪庄）。所谓"公升"者，实为乱接世系。依据《江西通志》卷一百二十七《石鹿书院记》所载，能够考证的最早系于"九江之义门"，在元至正六年（1346）。公升者，其真名讳陈木，字子仁，世为鄱阳安仁港口陈氏，非江州义门陈。[见本书《光禄寺丞陈君（木）墓志铭》]

3. 谱载祥符庄陈知柏和天津宝坻庄陈知十。据考，陈知柏，祥符人，陈尧佐之孙。四库版《山西通志》卷二十九载："宋知县事陈知白分引晋水，教民灌溉。……知白，故相国文惠公（尧佐）之孙。嘉祐八年二月初五日记。"

嘉祐五年（1060），陈知白任平晋县令，大兴水利，灌溉良田万亩，百姓德之（《山西通志》）；熙宁元年（1068）调常熟县令，后迁朝奉郎驾部员外郎。（宝祐重修《琴川志》卷三、民国《江苏省通志稿·职官志》卷五《北宋》）

从时间、地点上来看，此陈知白与义门谱中的陈知柏所举条件相同。稍有历史知识的人立刻会想到"知柏"即"知白"，修谱人只改字未改音，同时还虚构了陈知柏撰《宋熙宁二年分庄世谱序》。今仔细分析，此序通篇空谈，无实际内容，既无远祖衍脉，又无近祖传承，连他自己是哪里人，谁之后，只字不提，仅落款署"义门后裔陈知柏于永清馆"。查"永清馆"，即"永清宫"，在德化白鹤乡泉水垅村，为旧时德化陈氏修谱的场所，今名"清修寺"。因此，这篇序十之八九是修谱者的杜撰。

陈知十，述古之子，知白胞弟。在义门谱里却成了蔡公长子，分迁天津宝坻庄。

4. 谱载陈崇这一支的易公生四子：承周、承逸、承韶、承可。经查：承周、承韶，查无后人，亦无此庄；承逸，是江西泰和庄不假，但他是泰和伯党公之后，非义门人。承可，湖北黄梅庄人，宗琥之子，贡生，殁葬山顶后卓壁峰（见《义门陈文史考》第316页）。然而在义门谱中却说承可分迁湖州归安庄。再查湖州归安庄，归安庄裔是后主叔宝长子陈胤（字承业）的后人，亦非义门人。

5. 义门谱载辉公长子汝凤，娶党氏，分四川忠州庄。而据四川达州市汉宣县南坝五龙村陈家湾陈汝凤系《昆池陈氏老谱》载："伸公后思懿迁湖北黄州府麻城县，迨至汝凤分徙四川重庆忠州。其后有一支迁绥定府（今达州市）成桥头，生子陈选和陈煌。"由此可见，汝凤非义门分庄祖，而是湖北黄州府麻城庄思懿公的后裔，湖广填四川时迁川。

6. 义门谱载湖北安陆庄思亮，校公第五子，与麻城庄思懿是胞兄弟。其实，思亮是元末明初人。

纵观上述之离奇现象，究其错因，不外乎两大类：一类是造假，如继铭、继镗、公升、知柏、知十；二类是由"十二字"所引起，凡族谱中带有这"十二字"的陈姓人，不察其时间前后和地域远近，修谱者一拍脑门想当然地认为某某就是从义门分出去的人，于是乎嫁接至某某公名下，如承可、汝凤、思亮等。

总而言之，若细考义门分庄名录，无法圆其说，其中的张冠李戴有之，以后人为前人有之，以假乱真的更层出不穷。真正的义门分庄庄名和分庄祖名讳，多已失传，后人修谱只能东拼西凑，相互传抄，相互补充，渐渐形成了明清义门谱中的各个庄名和分庄祖的名字。

五、义门人口知多少？

当下义门人口究竟有多少？从来没有人做过统计。平常听人说，恐怕有"几十万"吧，或者"几百万"，甚至有人夸口"四千万"！

对于义门人口数的测算，应该说不是一个很难的问题，可以参照西藏自治区文物保护研究所研究员、考古专家陈祖军老师的研究成果，即按照古今官方统计人口数来对比，进行测算。

据《长编》卷一百九十五嘉祐六年（1061），"是岁，天下上户部，主户七百二十万九千五百八十一，口一千五百八十七万五千五百八十；客户三百八十八万一千五百三十一，口六百八十万七千五百三十二"。

据《宋史·卷八十五·志第三十八·地理一》："至嘉祐八年（1063），主户一千二百四十六万二千三百一十一，口二千六百四十二万一千六百五十一。

至治平三年（1066），天下主客户一千四百一十八万一千四百八十六，口二千五十万六千九百八十。"

由此可见，《宋史》嘉祐八年"主户"当为"主客户"。

另据《范文澜全集》第八卷《中国通史简编（下）》第四章第三节《户口》考证："赵匡胤令诸州每岁奏报男丁人数，二十岁为丁，六十岁为老，女口不计……赵佶时达最高度，计有户二千一百万九千五十，口四千三百八十二万七百六十九……通计妇女口数与男丁大体相等……再加上逃户隐口，北宋末年人口，应该将近一万万。"

按此推算，宋代总人口数大概是丁口数（即男丁数）的2.3倍。为防遗漏，按2.5倍来计算嘉祐八年总人口数，即：$2642.1651 \times 2.5 \approx 6605.41275$（万）。

另据袁义达、金锋、张诚、斋藤成也《宋朝中国人的姓氏分布与群体结构分化》一文考证：宋朝时期，陈姓约占全国人口的3.87%，嘉祐八年陈姓总人口大约为255.63万。

现从第七次全国人口普查结果得知，中国大陆总人口141178万人，陈姓人口5440万人。

嘉祐七年义门人口数，按南宋《敕赐陈氏旌表门闾》义门分庄时"三千六百余口"，也可按宗谱数3900口来计算。

再加上分家前离开义门的人口数（如高安陈家湖陈延赏、高安荷山镇上寨陈忠诚、新建陈宗成、岳阳陈岳、十四世祖陈拊始迁隆兴大樟树下等）。

按照上述提供的各数据，大致能够测算出当下义门人口数。有兴趣者，不妨去算一算。

义门分庄之去处

陈月海　陈　刚

　　现管诸路田地庄所去处，下项①五十大庄三百小庄。

　　本州（50）：德化、蓝桥、瑞昌、湖口、彭泽、德安、石乌②、石塘、乌石③、平塘、东溪、太源、深坑④、棠溪、东砦⑤、上石、马头、河塘、赤乌、太湖、西城、新城、兴村、西贤、先生庄⑥、潘塘、新桥、石门、芳兰、景祐、东源、双陂、新恩、东陂、新港、自兴、自城、兴置、元潭⑦、渌水、宝泉、原政、黄埔、虎溪、龙潭、石蟹、牛公⑧、枫林、神陂、长泰。

　　江东路（12）：百顷、西冈、攸宁、饶州、南康、建昌、星子、万福、寿宁、鄱阳、余干、乐平⑨。

　　洪州分（55）（注：洪州分后疑有脱字，从其庄名看，实则"东连吴越，西抵荆襄，应以洪州为中心的周边地区"）：武宁、南昌、新建、奉新、筠州、高安、新昌、官庄、富川、永兴、大冶、通山、佛图⑩、牛洪、马迹、蕲州⑪、黄梅、蔡山、广济、蕲春⑫、军粮、行塘、石原、车吹一云车坑、石桥、土伏⑬、松口⑭、三角、六水、黄州、黄陂⑮、黄冈、舒州、太湖、望江、桐城、下寒、宿松、赤山、湖北、汉阳、汉川、周陂、三台、鄂州、江夏、崇阳、武昌、蒲圻、新店、咸宁、嘉鱼⑯、新义、雇山、抚州。

　　右具宅库内仰子侄等时加提点庄稞者⑰

　　宋景德三年（1006）春社日具

按以上诸路田地、庄所，东连吴越，西抵荆襄，计一百一十七处，又有小庄三百囷于其内。隶分而役殷，地隔而务（勿）错，虽综理之有人，会计之有法。而其势终，不容以不分也。穷尝拟之，首举一：本州而数之至十者，此则正属之田庄。余或子弟出干[18]之地，或分庄以后而有请益[19]及新置者，因并附于此。

注　释

①原本无"下项"二字，据德化大冶二谱补。

②"石乌"原文为"乌石"，据德化大冶二谱改。

③"乌石"原文为"乌池"，据德化大冶二谱改。

④"深坑"原文为"倮坑"，据德化大冶二谱改。

⑤"东耆"原文为"东垅"，据德化谱改。

⑥"先生庄"原文为"先上庄"，据德化大冶二谱改。

⑦"东陂、新港、自兴、自城、兴置、元潭"六处据德化大冶二谱补。

⑧"牛公"原文为"干公"，据德化大冶二谱改。

⑨"乐平"后原有"万年"，因德化大冶二谱均未载，删除。

⑩"佛图"原文为"佛头"，据德化大冶二谱改。

⑪"蕲州"原文为"圻州"，据德化大冶二谱改。

⑫"蕲春"原文为"圻春"，据德化大冶二谱改。

⑬"土伏"原文为"土茯"，据大冶谱改。

⑭"松口"原文为"松江"，据大冶谱改，一云"大松口"。

⑮"黄陂"原文为"黄皮"，据德化大冶二谱改。

⑯"嘉鱼"原文为"嘉兴"，据德化大冶二谱改。

⑰按陈崇家法"差定弟侄一十人，名曰宅库人"。落款整句意思是右边开具子侄辈宅库人时刻多加提醒庄田和庄稼。

⑱出干：外出公干。

⑲请益：请求增加。

按 语

本文录自湖北黄梅县宗琉公后裔遵义堂《陈氏宗谱》，标题为编者新加。读德化谱，已将按语"而其势终，不容以不分也"之后的内容抹去；大冶谱更是将按语内容整个抹去。被抹去的内容很重要，它对义门陈分庄的研究，提供极为重要的讯息。细读全文并且联系其他文献，可以综合以下几点：

一、义门陈氏早在景德三年（1006），江州就已有五十处祖产。其江东路十二处及洪州五十五处，为义门子弟外出公干之田产，或分庄后为请益新置的庄田；三地合计一百一十七处。这些田庄，或许就如某些谱所说的"首分一百零八庄"，或者有如花田谱中的"产分一百二十庄"（见《颖川陈氏考略》第 257 页）。各谱所列庄数不同，可谓之大概数。

家长陈泰在《回义门累朝事迹状》中说："景德三年，侄延赏授殿中丞知南容州赴任，便路经过本家，见诸庄子侄勾当不告家长，擅自典卖田产，深虑不省卑幼递相仿效，坏祖先之义范……奏乞，差官追领臣家卑幼子侄与承典豪民一并提勘，将庄田所典得钱谷敕将断还。"由此，这"春社日"统计的田产与"景德三年"典卖的田产，有内在关联。

二、五十大庄，即本州"正属之田庄"计五十处，嘉祐七年析居时是分给长房长孙，如其中的"石塘庄"。（见朱熹《过石塘留言》）

另据遵义堂谱、长沙县蕃椒塅聚星堂《义门陈氏通谱》及吉安《庐陵篁竹头江口社坊陈氏族谱》所载：把相近毗连之地的德化株岭、瑞昌、星子三县主庄田，均作二十七份，分给二十七人居之；又将德安、建昌两县主庄田，分别作十份，分与二十人居之。这"四十七"庄谓之大宗，也就是"江州五十处正属之田庄"，即花田谱中的"夫义门，亦叔明余裔，兼之后也，而子孙遍布各州县有四十二支"。

因为该谱是将"镛子旺"合为一起，自然是陈兼后人。其实，德化陈兼后代占据祖产二十七庄，德安陈旺后代占据祖产二十庄，还有三庄失考。这在袁正《重修义门陈氏碑谱记》中亦提到的"随立以居在本县路五十余处"。

三、三百小庄，即在义门谱中广为流传的"二百九十一庄"，依据遵义堂谱、长沙县蓄椒墈通谱及吉安社坊谱的记载二百九十一庄谓之小宗，不在本州五十庄祖产之列。从"又有小庄三百囷于其内"可知，是把江东路和洪州（以洪州为中心的周边地区）加起来的六十七处，进行再次分成二百九十一庄。依据文意，这六十七处为子弟出干之地，或分庄后请益及新置的庄田。出干之地，如陈延赏高安陈家湖庄。分庄以后请益之地，虽不可考，但早有此说，如陈泰在《回义门累朝事迹状》中说："天圣三年（1025），奉敕应有官户只买水田三十顷。泰家义居二千五百余口，田畴窄狭，与其余官户不同、遂有状申州。当蒙知江州李原颖依状与奏，特敕许与从便置买田产。"分庄以后新置田产，如黄庭坚《家诫》载咸宁陈倬"有腴田五千"，其兄陈徇、陈佗有田千亩。

"六十七处"，恐为记录上的误差，后变成了七十二处，这就是陈谦《江州义门陈氏宗谱序》所说的"以二百九十一分为庄，均分七十二处"的由来。袁正在《重修义门陈氏碑谱记》里也提及"洪州七十余处"，或

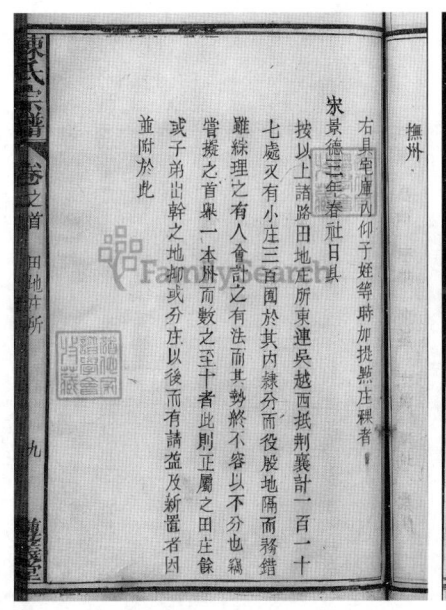

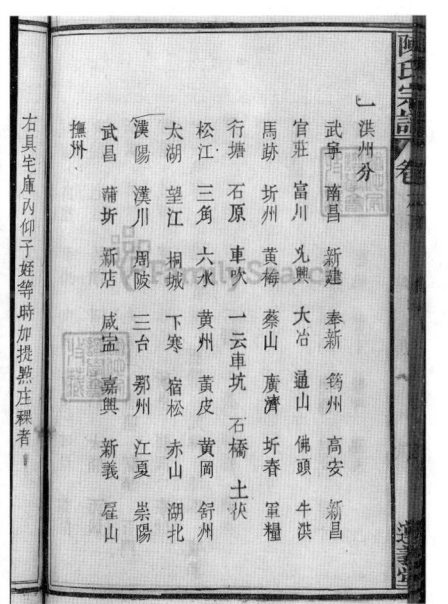

遵义堂《陈氏宗谱》

为七十二庄。如湖北浠水县宗通公后裔《望江庄陈氏八修宗谱》里范思皇《义门陈氏宗谱序》中所提到的"嘉祐七年诏赐析烟,庄分七十有二"。由此说来,所谓"庄分七十二州郡",是由"庄分七十有二"演变而来。

四、按照上述原文可知,根本不存在什么抓阄,也不存在按所谓十二字取名分庄。五十庄祖产,只能归属大宗;小宗的田庄,只能通过做官获得,或分庄之后请益或自行购置。

至此,义门分庄由来与分庄数,基本能够说清楚。这些资料,虽然从茫茫"谱海"里深挖,来之不易,并由此说明在明朝还有如此记载,属义门早期资料。今分享给读者,信之与否,供研究者参考。

湖南安化《义门陈氏续修族谱》考

陈璟贤

谨案:《唐书·艺文志》载"陈伯宣注《史记》一百三十卷,贞元中上"。又《陈京传》:"京无子,以从子褒嗣,褒孙伯宣辞著作佐郎不拜。"《宋史·陈兢传》载:宜都王,叔明五世孙兼,兼生京,京无子,以从子褒嗣,褒生灌,灌孙伯宣,避难泉州,与马总善,注司马迁《史记》行于世。后游庐山,因居德安,尝以著作佐郎召不起,大顺初卒,云云,与旧谱吻合。然旧谱不载伯宣公生卒,以唐宋史考之,当为贞元时人,而卒于大顺初耳。案唐德宗贞元元年乙丑至昭宗大顺元年庚戌,凡百有六年,由此观之,伯宣公之年当近期颐也。《宋史》又称伯宣子崇为江州长史,僖宗时,尝诏旌其门,是伯宣犹及见旌表时矣。旧谱载伯宣子檀,檀生旺,旺生机,机生感,感生兰,兰生青,青生仲、伉、侍、伟、俛、伸。宋天圣四年,诏赠青公以上五世公爵。仲子崇为江州长史,僖宗诏旌仍注其下。计贞元至僖宗时不及百年,伯宣至崇,中更八世,年太近而世太遥,殊为未合。且历朝推封先代,亦无及五世者,所封又皆大国。江州孝义亘古,所难有天下者,旌表褒崇,以风示天下,理固亦然,至乃异数殊恩。若此,史传无徵,终成疑窦。窃意,沿宋及今,殆将千载,中间兵火脱剥,不知凡几;间有存者,转相传写,世次混淆,后人未暇深考,因而仍之。又思,推崇先德,遂潜窜爵谥于其中,而不知欲以尊祖,实以诬其祖也。又《兢传》称:崇子衮,衮子昉,昉弟子鸿,兢即鸿之弟。而临川谱乃以兢为侍公五世孙，是与鸿为族兄弟，而非亲兄弟也。未审，大士先生当日究何所据，今不敢以意为增删，附识于此。后有作者，庶几考焉。璟贤谨识。

按　语

本文资料由贵州仁怀市茅坝镇陈光富提供。

《义门陈氏续修族谱》

评《江州义门》一书

陈美光

最近，由广东花城出版社出版的《江州义门》一书在全国各地经销，作者是湖南临湘陈启文先生，是一位著作颇丰的大作家，曾获中国出版政府奖，属江州义门陈直系后裔。笔者有幸拜读《江州义门》一书，在此发表一点看法。

一、《江州义门》书封面上醒目写着"天下陈氏出江州"

众所周知，天下陈氏出自河南淮阳，而非江州。陈姓得姓始祖胡公满本妫姓，有虞氏，系舜帝的34世孙。商朝末年，舜帝的第33代孙虞阏父（又称遏父）投附了周朝，担任陶正一职，他制陶的技艺极为精湛，博得了周文王的欢心。公元前1046年，周武王灭商建周，追封先贤遗民时就把虞阏父的儿子虞满封于陈地，国号为陈，侯爵。谥号胡公，史称陈胡公（《国语》作虞胡公），为陈氏与胡氏等之得姓始祖。周武王并将长女大姬嫁给他，以备三恪，奉祀虞舜。至今，陈姓有三千多年悠久历史。

陈氏主要郡望是颖川，其始祖为颖川侯陈轸。颖川是以颖水得名，治所在阳翟(今河南省禹州市)。辖境相当今河南登封市、宝丰以东，尉氏、鄢城以西，新密市以南，叶县、舞阳以北地。其后治所屡有迁移，辖境渐小，最大时管辖至今驻马店地区。隋初废，隋大业及唐天宝、至德时又曾改许州为颍川郡。西汉置有工宫，东汉中平初，波才领导的黄巾军在此起义。主体部分即今天的河南省禹州市境内。颍川郡是大禹的故乡，翻开华夏历史第一页，我们还会发现，颍川郡是我国历史上第一个朝代——夏朝的首都所在地。在中华大地上的陈姓，如福建99%的陈氏宗亲都属颍川郡，宗陈寔公为始祖。陈寔（104—187）即陈太丘，东汉官员、学者，字仲弓，颍川许人（今河南许昌长葛市古桥乡陈故村）。少为县吏都亭刺佐，后为督邮，复为郡西门亭长，四为郡功曹，五辟豫州，六辟三府，再辟大将军。司空黄琼辟选理剧，补闻喜长，宰闻喜半岁；复再迁除太丘长，故号太丘。与子纪、谌并著高名，时号"三君"，又与同邑钟皓、荀淑、韩韶等以清高有德行闻名于世，合称为"颍川四长"。寔公生六子，在中华大地上繁衍后代，其后裔皆称为颍川衍派。而义门陈氏只是颍川衍派的一个小支流，并非"天下陈氏出义门"或"天下陈氏出江州"。

南朝陈国亡后，宗室中的一部分人被押送隋都长安，其中包括后主陈叔宝在内。后主之弟叔明的五世孙陈兼，在唐玄宗时官右补阙。兼之子京，仕于德宗朝。京无子，以从子陈褒为嗣。褒任盐官县令，生子陈灌。陈灌之子陈镛（一名陈环）避难泉州仙游生伯宣，后遁往江西庐山圣治峰，注司马迁《史记》行于世。

大家知道，义门陈氏是中华陈氏的一个优秀的支系，特别是义门陈创造了家族史上独一无二的文化现象，对于当今中国构建和谐社会和推进和谐建设都具有重要参考价值。义门陈家族在三百多年义聚生活中，创造了许多奇迹！

这个家族文化最盛，团结最紧，合居最长，人口最多，世上无双。义门陈家族曾受唐宋时期多任皇帝旌表，义门陈文化是中华民族文化的精髓，践行儒家思想的楷模，和谐社会的典范，文明家族的样板。义门陈世家，从唐玄宗开元十九年（731）陈旺公一家迁居江州起，至宋嘉祐七年（1062）分庄止，历时332年，创造15代，共3978人聚族而居的世界奇观。

历史证明，这样一支优秀的族系，是我中华陈氏乃至世界家族史的楷模，值得宣扬。但是，作为这样一个独一无二优秀族系的后裔，特别是编撰家族史的作者，最好是能从弘扬祖德方面多下点功夫，而对热衷于吹捧"天下陈氏出义门"这样不符事实之字眼切莫乱用，以免造成不良影响。

二、此书扉页："谨以此书献给全球八千万江州义门陈氏子孙。"下面，笔者列举闽台浙等省人口数来说这件事

陈姓在中国众多姓氏中，按人口计算居全国第五。根据户籍管理部门的"全国公民身份信息系统"（NCIIS），陈姓为现代中国第五大姓。1977年中国史学家李栋明在《东方杂志》发表的一篇有关"姓"的论文上指出，陈姓是全球华人十大姓之一。陈姓在广东、福建、浙江、江苏、香港、澳门、台湾都是第一大姓氏，总人口为7000多万。

而你江州义门陈氏就有8000万？这个数字，确实令人费解了。据中国南方的闽、浙、粤、台几个省份统计数字显示，所占的比例均在10%以上，如闽台达12%以上，现将中国南方主要聚居省份统计数字列下：

浙江省陈氏总人口达280余万人，其中义门陈主要分布在开化市、建德市管村、温岭国泽、嘉兴市、长兴县水口镇、德清县、永嘉县上坑、湖州归安、常山县、江山汪坞坑、常山芳村等地。浙江虽有义门陈氏繁衍，但不是主流支系，据温州、苍南、平阳等族谱显示，义门陈在浙比例很小，如从浙南材料看，倒是福建南院陈、开漳圣王陈支系所占比例特大，如苍南陈氏人口18万多，但义门陈所占比例不足3%，温岭陈氏14万人，义门陈约占5%左右，平阳陈氏12万左右，义门陈氏只占2%左右。

福建陈氏430多万，义门陈氏各地区比例如下：

福州五区八县陈氏人口108万，义门陈氏主要分布于福清、连江等地，已知义门陈总人口数一万左右，其中福清江阴泽水达6000人，是福州义门陈聚居最集中地，连江丹阳新洋也属义门陈氏，人口为1500多人。

宁德陈氏30万左右，义门最早迁宁为周宁县贡川，派衍际头、紫竹、咸源、周墩、儒源、苏堤、甘棠等地，繁衍义门陈氏后裔约有万余人，约占宁德地区陈氏总人口的三十分之一左右。

莆田市陈氏总人口在60万左右，义门陈氏只有涵江1200多人。

厦、漳、泉陈氏人口在175万左右，其中泉州陈氏近90万、漳州55万、厦门30万，义门陈有六个支脉：

1. 陈宗昌（章）携家眷87人定居于泉州府同安县义井乡（今厦门市翔安区新圩镇的姑井村），支分兴化、福州、龙岩新罗区、永定县；

2. 陈彦光定居于泉州府同安县（今同安区）；

3. 陈彦德、陈彦相、陈彦迁兄弟定居于漳州；

4. 陈彦悦定居于漳州府长泰县；

5. 陈延瑞定居于晋江县；

6. 陈彦郁定居于南安县，以上各支系在厦、漳、泉所占比例均不高。

龙岩市陈氏总人口在20万左右，义门陈有三个支脉：陈参琉（魁）携家眷97人定居于汀州府，分居宁化县、永定县、上杭县、长汀县、武平县等地；陈希豪定居于汀州上杭县，陈才仁（群）定居于长汀县东陂庄，后裔遍布长汀、上杭、武平，义门陈在龙岩各县市区总人口为15万左右。

三明市陈氏总人口27万，主要支系为永安贡川陈氏，义门陈氏散居于宁化、明溪、清流、将乐、建宁等地，总人口在3万以内。

南平市陈氏总人口近20万，义门陈有八个支脉：陈明通定居于南平市安济，陈宗逯定居于建瓯市，陈显先定居于邵武市莲塘镇，陈思南、陈思献定居于政和县，陈道大定居于建阳市丰乐镇，陈延祚定居于崇安县今武夷山市，陈达、陈学成定居于浦城县。而南平市陈氏人口主要集中在延平区，占全南平的四成多，其他各县市区主要以南朝陈及从闽南迁入为主，实际义门陈在南平所占比例约二成左右。

综上所述，义门陈在福建总人口约30万上下，占福建陈氏总人口不足一成。

台湾陈氏总人口约为260万左右，主要源头为厦门、漳州、泉州陈氏后裔,台湾陈氏主要聚居于台湾西部平原地区。据台湾《德星堂陈氏宗谱》记载,迁台泉州、厦门陈氏主要从事商贸,多聚居于台湾沿海港口城市;迁台漳州陈氏主要聚居于农垦发达的平原地区,客家民系即闽西包括义门陈氏迁台主要聚居于山区与平原接合部。据《德星堂陈氏宗谱》记载,台湾陈氏主要以开漳圣王陈元光、南院始祖陈邕后裔,此二大支脉约占台湾陈氏70%以上比例。

义门陈资料显示,义门陈在台宗亲有300万,超过台湾陈氏总人口数,不知作何解释?以上数据,不禁令人"司马季主捧腹大笑"。在中国,闽、台、粤、浙等南方省份是陈氏主要聚居地,上略举数省,便知分晓。

三、义门陈氏历代谱牒之误

1. 谱与谱有不符,史与史亦有不符。义门陈氏固然庞大,分迁脉络千丝万缕。如湖北省武穴市陈殿荣先生的《江州义门宗谱存疑问题考》,列举了许多"谱与谱、谱与志、谱与史均存在相矛盾的问题"。其中一些问题,清代续修的宗谱已经提出,如金山庄、果石庄、关山德星堂、江西三眼桥等宗谱均言"谱与谱有不符,史与史亦有不符""旧谱之言不尽可据""言谱者不可不考也"。

由于年代遥远,早期的谱牒因兵燹、天灾、人祸而致失传。历史上江州义门频受兵燹之祸,那些分散在江西各地的义门后裔,也被迫举家外逃,纷纷流落他乡。在这种族败家破、流离失所的危难中,唐宋时期的义门古谱毁失殆尽,幸存于世者寥寥无几,且支离破碎,最终"化为乌有"。元末至明初,各地虽有续修宗谱,皆因年代久远,资料残缺,多有错处。现存谱牒属于清朝中后期的版本亦为数甚少。

讹误失真的原因有很多,其一是义门后裔散居海内外,天各一方,相距甚远,交流困难。仅从邻近几庄搜集的资料,也是断编残简、断碑颓碣,运用"失者补之,乱者序之"的方法,补辑而成续谱,其中谬误势所难免。

近年挖掘出许多义门陈氏族谱,如某些续谱者缺乏考究,任意增、删、改，使之痛肿而脱节，以致讹传。诸谱均云"蕴珪生兼"，尚有一谱云："蕴珪生良，良生爵、爵生兼"平空增加两代人。近两年出版的宗谱，转载《宋史·陈兢传》时竟把"伯宣子崇"改写成"伯宣九世孙崇"。由此联想到《义门记》有关世系的内容，不得不令人生疑。《义门记》作者胡旦是"大宋内阁兵部尚书制诏总裁"，是有名的饱学之士。他对明显的世次问题能"俱知其状，因为之记"吗？看来此文大有后人妄改之嫌。又正如《大冶旧谱》载：益国公周必大言《义门碑》"疑后来碑误"，从以上章节中不难看出，在古代，已出现如《宿松谱·唐宋孝文节选》言："抑碑经火后，本版错误"之案例。

2. 错位失实，矛盾迭出。各地宗谱所载义门世次歧异甚大，与义门显祖要事的年代极不相符。现经深究细考，原是"整体错位"，即将叔慎五世孙陈旺及其后人，整体移至第十世伯宣之下，而成"其孙旺"。为何出现"整体错位"呢？主要有两个原因：

（1）官府干预，奉文改谱。明嘉靖三十二年（1553），官府表扬义门遗址。因德安"不当驿路，又无子孙生员在学，祠之则典守无人，遗之则湮没可概"，只在德安义门遗址"立碑表识"，而在德化（今江西九江县）株林山下"围墙树坊"。次年，德化县五十一庄联宗建祠修谱，"奉宪饬改"，按照"斯谱重表扬也，故公（伯宣）移先之"的意图，大肆"删改家谱"。此后，各地以德化联宗谱为蓝本，相互传抄，越传越远，妄断滥增愈来愈多，终致史、志、谱之间矛盾迭出。

（2）义门世次歧异的成因有多种，择其要者为上述二种。探析世次歧异成因，有助于对世次的考究。只要我们坚持历史唯物主义观点，对整个世系结构和重要历史人物，全面地、系统地、辩证地进行综合分析，由表及里，去伪存真，就可以得出客观而正确的结论。

四、结语

本文包含了"天下陈氏出义门""天下陈氏出江州"，到"谨以此书献给全球八千万江州义门陈氏子孙"，再到义门陈氏历代谱牒之误与现代义门后人夸大其词所造成的恶果。人们常说，无才不足以修史，无学不足以考稽，无识不足以统论。而作史者尤加三事：质也，真也，慎也；既综合之，考稽之，统论之，宁质无华，宁真无伪，宁慎无略。古人且知"秉笔直书，悬之国门"，何况现代信息灵通，若有人刻意捏造，无中生有，疵语连篇，岂能掩人耳目？！

一部史书，考稽源流关系，理顺历代世系是其重点，也是修史的难点，不但要"续"，而且要"考"。修史历来是一件庄严而神圣的事情。文章千古事，存史千万年，要经得起历史的考验。因此，先人说过"作史者，必备三长：才也，学也，识也"。《江州义门》作者才气有余，能把莫尔"乌托邦"空想理论和康帕内拉的太阳城构想扩大化、虚拟化，把历史上义门陈氏的诸多困惑加以延续，重蹈历史错误，误导义门陈氏及天下陈氏，混淆真伪，以讹传讹，把本应严肃的家族血脉文化"谬于国史"，误导子孙后代。

总而言之，《江州义门》一书，与实际义门陈氏优良传统的伦理是相悖的，可以说是相抵触的，不是给祖宗争光，而是给祖宗脸上抹黑。谱学家刘知幾、章学诚所说的谱牒通病，在《江州义门》书中发挥得淋漓尽致，也是最击中《江州义门》一书之要害！

作者简介

陈美光，男，1964年12月生，福建大田县人。现任福建省姓氏源流研究会陈氏委员会常务副会长，兼陈氏文化研究院院长，在国内外30多个社团担任职务。先后编著出版《福建陈氏人物志》《中华陈氏大典》等50余部书籍，在各级报刊发表文史、文博论文300余篇。

南北两陈晖及柳溪对比义门之世次和时间辨析

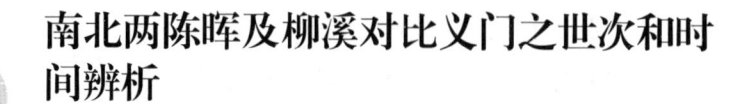

陈　彪

在五代时期有两个陈晖，一南一北，一文一武。柳溪陈氏始祖陈晖，因生活在南方，此为南方陈晖；还有一个陈晖生活在北方，将在后面叙述。柳溪始祖晖《唐表》名徽，世系为"伯党→元史→徽，温州司户参军"。

一、南方陈晖行事简析

南方陈晖，是江西泰和县柳溪陈氏开基祖，伯党之曾孙（唐表和柳溪谱为孙漏记一代，文中有论述），五代时由金陵徙居泰和柳溪，繁衍生息，传承血脉。南宋《澹庵文集》卷五《先兄民师配安人陈氏墓志铭》载："曰晖者自金陵徙江西，遂为吉之泰和人。二子曰承进、承逸，世未有闻。"由此，徽、晖同为一人，系陈褒的后裔子孙。

《唐表》中的陈晖世系上源，当来自于北宋时期的某一族谱资料，比之宋元时的墓志铭简约得多，如宋末元初姚燧《牧庵集》卷十三《宋太常少卿陈公神道碑》载："兼，右补阙，翰林学士。翰林三子：监察御史当，大理评事袤，秘书少监京。少监以从子盐官令褒继，盐官生高安丞灌，高安二子，伯宣伯党。伯党生元史，元史生徽，温州司户参军。"碑文从伯党六世祖陈兼说起，到陈京、陈褒、陈灌，世次清楚，然不足之处即陈灌之子陈镛（镶）给漏了，错为"高安二子，伯宣伯党"。这在南宋邓世明《古今姓氏书辩证》中就已漏且错，其卷六载："京以从子襃继（襃同褒），生灌封高安丞，灌生伯宣伯党。"但是，在《宋史·陈兢孝义传》和《通鉴续编》等史志书中均载"灌孙伯宣""孙"和"生"音同字异，一字之差就少了一代人。今修水龙峰陈氏为灌公的大本营，自804年灌公夫妇被害于高安官舍，其长子陈镛杀了豪猾全家后外逃，次子陈锽扶柩归来，为避仇人而不敢葬武宁嵩港，翻山越岭葬于龙峰深山老林，于是，陈锽家居龙峰。由此可见，从北宋到南宋、到元初，由正史到地方志、再到柳溪谱，均载陈晖是陈兼→陈京→陈襃→陈灌→陈镶→陈伯党之后。

明洪武《东里集》卷四之《陈氏宗谱序》载："西昌陈氏有二族，其一五代时讳晖者自金陵徙。"即是说陈晖徙泰和是在五代十国时期，但五代时间跨度很大，从907年唐朝亡，到960年南唐亡且北宋立。

北宋时江西南城县人李觏《直讲李先生文集》卷二十四《太平兴国禅院什方住持记》载：建昌军南城县太平兴国禅院"按旧记，唐天祐丙子（916），制置使陈晖所创，号显源。"此时，陈晖应该是南吴制置使。因唐天祐丙子年，即南吴天祐十三年丙子。自哀帝天祐四年（907）唐朝亡后，南吴杨隆演拒绝承认后梁，依旧沿用唐天祐年号，直到921年才改元为顺义。

五代制置使，《宋史·职官志七》："制置使，不常置，掌经画边鄙军旅之事。"显然，五代时期的南吴制置使与吴越司户参军职能类似，同为管理户籍、赋税、仓库交纳等事。因此，温州司户参军陈徽与南吴制置使陈晖同为一人，毋庸置疑。

又《明一统志》卷五十三载："盱江亭，在府城东盱水上，南唐制置使陈晖建，韩熙载记。"韩熙载，字叔言，祖籍南阳，潍州北海人。五代十国时南唐名臣、文学家。他对本朝制置使陈晖当然熟悉，焉能错记？并且当时的南城县属于南唐管辖，盱江亭所在位置在南城县。

《唐表》只说陈晖"温州司户参军"，未说是在哪个朝代。五代十国时，温州隶属吴越，不属于南吴。因此，陈晖先为吴越温州司户参军。

再由"唐天祐丙子（916），制置使陈晖所创"知，陈晖先在吴越任温州司户参军，不久便投靠了南吴，官任制置使，仍旧管理户籍、赋税、仓库交纳等事。

到了南吴天祚三年（937），吴帝杨溥禅位于徐知诰，南吴亡而南唐立，陈晖依旧是制置使，仍干他的老本行。

如是依照上述几个条件则表明陈晖先为吴越"温州司户参军"，后投南吴任制置使，天祚三年南吴亡，陈晖转入南唐，职位不变。推陈晖初仕吴越温州司户参军时约30岁，时在吴越天宝三年（910）入仕，几年后投靠南吴；到了天祐丙子年（916）他已经是南吴制置使，时年约37岁；到了937年南吴禅位于南唐，陈晖仍任制置使，并在制置使任上致仕。若按古制70岁退休，陈晖要在南唐保大七年（949）致仕，由金陵迁居泰和，如此，它符合"西昌陈氏有二族，其一五代时讳晖者自金陵徙"的时间记载。陈晖的简略行事，大略如此。

二、北方陈晖行事简析

据史载：908年五月，张颢、徐温决定杀南吴景帝杨渥，欲分其地归顺后梁。张颢遣其亲信纪祥、陈晖、黎璠、孙殷等人入寝宫弑杀吴烈祖杨渥，渥时年23岁。后来，张颢与徐温因权力斗争相交恶，徐温拉拢左监门卫将军钟泰章谋杀张颢及其亲近者。此时，作为张颢亲信的陈晖不得已出逃后梁。（《十国春秋》卷二；《旧五代史》卷一百三十四）

后梁开平三年（909），李洪寇侵荆南，朱温义子高季昌遣其将倪可福击败之。同时，朱温诏襄州都指挥使陈晖（注：《资治通鉴》《十国春秋》曰马步都指挥使；《新五代史》为行营招讨使左卫上将军）将兵会荆南讨伐李洪。陈晖军至襄州，李洪逆战大败。（《旧五代史》卷五、《资治通鉴》卷二百六十七、《十国春秋》卷一百）

清泰元年（934），陈晖为后晋高祖石敬瑭亲信。后唐潞王李从珂在凤翔起兵叛乱，攻至洛阳称帝，废后唐闵帝李从厚为鄂王。李从厚逃至卫州，遇到反叛自己的石敬瑭；李从厚亲信沙守荣欲杀死石敬瑭，被陈

晖所救；陈晖武艺超群，杀死了沙守荣。(《旧五代史》卷四十五、《资治通鉴》卷二百七十九)

后周显德三年(956)十二月,陈晖仕后周。后以武士引年休退。(《册府元龟》卷八百九十九)

分析至此，南北两陈晖的行事泾渭分明，一文一武，一南一北。

三、义门伯宣世次与柳溪伯党世次的比较

1. 义门伯宣到陈兢的世次与时间

据《庐山志·山川胜迹》载，伯宣生于824年；谱载伯宣仲子崇生于852年，之间相隔29年。陈衮,字元钦,陈崇之次子,也推29年间隔；昉、兢间隔数按30年计。其世次与时间为：伯宣(824)→崇(852)→衮(881)→昉(911)→兢(941)。按《宋史》载，"淳化元年(990),知州康戬又上言兢家常苦食不足,诏本州每岁贷粟二千石",时陈兢50岁在家长任上,合乎情理。对这一世次时间,本文不详述,可参阅《颍川陈氏考略》和《陈氏谱考辑要》等书。

2. 柳溪伯党到承逸的世次与时间

按旧时同一个家族在给子孙取名字时，一般有意识地用相同的字或相同的偏旁以示字辈。对照柳溪派与义门派，在字辈上是符合这样的旧习要求的，如陈衮字元钦，与元史同字辈（元史是字，非名）。陈昉与陈晖同辈，偏旁为"日"，(昉、晖是讳,非字)。由此,伯宣对应伯党,崇对应□□,元史对应元钦,昉对应晖,两者相符；陈兢对应承逸不符合取名规则,这只能说明两地人越往后联系越少了。下面用时间来检验这一推理是否成立。

对照义门世次时间推之伯党，要比伯宣大得多，非《唐表》中的排次于伯宣后。[注：福建仙游族谱说伯宣为陈环(当由瓛误为环)第五子]。若按陈晖的行事时间,推伯党为陈镶长子,生于800年前后。即陈镛(镶)21岁生伯党。伯党长子失记,推其在826年出生。推元史排行为长子,约为852年出生。再以28年间隔常数推陈晖生于880年前后。

再据《先兄民师配安人陈氏墓志铭》承逸为承进之弟，排行老二，推承逸生于912年，也合理。于是，伯党（800）→□□（826）→元史（852）→晖（880）→承逸（912）。

陈兢和承逸同为叔明第十四代孙。从912年承逸出生，距嘉祐七年（1062）义门分庄还有150年，还可繁衍5代人。通过以上对比并由此揭示几个问题：

第一，伯党到元史，中间漏记一代人，旁证如1948年《赣江上游陈氏首届联修族谱》明确记载伯党到晖的世系为：伯党→元史→诏→晖，另有光绪丙子（1876）湖南省永州市道县仙子脚镇何家坪司马堂《颍川陈氏续修族谱》记载陈伯宣生子昭，这里的诏（昭）按其辈分应该调整为伯党之子、元史之父。

第二，承逸非义门嘉祐七年分迁泰和庄之庄祖承一。既然承逸不是义门分庄祖，也即非义门人。在义门谱中所谓"承逸分泰和庄"，纯属明清修谱者所为，不可信。

第三，李觏《直讲李先生文集》卷二十四《太平兴国禅院什方住持记》和《明一统志》卷五十三两个史料均证明，柳溪始祖陈晖曾经担任南吴和南唐之南城制置史，加上其任温州司户参军而温州在五代隶属吴越，说明陈晖曾经为吴越、南吴和南唐三股地方势力效过力，并在温州和南城两地供职。因此，柳溪谱记载的陈晖为避杨行密叛乱而从金陵迁徙泰和的说法，与史料相冲突。

第四，从两处史料推测，陈晖在南城县供职多年，在泰和已经置办房产和田地，因此才举家迁居泰和。这样才符合常理。

总而言之，我们希望以此文与各位宗贤探讨，研究家谱、家史和家族文化要有科学的方法，坚持以史料考证家谱而不是以家谱考证史料；无论你如何崇拜和尊敬祖先，都要有独立思考的能力，对于家谱中可能出现的错误都要仔细推敲、科学论证，而不是盲目照搬。

作者简介

陈彪，男，1969年生于云南镇雄，祖籍江西泰和，现加拿大国籍。毕业于北京航空航天大学高分子材料专业，获得工程学士学位。毕业后在西安飞机工业集团担任飞机制造工程师。1999年技术移民去加拿大，并在加拿大戴尔豪斯大学获得计算机科学和工商管理双硕士学位。2005年回国发展，从事国际矿业投融资和上市工作。

第四章 人物钩沉与轶事

舜帝考

陈　刚

　　舜帝，有虞氏①，姚姓，名重华②，又称都君③。东夷人④，出生姚墟⑤。初耕历山⑥，曾陶河滨⑦，渔雷泽⑧，作什器于寿丘⑨，就时于负夏⑩。后为邦国之君，孝养父母，善待亲人及邦国子民⑪。一年而所居成聚，二年成邑，三年成都。及至成年，移居妫汭⑫，娶尧之二女娥皇、女英，建都蒲坂⑬，为中原邦国之盟主⑭，继尧帝之后一统中原。晚年南巡狩，崩于苍梧之野，葬九嶷山之阳⑮。娥皇无子，女英生商均⑯。商均之后，时断时续。商朝末，武王伐纣；牧野之战，封舜后妫满于陈国，即今淮阳。

　　以上按史书记载，结合地理图解，复原虞舜出生地及活动地域。

　　1.《史记·五帝本纪》云："舜，冀州之人也。舜耕历山，渔雷泽，陶河滨，作什器于寿丘，就时于负夏……舜耕历山，历山之人皆让畔；渔雷泽，雷泽上人皆让居；陶河滨，河滨器皆不苦窳。一年而所居成聚，二年成邑，三年成都。"

　　2.《孟子·离娄》下篇说："舜生于诸冯，迁于负夏，卒于鸣条，东夷之人也。"

　　3.《史记正义》所引《孝经援神契》载："帝舜生于姚墟。"

　　4. 晋代皇甫谧《帝王世纪》："瞽叟妻曰握登，陶唐之世，握登见大虹，意感而生舜于姚墟，故姓姚氏。"

　　前三书只说中了虞舜生活的某一点或某一方面，但未作全面概述。

而晋代皇甫谧所说的,属于一种文化,类似艺文。

解 读

虞舜,生于姚墟:姚墟在今濮阳县徐镇,"与雷泽相近"。历山,舜躬耕处,遗址在今鄄城县阎什镇历山庙村西。《水经注》:历山在"雷泽西南十里许,有小山孤立峻上,亭亭杰峙,谓之历山,有陶墟"。地之所在,"墟阜连属,滨带瓠河也",四周列水,潭而不流,水泽通泉,泉不耗竭,至丰鱼笋。

"陶河滨,渔雷泽":河滨,在曹州附近,为虞舜制作陶器之地。雷泽,也作雷夏泽,在今濮县东南。

"作什器于寿丘,就时于负夏":寿丘,在今山东曲阜东。

负夏,又称负瑕、瑕丘。今山东济宁市兖州区东北五里,邻近河南濮阳。虞舜在寿丘做的什器,及时拿到负夏这个地方交易。

凡虞舜曾经劳动生活过的地方,深受部落子民爱戴。一年所居成聚,二年成邑,三年成都。后舜移居妫汭,在河东虞乡县,今永济市虞乡镇西北。

妫水,在河东虞乡县,西流至蒲坂县南入于河。舜居其旁,娶尧之二女娥皇、女英,继尧帝之后统一中原,建都蒲坂。

蒲坂在山西、陕西、河南三省交界之处,地势险要。黄河在河口镇被吕梁山阻挡,折向南下,奔流于山西和陕西交界处的河谷中。当黄河流至潼关附近时,又被华山所阻挡,不得不再次改变方向,向东流去。在这里,黄河与沿岸山脉共同造就出了一批兵家必争之地,蒲坂为其中之一。

《史记·五帝本纪》:"舜耕历山,历山之人皆让畔。"元罗泌《历山考》:"历山有四,唯濮州有雷泽。耕渔必不相远,即此为是。"历山之上旧有舜庙,庙前古碑记载多次重修。元时,历山公千努曾在此建历山书院教育乡里子弟。现在的历山庙村,因历山之上建有舜庙而得名。2006年被列为省级文物保护单位。

按　语

　　翻开各种志书，有关舜的传说故事，像流星似的散开，遗留于各地。单就"舜耕历山"即有多处，如：山东历城县南五里"历城南对山，山上有舜祠。舜耕历山，亦云在此，山下有大穴，谓之舜井"（《水经注》）；山西永济市东南六十里雷首山亦名"历山"（《括地志》）；《汉书·地理志》载"无锡有历山"；《寰宇记》载"舜渔于余姚渔浦湖"，等等，不下十处，凡此类似的说法，只书其一。然而，本文几经梳理综合，虽达到全而精，但就其内容也仅春秋战国时期先贤哲人依据民间传说的一种推论，真正的三皇五帝史没有文字记载，究竟是哪样，谁都说不清。

注　释

　　①有虞氏：参见《世本·五帝世系》"帝舜有虞氏"。

　　②姚姓，名重华：见《左传·隐公八年》正义引《世本》"帝舜姚姓"。及《尚书·舜典》"曰若稽古帝舜，曰重华协于帝"。

　　③都君：见《孟子·万章上》："谟盖都君咸我绩。"孙奭疏："都君，即象称舜也。"清顾炎武《日知录·君》："人臣称君，自三代以前有之。《孟子》：'象曰：谟盖都君。'"黄汝成集释引阎若璩曰："是时，舜已为诸侯，故曰都君，非人臣也。"另见《史记·五帝本纪》："一年而所居成聚，二年成邑，三年成都。"

　　④东夷人：见《孟子·离娄下》"舜东夷之人也"。

　　⑤姚墟：姚墟在今濮阳县徐镇。《风俗通义·山泽》："谨案《尚书》舜生姚墟。"《正义括地志》云："孝经援神契云帝舜生于姚墟，即东郡也。"东郡即濮阳。应劭曰："姚墟与雷泽相近。"世称为姚城。《水经注·瓠子河注》曰："瓠子故渎，又东径桃城南。《春秋传》曰：分曹地，自洮以南，东傅于济，尽曹地也。今鄄城西南五十里有姚城，或谓之洮也。瓠渎又东南径清丘北。"谭其骧《中国历史地图集·春秋时期·郑宋卫》标注："洮。"

⑥历山：历山在今山东鄄城县阎什镇历山庙村。《元和郡县志》卷十二：〝历山在（雷泽）县西北十六里，史记曰舜耕历山。〞《水经·瓠子河注》曰：〝雷泽西南十许里有小山，孤立峻上，亭亭杰峙，谓之历山。山北有小阜，南属迆泽之东北。有陶墟，缘生言舜耕陶所在，墟阜联属，滨带瓠河也……皇甫谧曰：'或言今济阴历山是也，与雷泽相比。'〞谭其骧《中国历史地图集·战国时期·齐鲁宋》标注：〝历山。〞

⑦陶河滨：指靠近黄河边制作陶器。先秦〝河〞专指黄河。郭店战国楚简《穷达以时》作〝陶于河浦〞；上博战国楚简《容成氏》作〝陶于河滨〞。

⑧渔雷泽：《史记·夏本纪》注曰：〝雷夏既泽，雍、沮会同，'集解'：郑玄曰：'雍水沮水相触而合入此泽中，地理志曰雷泽在济阴城阳县西北。'索隐尔雅云'水自河出为雍'也。正义括地志云：'雷夏泽在濮州雷泽县郭外西北。雍、沮二水在雷泽西北平地也。'〞由此可见〝雷泽〞即〝雷夏泽〞。谭其骧《中国历史地图集·战国时期·齐鲁宋》标注：〝雷夏泽。〞成阳（即城阳）故城：山东省菏泽市胡集镇地下成阳故城，经文物部门认定为龙山至汉文化遗址。

⑨作什器于寿丘：什器，指生活器具。〝寿〞，上古通〝桃〞或〝陶〞，因此寿丘亦为桃丘、陶丘（非定陶国之陶丘）。与桃城有关，意为桃城附近的小山。

⑩就时于负夏：就时，即乘时，及时拿到负夏集市交易。负夏，《礼记·檀弓上》有〝曾子吊于负夏〞，郑玄注曰：〝负夏卫地〞，皇甫谧亦同。负夏又曰瑕丘，同书〝公叔文子升于瑕丘，蘧伯玉从。文子曰：乐哉斯丘也，死则我欲葬焉〞。谭其骧《中国历史地图集·春秋时期·郑宋卫》标注：〝瑕丘（负夏）。〞在今濮阳县五星乡堌堆村。

⑪孝养父母，善待亲人及邦国子民：见上博战国楚简《容成氏》。

⑫妫汭：《史记·五帝本纪》云：〝舜居妫汭。〞《今文尚书·尧典》曰：〝厘降二女于妫汭，嫔于虞。〞《尚书·正义》曰：〝妫水在河东虞乡县历山西，西流至蒲坂县，南入于河，舜居其旁。周武王赐陈胡公之姓为妫，

为舜居妫水故也。"

⑬蒲坂：《水经注》卷四"蒲坂县"："《地理志》曰：'县故蒲也。'王莽更名蒲城。应劭曰：'秦始皇东巡，见有长坂，故加坂也。'孟康曰：'晋文公以赂秦，秦人还蒲于魏，魏人喜曰：蒲反矣，故曰蒲反也。'薛瓒注《汉书》曰：'《秦世家》以垣为蒲反，然则本非蒲也。'皇甫谧曰：'舜所都也。'"《史记正义·宋永初山川记》云："蒲坂城中有舜庙，城外有舜宅及二妃坛。"即今山西永济市，先秦属冀州；《史记正义》曰："蒲州河东县本属冀州。"隋开皇十六年（596）蒲坂县移治城东，于蒲坂故城置河东县。皇甫谧《帝王世纪》："或营蒲坂妫汭，嫔于虞，故因号有虞氏。"由此，妫汭与蒲坂实为一地。

⑭为中原邦国之盟主：见《中国通史》（五卷本）："在尧舜时期，各地已产生邦国，并出现邦国联盟。尧、舜、禹最初都是各自邦国之君，也先后担任过中原地区邦国联盟的盟主……我们可以看到，尧舜禹是双重身份，他们首先是本邦本国的邦君，又都曾担任过邦国联盟的'盟主'，亦即'霸主'。夏商周三代之君'天下共主'的地位，就是由尧舜禹时期邦国'盟主'或'霸主'转化而来的。"

⑮九嶷山之阳：《史记·五帝本纪》曰："践帝位三十九年，南巡狩，崩于苍梧之野。葬于江南九疑，是为零陵。"《礼记·檀弓上》："舜葬于苍梧之野。"东汉郑玄注："舜征有苗而死，因留葬焉。"《今文尚书》："舜生三十征，庸二十，在位五十载，陟方乃死。"《帝王世纪》："有苗氏叛，南征，崩于鸣条。年百岁，殡以瓦棺，葬苍梧九疑山之阳，是为零陵。"

⑯商均：《帝王世纪》："（舜）有二妃，元妃娥皇，无子；次妃女英生商均。"

其他重要参考资料

1. 郭店战国楚简《穷达以时》："舜耕于鬲山，陶拍于河浦，立而为天子。"

2. 上博战国楚简《容成氏》载："昔舜耕于历丘，陶于河滨，渔于雷泽，孝养父母，以善其亲，乃及邦子。"

3.《墨子·尚贤下》载："舜耕于历山，陶于河濒，渔于雷泽，灰于常阳。尧得之服泽之阳，立为天子。"

4.《吕氏春秋·孝行览·慎人》载："舜耕于历山，陶于河滨，钓于雷泽，天下说之，秀士从之，人也。"

5.《管子·版法解》载："舜耕历山，陶河滨，渔雷泽，不取其利，以教百姓，百胜举利之。此所谓能以所不利利人者也。"

6.《淮南子·原道训》载："昔舜耕于历山，期年而田者争处垮埆，以封壤肥饶相让；钓于河滨，期年而渔者争处湍濑，以曲隈深潭相予。"

7.《韩非子·难一》载："历山之农者侵畔，舜往耕焉，期年甽亩正。河滨之渔者争坻，舜往渔焉，期年而让长。"

陈轸再考

陈月海

陈轸，齐国临淄人，战国时期著名的纵横家，陈齐宗室，颍川陈氏始祖。

陈轸生卒年代，史籍无确载，但据其纪事，大约生于公元前四世纪五十年代中期，卒于公元前三世纪初期。一般认为他和张仪、犀首（即公孙衍）是同代人。细考之，老道输于张仪而苏秦称其为"公"。据其行事推考，约生于公元前354年，即生于齐威王因齐继位三年。陈轸非齐王室嫡系，因此，陈轸为齐威王、齐宣王时期的人，陈完十四代孙。卒年推定在最后一次三晋联齐抗秦之后，约在公元前298—公元前296年。享年近六十。

陈轸祖籍出生地，史载不详，但并非无迹可寻。《史记》本传虽未明确，但在《田完世家》"苏代谓田轸"的对话中"陈轸""田轸"并用，这无疑是说陈轸属"陈完奔齐"这一族群，生于临淄，为王室直系。《战国策·楚策一》说"陈轸，夏人也，习于三晋之事"，这里是指陈轸在封颍川侯后来到封地禹州，并非陈轸出生地。至于《秦策二》秦王对陈轸所说"子，秦人也"，姚宏已注明"先仕于秦，故言秦人也"，犹如今人言第二故乡。《新唐书·宰相世系表》载陈轸世系，虽然代际关系错乱，但是却指明他出自齐国宗室，这还是反映出历史的真实性。明代凌稚隆《史记评林》指出"轸，盖齐人"。凌氏所论，虽说承接前人观点，但更为确切。

公元前329年，出仕秦国。陈轸、张仪共事秦惠王，贵重争宠。张仪数度向秦惠王谗言陈轸"自为而不为国也""常以国情输楚，……愿王杀之"。秦惠王怒而谓陈轸曰："吾闻子欲去秦而之楚，信乎？"陈轸曰："然。"王曰："仪之言果信也。"轸曰："非独仪知之也，行道之人皆知之。曰：'孝己爱其亲，天下欲以为子；子胥忠乎其君，天下欲以为臣。卖仆妾售乎闾巷者，良仆妾也；出妇嫁乡曲者，良妇也。'吾不忠于君，楚亦何以轸为忠乎？忠且见弃，吾不之楚，何适乎？"秦王以为然，遂善待之。

公元前328年，陈轸离开秦国来到楚国。由于张仪的游说，魏国把上郡十五县和河西重镇少梁献给秦国。张仪因功拜相，陈轸居秦期年而奔楚。此后陈轸主要任事楚国，并常行走于楚、齐、秦、魏之间。

公元前323年，劝退昭阳攻齐之兵。楚国派大司马昭阳领兵伐魏，覆军杀将，破襄陵，得八邑，而后移兵攻齐。此时，陈轸为秦使齐，齐威王向他问计。陈轸身为齐人，宗国被兵，毅然挺身而出，愿为齐王出使，面见昭阳，说服其退兵。他来到昭阳军营，再拜并祝贺其胜利，曰："今君相楚而攻魏，破军杀将，功莫大焉，冠之上不可加焉。今又移兵而攻齐，攻齐胜之，官爵不加于此；攻之不胜，身死爵夺，有毁于楚。故君之攻齐，乃画蛇添足也。不若引兵而去以德齐，此持满之术也。"昭阳曰"善"，引兵而去。

同年，陈轸至魏。时值张仪为魏相，又在魏惠王面前中伤陈轸，说："轸尤善楚，为求地甚力。"陈轸将计就计，"因使人以仪之言闻于楚，楚王喜，欲复之"。因此，陈轸回楚。

公元前322年，谏止楚王逐张仪于魏国。陈轸曰："王何逐张子？"曰："为臣不忠不信。"曰："不忠，王无以为臣；不信，王勿以为约。且魏臣不忠不信于王何伤？忠且信于王何益？逐而听则可，若不听，是王令困也。且使万乘之国免其相是城下之事也。"

公元前319年，出使过魏，为犀首献复相主事之策。犀首遵行，告之魏王后，陈车于庭，明言之燕、赵。齐闻之，恐后天下而得魏，故以事属犀首。燕赵楚三国先后以国事属犀首。犀首复相魏,主天下事。翌年,魏燕韩赵楚五国共攻秦。这是第一次声势浩大的合纵抗秦。

公元前318年,五国攻秦,建议秦王抚慰义渠。陈轸曰:"义渠蛮夷之贤者也,不如赂之以抚其志。"然而因犀首设预在先,义渠起兵袭秦,大败秦人于李伯之下。次年,因五国攻秦失败,秦反攻,败韩、赵、魏于修鱼。

公元前314年,向楚王献救韩存楚之策。秦攻魏,取曲沃,降焦。魏将犀首走岸门,秦、韩岸门之战在即。韩国危急,欲献地和秦共攻楚。楚怀王闻讯大恐,急召陈轸而告之。陈轸曰:"秦韩并兵南乡(向)楚……王听臣为之,警四竟(境)之内,兴师救韩,名(命)占(战)车,盈夏路;发信臣,多其车,重其币,史(使)信王之救己也。"于是楚怀王虚张声势以救韩,实行反间、缓兵之计以存楚。韩信楚,绝秦和,与秦战于浊泽,败于岸门。"轸为楚相,封颍川侯",当在其时。

公元前313年,谏楚王不要与齐绝交。《秦策二·齐助楚攻秦章》载,秦欲伐齐,而齐楚邦交正睦,便以献地为诱饵离间齐楚。陈轸谏曰:"夫秦所以重王者,以王有齐也。今地未可得而齐先绝,是楚孤也。秦又何重孤国?……是西生秦患,北绝齐交,则两国兵必至矣。"怀王不听,终招兵祸。

公元前312年,秦楚交兵,楚国失汉中,败蓝田。韩、魏趁楚之困而攻楚。同年,据《水经·济水注》引《竹书纪年》载:"襄王七年,韩㑋率师伐襄丘",韩、魏相攻,久而不解。秦惠王正为是否出兵而犹豫,恰遇陈轸使秦,便问计于陈轸,陈轸对以卞庄刺虎之计。秦惠王依计,坐观成败,一举而服韩、魏。是年,楚攻韩,围雍氏,继而秦助韩攻楚。《战国纵横家书·苏秦谓陈轸章》记载,苏秦劝陈轸促楚怀王与秦、韩讲和,结好秦、韩。楚怀王采纳陈轸建议,"东解于齐,西讲于秦"。

公元前310年,陈轸适魏而之齐。张仪欲穷陈轸,令魏王召而相之,来将囿之。将行,其子陈麛止之曰:"夫秦欲绝楚、齐,必重迎公。……公至宋,道称疾而勿行,使人谓齐王曰'魏之所以迎我者,欲以绝齐楚也。'"至齐，齐宣王曰："子果无之魏而见寡人也，请封子。"因以鲁侯之车迎之。

公元前307年，谏楚王勿救宜阳。《楚策三·秦伐宜阳章》载，秦伐韩之宜阳，楚王谓陈轸曰："寡人闻（韩）㣲巧士也，习诸侯事，殆能自免也。为其必免，吾欲先据之以加德焉。"陈轸对曰："舍之，勿据也。以韩㣲之智，于此困焉。……"宜阳果拔。陈轸见事之明，又避免一次秦兵压境。

公元前304—公元前300年，发生的重大事件有：秦楚关系改善并于次年破裂；秦齐韩魏联合攻楚；昭鱼告老；陈轸离开楚国去魏国。

公元前298年，陈轸仕魏，力劝齐国与三晋联合抗秦。秦伐魏，陈轸合三晋而东谓齐王曰："能危山东者，强秦也。不忧强秦，而递相罢弱，而两归其国于秦，此臣所以为山东之患。天下为秦相割，秦曾不出力；天下为秦相烹，秦曾不出薪。何秦之智而山东之愚耶？愿大王之察也。今三晋已合矣，复为兄弟约，而出锐师以戍梁绛、安邑，此万世之计也。齐非急以锐师合三晋，必有后忧。"齐王敬诺，果以兵合三晋。齐、魏、韩联合抗秦，历时三年，攻入函谷关，危及咸阳，迫使秦国归还所侵韩、魏之地。

公元前298年—公元前296年，是陈轸政治活动的最后时期。

陈轸墓，位于禹州老官陈村村背林子坎下，墓地旧址仍在。1972年4月，老官陈村在村中出土一块"颍川侯陈轸故里"石碑。

另据淄博市临淄区《辛店街道志·文物古迹》载，陈轸墓在渠村庄东殷家湾（又名沟子底），当地人叫轸冢子，墓封土8米，顶部直径6米。

陈轸墓地，今存两处之说，一处在故国山东临淄，一处在封邑颍川，这两处必有一处为衣冠冢。

陈鹰小传

陈月海

陈鹰，陈轸之子，生卒年不详。自小随父学黄老术，长大后亦成为一代名士。他对事物的判断力与洞察力，甚为超人。

公元前310年，陈轸适魏而之齐。张仪想谋害陈轸，叫魏王召他来许以相国，待他到了就囚禁起来。

陈轸将要走时，儿子陈鹰阻止他出行并说："此事谋划得很深，不可不详察。郑强离开秦国时所说的话，我是知道的。魏国想要断绝楚齐联盟，一定会隆重地迎接您。郢都（注：古地名，春秋战国时期楚国国都）中同您不友好的人想让您离开，一定会劝楚王多给您出使车辆。您到了宋国，途中称病不再前行，派人对齐王说："魏国迎请我的原因，是想要断绝与齐楚联盟。"于是，轸依计行事，果不其然。齐宣王说："先生果然不去魏国而来看望寡人，请封赏您。"于是，齐王就用迎接鲁侯之车来迎接陈轸（详见《战国策·魏策一》）。

按　语

陈轸之子，史书只载陈鹰一人，其他未见。鹰，古同应。《唐表》载："轸楚相，封颍川侯，因徙颍川，称陈氏。生婴，秦东阳令史。"由于"鹰、婴"同音，因而误为"婴"被载入《唐表》。

读史有感

陈可勇　陈　平

颍川陈氏，是陈姓中最为显赫的一支。

颍川陈氏的始祖，《新唐书·宰相世系表》及族谱皆记载："齐王建为秦所灭。三子：升、桓、轸。桓称王氏。轸，楚相，封颍川侯，因徙颍川，称陈氏。生婴，秦东阳令史。婴生成安君余，余生轨……"也就是说，颍川陈氏的始祖叫陈轸，他是战国齐王建的季子。

在《颍川世系上源辨析》和《颍川侯陈轸辨证和释疑》文中（见《颍川陈氏考略》第127页、133页），经考辨，基本上得出新的结论：颍川侯陈轸不是战国齐王建季子，而是战国时期纵横家陈轸。理由归结为两点：一是《唐表》中的人物与时间不合，二是陈轸封侯与历史事件相应。就此两点，再考析如下：

一、《唐表》中的人物与时间不合

齐王建，约生于公元前280年，卒于公元前221年，山东临淄人，战国齐国末代君王。那么，齐王建季子，其生年则不会早于公元前250年。（见《颍川陈氏考略》第136页）

陈婴，《史记卷七·项羽本纪·第七》记载："陈婴者，故东阳令史，居县中，素信谨，称为长者。"秦二世二年（前208）陈婴起兵时即称为"长者"，说明陈婴当时至少40岁，则陈婴生于公元前约250年。陈婴卒于公元前183年，东阳（今安徽天长）人，秦二世为东阳县令史，楚义帝封上柱国，汉高祖封堂邑侯。

陈余，《史记·卷八十九·张耳陈余列传·第二十九》记载："余年少，父事耳……"说明陈余至少小张耳15岁。张耳，大梁人，生于公元前264—公元前202年，由此能推陈馀约生于公元前249年。陈余卒于公元前204年，也是大梁人，赵王歇封陈余为代王，号成安君。今成安县由此得名。

由此可以看出，齐王建季子、陈婴、陈余是同代人，年龄相当。所以，陈余的父亲不是陈婴，祖父和曾祖父也不是齐王建季子和齐王建。

二、陈轸封侯与历史事件相应

公元前223年，楚国被秦所灭。此时的齐王建季子，年龄当在25岁左右，既无资历又无名望，怎能有机会去楚国拜相封侯？这与史不符。所以，陈轸不是战国齐王建季子，盖成为定论。

那么，战国纵横家陈轸，又是何时拜相封侯？先看以下几例分析：

1. 公元前317年，秦韩战于浊泽，韩国处境危急。韩相公仲侈向韩宣惠王献一石二鸟之计，欲通过秦相张仪议和向秦国送上一座名城，与秦联合攻楚。

当楚怀王熊槐得知秦韩要联合攻楚时，《战国策·韩策一·秦韩战于浊泽》《史记·卷四十五·韩世家·第十五》记载："楚王闻之大恐，召陈轸而告之。"

一国军政大事在紧急时刻，君王首先找谁来商议，当然是他的令尹等重臣！由此看来，此时的陈轸不是楚国令尹也是大夫。于是，陈轸向楚怀王献反间计，要楚怀王大张旗鼓地在全国调集军队，让战车浩浩荡荡地塞满道路，声称要救援韩国，以阻止秦韩合兵。

结果，韩宣惠王果然中计，与秦国断交，不与秦联合攻楚。秦惠文王嬴驷很是恼怒，反而增派部队，与韩国大战于岸门。此时的楚国却坐山观虎斗，韩军大败。

按强省吾《中华川姓源流》说："陈轸的反间之计运用成功，解除了楚国被两面夹击的态势，被楚怀王封为颍川侯，是为颍川陈氏始祖。"此说甚有道理，另从张仪在魏王面前说陈轸坏话中看出，谓"轸善事楚，为求地也甚力"（见《四库全书·战国策》卷二十二）。"为求地也甚力"，可以理解为：即使为楚国求扩大地盘，也是为自己求封地，两者统一。这话虽是张仪恶语诋毁别人，但也反映出"建功立业，封侯荫子"为战国时期策士们的共同追求。陈轸因功封侯，当在此时。

2.《史记·卷四十·楚世家·第十》记载："十六年，秦欲伐齐，而楚与齐从亲，秦惠王患之，乃宣言张仪免相，使张仪南见楚王……"于是张仪由秦至楚，一面重金收买楚怀王宠臣替他说话，一面扬言：只要楚齐绝交，秦愿以商于六百里大小的秦地献楚，离间齐楚之交。陈轸竭力反对，对楚王说："秦所以重王者，以王有齐也。今地未可得而齐先绝，是楚孤也，秦又何重孤国？……西生秦患，北绝齐交，则两国兵必至矣！"楚王不听，终招兵祸。

这件事，《史记·卷八十四·屈原贾生列传·第二十四》亦载："屈平既绌，其后秦欲伐齐，齐与楚从亲，惠王患之，乃令张仪详（同'佯'）去秦，厚币委质事楚……"楚怀王利令智昏，不但未能听取陈轸的意见，反而罢黜了陈轸，任张仪为令尹，时在公元前313年。

几个月后，楚怀王发现上当受骗了，恼羞成怒，仍一意孤行，于公元前312年派兵大举进攻秦国，经过"丹阳之战"和"蓝田之战"，楚军大败，损失惨重，从此楚国一蹶不振。后魏文帝曹丕读史至此而盛赞陈轸："贤矣陈轸，忠而有谋。楚怀不从，祸卒不救。"（见《先秦汉魏晋南北朝诗·魏诗》卷四）

3. 那么，陈轸被罢黜的是令尹还是大夫？

公元前310年，《战国策·魏策一·张仪欲穷陈轸》记载：失去了秦武王嬴荡信任的张仪回到魏国，被魏襄王魏嗣任命为相。其时，齐国准备讨伐魏国，为了阻止楚齐修复关系，分化和齐力量，又故技重演，对陈轸"令魏召而相之，来将圄之"。意思是，既然楚国已不再任用陈轸为令尹，就请你到我魏国来做丞相吧。前后联系起来看，陈轸在楚国被罢黜的是令尹。

张仪的计谋是想等陈轸一到，立即把他囚禁起来。可是这个计谋被陈轸的儿子陈应识破，阻止陈轸前往，结果陈轸中途称病，转而去了齐国。齐宣王辟疆闻讯，"因以鲁侯之车迎之"（《战国策·魏策一·张仪欲穷陈轸章》）。齐宣王用迎接鲁侯规格来迎接陈轸，在那个讲究礼仪规制的时代，说明此时陈轸的身份、地位，确实显赫。

再来看宋公文《战国时期楚国令尹序列考述》与骆科强《楚令尹昭鱼考》，两文中列出了楚怀王熊槐时期（公元前328年—公元前299年）的令尹任职时间：

昭鱼，约公元前328年至约公元前320年任令尹；

昭阳，约公元前320年至约公元前318年任令尹；

张仪，公元前313年，任令尹仅一月或数月；

昭鱼，约公元前313年至公元前299年任令尹（这是昭鱼第二度出任令尹）。

纵观整个楚怀王时期，唯有楚怀王中期的约公元前318年至公元前313年之间，由谁任令尹，"不可确知"。

对照上述分析，陈轸在楚国拜相时间，可以推断在公元前318年至公元前313年之间，极有可能是在公元前318年后，接替昭阳出任令尹。先楚相后封侯，符合《唐表》行文的先后次序。

陈轸，齐国临淄（今山东临淄）人，后徙居颍川，且为颍川人。《战国策·楚策一·张仪相秦谓昭雎》说"陈轸，夏人也"，是指陈轸封侯后徙居夏邑，遂为夏人。

《唐表》及多数族谱载颍川陈氏始祖为齐王建季子，实属误会。造成此谬的原因，正如台湾宋代以前的各派旧谱序所云：田齐传至齐王建，为秦所灭，是在公元前221年。建生三子，升、桓、昌。升、桓出走北海、陈留，后世改为王姓；昌公遭难奔颍川族祖轸公之后，恢复陈姓，成为颍川陈氏之另一支。由此得出了答案。可是到了后来却讹传为齐王建季子"轸,楚相,封颍川侯,因徙颍川,称陈氏",此讹误至宋被收入《唐表》。

公元前298年后,在楚国的政治活动中未见陈轸的身影,此时或许因病回到封地颍川。今禹州市火龙镇老官陈村1972年出土一块"颍川侯陈轸故里"石碑,证明这里是他的第二故乡。

作者简介

陈可勇,男,1947年9月生,新建人,大专,退伍军人。2007年9月退休于江西省税务局。

陈平,男,1963年9月生,湖南沅陵人。湖南大学经济与贸易学院经济学专业毕业,现任国家电投五凌电力公司工程师、高级技师。

陈余传记

陈梓强

陈余（约前246—前204），魏国大梁人，好儒术，曾多次游历赵国的苦陉，并在苦陉娶公乘氏女为妻。

秦灭魏后，悬赏拘捕张耳者赏千金，捉住陈余者赏金五百。两人惧怕而匿名逃到陈地（今淮阳），充当里监门以维持生活，两人相处为刎颈之交。

公元前209年，陈胜在蕲州起义，打到陈地，有兵数万。张耳、陈余求见陈胜。陈胜数闻张耳、陈余贤能，只是未曾相见，这次见到非常高兴。

陈地的豪杰父老以利害关系劝陈胜称王。陈胜问张耳、陈余，对曰："秦国无道，占领了人家的国家，毁灭了人家的社稷，断绝了人家的后代，掠尽百姓的财物；将军不顾万死一生，为天下人除残去暴。如今刚打到陈地就称王，在天下人面前显示出自己的私心。希望将军不要称王，赶快率兵向西挺进，派人去拥立六国的后代，作为自己的党羽，给秦国多增加敌对势力。则秦国敌人多了，它的力量就越分散，我们的党朋越多，兵力就越强大。各诸侯国在灭亡后又得以

陈余像

复立，施以恩德感召他们，如此，那么帝王大业就成功了。如今只在陈地称王，恐怕天下的诸侯就会懈怠不相从了。"陈胜没听从他们的意见，于是自立为王，建立张楚政权。

陈余再次规劝陈胜说："大王调遣梁、楚的军队向西挺进，当务之急是攻破函谷关，来不及收复黄河以北的地区，我曾遍游赵国，熟悉那里的杰出人物和地理形势，希望派一支军队，向北出其不意夺取赵国的土地。"于是，陈胜任命自己的老朋友陈地人武臣为将军，邵骚为护军，张耳、陈余担任左右校尉，拨给三千人的军队，向北夺取赵地。

在到邯郸时，张耳、陈余听说周章的部队已进入关中，可在戏水地区遇到秦将章邯又败下阵来；且又听说为陈王攻城略地的各路将领，多被谗言所毁，获罪被杀。于是就规劝武臣说："陈王在蕲县起兵，到了陈地就自立为王，不一定要拥立六国诸侯的后代。如今，将军用三千人马夺取了几十座城池，独据河北广大区域，如不称王，不足以使社会安定下来。"武臣听从了他们的劝告，于是，自立为赵王。任用陈余为大将军，张耳做右丞相，邵骚做左丞相。

武臣派人回报陈胜，陈胜听了大怒，想要把武臣等人的家族杀尽，发兵攻打武臣。相国房君劝阻说："秦国还没有灭亡而诛杀武臣等人的家族，这等于树立了一个像秦国一样强大的敌人。不如趁机向他祝贺，让他火速带领军队向西挺进，攻打秦国。"陈胜听从了他的计策，把武臣等人的家属迁移到宫里，软禁起来。并封张耳的儿子张敖做了成都君。

陈胜派使者向武臣祝贺，叫他火速调动军队向西进入关中。张耳、陈余规劝武臣说："大王在赵地称王，这并非楚国的本意，只不过是将计就计来祝贺大王。楚王灭掉秦国之后，一定会加兵于赵。希望大王不要向西进军，要向北发兵夺取燕、代，向南进军收缴河内，扩充自己的势力范围。这样，赵国向南依靠大河，向北拥有燕、代，楚王即使战胜秦国，也一定不敢强制赵国。"武臣认为他俩讲得对，因而，不向西发兵，而派韩广去夺燕地，李良去夺常山，张黡去夺上党。

章邯引兵至邯郸，张耳和赵王歇逃入巨鹿城，被秦将王离团团围住。

陈余在北边收集常山的残余部队几万人，驻扎在巨鹿城以北。章邯的军队驻扎在巨鹿城以南的棘原，修筑甬道与黄河连接，给王离运送军粮。王离兵多粮足，急攻巨鹿。巨鹿城内粮少兵寡，张耳多次派人召陈余前来救援，陈余考虑到自己的兵力不足，敌不过秦军，不敢前往。相持了几个月，不见救兵，张耳大怒，就派张黡、陈泽前去责备陈余。陈余说："我估计即使向前进军，最终不光救不了赵，还要白白地全军覆没。况且我不去同归于尽，还要为赵王、张君向秦国报仇。如今一定要去同归于尽，如同把肉送给饥饿的猛虎，有什么好处呢？"张黡、陈泽说："事已迫在眉睫，需要以死来确立诚信，哪里还顾得上以后的事呢！"陈余说："我死无所顾惜，只是死而无益，但是我一定按照二位的话去做。"于是派五千人马让张黡、陈泽先去试攻秦军。结果，到了前线全军覆没。

正当此时，燕、齐、楚听说赵国危急，都来救援。张敖也向北收聚代地兵力一万多人赶来，都在陈余旁边安营扎寨，不敢攻击秦军。项羽的军队多次截断章邯的甬道，王离的军粮缺乏，项羽率领全军渡过黄河，打败了章邯。章邯引兵溃退，各诸侯的军队才敢攻击巨鹿的秦国军队，于是俘虏了王离。秦将涉间自杀身亡，巨鹿终于解围。

于是赵王歇、张耳才得以出巨鹿城，感谢各国诸侯。张耳和陈余相见，因责备陈余不肯救赵以及追问张黡、陈泽的下落，陈余恼怒地说："张黡、陈泽以必死责臣，臣派他们带领五千人马尝试攻打秦军，结果全军覆没。"张耳不信，以为把他们杀了，多次追问陈余。陈余大怒说："没料到您对我的怨恨如此之深啊！难道您以为我舍不得这将军的职位吗？"说着就解下印信，推给张耳。陈余独自和他部下亲信几百人去黄河边的湖泽捕鱼围猎去了。从此，陈余张耳怨恨越深。

赵王歇回居信都，张耳跟随项羽和其他诸侯进入关中。公元前206年二月，项羽封诸侯为王，封张耳做常山王，设立信都，并把信都改名为襄国。

陈余旧有的宾客多人规劝项羽说："陈余、张耳同样对赵国有功。"可是项羽因为他不随从入关，又听说他在南皮，就把南皮周围的三个县封给他，把赵王歇迁都代县，改封为代王。

张耳去他的封国，陈余更加恼怒，说："张耳和我功劳相等，今张耳封王，我独封侯，这是项羽不公平。"

及至齐王田荣背叛楚国，陈余以理说田荣并向田荣借兵，田荣也想在赵国树立党羽用以反对楚国，就派遣了军队听从陈余指挥。于是陈余调动了所属三个县的全部军队袭击常山王张耳。张耳败逃，投奔汉王刘邦去了，汉王以优厚的礼遇接待了他。

陈余打败张耳以后，全部收复了赵国的土地，把赵王从代县接回来，又做了赵国的国君，赵王感恩陈余，封陈余为代王。公元前205年，汉王向东进击楚国，派使者通知赵国，要和赵国共同伐楚。陈余说："只要汉王杀张耳，赵国就从命。"于是汉王找到一个和张耳长得相像的人斩首，派人拿着人头送给陈余，陈余才发兵助汉。汉王在彭城以西打了败仗，陈余也觉察张耳没死，就背叛了汉王。

公元前204年，汉军平定魏地不久，派张耳和韩信打破了赵国的井陉，斩杀成安君于泜水河畔，追杀赵王歇于襄国。嗟乎，一代英豪、河北义军领袖，经略赵地，一败李良，再败张耳，立赵王歇，叱咤风云，亡于泜水。

今古成安城西北部，有一座雄伟壮观的庙宇，名曰"成安君祠"，又名"陈余庙"。两千多年来香火不断，祭供常有，而历代又多次修葺、扩建。不以成败论英雄，他还是活在人们的心中。

作者简介

陈梓强，男，1957年6月生，武昌人，义门陈乐平庄后裔，热衷于陈氏历史文化研究。武汉舜裔陈氏研究院创始人之一，常务副院长。

陈武帝草书考

蒋伯良

陈霸先青少年时代虽然种过田打过鱼，但他学文习武，多才多艺，眼界见识要远远超出同辈之人。姚思廉的《陈书》称陈霸先"少倜傥有大志，不治生产。既长，读兵书，多武艺，明达果断，为当时所推服"①。要是完全按照姚思廉所说，陈霸先只接触过兵书和武艺的话，那么，这种知识结构充其量只能帮助陈霸先成为一代名将。而李延寿的《南史》则称陈霸先"涉猎史籍，好读兵书，明纬候、孤虚、遁甲之术，多武艺"。②在李延寿记载中，陈霸先的接触范围多了"史籍"和当时的天文地理知识，这种知识结构才有可能让陈霸先后来在政治上有所作为。

今天仍有很多人不了解陈霸先，认为陈霸先不过是陈胜吴广之流的草莽英雄，不知道他在当时同辈人中，除了出身低微外，算得上是一个文化水平很高的人。据史籍记载，他不仅读过兵书史籍，还能发《金光明经》题，开讲佛经③。陈霸先有演讲才华，梁承圣元年（552）二月，陈霸先东路大军与王僧辩西路大军会师白茅洲，两路大军歃血盟誓，陈霸先发自肺腑，慷慨陈词，直说得将士们声泪俱下。④梁绍泰二年（556）五月，由于北齐背叛盟约，再次发兵芜湖入侵建康，陈霸先率领梁朝宗室与文武朝臣来到大司马门外的白虎阙下，对天盟誓，共同抗击北齐，陈霸先"发言慷慨，涕泗交流，同盟皆莫能仰视，士卒观者益奋"⑤，陈霸先的演讲是一次出色的战前动员，具有很强的感染力，从而奠定了第二次建康保卫战的完胜基础。陈永定二年三月二十二日，陈霸先处理诉讼完毕，与群臣同在桥上观看山水，当场"赋诗示群臣"⑥。没有一定的文学修养，就难以赋诗，赋诗没有文采，也不敢拿出来示人。陈霸先不仅能赋诗，还能展示给群臣看，说明他在文学艺术上也有一定修养。

一、陈武帝草书的来龙去脉

1995年国际文化出版公司出版了王化成主编的《中国历代皇帝书迹选》，其中有一幅"陈武帝草书集字"，不知是谁人整理。而究其来源，却都出自《淳化阁帖》第五卷"古法帖"。"陈武帝草书集字"四十六字，有四十一字从中选出，只有"写"，第二个"忽""愈""朔""旧"五个字没有着落。而在1924年"扫叶山房"出版的《草书大字典》中，"古法帖"内连"恶""会"

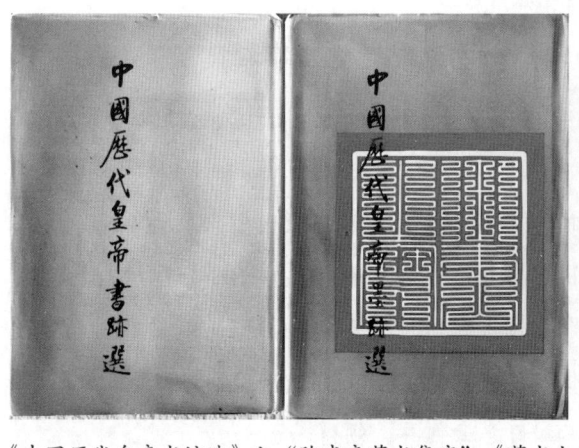

《中国历代皇帝书迹选》之"陈武帝草书集字"、《草书大字典》

《草书大字典》部分字迹截图，书中共有54个字标注为陈武帝所书

等字也被确认是陈霸先所写⑦。那么这"古法帖"是否陈霸先手迹呢？

扫叶山房的《草书大字典》当时延请名人，"悉心编纂，上起汉魏，下迄明清，以及薄海同文之国，广探遍索，举凡真迹之流传，法帖之刊布，其一点一画稍有变异者，莫不采撷。"历时数载才得以编成。"古法帖"中共有54个字被字典编纂者标注为陈武帝所书。这标注必然有一定依据，不会是无聊之举。而且，当时正值民国初年，社会舆论提倡共和，贬斥帝制，如凭空捏造陈武帝手书，于人于己都无必要。

二、《淳化阁帖》卷五"古法帖"之文字释读

读"古法帖"释文，里面确有与陈霸先相关的元素，现综合参照前人，为之释文并标点如下：

足下既即，意适闲旷，亦当忘暑耶？游瞩疎数慰，对告卿子：吾今年病垂耳，始小差，大小会床疾，惝忽移日耳！每每深望远，言慰尚赊，慨然。立、昌寄与，音介匆匆书复。既即直人，理略绝，何缘复有周旋理？长史断阔，亦不减卿，唯公事时相瞻望耳，吾面信遂至今不著，不可解。计至，故应必有香，但不知好恶云何耳，须得……

以上释文，前人的认字断句各有不同，其中"子""立"两字，都

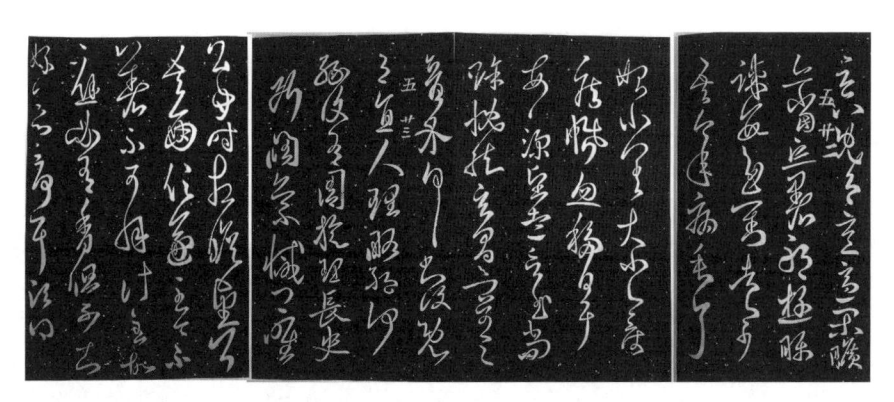

天津古籍出版社1996年7月版《淳化阁帖》中的陈霸先书迹

读成"少""玄",文意不通。"卿子"两字可连用成词,系对男子尊称,如"卿子冠军";"立"与"昌"都是陈霸先儿子。陈立在陈永定二年八月时已死,被追封为"豫章王",谥号为"献"[⑧];陈昌,字敬业,是陈霸先第六子,陈霸先在世时还羁留在北周,陈朝仍封其为"衡阳王"[⑨]。

上述文字,前人曾有各种读法,要而言之,分这样几种:

1. 清朝人徐朝弼在肃府本《淳化阁帖》中释文如下:

足下既有意适闲旷亦当忘暑耶游瞩踈数慰(蒋按,在《草书大字典》中,释为"至"字)对者卿(按,"者卿",兰朱本俱作"告今";蒋按,在《草书大字典》中释为"告今")少吾今年病垂了(按,"了"字,兰朱本俱作"耳"字)如小差大小今床(按,"今床",兰朱本俱作"会使")疾惜忽移日耳每每深望远言慰尚赊慨然玄昌寄与(按,"昌寄与",兰本作"过寄与",朱本作"哥哥问可足")音介勿勿书复既与宜人理略绝何缘复有周旋理长史断阔亦不减卿唯公事时相瞻望耳吾面信遂至今不著不可解

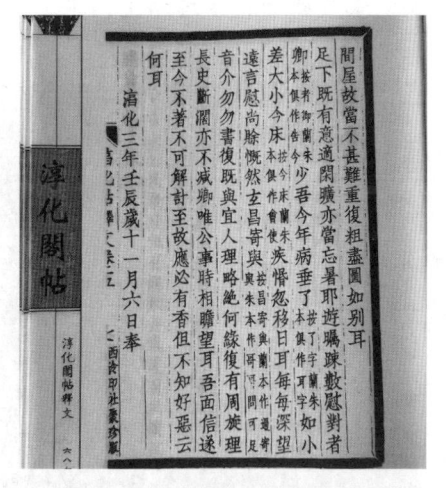

天津古籍出版社1996年7月版《淳化阁帖》中清代徐朝弼的释文

计至故应必有香但不知好恶云何耳。⑩

2. 钦定四库全书中《绛帖平》卷一，姜夔释文如下：

足下既有意适闲旷亦当忘暑耶遊瞩疎数至对告卿少吾今年病垂耳始小差大小今度病憪忽移日耳每每深望远言慰尚赊慨然玄日具问可与音介匆匆书后既即直人理略绝何缘复有周旋理长史断阔亦不减卿惟公事时相瞻望耳吾面促遂至今不着不可解计至故应必有秀但不知好恶云何耳须得。⑪

3. 商务印书馆1999年版清严可均《先唐文》,将其作为阙名"杂帖"收入，标点如下：

足下既有意适间旷，亦当恶暑邪？游瞩疏数慰对古今少吾今年病垂耳。一始小瘥，大小会始病憪忽移日耳。每每深望远言，慰尚赊，慨然。玄过□之（姜作玄日具问可与）音介匆匆书复。既与直人理略绝，何缘复有周旋理？长史断阔亦不憾卿，唯公事时相瞻望耳。吾面信遂至今不著，不可解。计至故应必有香，但不知好恶云何耳。须得。⑫

4. 北京故宫博物院藏《大观帖》释文如下：

足下既有意适闲旷亦当忘暑耶游瞩疎数慰对告今少吾今年病垂耳始小差大小今床疾憪忽移日耳每每深望远言慰尚赊慨然玄昌之问可与音介匆匆书复既与直人理略绝何缘复有周旋理长史断阔亦不减卿惟公事时

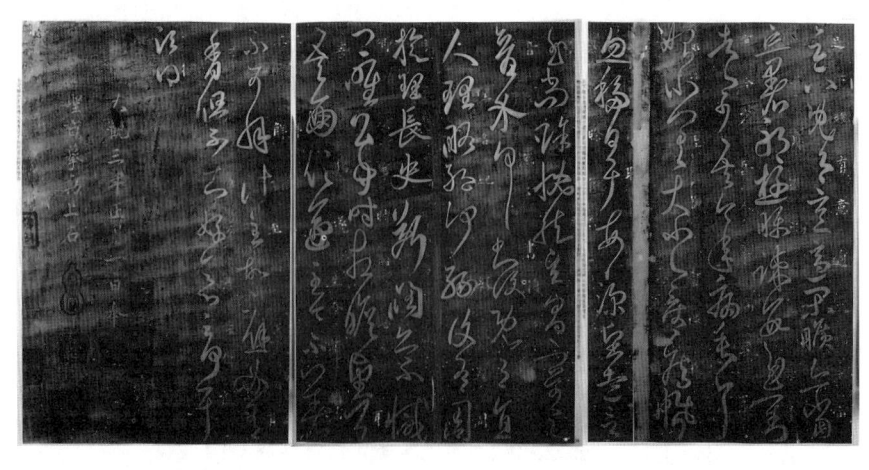

保存于北京故宫博物院的《大观帖》拓本

相瞻望耳吾面信遂至今不著不可解计至故应必有秀但不知好恶云何耳欣白。⑬

以上四种读法各不相同，但都属就字论字，句破义滞，文意不通，不知所云。其中故宫博物院藏《大观帖》将"须得"二字读成"欣白"，那是米芾的观点，"此二帖，米云：'羊中散书，后有欣白字'，黄亦以为中散书。非也，此晋帖耳"。⑭但看字形，实在让人无法接受。解读这种草书，除了须清楚古人草书习惯之外，还应当从前人语言习惯、书者生平历史以及字句语境、连笔成词等多方面来综合分析，"卿少"二字，前人从未连用成词，语义不能成立，而"卿子"连用，已约定俗成。单从字形上看，这个"子"很像"少"，但草书是匆匆之书，要放在一定的环境之中理解。即使同一个人写的，笔迹也不会相同，像王羲之、怀素的"子"，要是去连下面一个字，带笔自然也会拉长了。

"游瞩"义同游览。"差"与"瘥"是假借字，"小瘥"即病情稍有好转。"惚忽"犹如"恍惚"。"音介"义同"书介"，古指送信之人。"直人"，前人释读成"宜人"的也很多，但在这里，"直人"才通文义，古时指正直之人、直爽之人。两个"慰"字，前人或读成"至"，或读成"然"，但书中已有两个"至"，写法相同，从文意上看，"慰"字才通，"言""慰"两字连笔，

王羲之、怀素、颜真卿所书的"子"字

读时不应破开，严可均《先唐文》的标点就成了问题。⑮"匆匆"二字，是古人书信中的俗套语，颜之推在《颜氏家训·勉学第八》中说无实在含义。"计"在这里应指"计吏"，古代州郡掌簿籍的官员。

三、"古法帖"为陈武帝手札的史实溯源

根据以上释文与句读，再参照陈霸先生平交往，那么，这封信应是梁太清二年夏日陈霸先写给好友沈恪的信，在陈霸先所有的亲朋好友中，

只有对沈恪才会说出这种话语。

当时，陈霸先征战交州获胜，已于梁太清二年初回到高要任太守。信中的长史指王劢，他本是梁河东王萧誉府中的长史。萧誉任广州刺史时肆意侵害百姓，激起民愤，造成动乱。萧誉惹下祸端后就逃回建康，由长史王劢顶职担任广州监州，成了陈霸先的上司[16]，王劢与沈恪可能也有交往。"立""昌"都是陈霸先儿子的名字[17]，陈霸先因为出征交州，于三年前托付沈恪把他们带回家乡。[18]草书中说："吾今年病垂耳！"陈霸先刚从交州征战回来，而这病或许与他先前得到自己亲弟陈休先的死讯有关。陈休先死于梁太清元年，当时梁武帝派兵去北方接应侯景，陈休先奉命"招募得千余人，倾之卒"。陈霸先本来对这位弟弟寄予极大期望，他在称帝之后，提起这位弟弟，往往就要出口夸奖："此弟若存，河洛不足定也！"[19]陈休先的死，自然给了陈霸先很大的打击，因此而病也很正常。这个时候，沈恪上任到了一个新地方，"直人"则是沈恪新投靠的主子，但沈恪希望陈霸先出面帮他与旧主子斡旋一下，陈霸先表示不必这么做。沈恪经常写信给陈霸先，告诉自己的游踪，广州出产来自海外的"龙涎香"，可用来治病，但海关贸易由政府垄断，不经监州特批，恐怕连黑市高价也买不到，沈恪或许希望陈霸先帮他开一点后门，并问及王劢是否迂阔。《陈书》说陈霸先与沈恪两人之间的关系"情好甚昵"[20]，所以陈霸先在笑话王劢"迂阔"时，顺便提醒沈恪别忘了自己的"迂阔"也很严重。陈霸先与将士、同僚相处，关系都十分密切，情感都十分融洽，"相善""相投"的很多，如他与沈巡就因为感情很相善，后来就把自己的女儿嫁给了沈巡的儿子沈君理，但关系好到"甚昵"程度的人却只有沈恪。陈霸先"长史断阔,亦不减卿"的话不怕对沈恪说出，因为沈恪断不会生气。

至于沈恪的"迂阔"，可从后来陈霸先受禅时的一个故事来看：梁敬帝已下诏禅让，但人还住在皇宫内，陈霸先由于和沈恪亲密无间，特地分配给沈恪一项特殊任务——带兵入宫，请梁敬帝迁出去。想不到沈恪接到"圣旨"，竟公然抗拒，火崩崩推开侍卫阻挡，直冲到陈霸先跟前，大声嚷嚷："我这身子骨已经服侍过梁皇，今天不忍心见到这事！抗命新朝，理当死罪，但我决不奉命！"沈恪坚守自身节操，不愿给陈霸先一点面子。幸亏陈霸先了解他，反而当场夸他忠义，改派另外一个人前去处理。[21]

《淳化阁帖》编于北宋淳化三年（992），是中国最早的古代名人墨迹总汇，但编辑者王著鉴识不精，里面编次失序、张冠李戴的错误较多，这一点，前人多有微词。"古法帖"的这几页字由于王著误编，以致后来的米芾、黄伯思都以为是刘宋人羊欣写的，姜夔则认为是东晋人所写[22]，清代严可均认为时代要稍晚，将其收入《先唐文》。米、黄、姜、严各自解读，虽然各有所本，却都没有说出个所以然来。而且，按照他们的释文，无法断句释义。

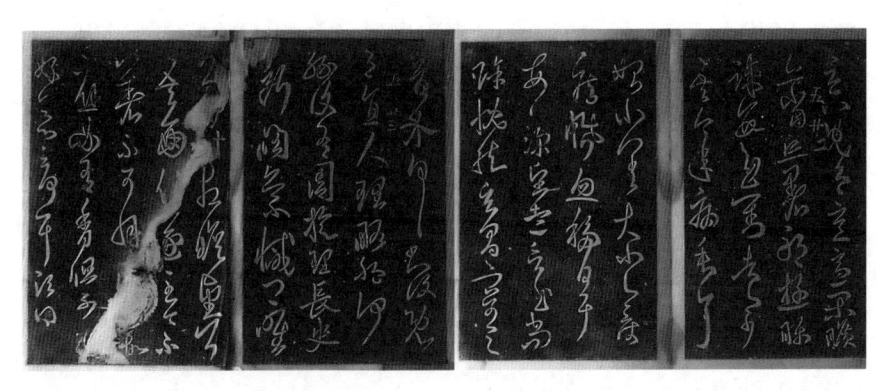

《淳化阁帖》"古法帖六"清代顺治二年拓本真迹

四、陈武帝擅长草书史有定论

陈霸先擅长草书，今人感到奇怪，但古人并不奇怪，唐宋早有定论。唐大历年间著名书论家窦臮在《述书赋》中对陈霸先的书法做如此描述："爰及陈氏，霸先创业，盘桓有威，牢落无法，等王师凭怒，挫衄攻劫。"[23]后四句可译作："笔势回环威仪有加，字形疏落不拘法度，如同王师盛怒，即将挫败敌阵攻城略地。"窦臮在后面还奚落陈文帝和陈后主，认为他俩的书法档次要低于陈霸先。窦臮的书论不会是空穴来风，肯定是比对了陈霸先书法才得出的结论。古法帖上这几页字，笔走龙蛇，挥洒自如，正有临阵对敌、笔扫千军的磅礴威势，足证窦臮描述不为虚妄。而且，"盘桓有威，牢落无法"八个字形容陈霸先书艺非常贴切："慰""对""悁""移""断""遂""必"等字笔势盘桓回旋，十分洒脱；"无法"虽然应该理解为"不拘法度"，但是，草得太率意，"与""之"难辨，"卿""今"难别，"耳""了"难分，这种字迹，恐怕还得先将送信人培训一下才成，否则，无"音介"的口信帮衬，非出歧义不可。这种书法形态，也可替"无法"二字做一个别注。

窦臮的胞兄窦蒙也是著名书家，其为《述书赋》作注时，梳理出陈朝擅长书法的有陈霸先等共二十一人，另列梁朝二十一人，北齐仅一人，隋朝五人。[24]可见在窦氏兄弟著作时，陈朝留下来的书法作品，有姓名可查的还有很多。窦蒙、窦臮兄弟是唐代对六朝书法真迹鉴定最权威的人物，宋代米芾在他的《书史》中多次提到窦蒙，以他的鉴定为准绳："晋谢奕、桓温、谢安三帖为一卷，上有窦蒙审定印。"[25]"晋庾翼稚恭真迹，在张丞相齐贤孙直清汝钦家。古黄麻纸，全幅无端末，笔势细弱，字相连属，古雅。论兵事，有数翼字，上有窦蒙审定印。"[26]可见窦氏兄弟对陈霸先的书法评论，当时必有充分的实物依据。

南宋陈思不仅擅长书法，更精通历代书史，他著有《书苑菁华》，还编了《宝刻丛编》《两宋名贤小集》《小字录》等，所编《书小史》说陈霸先"涉略史籍，善行草书"。[27]陈霸先善写行草书，唐、宋都有记载。那么，陈霸先出身农家，是什么时候才有可能学到这手富有张芝笔意、钟王韵味的草书呢？这应该和他年轻时进入萧映侯府担任"传教"这个经历有关，那个时代，雕版印刷很少，只有在王侯们的府衙中才有机会

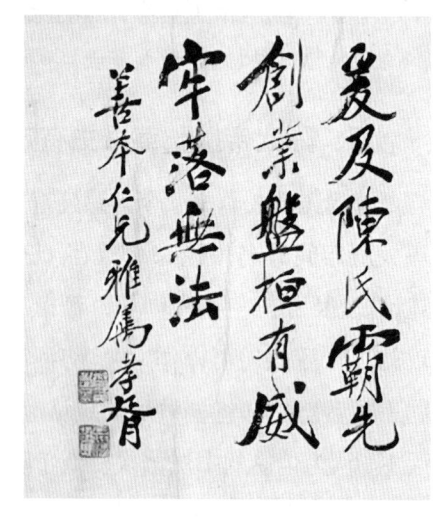

清人郑孝胥手录《述书赋》句

接触到钟王书迹。陈霸先悟性好，接受能力强，或许他看了钟王书迹，挥笔就能得其真意,怪不得萧映会在背后赞叹陈霸先:"此人方将远大。"[28]

五、陈朝皇室成员爱好书艺的历史记载

进一步还原历史，不光陈霸先擅长草书，他的妻子章要儿也是一个精通书法的人,《陈书·高祖章皇后传》说:"后善书计,能诵《诗》及《楚辞》。"[29]章皇后都能精通书写和算术,并能背诵《诗经》和《楚辞》,他的丈夫偏就写不出这么一手字来吗？

可能是受陈霸先的影响，陈霸先的侄子陈文帝、陈宣帝和众多侄孙都擅长行草书。

或许受了陈霸先的影响，陈朝几位皇帝都擅长书法。唐代著名书论家李嗣真写作《书后品》,将秦汉以来著名书家八十二人分成十等，李斯、张芝、钟繇、王羲之、王献之为第一等，欧阳询、虞世南、褚遂良十二人为第四等，第十等下下品共七人，梁武帝、梁元帝、陈文帝与陈霸先的女婿沈君理入围，陈文帝尽管排在末等，总算上了品级[30]。李嗣真虽只代表一家之言，但陈朝皇帝重视书法已成事实。

《陈书·萧引传》记载，萧引擅长隶书，一日，陈宣帝批阅奏章，见奏章上萧引的签名十分漂亮，就指着签名对萧引说:"这个字笔势翩翩，好像鸟儿正要起飞。"萧引很会说话，接口道:"那是因为陛下给了它羽毛。"[31]

由于陈武帝、陈文帝、陈宣帝、陈后主都有一定的书法基础，陈氏后人中不乏以书艺见长者。陈后主皇后沈婺华本是沈君理之女，又是陈霸先的外孙女，姚思廉说她"聪敏强记，涉猎经史，工书翰"[32]。窦臮说她的书法:"允光亲署，独美可嘉，如晚晴阵云，傍日残霞。"[33]庐陵王陈伯仁、武陵王陈伯礼、桂阳王陈伯谋等都擅长书法。但在窦臮眼中，有几位陈王的书法则十分差劲:"叔齐郁然，名押而已。伯仁软慢，尺牍近鄙。"[34]

姚思廉不仅是史学家，还是书法家，他对章皇后与沈婺华书法的

记载应该不会是想当然的恭维美化，而是出自一位书法大家仔细鉴赏之后的中肯评论。

《陈书·始兴王伯茂传》说，陈文帝曾将一批出土的王羲之墨宝赏给了自己的儿子伯茂，伯茂从此书艺大进，"大工草隶，甚得右军之法"⑤。

陈朝灭亡后，大量文物法书被毁，散落各处，在北宋时期，米芾还能见到一些陈朝人的书法真迹。他在《书史》中说："陈贤草书帖六七纸，字亦奇逸难辨，如日本书，上亦书唐氏杂迹字印。在李玮家，又多似欧阳询草。"㊱米芾时已感到陈人字迹奇逸难辨，不识作者是谁，当年窦氏兄弟曾观赏过的陈霸先草书真迹或许就是这样混入各种杂帖。

保存在《草书要领》中的姚思廉临写墨迹

王著编《淳化阁帖》，尽管没有辨出陈霸先手迹，却总算确认了陈皇宗室其他几名成员的书迹，他们是陈宣帝的儿子岳阳王陈叔慎，陈文

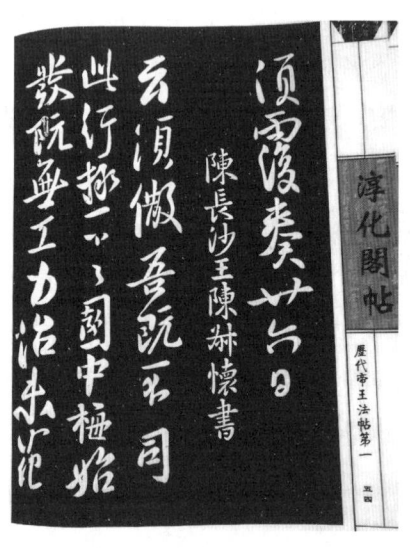

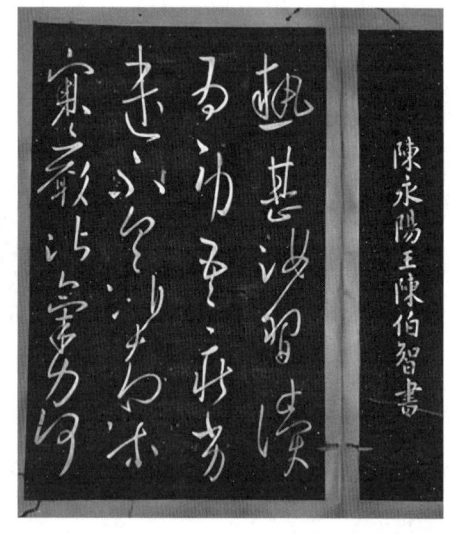

《淳化阁帖》编者题为长沙王陈叔怀，实为陈岳阳王陈叔慎所书

陈文帝第十二子永阳王陈伯智书迹

帝的儿子永阳王陈伯智，帖内标示为"陈朝陈逵"的书迹，今人曹大民考证认为实际上是武陵王陈伯礼所写。㊲

陈霸先的书艺在宋代以后长期湮没不闻，没有引起后人重视，但了解了陈霸先其人之后再来看古人对他的书评，再来看他的书法，那么，字如其人，英风再现，陈霸先的文化修养不得不让人刮目相看。

陈霸先不是专业书家，戎马倥偬之中无意为书，却浑然天成，其灵动传神之处，足让今人一睹前贤雄杰之姿。这，还得感谢王著，要是没有将这幅手迹收入《淳化阁帖》，今人恐怕更难想象陈霸先"倜傥大度"的风采了。

【注：民国扫叶山房《草书大字典》内被标注为"陈武帝"书写的计有如下文字：

p55 介、p82 信、p166 减、p167 及（复）、p194 始、p266 对、p269 尚、p369 吾、p370 告、p434 寄、p441 写、p448 忽、p464 悟、p465 恶、p469 愈、p470 意、p487 应、p558 数、p574 断、p613 书、p617 会、p629 朔、p630 望、p766 深 a、p767 深 b、p808 然、p809 然（慰）、p875 略、p885 疾、p906 相、p914 瞻、p918 知、p954 移、p1074 耳 a、p1076 耳 b、p1077 耶、p1113 至（慰）、p1118 与、p1122 旧、p1179 著、p1264 解、p1339 赊、p1359 疎、p1414 遂、p1581 面、p1586 音、p1732 会使、p1733 今少公事】

参考文献

①③⑤⑥⑧⑨⑯⑰⑱⑲⑳㉑㉓㉙㉛㉜㉟［唐］姚思廉：《陈书》，中华书局 1972 年版。

②［唐］李延寿：《南史》，中华书局 1975 年版。

④［唐］姚思廉：《梁书》，中华书局 1973 年版。

⑦扫叶山房《草书大字典》，中国书店 1983 年版。

⑩《淳化阁帖》，天津古籍出版社 1996 年版。

⑪⑭㉒［宋］姜夔：《绛帖平》，上海古籍出版社 1995 年版。

⑫⑮［清］严可均：《先唐文》，商务印书馆 1999 年版。

⑬孙宝文编:《彩色放大本中国著名碑帖·大观帖（第五卷）》（故宫博物院藏本），上海辞书出版社2013年版。

㉓㉔㉚㉝㉞［宋］陈思:《书苑菁华》，北京图书馆出版社2003年版。

㉕㉖㊱黄宾虹、邓实:《美术丛书11集·米芾"书史"》，浙江人民美术出版社2013年版。

㉗黄宾虹、邓实:《美术丛书39集·陈思"书小史"》，浙江人民美术出版社2013年版。

㊲曹大民:《淳化阁帖辨证》，上海古籍出版社2010年版。

作者简介

蒋伯良，1954年生，浙江长兴人。浙江省非遗项目省级代表性传承人。1980年毕业于杭州师院，从事中学教育工作，中学高级教师。参与编写《长兴县志》。《长兴县政府志》副主编。《中国古代平民政治家陈武帝》入选2005年《中国当代思想宝库》。著作《图说陈霸先》2014年正式出版。

荷叶包饭和盐水鸭的来历

陈 刚

江南人有吃荷叶包饭的饮食习俗，南京人有吃盐水鸭的习俗。这两个习俗历史久远，在南北朝对峙时期，故事发生在南梁并且与陈霸先有密切关系，至今仍流传民间。

南梁太清三年（549），东魏叛将侯景攻破了建康，将一生信佛的梁武帝萧衍软禁并活活饿死，两年后侯景当上了皇帝。梁大宝三年（552），陈霸先率领三万大军从豫章出发，与王僧辩会师，杀向建康。经过激战，侯景难以抵敌，只好逃走，半路上被其部下羊鲲杀死。从此，南朝分崩离析。

太平元年（556），北齐为了扩张势力，派出十万大军进攻南梁。当时陈霸先虽然还没称帝，但是已经是南朝人的主心骨。大敌当前，陈霸先采取了一些缓解内部矛盾的措施，加紧整顿兵力对付来自北方的入侵者。一时间，建康军民同仇敌忾，士气高昂，在南京莫府山和北齐恶战了一场。

六月，齐军进攻莫府山，陈霸先背水死守，身先士卒，双方紧张对峙。北齐士兵将南京城团团围住，城内军民开始渐渐缺粮。陈霸先想动员士兵鼓舞士气，与敌人誓死一战，但是士兵个个饥饿难堪，根本无法出战。就在陈霸先一筹莫展之时，其侄儿陈蒨竟然奇迹般地送来了三千斛米和一千只鸭。陈霸先大喜过望，下令蒸米饭煮鸭子，慰劳士兵，用荷叶包米饭，饭上盖着几片鸭肉。

填饱了肚子的士兵，个个精神振作，拼死一搏。最终，这场力量悬殊的战争，以南方政权获胜而告终，将士们竟然在荷叶包饭和几片鸭肉的激励下，战胜了南下蛮族铁骑。

经此战之后，陈霸先荷叶包饭便成了江南人的美谈，并且成为后来的美食。所吃的鸭肉，后来也就演变成南京盐水鸭、南京板鸭、南京酱鸭等具特色的地方名菜。

据说，当时因有这道名菜弄得建康满城香气四溢，在老百姓生活中传下来，成为南方一道特色佳肴。传说这道菜，就是今天南京的特产盐水鸭，也有人说它就是广东的名菜荷叶饭。

参考资料

《南史》卷九《陈武帝本纪》："（太平元年六月）壬子，齐军至玄武湖西北莫府山南，将据北郊坛。众军自覆舟东移，顿郊坛北，与齐人相对。其夜，大雨震电，暴风拔木，平地水丈余。齐军昼夜坐立泥中，县鬲以爨，足指皆烂。而台中及潮沟北，水退路燥，官军每得番易。甲寅，少霁。是时食尽，调市人馈军，皆是麦屑为饭，以荷叶裹而分给，间以麦拌，兵士皆困。会文帝遣送米三千石，鸭千头，帝即炊米煮鸭，誓申一战。士及防身，计粮数脔，人人裹饭，媲以鸭肉。帝命众军蓐食，攻之，齐军大溃。"

《钦定古今图书集成博物汇编禽虫典》第三十三卷《鸭部纪事》："《齐春秋》：齐人渡江至元（玄）武湖西北，莫府山南，我军自覆舟东移顿郊坛北，与齐人对。是时及食调，市人馈军皆是交屑为饭，以荷叶裹而分给，兵士皆困。会文帝遣送米三千石，鸭千头。帝即炊米煮鸭，誓申一战。将士及防身计粮数脔，人人裹饭媲以鸭肉。帝命众军蓐食攻之，齐军大溃。"

《资治通鉴·梁敬帝太平元年》："甲寅，少霁，霸先将战，调市人得麦饭，分给军士，士皆饥疲。会陈昆馈米三千斛、鸭千头，霸先命炊米煮鸭，人人以荷叶裹饭，以鸭肉数脔。"

陈叔达传记

陈吉文　陈海波

陈叔达（572—635），字子聪，吴兴长城人，生于太建四年，宣帝第十七子，母袁昭容。太建十四年立为义阳王。历任丹阳尹、都官尚书。陈朝亡，随后主叔宝入关，配置陇右耕作，长达十六年之久。躬耕之余，与几兄弟渔猎坟典，游戏篇章。崇奉释门，研精妙理，书经造像，受戒持斋，每事悲田，相仍檀舍。抄写佛经，雕造佛像。此后影响敦煌莫高窟中的"三世佛题材、维摩诘变、法华经的变更"。大业中，拜内史舍人，出为绛郡通守。

陈叔达画像

大业十三年（617），李渊在晋阳起兵，叔达首以郡邑府册归顺。同年十一月，李渊破长安，拥立代王杨侑为帝，年号义宁。自任大丞相。授达为丞相府主簿，并与丞相府记室温大雅同掌机密、军书、赦令以及禅代文诰。

武德四年（621），唐高祖拜陈叔达为侍中。他言语明畅而有条理，每次奏事，满朝为之瞩目。对于游历长安的江南名士，也多有推荐、提拔。

武德五年（622），陈叔达进封江国公。

武德九年（626），太子李建成、齐王李元吉与秦王李世民矛盾加剧，多次在唐高祖面前进谗，诬陷李世民。唐高祖信以为真，欲惩治李世民。陈叔达谏道："秦王有大功于天下，不可废黜。而且他性格刚烈，若对他加以折辱贬斥，恐怕他会经受不住内心的忧伤与愤郁。一旦让他染上难以测知的疾病，陛下后悔都来不及。"唐高祖遂作罢。

同年六月，李世民发动玄武门兵变，诛杀李建成、李元吉。尉迟恭手执兵器，进入内宫，向唐高祖禀告："太子、齐王作乱，已被秦王诛杀，我奉秦王之命前来护卫陛下。"当时，陈叔达正在唐高祖身边，便进言道："建成、元吉本未参与举义密谋，且无功于天下，又嫉妒秦王的功勋威望。秦王功盖天下，四海归心，陛下若立其为太子，托以国务，则国家幸甚。"唐高祖同意，不久便立李世民为皇太子。八月，李世民继位，是为唐太宗。

贞观元年（627），陈叔达加授光禄大夫，后因与萧瑀在御前争吵，被罢免官职。不久，陈叔达因母丧丁忧，并于丧满后被授为遂州都督，但因病未能赴任。

贞观六年（632），唐太宗李世民拜叔达为礼部尚书，并慰劳道："武德年间你曾慷慨进言，为我解难。我今以此报答。"叔达则道："我是为社稷着想，并不只是为了陛下。"后来，叔达因家庭纠纷，遭到御史检举，太宗不想张扬他的过错，便让他回家休养，只保留闲散官职。

贞观九年（635），叔达病逝，谥号为缪。后追赠户部尚书，改谥号为忠。

叔达颇有才学，十余岁便能即兴赋诗，援笔立成。著有文集十五卷，至今尚有《听邻人琵琶》《后渚置酒》《州城西园入斋祠社》《太庙祼地歌辞》等诗章留存。

陈叔达原配王氏，讳女节，字修仪。琅琊临沂人，陈朝东宫庶子、新昌县公王由礼之女。生子六：政德、玄德、贤德、绍德、清德、弼。这些，非尽王夫人所出。

《唐故左光禄大夫江国公陈叔达夫人王氏墓志》云：王夫人女节于"贞观十年（636）七月七日薨于京师善和里宅，时年六十五……有子政德"。

历史对叔达的评价。

白居易:吾闻武德暨开元中,有颜师古、陈叔达、苏颋称"大手笔",掌书王命,故一朝言语,焕成文章。

刘昫:(1)得人者昌,如诸温儒雅清显,为一时之称;叔达才学明辩,中二国之选。皆抱廊庙之器,俱为社稷之臣。(2)温、陈才位,文蔚典礼。诸窦戚里,荣盛无比。

作者简介

陈吉文,男,1971年9月生,中共党员。江西峡江县水边镇璆田村人,义阳王陈叔达后裔。江西省历史学会陈氏研究专业委员会副会长,峡江县舜举公文化研究会会长,贵州铜仁市陈氏宗亲会发起人之一。现任璆田村党支部副书记,峡江县颖顺水泥预制构件有限公司董事长。

陈海波,男,1971年6月生,江西省峡江县水边镇璆田村人,义阳王陈叔达后裔,毕业于江西财大,现任峡江县星贺成建设有限公司董事长,江西省历史学会陈氏研究专业委员会副会长。

陈兼生平事略新考

陈月海　陈　刚

陈兼（约697—762），字不器，行二，临淮泗上人；年轻时曾寓居江州德化蓝桥坂，一称江南人；晚年移居颍川，亦称颍川人（见梁肃《独孤公行状》和柳宗元《陈公行状》），时之名士，友人多以陈二呼之。与陈兼友好并从游而诗文唱和者杜甫、高适、贾至、独孤及、李华等辈，皆千古名士。

陈兼，南朝陈宜都王叔明玄孙，为人重情谊，喜高蹈，恃才傲物，可谓清且贵矣，深受友人敬重。可惜，官运不济，诗文鲜存。今仅见《陈留郡文宣王庙堂碑（并序）》，收录于《全唐文》，其他无传。

时至今日，要了解陈兼的生平事迹，只能通过其友人诗文唱和、赠别，以及姓氏志和族谱中的零星记载，相互参证，综述如下。

一、家族世系

按《宋史·陈兢传》载："陈兢，江州德安人，陈宜都王叔明之后。叔明五世孙兼，唐右补阙。兼生京，秘书少监、集贤院学士，无子，以从子褒为嗣，褒至盐官令。褒生灌，高安丞。灌孙伯宣……大顺初卒。伯宣子崇为江州长史……崇子衮，江州司户。衮子昉，试奉礼郎……昉家十三世同居，长幼七百口，不蓄仆妾，上下姻睦，人无间言……昉弟之子鸿……兢即鸿之弟……从子延赏、可，并举进士。"

按陈桱《通鉴续编·诏贷江州义门陈兢粟》："淳化元年（990）春正月，诏贷江州义门陈兢粟。初，陈宜都王叔明五世孙唐右补阙兼，生秘书少监京，京生盐官令褒，褒生高安丞灌，灌孙伯宣，避地江州之德安，尝以著作佐郎召不起，伯宣生江州长史崇，自兼至崇未尝分异。崇益置田园，为家法戒子孙，择群从掌其事，建书堂教诲之。唐僖宗诏旌其门，南唐又为之立义门，免其徭役。崇子江州司户衮，衮子奉礼郎昉，昉之世同居，长幼凡七百口，不畜仆妾，上下姻睦，人无间言，每食必群坐广堂，未成人者别为一席……昉弟子鸿，鸿弟兢。兢之世子姓益众，常苦乏食。"

按《元和姓纂四校记》："右补阙陈兼，生当、苌、京、归。当，赞善大夫。苌，京兆法曹。京，给事中。归，考功员外。"

依据上述历史文献，可列世系：

叔明→（五世）兼→京→褒→灌→□→伯宣→崇→衮→昉→兢→延赏。

其中灌子一代，修水龙峰谱名"镛"，义门谱作"镶、瓖"。史书只载"灌孙伯宣"，不书灌子名讳。

陈兼的后人在江州义门一支，宗叔明为一世祖，时间从南朝陈文帝天嘉三年（562）叔明出生，到北宋建隆元年（960）其十五世陈延赏出生，历时约四百年的家族传承史。叔明之下三代阙名，按《元和姓纂》"宜都王叔明，孙绎、宏。绎，侍御史。宏，荆州刺史"。按部分族谱载叔明至陈兼中间三代为：志能、定、球。

二、从诗文中看陈兼的思想与性格

独孤及在《送陈赞府兼应辟赴京序》中写道："初，公读《梁竦传》，始慨然薄游，耻揭其公器，退而耕于楚县。知言者以为子真吴都，御寇圃田，卜商西河，与公道虽不同，其操一也。羿工于中微，拙于使人无己誉。固知大名之下，天爵难让。十二载（753）冬十月，果以公才征。龙泉自惜，暂隐牛斗之次；美玉无胫，竟为秦人所得。且晋以梁山召伯宗，汉以明堂延申公。尊德问礼，于斯为盛，况朝廷顿八绂久矣。顷来儒服立于鲁人之门者，公袛命台铉，将濯缨而孤矣。当贞女不字，十年反常，及大翼怒飞，知一日几万？问离群何赠，请宾赋车乘。主人赋《南有嘉鱼》，以代'零雨'之什。"

序文回顾并剖析了陈兼辞官的思想与动因：是深受《梁竦传》的影响，"始慨然薄游，耻揭其公器，退而耕于楚县"，因官微俸薄不得志，遂归田园。序中多引典故，甚深奥，难以把握，浅释如下。

梁竦（？—83），字叔敬。东汉安定郡乌氏县人。性好施，不事产业。身负其才，郁郁不得志。尝登高远望，叹息曰："大丈夫居世，生当封侯，死当庙食。如其不然，闲居可以养志，《诗》《书》足以自娱，州郡之职，徒劳人耳。"并作《七序》，班固见而称曰："孔子著《春秋》而乱臣贼子惧，梁竦作《七序》而窃位素餐者惭。"

楚县：指临淮泗上，今江苏泗洪、盱眙一带。

子真：郑朴的字，汉褒中人，居谷口，世号谷口子真。他修道守默，汉成帝时大将军王凤礼聘之，不应；耕于岩石之下，名动京师。

列子，名寇，又名御寇。战国前期道家代表人物。周朝郑国圃田（今郑州）人，著名的道学者、思想家、哲学家。

卜商西河：卜商，即卜子夏，姓卜名商，春秋时晋国人，孔子学生，"孔门十哲"之一，"七十二贤"之一。少时家贫，苦学而入仕，曾做过鲁国太宰。孔子死后，他来到魏国的西河（今山西河津）讲学，授徒三百。当时的名流李克、吴起、田子方、李悝、段干木、公羊高等都是他的学生，连魏文侯都"问乐于子夏"，尊他为师，这就是有名的"西河设教"。

羿工于中微，拙于使人无己誉：羿，即古代射箭高手羿秋；工，擅长意思；中微，是说射中很小的东西；无己誉，是"无誉己"的改装。整句意思，羿秋虽然善射，能够射中细小的目标，却拙于藏己，即不能让他人不赞誉自己。"无誉己"，形容陈兼的弱点，不甘寂寞。

天爵：天然的爵位。指高尚的道德修养。因德高则受人尊敬，胜于有爵位。这里是说，天子所封的爵位，难于辞让。

龙泉自惜，暂隐牛斗之次：龙泉，宝剑名。相传晋代张华见斗牛二星之间有紫气冲天，后使人于丰城狱中掘地得二剑，一曰龙泉，一曰太阿。见《晋书·张华传》。

美玉无胫，竟为秦人所得：美玉，宝玉；胫，小腿。没有腿而能行走。即千里外的美玉，终被秦人所得；喻陈兼终归应辟为官。

梁山召伯宗：《左传》成公五年："梁山崩，（晋侯）将召伯宗谋之。"

申公：申公巫臣，春秋时楚国人。其人是楚国宗室后裔，有才干，曾经辅佐过楚庄王。申是巫臣的辖地，楚僭称王，公卿大夫都升格为"公"，故称之为申公。

八纮：八方极远之地。泛指天下。出自《淮南子·墜形训》。

祗命台铉：祗命，犹奉命。台铉，以喻宰辅重臣。

濯缨：洗濯冠缨，后以濯缨比喻超脱世俗，操守高洁。

贞女不字，十年反常：《易·屯》："女子贞不字，十年乃字。"字，妊育。

大翼怒飞，知一日几万：当它奋起而飞的时候，其展开的双翅就像挂在天边的云彩。

南有嘉鱼：《诗经·小雅》云：南有嘉鱼，于是此地就叫嘉鱼，今湖北嘉鱼县。《小雅·南有嘉鱼》是《诗经》中的一首诗。此诗在当时是一首贵族宴飨宾客通用的乐歌。传说，唐玄宗坐船游长江，来到此地，当地乡绅就取特产县城东侧牛头山首岩泉下子午鱼献上，皇帝用后龙颜大悦，大赞"真乃嘉鱼也！"

"零雨"之什：零雨，《诗·豳风·东山》："我来自东，零雨其蒙。"孔颖达疏："道上乃遇零落之雨,其蒙蒙然。"之什，即文王之什。《大雅·文王之什》是《诗经·大雅》的什篇之一，有十篇，为先秦时代的诗歌。

综上所解，大致了解陈兼的思想与性格：深受他人影响，屡试不中，且志大清高；既躬耕田园，又不甘寂寞。李华在《三贤论》中说"颍川陈兼不器，行古之道"，既怀"执古之道"，然不能"御今之有"，脱离现实。

自古清高多寂寞，性格决定命运。陈兼官场失意、生活落魄，与他的个性分不开。

三、寓居江州蓝桥坂

陈兼于何时何因而寓居蓝桥坂，史书无记载。今通过张九龄《饯陈学士还江南同用征字》一诗，结合志书和族谱中零星资料，作一解读。

《饯陈学士还江南同用征字》诗，约作于唐开元二十三年夏秋之间。此时陈兼在翰林院做待诏，不堪"待诏俸薄，况萧瑟"，愿回江南做"荷莜翁"，临别前写诗给前翰林、右补阙张九龄，倾诉衷肠。张步原韵和诗并饯行。诗云："荷莜旋江澳，衔杯饯霸陵。别前林鸟息，归处海烟凝。风土乡情接，云山客念凭。圣朝岩穴选，应待鹤书征。"

荷莜：指陈兼。莜，竹编除草农具。《论语·微子》："子路从后，遇丈人，以杖荷莜。"江澳：指江南。澳，水边地。江南水乡，故言。岩穴选：指隐士。鹤书：古代书体名，常用以书诏。此指皇帝的诏书。

诗的大意是：你即将回去做个"荷莜翁"，我在霸陵为你饯行。饯别时在黄昏后，鸟儿归林将息；遥想你的归处还是一片含烟凝翠的江南。人生唯有风土乡情割舍不下，这是你思念的依凭。朝廷不会忘记深山岩穴中的志士，你就耐心等待征辟诏书吧！

诗题，张九龄称陈兼为"学士"，是出于礼貌敬称或习惯使然，并非"翰林学士"。比如李白，一生仅为"待诏、供奉"，时人称之"大学士"；直到至德二年李白五十七岁时还自称"前翰林供奉"，便是确证。"自德宗已后，翰林始兼学士之名。"（《四库全书·翰苑旧书》二一）

陈兼本是临淮泗上人，江南怎么成了他的归处？结合族谱，寻其缘由。

据《锡邑毗陵陈氏宗谱》载："兼，登开元进士，历官右补阙、翰林秘书少监，与杜少陵善，居江州之蓝桥坂。"（谱照见《颍川陈氏考略》第199页）尽管这段文字真伪参半，但所披露的信息值得重视，如"右补阙、秘书少监"，这是天宝十二载（753）冬十月之后的事。其"居江州之蓝桥坂"，在今庐山西南之凤凰山、义门铺、株岭一带，这里土地肥沃，风景秀丽。这里曾经是陶渊明"采菊东篱下，悠然见南山"的隐逸之地。

考陈兼年轻时来江州的主要动因有二：

一是考场失意，情绪低落，且仰慕效仿陶渊明归隐田园而寓居蓝桥坂。在陶渊明的诗里也确有"荷莱翁"一词，（见陶渊明《丙辰岁八月中于下潠田舍获》）。

二是其家族背景，这一点很重要。在江州这块热土早有叔明公后裔耕读传家。这从豫章《罗氏宗谱》可以看出，如"有道，尹俊公长子。生唐弘道癸未（683），仕尚书、官河源军检校使。配陈氏，长城义门宜都王陈叔明公孙女，葬丰城县白沙"。

此"孙女"，应作"裔孙女"来解，按辈分她是陈兼的族姐，如"尹俊公四子有祥，生唐景龙丁未（707）。生子一曰汉杰；女二，长适姚坊尚舍局姚文伯，次子适万年胄贵里陈评事陈苌"。

还有"宏元，汉穆公长子。生唐开元癸亥（723），配陈氏，秘书少监陈兼公女，唐开元乙丑（725）生。合葬筠阳潞口。宋（时），族孙乾六居潞口，重修墓道。子四：绍谦、绍塑、绍密、绍憨"。等等。（详见《义门陈文史续考》第126页"豫章与德安罗氏族谱摘录"）

罗氏为豫章一名门望族，同江州陈氏联姻频繁，这说明宜都王后裔有很多迁居江州。如果他们不生活在江州，与罗氏联姻的概率就非常小，几乎没有。

至于谱说陈兼"登开元进士"，史籍无记载，属于误传。如果真是"开元进士"，他就不会落户江州蓝桥坂。

再看陈桱《通鉴续编》中"义门陈"记事："叔明五世孙唐右补阙兼……伯宣生江州长史崇，自兼至崇未尝分异。"也能说明陈兼入仕之前曾经寓居蓝桥坂，躬耕田园、读书自娱。陈兼是伯宣、陈崇的先祖，"自兼至崇未尝分异"，乃是自然的事。

陈兼何时任职翰林院？《通鉴》卷二百十三载：开元二十一年（733）夏六月癸亥制玄宗诏令："自今选人有才业操行，委吏部临时擢用"，史称当时"入仕之途甚多，不可胜纪"。是年，陈兼制科试又落选，并因文词入选翰林待诏。

翰林待诏、翰林供奉，实为同一职名，大多是布衣出身，无品阶。《新唐书》卷四十六《百官志一》载："翰林院者，待诏之所也。唐制：乘舆所在，必有文词经学之士，下至卜医伎术之流，皆直于别院，以备宴见。"

翰林待诏地位，相比较通过科考的进士而言，则低得多。对于没有考上进士且有一技之长者，可任翰林待诏。待诏的生活很窘迫，除了皇帝平日偶尔赏赐些美酒花红之外，徒有高名。比如李白在旧翰林院干了近三年，觉得迁转无望后拂袖而去，浪迹江湖，"归卧白云"。

开元二十三年（735）制科试，高适在《酬秘书弟兼寄幕下诸公》诗序中自云"乙亥岁，适征旨长安，"正是此年。然而这一年，无论是高适还是杜甫、陈兼，皆未录取。

陈兼自开元二十一年（733）以文词供奉宸极，到开元二十三年（735）参与制科试，任待诏近三年，觉得迁转无望而决意回江南做个"荷蓧翁"，临走前见了翰林前辈张九龄，相求提携。由此，推荐陈兼任封丘县丞极有可能在当年冬或次年春。

陈兼在封丘县丞任上干了几年？《元和姓纂四校记》载"唐天宝十一载（752）以前，曾任封丘县丞"。"以前"，时间不好确定，按陈兼的个性，时间不会很长，或许在开元二十八年（740）张相逝世前辞职。

陈兼辞职回泗上躬耕，直到天宝七载（748）宋中跟高适相见，老朋友再次见面十分欢喜，于是高适写下《宋中遇陈二》诗："常忝鲍叔义，所期王佐才。如何守苦节，独此无良媒？离别十年外，飘飘千里来。安知罢官后，惟见柴门开。"

诗中，高适说自己得交陈兼，深知其贤，且有"王佐才"，如同鲍叔之于管仲，始终以义。

"安知罢官后，惟见柴门开。"罢官，指的是辞官弃职，或者是免除官职。从李华《云母泉诗并序》"公性与道合，忽于权利，方挂冠投簪，顾华以名山之契"来看，陈兼是辞官。独孤及《送陈赞府兼应辟赴京序》亦云："初，公读《梁竦传》，始慨然薄游，耻揭其公器，退而耕于楚县"（《毗陵集》卷十六)，也说辞官。薄游，是因禄薄而宦游在外。"惟见柴门开"，可以想象陈兼辞官后过的清贫生活，同时也表达了高适对陈兼的同情，有愧"鲍叔"之义。

自开元二十三年（735）与高适在京城参加制科试结识后，到天宝七载（748）宋中重逢，正是"离别十年外"。

也就在这一年，诗人多游宋中，陈兼不仅见到阔别已久的老朋友，还结识了新朋友。如梁肃在《独孤公行状》中说到独孤及岁"二十余，以文章游梁宋间。通人颍川陈兼、长乐贾至、渤海高适，见公（独孤及）皆色授心服，约子孙之契"。

"约子孙之契"，即盟约世代友好。这几人中，陈兼年最长，与独孤及可谓"忘年之交"。后来，独孤及还与陈兼之子陈京十分友善，京"师事父友独孤及"[柳宗元《陈公（京）行状》]。

独孤及，洛阳人，生于开元乙丑（725），"年二十余，游梁宋"，结交陈兼，正值天宝初期，也是陈兼从泗上返宋中之时。

自游宋中之后，陈兼频繁活动在中原。天宝九载（750），陈兼撰《陈太丘祖德碑》（宋代赵明诚《金石录·一二八四款》）。天宝十一载（752）十月，陈兼为河南道郡守采访处置使元彦冲改修文宣王庙成撰写碑文，自称"前封邱丞泗上陈兼"，表明陈兼犹未再仕。

由沈文君著《贾至研究》一文知，天宝七载（748）至天宝十二载（753）之间，贾至在《送李兵曹往江外序》中托李兵曹代为问候陈兼，说君"路经夷门，见颍川陈兼、河南于頔，为问道心无恙，星鬓如何"，由此可知，陈兼仍逗留开封。"星鬓"，花白的鬓发。夷门，故址在今河南开封城内东北隅。按"星鬓"推陈兼，至少五十开外，因此说陈兼在695—700年间生，能够成立，折中为697年。

陈兼为什么常逗留于中原这一带？这是因为唐代东都洛阳是全国经济、文化中心，开封又是历史文化古城，来此游逛的达官显贵居多；同时，落魄士子于此寻求机会者亦多。想必此时的陈兼已回归祖居地颍川，为前程而广交朋友，结识名流，"旧友满皇州，高冠飞翠蕤"，再也不是"守苦节，无良媒"了，否则，一个辞官不做自断仕途的人，很难重新辟为右补阙。朝中无人难做官，历来如此。如高适，渤海人，客居梁宋间；天宝七载，受宋中刺史张九皋举荐中第有道科，调任封丘县丞。陈兼和高适是好友，张九龄和张九皋是亲兄弟，他们彼此熟悉，感情好。

《毗陵集校注》之《送陈赞府兼应辟赴京序》提到天宝"十二载冬十月，果以公才征……美玉无胫，竟为秦人所得"。是时，独孤及在汴州送陈兼应辟赴京，并在另一首《送陈兼应辟兼寄高适贾至》诗中写道："罢官梁山外，获稻楚水湄。适会傅岩人，虚舟济川时。"梁山外，即水桥边。楚水湄，即楚水边。傅岩人，指隐士。虚舟济川时，常比喻人事飘忽，播迁不定。这两句诗是说陈兼命运多舛，时运不济。

陈兼与杜甫也是好朋友，考陈兼的年龄，还可以从杜甫的贺诗中了解。天宝十二载（753）冬十月，辞官后的陈兼晚年应辟为右补阙，杜甫闻讯后十分欣喜，作《赠陈二补阙》诗贺之："世儒多汩没，夫子独声名。献纳开东观，君王问长卿。皂雕寒始急，天马老能行。自到青冥里，休看白发生。"（《全唐诗》卷224-31）

献纳之官，君王顾问，正其声名显赫处。皂雕，喻搏击不避；天马，喻老健不衰。盖既置身青冥，不当以头白自嫌也。杜甫称陈兼"夫子、老能行、白发生"，表明陈兼岁数比杜甫大得多。再次为朝廷征诏，可谓大器晚成。

此诗当是天宝十三载（754）杜甫在长安所作。贺诗上四句为颂语，下四句为勉辞。

四、晚年陈兼

晚年陈兼，可以从《文苑英华》卷七一六李华《云母泉诗并序》去了解。序云："颍川陈公，天宝中与华同为谏官。公性与道合，忽于权利，方挂冠投簪，顾华以名山之契。乾元初（758），公贬清江丞，移武陵丞；华贬杭州司功，恩复左补阙。上元中（761），俱奉诏征。公自清江至武陵，道路多虞，制书不至。华溯江而西，次于岳阳，江山延望，日夕相顾属，思与高贤共饮云母之泉,躬耕墨山之下。"

此诗是李华在诏复左补阙,入京途次岳阳怀陈兼而作,序有"秋风露寒"云云,时间当在上元二年(761)深秋。

"颍川陈公,天宝中与华同为谏官",天宝中,即天宝十三载(754),陈兼与李华同为右补阙(即谏官)。

至德元年(756)十月潼关失守,玄宗出幸,陈兼、李华扈从不及;长安沦陷,李华被迫任伪凤阁舍人(《旧唐书》本传)。长安光复后,按《旧唐书·肃宗纪》载:乾元元年大赦天下,死王事、陷贼不受伪命而死者,并与追赠。陷贼官先推鞫者,例减罪一等。于是,李华被贬杭州司功,陈兼贬为清江县丞。

上元二年(761),按《加恩处分流贬官员诏》加恩处分流贬官员,李华恩复左补阙,陈兼改任武陵县丞。当时清江为中下县,武陵为上县。(见《新唐书》卷四十《地理四》)

是年秋,李华奉诏入京,沿江西上,途次岳阳滞留等陈兼,兼不至,事乖志负,愁虞寥落,故作《云母泉诗并序》伸情抒志。从诗序中可以看出,此时李华健康状况极差,"况支离多病,年甫始衰。一闻猿声,不觉涕下"。陈兼健康状况虽未写,想必也差不多,同病相怜。

上元二年后,不见陈兼活动记事,恐于次年殁于武陵任上。殁后,朝廷赠秘书少监。

陈兼卒后,裴员外为其铭诔:"辛酸陈侯诔,叹息季鹰杯。"侯,古代用作士大夫之间的尊称。季鹰,是晋名士张翰的字,其为人心胸豁达,不慕虚名,认为身后名不如一杯酒。

高适与裴霸交厚,为感谢裴霸,高适写下《酬裴员外以诗代文》。诗作时间,有学者认为乾元二年(759)五月,即高适赴彭州刺史任,六月抵彭州后写,属误。此诗当作于上元后,因上元中陈兼还健在。

五、简略行事录

陈兼生平事略,因史料不足,难以详列。据上考述,可列简略行事。

——陈兼，字不器，行二，临淮泗上人，叔明五世孙，约生于697年。

——开元十二年（724）至开元二十年（732），因考进士落第，寓居江州蓝桥坂。在此期间，陈旺、陈昌等相继寻来江州。

——开元二十一年（733）应制科试又无成，并以文词入选翰林待诏。

——开元二十一年（733）至二十三年（735）仍任翰林待诏，是年参加制科试亦未录取。

——开元二十四年（736）春，受张相提携转任封丘县丞。

——开元二十八年（740）辞封丘县丞，并接走江州眷属，归田泗上。

——天宝四载（745）送爱女于西昌罗氏完婚。

——天宝七载（748），宋中遇阔别十年后的高适。

——天宝七载（748）至十一年（752），逗留开封、洛阳一带。

——天宝九载（750），为颖川长葛陈寔陵园撰"陈太丘祖德碑"。

——天宝十一载（752）十月，为陈留郡文宣王庙堂落成撰碑记。

——天宝十二载（753）十月，应征入京为右补阙，时年57岁。

——乾元元年（758），贬为清江县丞。

——上元二年（761），改任武陵县丞。制书未到，与李华相约游墨山。李华候陈兼不至，遂作《云母泉诗序》怀念陈兼。

——宝应元年（762）卒于武陵任上，赠秘书少监。

以上只列其大端，疏忽不必待言。学者论此种种，得失各具。惠我良多，择其善者而从之，不善者而更之。在资料搜集方面，颇重寻根究底。再者，对其宦友及诗文所及人和事，进行全面梳理与考索。对于仍无法厘清的问题，则存疑待考。

陈昉小考

陈　刚

陈昉，衮公长子。南唐授文林郎、太常寺奉礼郎。义门十八朝官之一，督理家政35年，家业最盛。

按九江义门谱：昉，字德元，娶陶氏，生子二：衍、溥。衍，字文修，昉公长子，授登士郎；娶王氏，生子三：才通、彦通、承通。溥，昉公次子；娶程氏，生子二：希通、思通。

今据《文信国公集（卷八）》文天祥《庐陵衡塘陈氏族谱序》及湖南永州市道县仙子脚镇何家坪光绪丙子年司马堂《颖川陈氏续修族谱》及江西吉安市吉州区长塘镇陈家村道光八年（1828）《重修岭溪山前新居陈氏房谱》中《昉公行传》得知："昉，字炳龙，太平兴国五年（980），宋太宗旌其闾为陈氏行义之门，曾诏赐行义钱于炳龙。"

考"昉""炳"之讳与字义同。由此昉即炳龙。在明清义门谱里写昉之孙才通等五兄弟皆为修谱者所为。按文天祥序及司马堂谱，陈昉之孙名拊、抃等人，迁居庐陵。今当纠正。

附：坊与亭记

崇义坊：在江州德安城中直街，唐僖宗朝建。旌表江州长史崇公《义门家法》，故名。

按："唐昭宗"误为"唐僖宗"。因陈崇在唐昭宗大顺元年（890）制家法，此时僖宗已去世两年。

世义坊：在江州德安县太平乡常乐里，宋至道间建。旌表旭公世守义门，故名。

按：《宋史·陈兢传》载："至道初，遣内侍裴愈赐御书，还，言旭家孝友俭让，近于淳古……大中祥符四年，以旭为江州助教。"陈旭做家长时在至道初至大中祥符年间，"宋至道间建"，符合史书记载。

联桂坊：在江州城中，宋真宗朝建。因延赏、延可同登进士，故名。

按：《宋史·陈兢传》载："从子延赏、可，并举进士。"陈延赏，宋太宗朝淳化三年壬辰孙何榜进士。《嘉靖九江府志》卷一一《选举志·进士》等有载。然而陈延可中进士的具体时间，不得而知。

忠烈坊：在庐陵城中，宋太祖朝建。旌表丞相乔公，故名。

按：据《钦定古今图书集成·明伦汇编·官常典·忠烈部》载：是为南唐陈乔忠心报国、以死殉职之忠烈而建坊纪念。

以上四坊录自光绪六年江苏武进《毗陵双桂里陈氏宗谱（忠节堂）》。标题为新加。

义丰亭记：德安县蒲塘驿"义丰亭记"。嘉祐七年，朱仲经记。

按：建此亭，是为了纪念义门陈氏分家。德安县蒲塘驿有座山，嵯峨耸翠，绿草萋萋。宋时它是义门陈家山，山下有水田。据说蝗虫不入义田，"岁岁秋常稔"，故名"义丰山"。后因明代进士周振创修《德安县志》撰"德安八景"诗，其中有《义峰耸翠》，后因以改为"义峰山"。今建成义峰公园。

（录自《永乐大典方志辑佚·江州志·碑碣》）

陈乔家族考

陈文初

陈乔（907—975），字子乔，吉州玉笥匡墓桥（今峡江县马埠镇凰洲村北大墓桥旁）人。陈乔第三子陈诏从匡墓桥迁骏溪（今峡江县马埠镇陈家村），尊陈乔为骏溪陈氏一世祖。

陈乔是五代十国时南唐大臣，历任南唐烈祖、中主和后主三朝重臣，在李煜时，曾官至吏部侍郎、翰林学士、右内史侍郎、兼光政史辅政，总领军国大事。

陈乔祖父陈岳（835—906），曾任南昌观察判官，博学多识，颇有政绩，著述甚丰。其父陈濬（870—939），历任翰林学士、兵部尚书，有名望，曾撰《吴录》二十卷，卒于任上。陈乔自幼聪敏，为人正直，忠贞耿介，且学识丰富，诗文俱佳，文词清丽。祖孙三代俱秉承"忠孝廉节"、仁义礼智信之家风，坚守"为国以忠、事亲以孝、持正守节"之家国理念，被史学界称为"江西玉笥陈岳世家"。

陈乔出生于公元907年，正值唐朝灭亡。当时藩镇割据，武夫乱政，以至五代交替，十国纷争，社会混乱，时局动荡不安。年幼时，父亲陈濬常对他及族人讲述家族史：常说先祖是南朝陈皇族，玉笥匡墓首葬者，时称王墓，是陈乔十三世祖，宣帝陈顼第十六子，封岳阳王，曾驻守湘州。

祯明三年，叔宝被俘，隋军持后主亲笔诏书，去陈朝各地招降。隋军元帅杨素兵下荆州，派遣大将庞晖掠地至湘州，城内将士，莫有固志，克日请降。叔慎设宴厅中，召集文武僚吏，举酒相属。酒酣，叹道："君臣之义，尽于此乎！"长史谢基投袂起座，伏地呜咽。湘州助防遂兴侯陈正理起座慨然陈辞："主辱臣死，诸君独非陈国之臣乎？今天下有难，实是致命之秋也。纵其无成，犹见臣节；青门之外，有死不能？今日之机，不可犹豫，后应者斩！"众闻此言，乃齐声应诺。自是刑牲结盟，誓同生死，正适庞晖持后主亲笔诏谕，前来招抚湘州，叔慎与正理商定密计，遣人送诈降书，往迎庞晖。庞晖相信并贸然驰至，使数百兵士屯留城门，自将左右数十人入于大厅。一俟庞晖人等步入大厅，伏兵齐发，捉住庞晖等人，斩首示众。那些停留在城门边的数百人也同时被逮住，杀得一个不留。叔慎亲至射堂，募集兵士，数日间得兵五千，迅即发生了湘州鹅羊山大战。由于隋军兵力倍于守军，且是惯战健卒，陈、樊二人哪能抵挡？战不多日，守兵四溃。在混战中，陈叔慎潜逃至吉州玉笥，后自称"南王"，并联系岭南王仲宣、陈佛智等将领，举起"复陈抗隋"大旗，岭南少数民族首领多应之。虽然后来被隋军剿杀失败，但体现了其忠贞不二以身殉国之骨气。叔慎抗隋故事，陈濬常挂嘴边，族人耳熟能详。

公元937年，李昇登基称帝为南唐烈祖，擢陈濬为兵部尚书。但身为兵部尚书的陈濬却提出止戈停战，休养生息，轻徭役，薄赋税，兴利除弊，保境安民之策。李昇审察时势深表赞许。为此，陈濬倾尽全力呕心沥血以付诸实施，甚而抱病工作，终致939年卒于任上。烈祖闻讣悲悼不已，嘉曰：渊仲（陈濬号）忠良，德懋行芳。

陈乔年幼时遵从祖、父辈的教导，虽然身处乱世，但遍访名师，潜心学习，腹藏经史，胸怀韬略，以天下为己任，立志匡扶社稷。家风家教的熏陶，玉成了他的浩然正气。在陈乔的血液中，流淌的是仁义孝廉；骨子里，蕴藏的是忠正刚节。

其父死后，陈乔更宅心仁厚，慷慨豪放的陈乔在赴任时，将家中的全部资产分散给贫困族人，连同瓜源陈衮后人，也一视同仁，无亲疏之分，而自己甘守清贫，不留余资。族人甚感激，盛赞其仁德也。

陈乔做官在外，多年未归，其母骆氏寡居在家，思儿心切，经常以泪洗面，久而久之，致使眼瞎。陈乔深感愧疚，把母亲接至府中奉养，朝夕侍候，并奏请御医为母医治眼疾。御医诊断后无奈地说：老夫人的眼睛因流泪过多所致，恐无药可医。然而陈乔不灰心，决心要治好母亲的眼疾，于是效仿虞舜"舐目治瞽"，每天清洗眼眶，束巾焚香，小心翼翼地捧起母亲的头，用舌头舐母亲的眼睛，同时给母亲尽说些奇闻异趣，让母亲开心，且每天数次用温热毛巾敷在母亲的眼睛上，散瘀活血。日复一日，持之以恒。两年之后，奇迹终于出现了，其母双眼视力渐渐恢复。人们都说这是陈乔的孝心感动了神灵，终使老夫人瞎眼复明。

显德二年（955），后周发兵征讨南唐淮南郡。南唐中主李璟不知如何应对。时有大臣主张起用宋齐丘摄政，中主欲准。时任尚书郎兼中书舍人陈乔听说后，急忙奏曰："陛下一旦签署此诏令，那朝廷百官的大小事情皆请命于宋齐丘，如此，则群臣心中便无陛下，国家尺地一民皆不属于陛下了，当年吴国皇帝禅位而失国，终被囚于丹阳宫幽郁而死，陛下也是亲眼所见。果真有那么一天，陛下垂泪流涕请求为一农夫都不能了。"中主李璟听后深为感动，引陈乔去见皇后和诸皇子，对他们说："这才是忠臣啊！他日国家有急难，汝母子可托之，我死而无憾。"

建隆二年（961），中主李璟南巡洪州（今南昌），留陈乔在金陵辅太子李煜监国，不久中主薨，李煜嗣位，是为南唐后主。

开宝五年（972），陈乔改任右内史侍郎兼光政史辅政、总领军国大事。

开宝七年（974），宋太祖遣使召后主李煜入汴梁朝见，后主欲往。陈乔深知此为宋太祖阴谋，便极力劝阻说："去必禁留，国家怎么办？"提请后主以托病而未前行。后来，宋派遣大将曹彬围金陵，陈乔力主固守都城。他一面督率兵民据险固守，一面召令神卫军都虞侯朱全赟从长江中游回师增援，殚精竭力，最终力挽狂澜。

开宝八年（975），宋大军压境，润州（今镇江）知州刘澄闻风而降，后主李煜迫于宋军压力，惶惑不已，不想加罪于刘澄家人。对于后主的软弱昏聩，陈乔悲愤不已，他深知如果不对叛逃之人进行惩处，其后果将不堪设想。于是，陈乔对后主说："做臣子辜负陛下重托，不以守土为责，却开关降敌，这是不能容忍的事情！"遂将刘澄父母妻儿斩之，以警诫意欲叛逃之人。金陵将陷，后主准备降宋，并自拟降书。见此，陈乔恳切地说："既然如此，不如斩臣，并以逆命之罪归之于臣，陛下可以自保无虞了！"后主不忍。陈乔遂入政事堂，自缢身亡。

据《宋史》载，宋太祖赵匡胤闻听陈乔之事后，对其刚正忠烈之气节大加赞赏，追赠为"岳阳郡公"，下旨准予归原籍安葬，且官其三子。灵柩由水路自南京沿长江转赣江再转沂江逆流而上，直奔安山，欲葬岳阳旺叔慎墓旁。当船行至大西头，遇弯道急流，触石沉没，遂葬于此处，立祠祭祀，曰"岳阳郡公庙"。后俗称"相公庙"，祠中塑乔公神像，四时供奉，香火不断。遗憾的是20世纪50年代因建水电站拦坝蓄水，墓与祠长眠于湖底，永远安息水底。

陈乔长子陈诚，任庐陵丞；次子陈议，任平城主簿；幼子陈诏，为南昌将仕郎。三子谨守家规，以父为榜样，忠君爱国，恪尽职守，为官清正、声誉俱佳。曾孙陈仲礼，进士、任同平章事；玄孙陈俟兴，进士、官起居舍人、知制诰，他们都在皇帝身边做事，精忠勤恳，对治国理政颇有建言，且洁身守廉、刚正不阿，帝甚赞许。

从先祖岳阳王陈叔慎到陈乔及其子孙后代，陈乔家族忠君爱国、持正守节，其遗传基因延续不绝。

在新时代，我们更应珍惜先贤们的精神财富，弘扬优良传统。无论贵贱，无论身处何地，都要忠于国家和人民，秉持刚正不阿、忠贞不屈的品德、气节，不仅自善其身，更要教育和引导下一代，让优良家风，世代传承！

作者简介

陈文初，男，1947年12月生，江西吉安市峡江县水边镇瑾田村人，退休干部，为峡江县历史文化研究会会员、理事。峡江县诗词楹联协会、吉安市诗词学会、中华诗赋集锦、中华文化网诗词期刊会员。曾参与编写历史文化丛书八部，编修族谱，在县、市、省级报刊上发表诗词、散文百余篇，在中华诗赋集锦及文化网期刊、微刊上发表数百篇诗文。

岳王祠与相公庙

陈和根

在不远处的沂江河湾，处于蜈蚣山东面山脚下，为造大浟头水电站，一道河坝将河流拦腰截断，形成一蜿蜒纵深的山湖。在这湖面下，流传至今的相公庙，却静静地沉睡在湖底。

相公庙，原名"岳阳郡公庙"，源自宋太祖的赠赐。后俗称"相公庙"。我少时还见过相公庙，每逢春节、元宵，远近的村民都要去烧香敬神，案前摆放供品，香烟缭绕。每年正月十三，村民例行一项活动叫"出行"，所谓庙神"下座"，巡游四乡八邻。众乡亲分批进庙，点燃香烛，叩拜行礼。礼毕，给菩萨披上红被面，请入轿内，巡游各个村子。一路上，敲锣打鼓，爆竹喧天。家家放

相公庙

出行

鞭炮迎神，祈一方神灵，保一方平安。直到正月十六，庙神才回庙"登堂入座"。年年如此，儿时的记忆犹新。

在峡江，先有"岳王祠"，后有"相公庙"。岳王祠，不仅安山有，峡江马埠有，新淦城北赣江南岸边也有岳王祠。从岳王祠到相公庙，流传一个真实的家族史话，传颂岳阳王陈叔慎与他的裔孙陈乔忠君爱国的故事。千百年来，在沂江河畔流传着、颂扬着。

一

东晋亡后，天下纷纷扰扰，分立南北朝对峙。中国南部地区相继建立宋、齐、梁、陈四个朝代，史称南朝。南朝陈与北周、北齐，三国鼎立，相互征战。

陈叔慎，字子敬，陈宣帝第十六子，太建十四年立为岳阳王，其时十一岁。祯明元年，出为使持节、都督湘、衡、桂、武四州诸军事、智武将军、湘州刺史。祯明三年，陈叔慎驻防湘州，后经鹅羊山一战，终因寡不敌众，隋将刘仁恩俘虏了陈叔慎、陈正理、邹居业以及部将十多人，斩首汉口。这是《陈书》上的记载。其实，陈叔慎在部将掩护下潜逃至峡江玉笥，举起义旗抗隋复陈，演绎出一个个悲壮的故事。

在玉笥，叔慎娶妻匡氏生下一子名嵩，字宗先，唐武德中为吉州别驾，建庄廖田，并把父坟由大墓迁葬安山，立庙祭祀，时称"岳阳王祠"，又称"岳阳王庙"。对此，《江西通志》《隆庆临江府志》《峡江县志》都有"迁坟""立庙"的记载。

时空转到南唐时，陈叔慎十三世孙陈乔，新淦玉笥（今峡江马埠）人，官任南唐吏部侍郎翰林学士承旨门下侍郎兼光政院辅政，总领军国大事。宋太祖赵匡胤进军南唐，当兵临城下"及城将陷，后主自为降款，……乔云：'自古无不亡之国，降亦无由得全，徒取辱耳，请背城一战而死。'后主握乔手涕泣，不能从。乔曰：'如此则不如诛臣，归臣以拒命之罪。'后主又不从，乃掣手而去。（乔）至政事堂召二亲吏，解所服金带与之曰：'善藏吾骨。'遂自缢"。（陆氏《南唐书》）

后来，宋太祖念陈乔忠勇，准予归家安葬。灵船由水路自南京沿长江转赣江再转沂江，一路逆流而上直奔安山。当灵船行至大西头，遇弯道险滩急流，触石而沉，遂葬于此，立祠曰"岳阳郡公祠"。

宁为站着死，不为跪着生。陈乔的浩然正气深深地感动了宋太祖，追封为"岳阳郡公"，且官其三子诚、议、诏。

二

峡江，是一个与南朝陈有缘的地方。昔日，武帝陈霸先曾经带领精兵三万屯兵巴邱（今峡江旧城），顺江北上，扫平侯景之乱。

迁入峡江最早的陈姓要数岳阳王陈叔慎，公元589年经湘州一战后，逆沂江河抵新淦。

"岳阳王陈叔慎"，可能是后人记忆上的差错，称之"南王叔贞"。峡江马埠陈家谱称叔贞，峡江夏塘谱称叔真。这是两个邻近的陈姓村庄，在他们的家谱中，叔慎其他兄弟的名字都没有记错，唯独叔慎的名字写错了，这或许有意为之。

在峡江，叔慎娶匡大夫女生子嵩。后叔慎遇害，母子避难在外，隋朝亡后回到玉笥，挨近匡墓（又称大墓、王墓）建庄廖田。

《江西通志》卷一一〇载："岳阳王墓在新淦玉笥乡安山，相传陈高祖第十六子名叔慎。唐武德中，子嵩为吉州别驾，迁葬于此。"

《隆庆临江府志》卷十三载："陈岳阳王墓，〈旧经〉载王陈高帝第十六子，祯明二年台城陷，被害。唐武德中，子嵩为吉州别驾，迁葬于馆头大浽头，有庙。"

乾隆三十二年

《峡江县志·祠庙》载："岳阳王陈高帝第十六子，祯明二年台城陷被害，唐武德中子嵩为吉州别驾，迁葬于馆市大浞头。"

岳阳王庙又名岳王祠，建在"安山"。馆头，旧名"馆市"，历史久远，旧称馆头大浞头安山，其实，安山离馆头有一段路。大浞头、安山、馆头皆处于蜈蚣山脉和沂江流域，从廖田步行至大浞头约有十华里路。

江西地方志没有提岳阳王陈叔慎潜逃玉笥一事，而峡江马埠陈家谱记载："叔贞（慎），字守正。封南王。因国大难，奔豫章，入新淦之大墓。有匡大夫者，以女妻之，生子名嵩字宗先。隐居玉笥号小隐……"

吉水《下白沙陈氏宗谱序》刊载明嘉靖八年吉水进士罗洪先《白沙陈氏宗谱序》亦云："叔慎子曰宗先，当隋末徙庐陵匡墓，依富人匡太以居，号小隐，今其地为玉笥廖田，是宗先其始迁祖也。"此匡太，应该是匡大夫的子孙，家庭富裕，接济宗先落居廖田。《临江志》载"玉笥乡有陈岳阳王庙，唐武德中，王之子嵩为吉州别驾，遂迁王墓于馆头安山"。由此说来，王墓在前，迁葬馆头安山在后，故而马埠陈家谱载"叔贞（慎）……因国大难奔豫章入新淦玉笥之大墓，有匡大夫者以女妻之，生子名嵩字宗先，隐居玉笥号小隐"。而《陈书》说是隋将"仁恩房叔慎、正理、居业及其党羽十余人，秦王斩之于汉口。叔慎时年十八"。如今看来，此恐怕不是事实，或为姚思廉误听误记。

因湘州保卫战之前，叔慎家眷即留在金陵，和其他兄弟家眷一样。《陈书》《南史》皆载：祯明二年，宗室王侯在京都者百余人，后主恐其为变，乃一并召入，屯朝堂，又阴为之备，使豫章王叔英总督之，集中在台城皇宫内。这下倒好，祯明三年（589）正月，隋将韩擒虎率精骑五百渡江袭破台城，直入朱雀门，后主被抓，众人

岳阳王陈叔慎画像

也一并成了俘虏，押往长安。说叔慎之子志高被他六伯陈叔明收养，当在此段时日。叔明收养叔慎子来自家谱，江西《广信庄谱序》载："宜都王者叔明公，归顺广君而得保全，收纳一族家小同存，勤俭小微，子孙发达。""收纳一族家小"，志高最符合"收纳"条件。联系峡江县马埠乡清光绪三十年陈氏族谱世系："叔慎→志高→才→蕴玉→然→衮→可二……"由此可知，过继的就是"志高"。若按姚思廉《陈书》，岳阳王叔慎在祯明三年湘州之战斩于汉口，怎知他于乱军中奉母南奔。今之"大墓"或"王墓"，或许以葬叔慎而得名。《江西通志》卷一一〇载："岳阳王墓在新淦玉笥乡安山，相传陈高祖第十六子名叔慎。唐武德中，子嵩为吉州别驾，迁葬于此。今属峡江县。"叔慎子嵩，为玉笥匡氏所生，而志高与其生母祯明二年已在南京。台城破，叔宝被俘，宗室王子王孙皆随叔宝押往长安，志高转至叔明膝下收养，视为己出，其理亦通。

《陈书》描写湘州鹅羊山之战，异常惨烈。在这场混战中叔慎真的死了吗？不一定！史书与族谱记载虽然不同，但是按常理应该以史书为准，然而吉水、新淦、峡江以及无锡等地确有叔慎子嵩的后裔，世代传承，岂能有假？在这里，事实胜于史书！

情况也许是这样：叔慎先隐居峡江玉笥，后经发现而遇难。这不仅峡江马埠、吉水下白沙谱有此之说，就连光

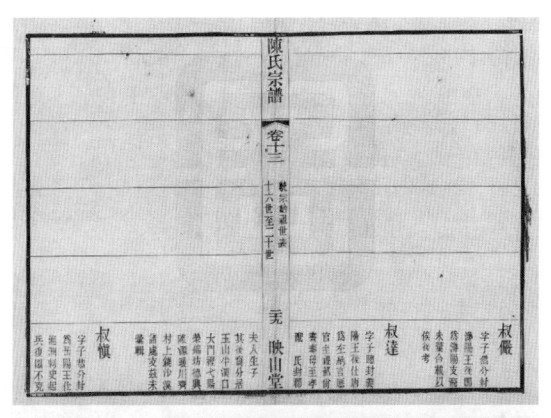

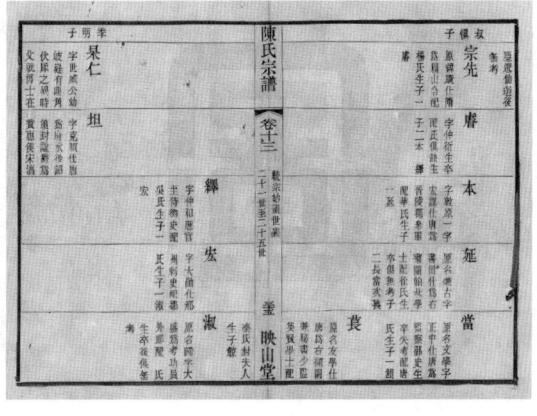

绪三十年《江苏武进毗陵陈氏续修族谱》亦载："叔慎字子恭（恭与敬义近），分封为岳阳王，仕湘州刺史，起兵复国不克，隐逸仙游，后无考。"此载除了"起兵复国不克，隐逸仙游"之外，其他都与史书相符，可为峡江马埠、吉水下白沙族谱的一个旁证吧。（见下谱照）

叔慎死后，嵩尚小，受外祖父匡氏一家呵护，母子生活倒也安定。隋亡时，宗先约有二十八九岁，遂建庄廖田，成家立业。唐武德年间，嵩为吉州别驾，后迁王墓于馆头安山，其过程大概如此。

三

姚思廉的《陈书》说叔慎被斩于汉口，这可能是误传误写，或许是姚思廉有意为南朝陈氏树立一个有骨气的形象，为人榜样。

叔慎拥母淳于姬逃到豫章，躲藏些时

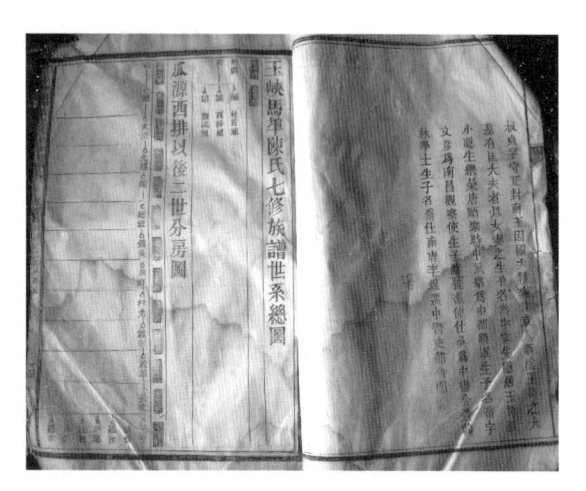

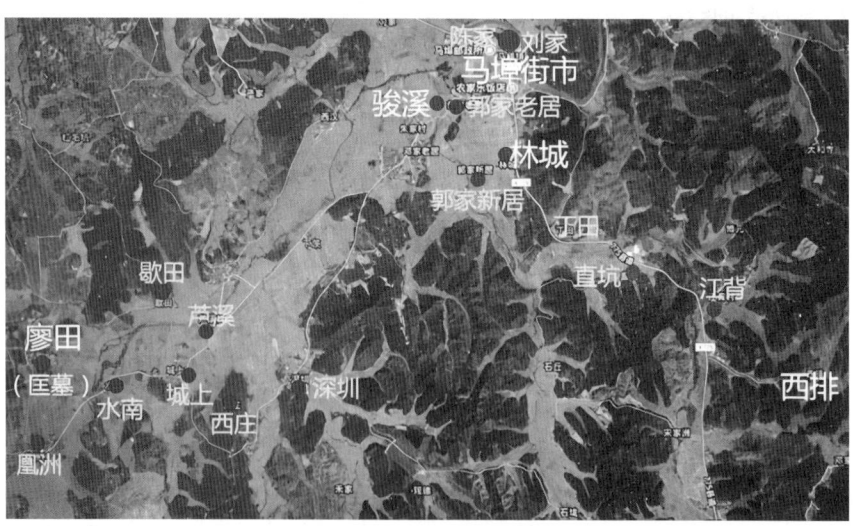

峡江地理示意

日，母子二人来到新淦玉笥（时峡江属新淦）投靠匡大夫隐居下来。

匡大夫，玉笥人氏，南朝陈命官，兵荒马乱时退隐乡梓。当叔慎母子冒险拜访他时不但没去官府告密，反待若亲人。先安顿母子住下，后将其爱女嫁叔慎为妻。再后来，消息不胫而走，被杀的庞晖等隋朝将士家人对叔慎恨之入骨。日久，纸是包不住火的，当得知陈叔慎潜逃豫章新淦，隋广朝廷令豫章府缉拿问斩。斩后遂葬峡江玉笥，后人称此墓为"大墓或王墓"，或许"大墓"地名由此而来。

叔慎死后，匡氏母子躲到赣江西岸边的沙坊，这里崇山峻岭，林木茂盛，是避难的好地方，至今仍有陈氏人居住。沙坊陈氏宗谱载：陈潝，岳公之子，翰林学士，撰《吴录》三十卷，卒赠礼部尚书，葬新淦扬名乡黄牛冈。

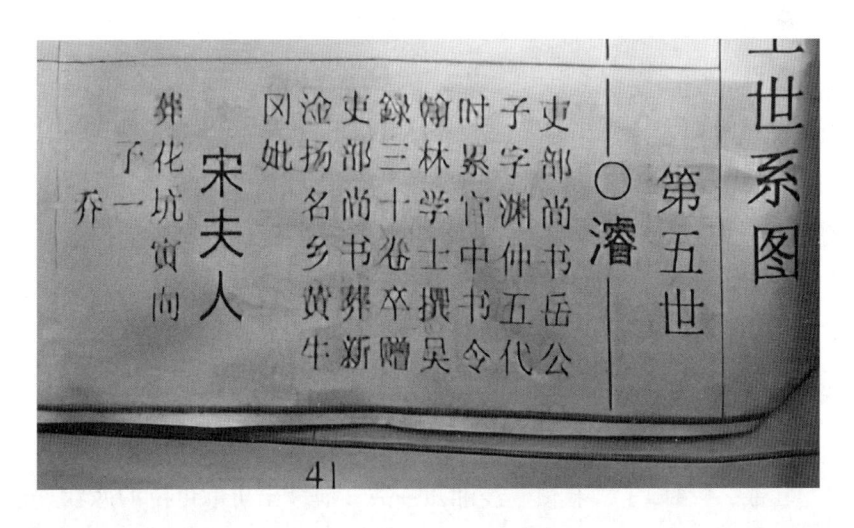

陈潝是叔慎十二世孙，陈乔之父，卒葬扬名乡黄牛冈。由此说来，陈潝的先祖居住在扬名乡沙坊。隐居沙坊最安全，地处山岭屏障，天高皇帝远。

历史又一个轮回，公元618年隋亡唐立。时陈嵩年近二十八九，躲避在外的母子终于回到大墓，之后便有吉水下白沙族谱所说的"唐武德年间，宗先建庄廖田"一事。

据玉笥人口耳相传，大墓这个地方曾经有被官府抄剿的事，但剿的是什么人,廖田人早就记不清了。这或许就是叔慎"复国不克,隐逸仙游"的故事吧。

《陈书》,唐贞观十年(636)成书,距陈朝亡国已有四十多年,假若真有其事,为什么不记载?

分析姚思廉写《陈书》之外的缘由便知一二。

其父姚察是陈朝的旧臣,礼部尚书,对陈朝有深厚的感情。姚思廉受其父影响著《陈书》,同样有特殊的感情,故有史学家批评姚思廉把陈朝历史当成家谱来写。对于陈叔慎潜逃这件事,姚思廉或许知晓,但不便于写。像这样没写进《陈书》的故事还多着呢。例如梁敬帝是陈霸先亲手扶上皇位,三年后又派刘师知去杀害他。这一重大历史事件,《陈书》未书,仅在《梁书·梁敬帝本纪》中写道:"陈王践阼,奉帝为江阴王,薨于外邸,时年十六,追谥敬皇帝。"分明用的是春秋笔法,轻描淡写,实则残忍。李延寿著《南史》说:"梁敬帝在内殿,师知常侍左右。及将加害,师知诈帝令出,帝觉,绕床走,曰:'师知卖我,陈霸先反。我本不须作天子,何意见杀。'师知执帝衣,行事者加刃焉。既而报陈武帝曰:'事已了。'武帝曰:'卿乃忠于我,后莫复尔。'师知不对。"

再如陈霸先杀死王僧辩,把王僧辩父子活活吊死在门楣。对此,姚察、姚思廉的《梁书·王僧辩传》中仅用四字"尔夜斩之"。由此,可见姚思廉父子对陈朝的感情。

总之,《陈书》多有讳护之词,姚氏父子对陈朝的感情是深厚的。

壮哉,"岳阳王"叔慎,经湘州一战,演绎出可歌可泣的悲壮。这是南陈的骨气,也是吾辈的骄傲!

作者简介

陈和根,男,1944年11月生,江西峡江县夏塘人,会计师。兴趣广泛,曾经从事过教育、务农、采购员等职业。晚年寓居深圳,乐享天伦之乐。

古灵先生年谱

陈　晔

　　陈氏出自妫姓，虞帝舜之后。夏禹封舜之子商君于虞城（今商丘市东部），三十二世孙遏父为周陶正，武王妻以元女大姬，生满，封于陈，赐姓妫，以奉舜祀，是为胡公。胡公二十六世孙轸为楚相，封颍川侯，因徙颍川称陈氏。支分派别不可得，而考在唐有陈忠，其先江左诸陈，世客颍川。一子邕，邕三子，夷行、夷实、夷则。夷行为太子太保、检校司空，相文宗。一子翱，翱一子嘉，为陵州别驾。别驾一子闻，为陵州刺史。刺史三子：显，为检校侍中、江南道节度使；勋，为兵部侍郎；黯，为职方郎中。侍郎一子为檄，自光之固始从王潮入闽，家于福州，仕闽为太尉，推诚奉国功臣。太尉三子，令镕为大中大夫；令图为客省使；令猷为检校工部上书。客省一子希颖，皇朝淳化中，以文林郎守果州司户参军。户曹五子，则之、拱之、象之、恢之、裕之。象之，台州黄岩县尉，累赠尚书兵部侍郎，后改赠金紫光禄大夫，后去之字金紫。三子交（趾）将仕郎，试将作监主簿，赠正奉大夫。襄，枢密直学士，尚书右司郎中兼侍读；赠少师章朝议大夫，提举杭州洞霄宫，赠金紫光禄大夫。

　　真宗皇帝天禧元年丁巳，是年三月，公生于福州之古灵，后乡人号为古灵先生。东波先生，熙宁中卒杭州，有诗贻公，云："去年柳絮飞时节，记得金笼放雪衣。"（注，杭人以放鸽为太守寿。）

　　天禧五年辛酉至乾兴元年壬戌（无记事）。

仁宗皇帝天圣元年癸亥至庆历元年辛巳（无记事）。

庆历二年壬午，公年二十六。于杨寘榜登进士第，授试秘书省校书郎，建州浦城县主簿。

庆历三年癸未，公年二十七。六月到浦城有谒庙祝文。

庆历四年甲申，公年二十八。有祈雨诗、祈求祝文。送章衡秀才序。

庆历五年乙酉，公年二十九。有《答吕寺丞书》《答黄殿丞书》。

庆历六年丙戌，公年三十。有《答黄殿丞书》，是年十月秩满。

庆历七年丁亥，公年三十一。以部使者举为台州仙居县令。有《仙居劝喻文》。

庆历八年戊子，公年三十二。有《谢关郎中书》。

皇祐元年乙丑，公年三十三。有《劝学文》《天台山习养瀑记》《天台县孔子庙记》。

皇祐二年庚寅，公年三十四。有《和郑闳中仙居诗》十二首。

皇祐三年辛卯，公年三十五。用荐者改秘书省著作佐郎知孟州河阳县。有《怀友人陈烈诗》《祭仙孙五郎文》。

皇祐四年壬辰，公年三十六。春，过浦城。有《留题南峰寺诗》。到河阳，有《与蔡舍人二启》。

皇祐五年癸巳，公年三十七。

至和元年甲午，公年三十八。迁秘书丞就移知彭州濛阳县。

至和二年乙未，公年三十九。郑国富公自太原入相，以文学政事荐公。

嘉祐元年丙申，公年四十。有《白头诗》。

嘉祐二年丁酉，公年四十一。迁太常博士，以郑公之荐召试密阁校理。

嘉祐三年戊戌，公年四十二。判尚书祠部。

嘉祐四年己亥，公年四十三。编定昭文馆书籍，有《郊祀大礼庆成诗》，併表《吴君唐卿墓志铭》。

嘉祐五年庚子，公年四十四。著《中庸讲义》。

嘉祐六年辛丑，公年四十五。有《殿中御史陈公墓志铭》。是年冬，迁尚书祠部员外郎出知常州。

嘉祐七年壬寅，公年四十六。有《请顾临密校主雪书》。

嘉祐八年癸卯，公年四十七。英宗皇帝即位。公有尚书度支员外郎迁尚书司封员外郎，赐五品服。

英宗皇帝治平元年甲辰，公年四十八。召为开封府推官。是年，常假谏议大夫，充接伴北辽使。

治平二年乙巳，公年四十九。著《大易讲义》。

治平三年丙午，公年五十。除三司盐铁判官，有《苏明允府君挽词》。

治平四年丁未，公年五十一。神宗皇帝即位。公以谏议大夫奉使于辽，八月还。有《使辽录》一卷。迁尚书公布郎中充密阁校理，出知明州。有《英宗皇帝挽词》，使还咸熙馆道中诗二首：《黑崖道中诗》和《东玉少卿见遗诗》。过雄州南门，《偶书呈知府张皇城诗》《奉使回上殿札子》《左侍禁陆公墓志铭》《开封府祥符县主簿陆君墓志铭》《祭黄虞部文》。

神宗皇帝熙宁元年戊申，公年五十二。还乡省松楸，有《和程公辟游越山亭诗》。春晚赏牡丹，奉呈席上诸君诗：《和程公辟游宿猿洞诗二首》《和程公辟红梅诗》《和程大卿游昇山诗》《和程大卿游凤池寺诗》《和程大卿荔枝诗》《程大卿新辟诸寺门诗》《和程大卿书宿猿洞诗》。是年冬被召。

熙宁二年己酉，公年五十三。夏，到阙迁尚书刑部郎中，修《起居注》，知谏院管勾国子监公事。秋，除侍御史知杂事，有旨侯知制诰阙召试，公上疏力辞，诏从之，兼判吏部流内铨赐三品服。有《辞修起居注、知谏院四状》。举自代状侍御史知杂事，举自代状《辞中书侯试知制诰状》《赴召修注上殿札子》《进诚明说并札子》《知谏院进札子》《乞正台谏官札子》《议学校贡举札子》《乞免刘述等罪状》《论自制三司条例》《乞行均输法状》《弹刘攽王介状》《论祖无择下狱状》《乞疏放秀越二狱干系人状》。

熙宁三年庚戌，公年五十四。春，召试知制诰。公自言尝论常平新法，不听，辞不就。试执政以为当出。乃欲罢御史以集贤殿修撰。陕西转运使敕未下，上批别进呈，谓执政曰吴申全不能讲，欲候陈襄受职留讲筵，于是除密阁校理，复修起居注直舍人院，兼天章阁侍讲仍判铨。有《辞中书召试知制诰状》《申中书省状》《辞直舍人院状》《辞判吏部流内铨敕内名衔状》《辞直舍人院判吏部流内铨兼天章阁侍讲状》《辞修起居注状》。择日祗受修起居注敕命状，密阁校理修起居注状，自代状《辞兼天章阁侍讲状》《弹李南公除京西运判不当状》《乞召还范纯仁状》《弹御史裹行王子韶状》《弹步军副都指挥使宋守约三状》《论差择县令札子》《论流内铨奏辟属官札子》《论差选京朝官知县札子》《弹秀州军事判官李定状》《乞止绝权贵陈乞恩例札子》《论散青苗不便乞住支五状》《论李常侍罪不报及吕公著落职札子》《论王安石札子》《论韩维充御史中丞与韩绛领制置司妨碍状》《论韩绛参知政事乞罢制置司状》。

熙宁四年辛亥，公年五十五。秋，知制诰迁尚书吏部郎中兼直学士院。冬，出知陈州，有内制一卷《谢知制诰启》，到陈，有《谢富相公启》。

熙宁五年壬子，公年五十六。秋，移知杭州，有《劝学文》《夫人吴氏墓志铭》。十月，《践送钱塘贡士登彼公堂诗》《题忠定张公书后》，是年，修钱塘六井。

熙宁六年癸丑，公年五十七。有《驾部陈公墓志铭》。是年春，六井讫工，东坡先生为之记。有《和子瞻吉祥冬日牡丹诗三首》。

熙宁七年甲寅，公年五十八。有《和子瞻沿牒京口忆西湖寒食诗》。秋，移应天府，留守未至，复移知陈州。有《陈州谢到任表》。自杭至宋，过永乐院留题诗。

熙宁八年乙卯，公年五十九。有《颍川府学释奠勉童子诗》《颍川赏花诗》二首。是年冬，召还知通进银台司兼门下封驳事提举进奏院，迁尚书右司郎中枢密直学士判太长寺兼礼仪事。有《论差除敕不由封驳司札子》《谢转枢密直学士启》。

熙宁九年丙辰，公年六十。兼侍讲知审官东院，有《理会吏部资序札子》《乞审审官东院条例状》《与富相公书》。

熙宁十年丁巳，公年六十一。提举司天监，冬郊祀大礼为礼仪使。有《依赦文举陈烈状》《经筵荐温国司马公而下三十三士章稿》一卷。

元丰元年戊午，公年六十二。春，奏敕详定郊庙奉祀礼文。夏，缺口塞诏，改新闭河口决河曹村埽，曰灵平遣公为祭，谢使有详定礼文并《制乐所定铜木尺度一卷论乐札子》《祭天用乐札子》《崇国夫人符氏墓志铭》《故太师中书令曾鲁公挽词二首》。

元丰二年己未，公年六十三。春，兼判都省事慈圣光献皇后崩，命公为山陵卤簿使。有《慈圣光献皇后挽词二首》。

元丰三年庚申，公年六十四。三月薨于京师，享年六十四。赠给事中。将终，书"先圣先师"四字，附其子阶为朝散大夫，勋为护军爵，为上党郡开国侯。明年九月葬于常州宜兴县永定乡蒋山之原。特诏常州供应所缺。后累赠少师。

按 语

本《年谱》录自《四库全书·古灵集》卷二十五，文章分两部分，一是世系源流，二是年谱。

文章开篇第二句说"夏禹封舜之子商君于虞城（今商丘市东部），三十二世孙遏父为周陶正，武王妻以元女大姬，生满，封于陈，赐姓妫，以奉舜祀，是为胡公"。此来自《新唐书·宰相世系表》，编者未察觉而采用了。按史，武王以元女大姬配妫满，封于陈，是为胡公。

关于颍川侯陈轸，北宋理学家陈襄五世侄孙陈辉曾撰《宋乾道二年谱序》说："有公子轸者，贤而辩思。自别于田氏复故国姓，曰陈。齐人恶之，适秦。与秦相不协，适楚。楚贤而礼之遂相；楚封颍川侯，因家焉。"这段论述甚精辟，恰与《颍川陈氏考略》考颍川侯为"战国纵横家陈轸"相一致。（详见《陈氏谱考辑要》第259页）

本文《古灵先生年谱》为《四库》本，刊在《古灵文集》之首。有关《古灵先生文集》，流传到今日，至少有三种抄本。据傅增湘所校，其中一本源于赣州本，胜于福州本。另外两种抄本文字多有缺失与讹误，而文渊阁《四库》本，则以此两本中之一为底本。

上海图书馆所藏，为绍兴三十一年赣州刻本，是陈襄五世侄孙陈辉知赣州嘱其僚士参校，命其仲子陈晔编年谱。而国家图书馆与日本静嘉堂文库藏本，当为宋末福州重刊赣州本。

《古灵文集》："自赣州开雕，福州复刻以后，别无刊本。"清代有抄本，皆源于宋本，"而舛讹夺逸已不可胜计"。今《四库》底本，既不是赣州本，亦非福州本，而是旧抄本。傅增湘云："余近获抄本，为临清徐梧生司业坊旧藏，字迹朴拙，审为康雍时风气，而舛讹夺逸已不可胜计。"（《藏园群书题记》第657页）

《古灵先生文集》赣州本为最早，亦最善，其次则为据此本所抄之本；福州本和另外两种抄本及《四库》本，皆非善本，诸君读此须当留意；有条件者可去上海图书馆查阅赣州本《年谱》。

永嘉学派巨擘陈傅良家族的千年传承

苏尔胜　陈继宽

陈氏是浙江瑞安第一大姓，总人口多达12万，郡望颍川，多属福建赤岸支脉，其中陈傅良宗脉占近三分之一。当然，当年的赤岸是一个地域很大的地理概念，几乎包含了今福建宁德地区的福鼎、霞浦、罗源、连江等县市，绝不仅仅指现在的霞浦县州洋乡赤岸村。福建著名历史学者周瑞光、陈家荣先生经多年研究，得出结论：今霞浦县州洋乡赤岸村与唐宋时期的赤岸镇并无瓜葛。

陈傅良是南宋时期从浙江温州瑞安走出去的学术大家，永嘉学派巨擘。南宋，一个偏安江南始终被内忧外患困扰的时代，却像亡国的君主偏偏写出了千古诗章一样，产生了一群思想大师，这当然与南宋繁荣的经济有关。在重文轻武的宋王朝，社会以好学为荣，不学为耻。当时的浙江，延续了北宋学术思想重镇的辉煌，成了南宋学术思想的中心，仅浙东学派就发展出四支思想锐军：以吕祖谦为首的金华学派，以陈傅良、叶适为代表的永嘉学派，以陈亮为首的永康学派和以"甬上四先生"为首的心学。

永嘉即今温州地区，以温州旧称"永嘉郡"命名的这个思想流派，主要成员来自温州地区，其中以瑞安学者居多。且不说陈傅良、叶适都是瑞安人，就连蔡幼学、曹叔远、陈武等中坚力量也都是瑞安人。

陈傅良（1137—1203），字君举，号止斋，宋瑞安县帆游乡固义里涜村（今塘下镇凤川等村）人。固义里即涜村（俗名凤村，因村庄在凤山之麓得名）所在的"里"，范围大致包含了如今塘下镇场桥、罗凤社区的大部分村庄，自然包含了今塘下镇凤川村。涜村陈氏是南宋陈傅良之族，毫无疑问。

陈氏系温州大族，初祖河南，后迁徙福建，唐、宋间相继入迁温州瑞安、平阳等地。陈傅良《族叔祖元继圹志》云："维陈氏自福之长溪县劝儒乡擢秀里，徙温州瑞安县帆游乡固义里。"古代长溪县劝儒乡擢秀里即今福建霞浦县西北、福鼎市东部，所谓"长溪赤岸"是也。但陈傅良的先祖只是经擢秀里赤岸迁往温州瑞安，并非住在擢秀里赤岸。

关于陈傅良的入迁祖，编修于明代的瑞安陈氏诸谱本都记载：陈夷实有三子：陈昭远、陈昭楚、陈昭文，陈昭远生三子：陈居简、陈居安、陈居敬，陈居敬生两子（鸾、凤），陈居简、陈居安以及陈鸾皆"无传"，陈凤生三子。陈夷实之子陈翿，字昭文，因曾任唐文宗、武宗宰相陈夷行（卒于844年）无子，兼嗣之。唐末，陈昭文携子陈居静经福建长溪县赤岸徙居瑞安帆游乡长桥西河（今塘下场桥西河），繁衍发展，陈居静遂成今塘下场桥一带陈氏始祖。但从清中期始，瑞安塘下沙渎、涜村（今凤川村）等地陈氏宗谱对此有了新的说法：陈居敬的孙子陈肇文（谱把此人编在陈鸾名下）及其子陈阳于五代期间入迁瑞安帆游乡固义里涜村，但史学界至今未发现权威史籍有"陈肇文及其子陈阳"之记载。温州目前找到两部明代陈氏宗谱，一是永嘉芙蓉洪熙元年（1425）谱，二是塘下场桥西河明嘉靖乙丑（1565）谱。这两部明朝谱与西河历代陈氏宗谱都明确记载：陈鸾"无传"；陈居静娶方岙何氏为妻，生有一子陈鹗（师讷），曾在吴越王钱镠驾前任银青光禄大夫。师讷生三子：陈诰、陈诏、陈诒。陈诰居长桥西河，陈诏徙居八水，陈诒徙居涜村，后发展成三大支派；陈诒传六世至傅良。

陈翿（昭文）的大名在福建几乎所有宗谱都有记载，而且在新旧《唐书》等史籍中都有明确记载。2016年3月至8月间，我们在福建省姓氏源流研究会陈氏委员会查阅了大量宗谱和研究专著，并到霞浦、厦门、长乐、连江、福鼎等地与瑞安陈氏渊源较深的县市区进行走访发现：1975年元月连江县敖江镇杉塘村在西山麓兴修水利时发现古墓葬（乌石铺古墓），由省博物馆联合发掘清理，出土文物有陶罐、铜鐎斗、斗盏陶品等9件（现存福建省博物馆等处），经考证属唐代陈翱夫妇墓葬。这证明陈翱卒后与妻同葬连江乌石桥功德寺前，且连江县敖江镇杉塘村陈氏宗谱记载陈翱之子居静迁浙江瑞安长桥（今塘下场桥）。

根据现有史籍与明清以来可靠宗谱记载，陈傅良应系陈诒公后裔。陈傅良曾祖陈靖，字景彦；祖父陈邦，字元春；父陈彬，精于《易》学，教授乡里，德行深厚，受人尊敬，卒后以子贵获赠朝请大夫，母徐氏亦以子贵获赠令人。

傅良九岁时，父母双亡，与兄姐共四人靠祖母吴氏抚养长大。因家境贫穷，他年纪轻轻就受聘为塾师，挑起家庭谋求衣食之资的担子。乾道二年（1166）结识薛季宣，后补入太学深造，认识当时学界名流吕祖谦、张栻和陈亮。

乾道七年（1171），"元丰九先生"之一张辉之孙女张幼昭（字景惠）嫁给陈傅良。时年陈傅良35岁，张幼昭26岁。乾道八年，陈傅良与学生蔡幼学一同赴京师临安（今杭州）参加会试，双双得中进士。陈傅良获授泰州州学教授，但没有赴任，而是回乡继续教书。因为官俸虽然不低，但仍难以维持刚建立的小家庭的日常开支。次年，长女阿鬟出生。淳熙三年（1176），陈傅良才正式出仕。

淳熙五年，陈傅良出任福州通判，仗着上司梁克家的信任，大展拳脚，"凡一路若郡所当兴废及讼狱，一裁以义，无所回屈，强御者不得售其私"。因而触犯了当地豪门的利益，不久遭弹劾罢职，遂回瑞安开办仙岩书院，培养了一批时之俊彦。在此期间，傅良参加了疏浚、治理温瑞塘河等基础设施建设。

淳熙十四年，陈傅良出任桂阳军知军，两年后擢升湖南提举茶盐公事、转运判官。他大力推广牛耕，龙骨水车、双季稻等先进生产技术，促进当地农业生产；奏免衡、永、道州的供银、赋粟及潭州、株洲的酒库钱，恢复被官府没收的两千家异姓继嗣户家产，稳定民心。

淳熙十六年二月，孝宗赵昚禅位给儿子赵惇。绍熙二年（1191），傅良赴京奏事，留在京师任职。他当了多年地方官，自然深知民间疾苦。到京都任职后，见内廷岁供节节攀升，竟比熙宁年间增加十数倍，而地方都统司还要以御前军马等名目加收钱粮，搞得各地百姓叫苦连天，就向皇帝上书，痛陈内廷在岁供中的种种弊端，要求朝廷下诏废止各种加收的钱粮，切实施行"宽民力"政策，得到光宗采纳。但光宗有精神疾病，听任皇后李凤娘干政，而且竟不省视患病的父亲，引起朝野非议。陈傅良带头奏请光宗探望孝宗。光宗有所醒悟，拟率百官向太上皇请安，却遭李后阻挠。陈傅良拉住光宗的龙袍，恳求他去重华宫，却遭李皇后诟骂，乃辞官回乡。

绍熙五年（1194）六月，孝宗病逝，作为儿子的光宗居然不问丧事。一时"军士籍籍有语，变且不测"。知枢密院事赵汝愚乃与叶适、徐谊、蔡必胜密谋，并联络外戚、知阁门事韩侂胄，取得太皇太后同意，拥立光宗之子赵扩登基，成功完成最高权力更替。陈傅良被新皇帝召回朝廷任中书舍人兼侍讲兼直学士院同实录院修撰，叶适也升任国子司业，旋升显谟阁学士，温州（含瑞安）籍朝官在朝廷影响力大增。但好景不长，因为宰相赵汝愚没有满足韩侂胄晋封节度使之愿望，引发后者怨恨并展开报复。赵汝愚遭排挤，陈傅良、叶适、徐谊、陈武、蔡幼学、薛叔似等59人被列入所谓"伪学逆党"，尽被贬官或罢官。

陈傅良回到家乡，从此潜心著述。嘉泰二年（1202），朝廷弛"党禁"，重新起用陈傅良、叶适、薛叔似、蔡幼学等人。但此时的陈傅良已病入膏肓，于当年冬在家中病逝，享年六十七岁。朝廷赐谥"文节"。陈傅良虽然离世，但他为之付出大量心血的永嘉学派却对后世产生了巨大影响。

陈傅良共有二子七女。长子陈师辙系陈傅良兄（兄字国举，谱名傅贤）之子，乾道九年因陈傅良夫妇卖了五亩田资助兄长续弦而过继陈傅良为嗣（见叶适《张令人墓志》）；次子陈师朴本为平阳县丰山东塘陈氏陈守仁仲弟（见南宋工部尚书刘克庄《南窗陈居士墓志铭》），绍熙五年过继陈傅良为子，约嘉定二年（1209）早夭，仅十九岁。陈师朴生父陈志崇，系叶适弟子；胞兄陈守仁，乃徐谊门人。

陈傅良有七女，长女阿鬌嫁进士潘子顺；次女阿晦嫁薛叔似之子薛师雍；三女阿季嫁林子燕；四女阿福嫁徐谊之子徐冲；五女不弃嫁进士张绍，六女不卒嫁进士张畴；七女（名不详，非张令人所出）嫁平阳邹氏。

陈师辙曾官福州罗源县主簿、寿春县主簿、监临安府盐官县买纳盐场等职，后居外地。黄宗羲《陈定生墓志铭》称，"先生讳贞慧，字定生。陈氏为止斋之后，由永嘉迁宜兴，遂为望族"。《中华姓氏谱·陈氏卷》（华艺出版社2002年版）云：词人陈维崧（陈贞慧之子）家族即陈傅良的后裔。

陈师朴早逝无后，陈师辙后裔离乡远徙。清末孙衣言《瓯海轶闻》卷七《永嘉学术·陈文节公傅良》因而按曰："我邑澍村陈氏近无闻者，或疑大儒无后。读《（陈）定生墓志》，则止斋之后实徙宜兴，明时遂为望族。……君子之泽远矣。"然瑞安塘下镇凤川、陈宅等地颇多陈傅良族裔，并在塘下建立了陈傅良纪念馆，每年接待数以万计前来瞻仰者。

永嘉之学的根本是"经世致用"，目的在于"治事"，因此不作空洞的玄学讨论，不发迂阔的议论，提倡"讲实事、究实理、求实效、谋实功"。永嘉学派对后世的影响之大，实在不可估量。温州之所以从南宋以来一直是商贾集居之地，温州人之所以敢为天下先，温州的文化氛围之所以进取事功，都与温州人长期浸润永嘉学派学说密切相关。在中国走向世界现代化的进程中，这一学说仍将有绵延不断的生命力。

［按：瑞安场桥西河陈谱自南宋端平三年（1236）以来修编已达14次，始终坚持传承"昭文与子居静入迁"与"昭文后裔分徙八水、澍村等地"的传统说法，从未苟同所谓"陈肇文、陈阳入迁"说。］

作者简介

苏尔胜，男，1963年生于浙江瑞安市高楼镇东村，大专学历。现为浙江省瑞安市姓氏文化研究会副会长兼秘书长，系浙江省之江区划地名研究院研究员、浙江省百姓家谱文化研究会修谱委员会副主任，主编《瑞安市地名志》《瑞安地名记忆》等书，与人合著《浙江文史记忆丛书·瑞安卷》等书，系2023年《中华陈氏志》编审。

陈继宽，男，1957年生于浙江瑞安市场桥镇西河村，大专学历。曾任瑞安市长运公司总经理、交通运管局副局长，第十、十一届瑞安市政协委员，现任瑞安市姓氏文化研究会常务理事，系《中华陈氏志》常务副主编。

陈武传记

陈月海　陈　刚

《温州府志》载：陈武，字蕃叟。少力学，于书无所不读，尤长于《春秋》。与族兄傅良名相埒①，登淳熙第，调饶州教授。庆元初，除礼、兵架阁②。迁国子正。继以道学党斥。党禁解，干办③江西安抚司公事。除秘书丞，兼礼部郎，迁军器少监兼司业，进秘书监，兼右谕德④。久之⑤，乞补外，以右文殿修撰知泉州。制辞⑥有云：尔⑦早以经学蔼然⑧，时名退之，方诲于诸生下惠⑨，遽甘于工黜。又云速改弦而更张，旋拔茅而汇进⑩。方谐士论⑪，乃控忱辞⑫。未几，卒。子求，已登科，终雷州倅⑬。孙，志学，终莆田宰。时学，终江山宰。宋叶适⑭《本心集》祭蕃叟秘监文。噫，道难知其又难行。参鲁后觉，回夭先成。公初尚少，悬悟独醒⑮。九流百家，不学自能。天固厚之，庞艾端特。公亦挺然，捐身殉国。夫何事谬，以名受抑。三十年中，进寸退尺，清切之地。虽曰大蓬⑯，不及上前，献替雍容。家兴饱饭，厥志曷从。岂民无良，使我不逢。稚余从公，狂气未敛。耄至而襄，百罹易感⑰。绳床并坐⑱，谛视惨惨⑲。已矣奈何，饮也靡憾。

注　释

①相埒：相等。
②架阁：架阁库，掌管文书档案的库房。

③干办：谓干练能办事。

④谕德：左右谕德各一员，分隶左、右春坊，正四品下，掌以道德教谕太子。

⑤久之：指时间很久，许久。

⑥制辞：诏书上的文词。

⑦尔：文言文人称代词。

⑧经学蔼然：经学，指《六经》，是中国古代学术的主体。蔼然，和蔼的样子。

⑨下惠：喻柳下惠为士师。

⑩拔茅而汇进：比喻递相推荐引进。

⑪方谐士论：士大夫间的评论、舆论。

⑫忱辞：至诚之辞。

⑬伜：古同"卒"。

⑭叶适：温州永嘉人，南宋思想家、文学家、政论家、官员。生于瑞安，后居于永嘉水心村，世称水心先生。淳熙五年（1178），叶适中榜眼。

⑮悬悟独醒：犹独醒悟。

⑯大蓬：官名。秘书监的别称。

⑰百罹易感：意思是种种不幸的遭遇，永难忘。

⑱绳床并坐：一种可以折叠的轻便坐具。以板为之，并用绳穿织而成，能睡能坐。

⑲谛视惨惨：仔细地看，忧闷、忧愁的样子。

按　语

陈武，宋温州瑞安人，字蕃叟。陈傅良族弟。"少力学，于书无所不读，尤长于《春秋》。"宋孝宗淳熙五年进士，累官至国子正。因入庆元党籍，"继以道学党斥"。

此"伪学逆党籍"案，始于庆元初，作为理学派中坚分子的陈傅良被谗罢官，与陈武等人列入"伪学逆党籍"。这场运动终于公元1202年韩侂胄上书宋宁宗，才正式结束。其时，活着的道学人士，都被重新起用，恢复了以往的官职。学禁解，陈武起为秘书丞。后以右文殿修撰知泉州。陈武与陈傅良为同学，而名相埒。

从这场"伪学逆党籍"案浩劫中，可从陈傅良给陈武《用前韵招蕃叟弟》的诗中略了解一二。诗云："细看物理愁如海，遥想朋从眼欲花。逆水鱼儿冲断岸，贪泥燕子堕危沙。百年乔木参天上，一昔平芜着处佳。行乐不妨随邂逅，我无官守似蚍蛙。"此诗写出诗人陈傅良罢官后的心情，连用三个比喻，反映了诗人及其朋友遭受打击的过程，流露出不满的情绪。一是以"逆水鱼儿"和"百年乔木"隐喻同道中人，表现其不畏强权的勇敢精神和傲然于世的挺拔风骨，表达敬佩之情；二是以"贪泥燕子"比喻贪权误国的当权者；三是以"堕泥沙"暗示其难得善终，抒发痛恨之情。

本文录自《永乐大典》卷3156转载《温州府志》文。标题为新加。然而《温州府志》却漏载了一则信息，即据《陈武圹志》载：其生绍兴甲子（1144），卒嘉定十年（1217），寿七十四。子男一求已。女适监察御史沈元简之孙彦直。夫人王氏，封令人，卒嘉定十一年正月，寿七十有三，陈武比王氏大两岁。

仙游归仙岭人物补考

陈 刚

据《庐山志》及修水《龙峰陈氏宗谱》所载：陈灌长子镛，建中元年（780）生，武宁蒿溪人。其父为官高安县丞时被害，陈镛二十四岁，为父报仇灭了豪猾全家，外逃仙游避难，义门谱名镶。（详见《陈氏谱考辑要》陈镶行传）。陈镛为什么要避难仙游？在仙游有没有留下后人？一直是我们研究的难题，现依据相关资料的梳理，基本上解决了这一疑惑。

陈镛避仇难去福建仙游的因素应该有两个。其一，因族人陈珂在仙游做官，有势力，依附他有庇护。其二，仙游地处中国南方，偏远之地好藏身，官府也不易找到。

据《义门陈氏书堂记》载："自龙纪以降，崇之子蜕，从子渤，族子乘登进士第。近有蔚文尤出焉，曰逊、曰范，皆随计矣。"

这里提到的陈乘，有史可查。周勋初《唐诗大辞典（修订本）》第248页《陈乘》云："陈乘：生卒年不详。泉州仙游人，陈宜都王叔明之后。其祖避难于泉州仙游，遂家焉。昭宗乾宁元年（894）登进士第，官秘书郎。后因乱退居乡里，与王延彬、徐寅、郑良士辈以诗相酬和，闽士多以风雅归之。事迹见《十国春秋》本传。《全唐诗》存诗1首。"

"叔明之后，其祖避难仙游"，指的是陈镛避难仙游。"退居乡里"，即退居"归仙岭"，今称橄榄岭。《舆地纪胜》卷二百三十五载："归仙岭，在仙游县西二十里，昔有陈乘、陈光乂者居岭内，登第还乡改今名。"

陈乘自幼与陈光乂一起在度尾镇东山寺读书，及第当年还与同乡晚辈黄滔一起游曲江［见黄滔《和陈先辈陪陆舍人（扆）春日游曲江》诗］。《全唐诗》存陈乘《游九鲤湖》诗："汗漫乘春至，林峦雾雨生。洞莓黏屐重，岩雪溅衣轻。窟宅分三岛，烟霞接五城。却怜饶药物，欲辨不知名。"

陈乘卒葬归仙岭内，见乾隆《仙游县志》卷十六《陈乘墓》。2020年5月28日至29日，陈月海、陈美光二人亲往橄榄岭寻访墓地，遍访陈氏宗亲，也难觅其冢，仅发回几张归仙岭照。

陈光乂（一作陈光义），宜都王叔明之后，与族人陈乘一起世居归仙岭内，自幼就读于东山寺，天祐三年（906）进士及第（见四库全书《福建通志》卷三十三《选举·陈光乂》）。南汉高祖朝著作郎，乾亨四年（920）文德殿成，献赋赐珠数升（见《十国春秋》卷五十八《南汉高祖本纪》）。

如今，陈乘和陈光乂的后人均难查考。那么，在仙游或周边地区有没有留下叔明公的其他后人呢？答案肯定是有的。据《圭峰集》卷下《乐斋陈公（立功）墓志铭》载：其"乃后唐金紫公光禄大夫讳政字雍之仍孙，其先自江州义门入闽，居惠安之南浦扶阳。迨宋户曹讳南乡者舍宅

左为归仙岭山脉

为院，遂迁于乐岛，居海上"。墓志铭明确说墓主陈立功是陈政（一名陈雍）的后代。查遍所有史料，找不到后唐金紫公光禄大夫这么大的官员名叫陈政的人，后翻阅《江南余载》《十国春秋》等文献，恍然大悟。原来历史上有一位南唐太常博士名陈雍字致尧（《江南余载》），又或曰陈致雍（《舆地纪胜》《十国春秋》）、陈表用（徐铉《和陈表用员外求酒》）。这可能是墓志铭排版时误"致"为"政"，正确的应该是"讳雍字致尧"。所谓后唐金紫公光禄大夫，大概是其后人自说的。如此一来，所有疑问均已解决。

  陈雍，又名陈致尧、陈致雍、陈表用，宜都王叔明之后，系泉州晋江人，考非莆田人。证据有三：其一南唐徐铉赠诗《送陈秘监归泉州》；其二南宋陈振孙《直斋书录解题》卷五记载："《闽王列传》一卷，秘书监晋江陈致雍撰。"其三陈致雍撰有《晋江海物异名记》三卷。初仕闽景宗为太常卿。复入南唐，以通礼及第，官太常博士。南唐后归宋，开宝中除秘书监致仕。既归，陈洪进辟为掌书记。他与徐铉、韩熙载友善，徐铉有赠诗《和陈表用员外求酒》《又听霓裳羽衣曲送陈君》《又题白鹭洲江鸥送陈君》《送陈秘监归泉州》，韩熙载有赠诗《赠陈郎》。南唐画家顾闳中《韩熙载夜宴图》画中有陈雍，现存宋摹本，藏于北京故宫博物院。南唐礼学大家，撰写《晋江海物异名记》三卷、《闽王列传》一卷、《曲台奏议》二十卷、《五礼仪鉴》六卷、《新定寝祀礼》一卷、《州县祭祀仪》一卷等，皆佚，《全唐文》存文一百零五篇。陈雍后人多居莆田秀屿区东埔镇乐屿岛、泉州市泉港区后龙镇割山村、田里村等。

  以上为仙游归仙岭人物补考，史料虽短，但极其重要，以解陈镛避难仙游之谜，以及在当地还有后人的情况。

参考文献

  ①《海录碎事》卷三上地部上《总载山门》。

  ②《舆地纪胜》卷一百三十五《福建路·兴化军·归仙岭》。

  ③仙游至宝《仙谿志》卷四《唐及五代人物》。

④《十国春秋》卷九十七《陈乘传》。

⑤嘉靖《仙游县志》卷一《归仙岭》。

⑥康熙《仙游县志》卷十一《选举志·唐进士陈乘、陈光义》。

⑦康熙《仙游县志》卷十九《归仙岭、唐进士陈乘陈光义宅、唐秘书郎陈乘墓》。

⑧四库全书《福建通志》卷三十三《选举·陈乘、陈光义》；同书卷六十二《陈乘墓》；同书卷七十七《艺文十·陈乘九鲤湖》。

⑨《唐诗大辞典》修订本《陈乘传》。

⑩《十国春秋》卷九十七《陈致雍传》。

⑪《舆地纪胜》卷第一百三十五《陈致雍传》。

⑫《江南余载》卷上《陈致尧传》。

⑬《古今图书集成》明伦汇编氏族典卷《陈姓部纪事·陈致雍》。

⑭《直斋书录解题》卷五《闽王列传》。

⑮《宋史》卷二〇四《艺文三》、卷二〇六《艺文五》、卷二〇八《艺文七》。

⑯《全唐诗人名汇考》卷七五一——卷七五六《徐铉》。

陈洪进世系考兼论其与江州义门陈之关系

陈 刚

陈洪进（914—985），字济川，泉州仙游人。少习兵法，以材勇闻。隶兵籍，从留从效奉闽主王延政，延政送款于南唐主李璟，璟以洪进为统军使，迁清源军节度、泉南等州观察使。建隆中，奉表听命于宋，岁修朝贡。太宗时来朝，因献漳、泉二州，诏授武宁军节度使、同平章事，留京师奉朝请。后封杞国公，进岐国公。雍熙二年卒，年七十二。死后"谥曰忠顺，累封南康郡王"①。生子文颢、文颛、文顗、文顼、文颢。《宋史》卷四八三有传。

在闽南乃至整个福建，陈洪进的影响很大。关于陈洪进的祖籍，历史文献丰富，早有定论为泗州人②或临淮人③。因临淮属于泗州，两者并不抵牾。所以说，南康郡王陈洪进祖籍临淮。所谓祖源南院派陈邕、龙湖派陈元光等，都是后人的攀援附会。

依据相关文献、墓志铭、方志，考证并梳理出陈洪进曾祖至洪进四代人如下：

第一世：珂，泗州临淮人，因官入闽，居泉州仙游，兵阻道绝，乃留不还。④

第二世：及⑤，太子太傅⑥。与其父珂墓葬仙游县马岭西⑦。

第三世：隅，太子太师⑧。又名孺，宋骠骑大将军。葬惠安县盘龙之西⑨。

第四世：洪进、洪铦（《宋史·陈洪进传》名铦）、洪积⑩。

据美国犹他家谱学会馆藏江西省南昌市安义县1991年陈翊相主修石塘庄陈汝先支派《义门陈氏十一修宗谱》，其义门世系记载如下：

六十八世：褒，字德言，京之继子。生子：瓘（《宋史》为灌）。

六十九世：瓘，字泽民，为高安令，心清政简，豪猾畏之。生子：晋。

七十世：晋，字元通，娶司马氏，生子珂。

七十一世：珂，字玉华，大有功。（其）子时位太傅，封郑国公，娶谢氏封节国夫人，子一伯及。

七十一世：伯及，字行恕，仍居泉州。子一孺。

七十二世：孺，字孝诚。（按：宗谱孺子不再记录。）

另据1997年陈琢《义门陈姓资料简编》第一篇《义门陈姓世系》第38页记载如下：

六十八世：褒，字德言，京之继子。仕唐，官盐官令。娶李氏，又冷氏，生子二：灌、济。

六十九世：济，褒之次子，生晋。

七十世：晋，济之长子，生子珂，余未详。

修水县龙峰谱载陈灌生子二：长镛次锽[11]。陈琢《义门陈姓资料简编》载陈晋是陈济之子。因此，晋与镛、锽为堂兄弟关系。

再逐代核对义门谱世系与考证梳理出来的陈洪进曾祖到陈洪进这四代人，发现竟有四处完全吻合。其一，珂、及、孺三代人的名讳吻合。其二，及封太傅，官职吻合。其三，珂为泗州临淮人。而陈褒为陈兼孙，陈兼为临淮人[12]，籍贯吻合。其四，由上述自然导出陈洪进世系：褒→济→晋→珂→及→孺→洪进。《宋史·陈兢传》载义门世系：褒→灌→镛→伯宣→崇→衮→昉。由此可见，陈洪进与陈昉同辈，均为南朝陈宜都王叔明之后陈褒七世孙，为南唐末北宋初人，所处时代吻合。经综合分析，以上四点绝非巧合，陈洪进为陈褒之后近乎实锤。

再说陈镛为什么要避难仙游。据《庐山志·太平宫·山川胜迹》载"褒子瓘，瓘之子避仇徙居仙游而生伯宣"，这里的"瓘（灌）之子"指的就是陈镛，我们曾经考证："陈镛之父陈灌为官高安丞被害，镛为父报仇灭了豪猾全家，外逃仙游避难，改名镛。晚年携伯宣游庐山，遂隐居圣治峰前龙潭窝注《史记》。"[13]由此可见，陈镛外逃仙游避难，应投奔从子陈珂，因陈珂在仙游为官，有势力。并且仙游地处中国南方，偏远之地，官府也不易找到。

仙游，不仅有宜都王陈叔明之后陈镛、陈珂，据最新发现的史料还有陈乘陈光义等人。《钦定全唐文》卷八八八《陈氏书堂记》载："自龙纪以降，崇之子蜕，从子渤，族子乘登进士第。"

这里提到的陈乘，有史可查。《唐诗大辞典（修订本）》载："陈乘：生卒年不详。泉州仙游人，陈宜都王叔明之后。其祖避难于泉州仙游，遂家焉。昭宗乾宁元年登进士第，官秘书郎。后因乱退居乡里，与王延彬、徐夤、郑良士辈以诗相酬和，闽士多以风雅归之。事迹见《十国春秋》本传。《全唐诗》存诗1首。"[14]

"其祖避难仙游"，指的是陈镛避难仙游。"退居乡里"，即退居"归仙岭"，今称橄榄岭。宋王象之《舆地纪胜》卷二百三十五载："归仙岭，在仙游县西二十里，昔有陈乘、陈光义者居岭内，登第还乡改今名。"陈乘卒葬归仙岭内[15]。

综上所述，陈洪进为江州义门陈近支陈褒次子陈济之后，为陈济六世孙；而江州义门陈伯宣支派为陈褒长子陈灌、长孙陈镛之后，并在仙游留下了陈乘、陈光义等后人。以上所述，仅为笔者一家之言，供学者研究讨论。

参考文献

①宋蔡襄四库本《端明集》卷三十八《右千牛卫大将军致仕陈公（文颢）墓志铭》载："皇考曰赠中书令谥曰忠顺，累封南康郡王讳洪进。"

②云其为泗州人，参见宋曾巩《隆平集》卷十二："陈洪进，字济川，其先泗州人。"

③云其为临淮人，参见宋李焘《续资治通鉴长编》卷三李焘注云："陈洪进，临淮人。"宋蔡襄四库本《端明集》卷三十八《右千牛卫大将

军致仕陈公颛墓志铭》亦载："公讳颛文,字辅臣,其先世临淮人。"

④宋蔡襄四库本《端明集》卷三十八《右千牛卫大将军致仕陈公颛墓志铭》载："其先世临淮人曰珂者,因官入闽,居泉州仙游,兵阻道绝,乃留不还。"另宋曾巩《隆平集》卷十二：陈洪进"其先泗州人,曾祖为闽官,遭乱,因家泉州仙游县。"

⑤⑨⑩嘉靖《惠安志》卷十载："宋骠骑大将军陈孺墓在盘龙之西。孺,洪进之父,乾德中,洪进为清源节度使,葬父于此,立碑道旁。载其世系云：珂生及,及生孺,孺生洪进、洪铦、洪積。因建奉先观,端拱元年改赐崇真,今废。"

⑥⑧宋蔡襄四库本《端明集》卷三十八《右千牛卫大将军致仕陈公颛墓志铭》载："公之曾王父曰太子太傅讳某,王父曰太子太师讳隰。"

⑦乾隆《仙游县志》卷十六《建置·宅墓》载："南康郡王陈洪进祖墓在马岭西。"

⑪参见陈月海、陈刚主编《陈氏谱考辑要》第四章第三节《江州义门陈氏世系》陈灌行传。江西人民出版社 2019 年 9 月出版。

⑫四库本《元和姓纂》卷三《十七真·陈》："临淮,右补阙陈兼,

嘉靖《惠安志》

生当苌京归。当赞善大夫；苌京兆法曹；京给事中；归考功员外。"

⑬参见陈月海、陈刚主编《陈氏谱考辑要》第四章第三节《江州义门陈氏世系》陈镛行传。江西人民出版社2019年9月出版。

⑭参见周勋初主编《唐诗大辞典（修订本）》第248页《陈乘》，凤凰出版社2003年9月出版。

⑮乾隆《仙游县志》卷十六《建置·宅墓》载："秘书陈乘墓在归仙岭内。"

陈求道传记

陈月海　陈　刚

北宋时期，永安镇西河桥畔（今咸宁市咸安区）迁来三兄弟，曰陈佝、陈佗、陈倬，乃江州德安义门之裔也。

陈倬，字子高，进士及第，有田五千亩；他的两个哥哥田仅千亩。而倬愿意和两位哥哥合产而居，财富共享。时有外人讥诮陈倬愚。倬曰："人各私其财，愿为乐耳。兄弟聚首，朝夕言笑，此吾至乐也。饱暖之外，多田何为？"其后，兄子康民登皇祐五年（1053）进士。神宗熙宁七年为江陵府江陵县尉。熙宁十年为勾当公事。元丰五年，由提举秦凤路、常平等举荐永兴军弓箭手营田蕃部事。元丰六年九月十七日云台武子谒祠题名正书。元丰七年八月二日，陈康民在陕西书"陈康民谒祠记"。元祐四年知泉州事。后官至大中大夫。

陈求道，字得之，陈康民之子，进士及第。靖康间判都水监。建炎元年（1127）三月丁酉，金主遣使奉册立张邦昌为帝，国号大楚。新帝登基，坐受百官朝贺，下令不赴朝者死，陈求道称病不赴朝。闻张邦昌僭位，悲愤已极，泣不成声，涕曰："国亡不能存，主辱不能死，忍北面而事贼乎？"数日不起，忧郁成疾，吐血不止。邦昌僭位后，召求道入朝。求道不从，复以利禄诱之，授求道为开封府尹。求道以二帝蒙辱为耻，欲自杀以殉国，为侍从所救得免。其高风亮节，备受推崇。

建炎元年四月，张邦昌在国人唾骂声中，惶惶不可终日，自知失道寡助，帝位难保，遂请太后传谕天下，拥立康王为帝。五月初一，康王在李纲等人拥立之下定都应天府（今河南商丘），改元建炎。建炎四年，荆湖诸路盗贼蜂起，小股千人，大股数万人，占州据县，骚扰百姓，朝廷力不能制。宗泽授求道为邓、随、襄、郢镇抚使。因兵食不给，屡经上奏，待无所答，难以赴任。他壮志难酬，只得弃职归里。

陈求道出自江州义门，深受传统儒家教育，"仁义"二字看得比命重，成为他立身处世之道。回咸宁后，为避战乱，举家迁往嘉鱼。后因祸再迁蒲圻之龙堂寺。不久，招抚使刘忠叛变，率数千人屯蒲圻，打听陈求道居所龙堂寺，乃掩兵而围之，想让求道当挂名主帅，冠其名惑众。求道宁死不从，惨死于叛军刀刃之下。叛军窜徙后，乡人得求道尸，葬于蒲圻二十四都之兴陂（今赤壁田头畈）。1948年重葺西河桥，乡绅复建亭一座，镌碑一块立于亭中，碑书"宋忠臣陈求道故里"，以示纪念。

陈求道、妻子蔡夫人及二子符、佺均被叛军杀害，唯独符子陈凯逃往深山得以幸免。凯生陵，陵生启昆，启昆生忠。从凯至忠幸得一线长延，未绝嗣。此是陈求道杀身成仁而得福报。宗族至陈忠开始发家，从此以后瓜瓞绵绵，成为咸宁陈氏之望族。

解放后，20世纪70年代拆除"宋忠臣陈求道故里"碑（今石碑搬迁于宝塔镇笔峰塔基脚边）。陈求道一生以仁义为本，以忠孝为先，杀身成仁，舍生取义，壮志未酬，夙愿已偿，永世流芳。

本文参阅资料：《宋史列传第二百七·忠义三》、《全宋文》第一百七册卷二三二二《黄庭坚四五·家诫》、《永乐大典方志辑佚·武昌志·人物》、《钦定古今图书集成方舆汇编职方典·武昌府部》、《宋代科举资料长编》皇祐五年《宋会要辑稿》食货五五之二一《续资治通鉴长编》卷二百八十四、《续资治通鉴长编》卷三百二十九、《缪荃孙全集金石》卷八《陕西石刻文献目录集存》、《晋江县志》道光本卷之二十八《职官志》、《湖广通志》卷三十二《选举志》等。

按　语

在明清义门谱里，陈佗、陈倬为义门第十三世，伉公曾孙。佗生蜕，蜕生七子：彦成、思成、承成、延成、才成、典成、学成。其彦成分迁江西武宁蒿溪乡河塘庄，封彦成郎。然而据清《建昌县乡土志》记载："河塘庄，县西四十里，颖川义门陈氏别业，久废。宋庆历间陈彦成重修。彦成仕婺州（今金华市古称），家焉。遣其子朴归颖川，子耸居河塘。"

《仙桃万历戊戌谱》载彦成公行状："任婺州金华太守，居武宁蒿溪河塘庄，葬蒿溪港西上园窝，夫妇同茔。配刘氏，生子一胜朴。按义门青生六子，以下合金字谱、果石谱及鹤桥孝义辨真谱，较之名字世次有不符。辰卷茫茫，殊甚浩叹。即以彦成公论之，据孝义谱，沂生绍，绍生陀，陀生蜕，蜕生彦成，与我谱合。而鹤桥谱曰：佗生彦成。夫彦成公碑现在蒿溪，为万历特古碣，亦曰佗生彦成。且蒿溪为义门首庄，去武（宁）城甚近，固有可徵，则佗生彦成无疑。柘林祁门谱亦曰佗生彦成。可见诸谱之世次不符，不一而足。今不便改易，惟从旧谱而已。"

并由此，"佗生彦成"为实。这不仅有"鹤桥谱、柘林谱、祁门谱"如是，连"万历特古碣亦曰佗生彦成"，岂能有假？！

再是修水县庙岭乡谱亦载彦成生子二，曰朴、耸。并说"明万历重修碑"。这里的"朴"，比较《仙桃万历戊戌谱》"胜朴"，其中"胜"，或为明代时期修谱时所误。

佗为康民之父或叔父，即彦成与康民系亲兄弟或堂兄弟。此可补史志之缺。

明万历年仙桃旧谱

我的先祖陈曼生

陈光德

我的先祖陈曼生,讳鸿寿,字子恭,号曼生、种榆仙吏、种榆仙客等。"曼生",为其作品常用。

乾隆三十三年,曼生出生在钱塘南城新桥一个中落书香门第。祖父士璠,号鲁斋,乾隆丙辰举博学鸿词,官瑞州知府。父讳京,字次冯;科考不顺与妻弟至滇经营铜矿不利,贫归乡里,课教子孙。其弟鸿豫,字仲恬。其母早亡,兄弟二人寄居海昌舅父家读书识字。

据记载,"陈鸿寿初以古学受知于阮云台尚书,尚书抚浙时,与从弟文述同在幕府,有二陈之称"。由此可见,先祖是以幕僚之身步入政坛。

嘉庆六年辛酉,曼生三十四岁,以拔贡于次年入京朝考,被"考以知县用,分发广东。丁忧服阙,奏留江南,署赣榆县,补溧阳县。后河工江防同知,海防同知"。

"陈鸿寿……性爱交游,于学多通解。自以为无过人者,遂壹意篆、隶、行、草书,为诗不事苦吟,自然朗畅。阮元抚浙时,为筹海防,鸿寿随元轻车往返,走檄飞草,百函立就。暇与诸名士刻烛赋诗,群以为不可及。"

在任溧阳知县时,他仿龚时两家刻法为茗器,撰铭词手镌之,一时有"曼生壶"之称,与苏家石并垂雅故也。

综观先祖的一生,虽然在仕途上并不亨通,最高做到"河工江防同知、海防同知"。但在艺术上却十分成功。他是一个通才,能书善画,尤其是书法，篆、隶、行、草皆能，涉猎广泛，且造诣极高。他的篆刻出入秦汉，绘画精于山水、花卉，书法以隶书、行书最为知名。

他广泛学习汉碑，尤其善于从汉摩崖石刻中汲取营养，在用笔上形成了金石气十足，笔画圆劲细插，如银画铁钩，意境萧疏简淡，雄浑恣肆，奇崛老辣。笔笔中锋，力透纸背。他的隶书清劲潇洒，结体自由，穿插挪让，相映成趣，在当时是一种创新的风格。《阳羡砂壶图考》说他素善书、酷嗜摩崖碑版，行楷古雅，八分书尤简古超逸，脱尽恒蹊；篆刻踪秦汉，为西泠八家之一，兼好六法，意至生趣盎然，山水不多着笔，悠然意远；在姚云东、程孟阳间，亦工花卉兰竹。他常言："凡诗文书画，不必十分到家，乃见天趣。"

嘉庆二十一年，先祖在溧阳为官时，结识了杨彭年，并对杨氏的制壶技艺给予鼓励与支持，更因自己酷嗜砂器，于是在公余之时辨别砂质，创制新样，设计多种造型简洁，利于装饰的壶形，亲自捉刀，以俊逸的刀法，在壶上镌刻雄奇古雅的书体和契合茶壶本身意境的题铭。他以文人特有的审美取向，将诗词的意境、书法的飘逸、绘画的空灵、金石的质朴有机而生动地融入紫砂壶，深刻隽永的题铭乃至书法篆刻，在壶体上的布局章法都值得后人细细品味，使紫砂艺术达到一个新的境界，也使得文人紫砂壶融合多种文化元素的载体，从而完成将紫砂壶由普通实用器皿到文人艺术品的转变。这些由曼生及其幕僚精心构撰的壶铭，可谓字字珠玑，句句华美。"曼生壶"是文人参与紫砂艺术，成功创作的一代典范，"名士名工，相得益彰""壶随字贵，字依壶传"，并将紫砂创作升华至另一境界，给予人们视觉上美的享受，叹为观止。

据查考，"曼生壶"不止十八式，至少有三十八种左右之样式。世人之所以用十八式这个数字，以示多而圆满之意。

除紫砂作品之外，先祖的著作有《种榆仙馆摹印》《种榆仙馆印谱》行世，并著有《种榆仙馆诗集》《桑连理馆集》。嘉庆二十一年为周春著的《佛尔雅》撰写序跋等，在此恕不详叙。

曼生书法

紫砂作品

作者简介

　　陈光德，男，1963年生，南京师范大学毕业。顾景舟大师再传弟子，曼生壶艺传承人，非遗紫砂技艺高级传承师，ICAD国际陶艺美术设计师，任宜兴市碧城紫砂艺术研究所所长，宜兴市陈曼生紫砂艺术馆馆长等职。

颍川郡

陈泽伟

颍川，因颍水得名。春秋时为韩国领地，战国时被楚国占领。秦王嬴政十七年（前230）置颍川郡，为三十六郡中之大郡，治所在阳翟（今禹州市）。辖境含今河南登封、宝丰以东，尉氏、鄢城以西，新密市以南，叶县、舞阳以北地。后其治所屡有迁移，辖境渐小；最大时管辖至驻马

颍河水面窄处

颍河水面宽处

店地区。禹州是我国历史上第一个王朝夏朝的首都所在地。

  颍河两岸的地势平坦、土地肥沃、资源丰富，人口众多，自古以来人文荟萃，多谋士。公元前314年，陈轸为楚王献"救韩存楚"之策，事成，封颍川侯，遂居于此。之后，颍川两岸的陈氏多宗陈轸为颍川始祖。

  由于历史上"焚书坑儒"的缘故，在史书中少有颍川侯陈轸的记载，除了《新唐书·宰相世系表》之外，剩下的就是唐代颍川许昌的墓志铭上留下的记载，说是楚相颍川侯！

作者简介

  陈泽伟，男，1953年生，中专文化。1971年参军，1981年退伍任古蔺县太平街小学教员。1991年任古蔺县玉田乡组织委员兼杨柳片区书记。2001年退休后从事家族文化研究至今。

颍川侯故里老官陈村

陈国军

禹州，地处伏牛山余脉与豫东平原的过渡地带，颍河自西北向东南横贯全境。历史上，这里曾经是华夏第一个王朝夏都之地。老官陈村，即位于禹州市西北方，距市区15公里处的颍河南岸。颍河两岸风光旖旎，色彩斑斓，水土芬芳。

老官陈村，是颍川陈氏的祖居地。据史籍记载，战国时期的纵横家陈轸为楚相，后因功被封"颍川侯"，迁至阳翟，遂居于此。因历史久远，故称"老官陈村"。1972年，老官陈村出土一方"颍川侯陈轸故里"碑石，印证了村名的由来。这里是颍川陈氏的发祥地，每年农历七月二十六日是老官陈村古刹大会，纪念陈轸的诞辰。

老官陈村，自"颍川侯陈轸故里"石碑出土问世以来，消息不胫而走，吸引不少海内外感兴趣的文化人士前来寻古探幽、寻根问祖；也有的来此寻求商机，洽谈业务。于是，村子里一下热闹并红火起来。

如今，老官陈村常住人口2200多，随着陈氏文化产业园建设的推进，国内外的一些成功人士

"颍川侯陈轸故里"石碑拓印

带来了丰富的发展信息，从理念、人才、技术、资金、项目等诸多方面提供了大量的资源，促进了当地经济、事业的发展。尤其是近几年，为了满足国内外越来越多的陈姓人寻根问祖的心愿，禹州市、火龙镇、老官陈村三级党政班子以及社会热心人士都非常重视"陈轸故里"的建设，以建设美丽乡村为突破口，改变村里脏乱差，加快推进村庄规划建设。缺少资金，干部带头捐资，发动在外成功人士捐款。几经打拼，如今老官陈村的街道、荒地、荒沟得到治理，栽上了果树、花卉，绿化了村庄，净化了心灵。

居民家家通上了自来水，改建了厕所，街上安装了路灯，新建了老官陈小学、晨光幼儿园、颍川侯文化广场等等。环境变了，人们的心情

陈轸塑像

也变了，村民自发成立了文艺演唱队、舞蹈队，自演自娱。每到黄昏后，村子里便响起广场舞的乐声和舞步声。

近年来，为加强乡村文明建设，老官陈村还积极组织"好媳妇""好婆婆""五美家庭"评选活动，组建党员志愿服务队，经常开展环境整治评比、慰问贫困户等公益活动，逐渐形成了风清气正的良好局面。2019年，老官陈村荣获"许昌市文明村"称号。

老官陈村在改善村容村貌的同时，还发挥优势，积极挖掘文化资源，为乡村振兴打下了坚实的基础。截至2021年5月，老官陈村共投入资金1000多万元，使老官陈村面貌一新。现在，当游人踏进这片热土，首先映入眼帘的是一座高大的"颍川侯陈轸故里"牌坊，迎候着四方客人。走过牌坊，一条平坦的水泥路通向村子的四巷八邻；路旁两边有整齐的农舍，漂亮的街坊、厂房，还有美丽的学校和幼儿园、健身场所，等等，目之所及，一派旺盛的景象。

建设好陈轸故里，迎接海内外颍川陈氏后人回祖地寻根问祖，畅叙友情，弘扬优秀传统文化，这是老官陈村人心所向、所愿。一方水土，养育一方人，传承一方文化。

作者简介

陈国军，男，1960年12月生，河南省禹州市火龙镇老官陈村人，颍川侯陈轸文化广场筹建处负责人，中共党员，企业家，1998年从事村部工作，现任老官陈村党支部书记、村委会主任，《陈氏世家大谱》编委会副主任。

下编

第五章

史海拾贝

过石塘留言

朱 熹

　　绍熙三年，内召，除秘书郎，未赴，改除南康知军，再辞，不许。迨抵郡，奏复唐拾遗李渤白鹿书院旧址，引四方士子与之讲论，因立学规，俾守之。维时属治建昌之依仁里有熊拙逸子从余游，嘉其好学深思，能淡仕进。次年秋，造访其庐，得与历览山水之胜。上行三十里许，至卜邻乡之石塘，见其群峰环绕，林茂树密，土沃人稠，而途遇多俊髦，往往谙揖逊风。询之，则前嘉祐年间，由江州义门所析之一庄也。孝友忠厚，可传可法，宜其至今百有余岁，犹且子姓之克敦先教如一日焉。吾子其志之。（同治《安义县志》卷一四，同治刻本）

（录自《全宋文》卷五六五九）

阆州陈氏族谱序

陆九渊

予见故家旧族，语其谱，讯其先世，则懵然不知。呜呼！此谱学不讲之弊也。且豺獭皆知报本，人灵于物，不知祖宗之所自出，支派之所从来，豺獭之不如也。陈氏谱系以嗣以续，如示诸掌，其子孙之贤可知矣。清同治《南部县志》卷二九。

（录自《宋代序跋全编》卷四〇）

跋江州陈氏家牒

陈 宓

陈氏无二祖，伯宣生于闽，安知非吾宗所自出也。义利办则闺门无间言，训戒具而子弟有常守，故能千人如一人，千岁如一日。呜呼！道与教，不可不修也。如此，希侨自九江来访，手家牒一编，俾书其后，敢不仰遵芳范，归示吾宗，且与子弟学焉。

（录自《复斋集》卷一〇）

陈氏同宗义约序

姚 勉

举子裒入京之助而为约，义也。同宗相率而为约，尤义也。虽然姓之奇，族之希，助之微，亦不可约。姓著族巨，约斯盛矣！吾瑞多名门，然著姓巨族，陈氏为盛。其始由九江之义门，派而衍之，派盛故儒盛，儒盛故觅官应举者盛。每贡士科，不乏陈姓，俗有开榜必见。陈之谚父子世其科，兄弟家其贡，趾相接也。予尝取《唐宋登科记》观之，陈每盛于他姓。端拱之尧叟，咸平之尧咨，绍兴之同父。继自今复见之瑞矣。虽然陈之所以盛，有由也。陈，舜后也，盛德必百世。祀族之盛德之盛也，斯约义矣。愿相与广之，在汉如仲举、如太丘、如二方。在本朝如后山、如了翁、如复斋。相约而为，是盛益盛矣。姚，亦舜后，也敢援何毛朝，同盟为族姓之义，以附盟于宗，可乎薄言助之，而旁为之鼓，以厉。

（录自《雪坡集》卷三十八）

书临川陈氏谱后

虞 集

　　江州陈氏义门，南唐时所表，至宋之盛，誉望尤著。其后子孙散处江湖之间。今江东西陈氏，率宗义门盛德之族，固宜蕃衍悠久如此哉！世代因革，因谱牒或佚或传，可考不可考，则有不齐者矣。临川陈大来述其家世云："自筠州府君延赏，至曾孙珹，由洪之进贤浅原，徙临川唐平里。三子曰暹、曰迈、曰遵。其子孙世居不出乡，而上中下别其族。"大来去暹十世矣，居其里之最下者也。故其为谱，功缌麻之相及，冠娶丧祭之相告，田庐之相接，出入往来之相望，而扶持者则尤详焉。然近而推诸中上两族，可以互见，远而系出于义门者，皆可通焉，是亦可取也矣。其女弟之夫艾中为之请题辞。于是，又得其义门家范遗事遗文等而观之，盖为之抚卷而三叹。夫唐末五季之乱，伦纪斁坏至于南唐之有江南，祸变极矣。而犹有完家保族，至于累世，若陈氏之门者。今国家承平，百年休养生息，士民之安居乐业，以歌咏于太平之日者，宜多有之哉。观于义门之支流余裔，犹有可观如此者。固其积善之所致要，亦幸生于斯时者乎。噫！为义门子孙者，虽不得如其先世之同居，而其先之所以得同居者，犹可得而论也。乃广其志，而为之言曰："夫一门之内，少长有定序，疏戚有恒节，不以强弱贫富而有所变易。货财粟米之通，征调赋役之分，有恻隐救恤之心，而无窥伺侵渔之害。疾病忧患，无坐视于旦夕，保惠教诲，无离间于几微。长老之待下者宽而有制，卑幼之奉上者敬而无失。内不摇于闺门媢疾之私，外不怵于党与奸利之间。过者抑之，不及者掖之。推诚心以相与，明礼义以相勖。忧乐如出于一身，父兄子孙同保此而无间，果能尔，则今临川之门，非昔九江之门乎？由是一家而化于乡里，由乡里而达诸四方，为邹鲁、为唐虞，有不由此始乎？"乃书其后而归之。

（录自《全元文》卷八三五《虞集》）

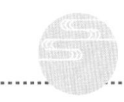

南冈陈氏宗谱序

刘 楚

南冈陈氏有玄间先生者，当至正十六年与余偕试江西，往来同载者几一月。先生长身鹤立，目光如漆，轩轩群众中言笑自异，充然有学行君子也。视其志若素所欝积未得肆，而欲直驱远揽以俪美于前闻人者。知余为株林族也，为余言："昔余陈氏有甥名獬，与吾七世伯祖宁乡府君千龄为同年，后尝为德庆通守者。又有名申为南安参军，视吾七世祖为表兄弟，尝为吾陈序庆源图者，非君之上世乎。"楚谨应之曰："然。"则慨然执余手曰："吾老矣，此行利不利未可知。归则我将修吾南冈后谱，谱成又当以序属之于子。"是秋余窃忝，而先生归南冈。方怡然筑室为兴诗斋，以淑其乡人子弟。自是兵乱四起，而先生卒以布衣不可作矣。后十三年为今洪武元年，余过武山，见其子钰于萧氏馆中，恂恂能世其家者也。他日示余宗谱一帙，泫然以告曰："此余先人所欲为而未就者，先生昔尝许以序，幸终惠之。先人在地下，将亦慰悦者也。"某不敢辞。按谱载自金陵府君晖而下至褒凡八世，由八世析为小宗者六人，若南冈之祖褒其一也。褒而上，余尝于他谱中概见之，褒而下，则钰之谱为始详，盖又别其所目而引之于其后者也。钰之用心亦勤矣。余闻钰之曾大父南冈隐君者蚤世，有子四人俱幼，其配周氏年三十六而寡，誓不更适。刻苦扶树诸幼，竭所有资以从学，不足则鬻田以继之。故诸子感激向学，不挠而益厉。所居隙地邻于势家，势家利其寡弱，将掩有之。利啖势摇，诡眩百端，终不可夺，于是南冈孙曾之世承者又数世矣，岂偶然哉。惟陈氏与吾刘氏俱繇金陵来，历四百余年，子孙相望，为世十有六七，而陈氏为最盛，在南宋策科名者多至五十余人，有仕至专州监簿兵部者，其富至田连阡陌，第宅半邑里。人易世殊，其沦而微者亦既有之。而南冈一派，以寡母弱子屹然守先庐尺地于陵谷变迁之余，而诗书膏泽尤烨然有耀而益远如此。则余于斯谱也，安得不历究而备言之，以申余前人之好，以成子先君之志，而且以待其后之人哉。

（录自《全元文》卷一七三九《刘楚》）

江州义门陈氏

黄道周

江州陈氏者，陈宜都王之后。有伯宣者好学，子崇为江州长史，建家塾、教子弟。唐末旌为义门，至宋初既十有三世矣。长幼七百口，每食，必群坐广席，未成人者别食。少事长，卑事尊，不蓄婢仆，供作使，上下亲睦。家蓄犬百余，一犬不至，群犬为不食。乡里率化，争讼稀少。宋初免其家徭，后属岁饥乏食，知州康戬为请，岁贷粟二千石。及后有陈旭者，主家自白言："今岁受贷粟之半可及秋，遂止受半贷。"或云："岁歉粟贵，全受而粜，可得赢余。"旭曰："朝廷以旭家群从千口，故贷以公粟，岂因为利乎？"故如陈旭者，可以语礼矣，礼而后和，和而后礼，可立也。

（录自《儒行集传》卷下）

按　语

黄道周（1585—1646），汉族，字幼玄，号石斋，世人尊称石斋先生。为明末学者、书画家、文学家、民族英雄。福建漳州府漳浦县铜陵镇人，祖籍福建莆田。曾任南明吏部尚书兼兵部尚书，因抗清失败被俘。顺治三年（即隆武二年）壮烈殉国，享年62岁。隆武帝赐谥"忠烈"，追赠文明伯。黄道周通天文、理数诸书。工书善画，诗文、隶草皆自成一家，先后讲学于浙江大涤、漳浦明诚堂、漳州紫阳、龙溪邺业等书院，培养了大批有学问有气节的人。原文无题，标题为编者新拟。

义 门

王士禛

九江德安县有义门陈氏。初，太丘二十九世孙伯宣，隐庐山，孙旺，唐开元中籍太平乡，家族益盛。今之太平宫西义门铺，其故居也。《十国春秋》南唐李昇升元三年，有司上五代同居者，江州陈氏元和给事中京之后。或云陈宜都王叔明之后。胡旦有记，义居至三千七百余口。诏旨旌表，仍蠲差役。宋嘉祐七年以义门太盛，命谢景初为分析二百九十一处。

（录自《皇华纪闻》卷二）

按 语

伯宣孙旺之误，源于《义门记》。虽有此误，但文中所说陈旺于"唐开元中籍太平乡"，倒是准确。

孝义传

钱大昕

　　孝义传陈竞（兢）。陈宜都王叔明之后。叔明五世孙兼，唐右补阙。兼生京，秘书少监、集贤院学士，无子，以从子褒为嗣，褒至盐官令。褒生灌，高安丞。灌生伯宣。伯宣，即竞（兢）之高祖也。叙陈氏义门，当自伯宣始，今自灌以上一一胪列，似家乘非国史矣。

（录自《廿二史考异》卷八十二《宋史十六》）

按　语

　　钱大昕（1728—1804），字晓征，号辛楣，汉族，上海嘉定人，清代史学家、汉学家。钱大昕是18世纪中国最为渊博和专精的学术大师，他在生前就已是饮誉海内的著名学者，"一代儒宗"。

　　按其所述，伯宣是陈兢的高祖，即伯宣→陈崇→陈衮→陈昉→陈兢，此叙正合《宋史》及《续资治通鉴长编》等史书所记。

第六章

墓志考录

故陈智武将军东中郎将东扬州刺史侍中国子祭酒[①]新蔡王（叔齐）墓志铭

沈志道

王讳叔齐，字子肃，宣王帝十一子也。金枝衍于宝树，近光启乎神文。玉液派自穹潢，远承休乎圣武。辉分日月，势藉风云。德茂昆孙，道昌屏翰。母刘昭仪生王，七岁能诵《六经》，既悟玄寂，兼晓诗赋，岂缘四教，夙有文章，何假三迁，生来俎豆[②]，虽胎诲之神明，良岳降之灵淑也。太建七年秋，甘露降乐游苑，诏群臣赋诗，王献诗曰："蓐收秉素节，天地含金商。圣德弥三及，云津洽四方。愿言沃粱稷，何意润华芳。玉屑储灵药，金茎泻琼浆。和为上方饮，千秋万岁长。"帝大奇之，寻立为新蔡王，智武将军，置佐史。珪璋诞析，允惬家情，节钺爰加，特隆国礼。八年春，敕与太子及诸宫僚以资问学，爰钟颖彦，眷锡甄陶，既振履于青宫，复谈经于绛帐。词高邺上，则金石争鸣，赋就梁园，则云霞比烂。诚有国者之佳公子，岂直当匕者之贵介弟而已哉。十三年，出为东中郎将，东扬州刺史。好二毛[③]以同车，耻三年而报政，东平乐善，惠推山海苍黎，子建多才，坐满瓯馀英秀[④]。明年宣帝崩，王哀毁逾礼，寝疾几年。后主闻之，召为侍中、将军、佐史如故。祯明初，疆宇日促，外衅频乘[⑤]，举措颠覆，政教崩弛。王忧怀邦国，痛惜仁贤，且以手足之亲，居肘腋之地。吴国亡而怪季子之不言，魏事非而甘信陵之必去[⑥]。以故殷勤论谏，指摘是非，事关善败，无复顾忌[⑦]。乃若救傅章之死，则泣上议贤之条，发施江之奸，则愤请上方之剑。爱其所恶，伐其所亲，犹矩度⑧被之骄工，药石⑨投之讳疾，身虽毙而弗尝，器即败而靡悔也。于是逸从中起，忌由外生，君臣之分嫌，兄弟之恩衰矣。顷之坐事诏免侍中、将军、佐史，迁国子祭酒。王遂自求引退，谢客杜门⑩。举目山河，空有匪狐之叹⑪，伤心骨肉，何来见豕之猜⑫。知神器⑬之将摧，憾一身之尚在耳。未几，北军飞渡，南气告终⑭，君公王侯，尽为臣妾。宗社云亡⑮，功德与馨香俱尽，乾坤无改，金瓯与瓦缶同移⑯。裂冠冕以齐民，就徽纆而俘虏⑰。既入关，徙河西地，千里云山，何处江南故国？三秋霜雪，奚堪河右他乡，祇躬亲耕耨，以奉昭仪⑱。既遭内艰，三年敛齿，盖仁孝出自性成，虽颠沛守之弗失，时寓处河西，几及二九，采薪渔钓，谓将终身，块坐蓬居，读书自若，每逍遥篱落，讽咏《离骚》，或喜或悲，乍哭乍笑⑲。宁以怀王不返，既沈函谷游魂，屈子何颜，未是湘潭溺鬼，感情事之仿佛，哀今昔之未然也⑳。尝推屈原之旨，著《籁纪》三卷㉑，盖缘气类之动，以触身世之感。上述庙社，下伤宗亲，虽详寓乎兴替，亦自见其穷愁。读其书者，词不终而声已吞。玩其意者，旨未析而泪先下。东海徐仪㉒见之泣曰，亡国之戚，岂惟一人，种豆之祸，要宄三省，王因秘之㉓。乙丑岁（605），王以陈贵人故，召为尚书主客郎，迁国子司业，以神明之胄，陟清显之阶，裸将于京，作宾王室，缅悲夏殷之无祀，犹幸杞宋之有人。大业四年十月某日，以疾卒于京师，春秋四十。明年正月某日，厥胤孝思，以王丧葬于梁山之阳。呜呼，荒原落照，讵知异日陈荄，古迹悲风，庸计他年拱木。既生存之多虑，亦长寝以为安。志道以故吏，薄游京师，幸伸一拜，偷生海岛，已孤义士之魂，正命何惭，空效贾生之哭，乃为之铭曰：

于王后期，遭辰不嘉。运当夕曜，势争朝华。贵贱同途，生死奚嗟。虞卿之书，邵平之瓜。一身何责，四海无家。梁山之阿，王之室耶。

（录自《知不足斋丛书》第十四集《籁纪》）

注　释

①国子祭酒：是古代学官名。晋武帝咸宁四年设，以后历代多沿用。为国子学或国子监的主管官。古代祭祀礼仪有一种叫浇奠祭祀，就是举起酒杯、向天祝祷、洒酒于地，执行这个礼仪的人叫祭酒。

②何假三迁，生来俎豆：俎豆，即俎和豆，古代祭祀的两种礼器。整句是说叔齐生来就有祭酒的天赋，又何必像孟母那样三迁寓所呢。

③二毛：指头发斑白，引申为上年纪的人。

④子建多才，坐满瓯馀英秀：子建，曹植字。曹植自幼颖慧，年十岁余，便诵读诗文、辞赋数十万言，出言为论，下笔成章，深得曹操的宠信。满瓯馀英秀：瓯，杯；盅。以"满瓯"指代高朋满座，人才济济。

⑤外衅频乘：时指与北齐、北周（隋）之争端。

⑥吴国亡而怪季子之不言，魏事非而甘信陵之必去：季札，春秋时吴王寿梦第四子，称"公子札"，是一位古代贤人。仁让君位，义救弱陈，礼巡诸国，智评周乐，信诺挂剑。季札不仅品德高尚，而且是具有远见卓识的政治家和外交家。广交当世贤士，为华夏文化做出了贡献。

信陵君，魏安王之弟，号信陵君。魏有信陵，明智而忠信，宽厚而爱人，尊贤而重士。公元前257年，他设法窃得兵符，击杀晋鄙，夺取兵权，救赵胜秦。

⑦殷勤论谏，指摘是非，事关善败，无复顾忌：此句指后主朝曾经一度的政治生态。

⑧矩度：规矩法度。

⑨药石：古时指治病的药物和砭石，后比喻规劝别人改过向善供其药石之费。

⑩谢客杜门：闭门不出；谢绝宾客。

⑪空有匪狐之叹：匪，非。狐，比喻小人。

⑫何来见豕之猜：看见猪趴在路上就猜疑一堆肮脏污秽。指主观意识严重。

⑬神器：帝王的印玺，借指帝位、国家政权。知神器之将催：指南朝陈政权即将崩溃瓦解。

⑭未几，北军飞渡，南气告终：未几，不久。即祯明三年正月，隋将韩擒虎率精骑五百渡江袭破台城，直入朱雀门，后主被抓，南朝陈气数已尽。

⑮宗社云亡：宗社，宗庙和社稷，泛指国家。云亡，即逃亡、死亡，这里指亡国。

⑯金瓯与瓦缶同移：金瓯，金的盆盂；瓦缶，瓦器。整句意为家国破灭，玉石俱焚。

⑰徽缰而俘虏：徽缰，绳索。古时常特指拘系犯人。引申为捆绑、囚禁。

⑱既：完了、尽。奚堪：怎能忍受。"祗躬亲耕耨"：躬亲，指亲自；亲身从事耕田除草。整句写国家没有了沦为阶下囚，入关后配往河西、陇右从事耕作，自食其力。即使三秋霜雪天，也要"躬亲耕耨"，侍奉母亲。

⑲"既遭内艰……乍哭乍笑"：叔齐发配河西三年，生活十分艰苦，敛齿节食，几乎在二九寒冷天气里，也要打柴捕鱼。或独坐在蓬草简陋的屋里读书，仍一如既往，依然如故。闲暇种菜、讽诵吟咏，当读到《离骚》中跌宕起伏处，或喜或悲，宜痴宜嗔，乍哭乍笑，情绪失控。

⑳"宁以怀王不返……哀今昔之未然也"一句："怀王不返"：楚国的人民全都责怪子兰劝楚怀王去秦国，使得楚怀王一去不复返。沈：同沉。函谷游魂：函谷关游荡的鬼魂。犹言苟延残喘之生命。屈子何颜：屈子，即屈原。何颜，有什么颜面。溺鬼，溺水淹死的鬼，指屈原投湘江自尽。感情的事差不多，哀伤今昔之人，不都是这样！

㉑"尝推屈原之旨，著《籁纪》三卷"：此句意为：叔齐常以屈原《楚辞》为旨意写出自己的《籁纪》三卷："上述庙社，下伤宗亲……亦自见其穷愁。"凡"读其书者，词不终而声已吞；玩其意者，旨未析而泪先下"之感。

㉒东海徐仪：南朝陈东海郯人。徐陵子，少聪明机警，善《周易》，举高第，为秘书郎，出为乌伤令。陈后主祯明初迁尚书殿中郎兼东宫学士。陈亡入隋，隐于钱塘赭山。隋炀帝召为学士，为著作郎。

㉓种豆之祸：西汉杨恽因言语无忌而失官，杨恽家居治产，以财自慰。他的老朋友安定郡太守孙会宗，写信给杨恽，劝他应当闭门思过，不应宾客满堂，饮酒作乐。杨恽给孙会宗回信《报孙会宗书》，对仕途失意的满腹牢骚使得他在这封信中表达出对汉宣帝的怨恨，整封信写得锋芒毕露。后来杨恽被人告发，这封信被搜出。因此杨恽被判以大逆不道罪，处以腰斩。因为《报孙会宗书》中有种豆南山之歌，杨恽也是因此被杀，后人遂称种豆之祸。

按　语

陈叔齐，字子肃，高宗陈顼第十一子，母刘昭仪。"七岁能诵《六经》，既悟玄寂，兼晓诗赋"，风彩明赡，博涉经史，善属文。太建七年，立为新蔡王，寻为智武将军，置佐史。出为东中郎将、东扬州刺史。至德二年，入为侍中，将军、佐史如故。祯明元年，为国子祭酒。后来，由于叔宝"爱其所恶，伐其所亲"，不听臣言，"于是谗从中起，忌由外生，君臣之分嫌，兄弟之恩衰"。叔齐因事获罪，诏免官职，引退在家，闭门谢客。另据《南史》载：时宗室王侯在都者百余人，后主恐其为变，乃并召入，屯朝堂，使豫章王叔英总督之，又阴为之备。及六军败绩，相率出降，因从后主入关。至长安，隋文帝并配于陇右及河西诸州。陈叔齐流寓于河西一带，过上了颠沛流离的生活，心怀家国之痛而著《籁纪》。沈志道认为此书："盖缘气类之动，以触身世之感，上述庙社，下伤宗亲，虽详寓乎兴替，亦自见其穷愁。读其书者，词不终而声已吞；玩其意者，旨未析而泪先下。"

隋大业四年（608）十月卒于长安，享年四十岁，五年（609）正月，葬于梁山之阳。

撰碑文者沈志道，吴兴武康人，陈记室参军。《陈书·儒林·沈志道传》："志道，字崇基，少知名。解褐扬州主簿，寻兼文林著士，历安东新蔡王记室参军。祯明三年入隋。"其父沈不害，累迁梁太学博士。天嘉初，除衡阳王府中记室参军，兼嘉德殿学士。著治《五礼仪》一百卷，《文集》十四卷。

陈叔荣墓志铭

佚 名

　　君讳叔荣，字子茂，吴兴长城人，陈宣帝之子，长城公第三十三弟也。自瑶光降祉，大虹贻庆，华玉齐七政之征①，璵珪备三恪之礼②，丞相③之阴阳顺序，功冠西京，太丘④之道德，洽闻名高东汉，陈氏虎视吴会，龙跃荆衡，掩宅九江，连华三世⑤。君秉灵盛族，擢秀高门，冠盖与杞梓连阴，位业将山河比峻，出就外传，声望已隆，临虎不惊，雕虫无倦。陈真明二年，策授新昌王，邑五千户。圣皇驭宇，混壹车书⑥，白旄誓师，青盖入洛⑦，宗子岂维城之固，大夏非一木所犬，大业二年，除内黄县令，以割鸡之所，用烹鲜之术⑧，小民怀德，黠吏畏威，弦歌与礼乐，具兴惠泽，将云两并，润方骋骥，足遽夭天年，与善之说无征，辅仁之谈莫验，八年五月十五日，终于县廨，春秋三十六，九年正月丙子朔二十一日丙申，葬于邙山之凤台里。惟君器宇，温雅神扳，爽悟三命，恭于从政，百行孝于立身，润比珪璋，芬逾兰芷，加以地居盘石，望即本枝，暨宗祐载倾，分器无主，流离异域，飘宕他乡，虽无刘谌⑨致死之诚，且绝□启先归之意，百里为政，期月可闻，已误教而化民，方移风而易俗，槛闻奠酌，终是彭泽，清樽陇上松风，岂唯单父琴曲⑩，勒丹青以垂裕⑪，庶芬芳之永续。其辞曰：

　　千昭本系，出自虞帝，二女降厘，大姬是丽，流祚千祀，重光百世，冠冕迭兴，簪缨靡替，星既明德，凤亦表昌，纪于江汉，望以沮漳，□

宗秀□，弈叶垂芳，神仪济济，雅度汪汪，濯缨簪仕，弹冠从政，□县方卓，邵陵比郑，导之以礼，明之以敬，蝗去称奇，雉驯流咮，玉洁水清，松贞桂馥，以兹余祜，用应多福，从存令问，俄捐世袠，空嗟宿草，终悲棋木，昼夜坤流，其生若浮，世移年代，时变春秋，坟孤月迥，野旷云愁，载刊金石，永播徽猷。

（录自赵万里《汉魏南北朝墓志集释》图版四五九）

注　释

①华玉齐七政之征：七政，指日、月、五星的运转。《尚书·虞书·舜典》："在璇玑玉衡，以齐七政。"华玉即指璇玑玉衡，舜帝正天文之器。

②瑊珪备三恪之礼：瑊珪，美玉。三恪，乃指周得天下，继封夏之后、殷之后，又封舜之后，各行其正朔，用其礼乐，是谓之三恪。事见《左传·襄公二十五年》："我先王……庸以元女大姬配胡公，而封诸陈以备三恪。"

③丞相：指西汉初年的丞相曲逆侯陈平。

④太丘：指东汉末年德高望重的大名士太丘长陈寔。

⑤指陈霸先在南方开辟的陈朝，对其地域及传承世代的描述。

⑥《隋书》卷三帝纪第三："恢夷宇宙，混壹车书。"这里指隋文帝统一华夏。

⑦白旄誓师：周武王伐纣的牧野之战中，武王手执白旄指挥，事见《尚书》，此喻隋军伐陈。青盖入洛：三国时吴国末主孙皓，听信童谣后，"载其母、妻、子及后宫数千人，从牛渚陆道西上，云青盖入洛阳，以顺天命"。事见《三国志》卷四十八《三嗣主·孙皓传》裴松之注引《江表传》。这里喻指隋灭陈后，王族子弟乘青盖由东向西入长安。

⑧割鸡之所：指治理的是个小地方，其典出自孔子见武城宰言偃，笑谓"割鸡焉用牛刀"，见《册府元龟》七〇二能政。烹鲜之术：典出《诗经》："谁能烹鱼，溉之釜鬵"，溉，润泽也，烹鱼，如火大则焦，如无水则无润泽，故"烹鲜之术，止于严水火之齐，无所用力"，所谓"善治国者，如烹小鲜"。

此处喻叔荣在内黄治理得法。

⑨刘谌，刘禅之子，被封为北地王。刘禅向魏将邓艾投降时，刘谌坚决反对，请求守城决一死战，不被听从。刘禅送出玉玺投降的当天，刘谌来到昭烈庙，先杀死妻子和儿女，而后自杀。

⑩《吕氏春秋·察贤》："宓子贱治单父，弹鸣琴，身不下堂而单父治。"这里指墓主知人善任，政简刑清。

⑪丹青比喻坚贞，这里指赞美墓主名垂千古。

按 语

陈叔荣，字子彻，吴兴长城人，陈宣帝第三十三子，母秦姬。祯明二年十一月十一日，陈叔荣立为新昌王。祯明三年，陈朝灭亡，随后主入隋。大业二年为内黄县令。大业八年五月十五日卒，年36岁。大业九年正月丙子，葬于邙山之凤台里。

陈叔毅修孔子庙碑

仲孝俊

若夫惟道惟德，或仁或义，既渐散于英华，遂崩沦于礼乐。天生大圣，是曰宣尼。虽有制作之才，而无帝王之位。膺斯命世，塞厄补空。述万代之典谟，为百王之师表。始于汉魏，爰逮周齐。历代追封，秉圭不绝。我大隋炎灵启运，翼下降生，继大庭之高踪，绍唐帝之遐统，宪章古昔，礼乐惟新，偃伯修文，尊儒重学，以孔子三十二世孙、前太子舍人、吴郡主簿嗣悊封绍圣侯。皇上万机在虑，兆庶昭忧，妙简才能，委之邑宰。于此周公余化，唯待一变之期；夫子遗风，自为百王之则。礼仪旧俗，余何足云？用能奉天旨，敬先师，劝孔宗，修灵庙，即曲阜陈明府其人也。明府名叔毅，字子严，颍川许昌人。昔尧之禅舜，实厘女于有虞；周室封陈，亦配姬于妫满。汉右丞相建六奇之深谋；魏大司空开九品之清议。明府即陈氏高祖武帝之孙，高宗孝宣帝之子。至如永嘉分国，代历五朝。郭璞有言，年终三百。皇朝大统，天下一家。为咸阳之布衣，实南国之王子。于是游情庭宇，削迹市朝；砥砺身心，揣摩道艺。策府兰台之秘籍，雕虫刻鹤之文章，莫不成诵在心。借书于手，金作玉条之刑法，桐囚木吏之奸情，一见仍知，片言能折。所谓江珠匿曜，时亏渊月之明；越剑潜光，每动冲星之气。爰降诏书，乃除曲阜县令。风威远至，礼教大行。政术始临，奸豪屏息。抑强扶弱，分富恤贫。部内清和，民无疾苦。重以德之所感，霜雹无灾；化之所行，马牛不系。鼋鱼夜放，早彰溉釜之篇；

乳雉朝驯，自入鸣琴之曲。远嗤庞统，不任百里之才；俯笑陶潜，忽轻五斗之俸。于是官曹无事，囹圄常空。接士迎宾，登临游赏。睹泮水而思歌，寻灵光而想赋。加以祗虔圣道，敬致明神，粉壁椒涂，丹楹刻桷，可谓神之所至，无所不为。振百代之嘉声，作千城之称首。敬镌金石之文，永同天地之固。其词曰：

皇非常道，帝实无为。时浇俗薄，朴散淳离。世道交丧，仁义争驰。《书》亡《诗》逸，礼坏乐亏。降生大圣，载修坟史。积善余德，追崇不已。於穆大隋，明命天子。新开绍圣，重光阙里。伊我陈君，清德远闻。温温玉润，苾苾兰芬。渊才亮美，拔类超群。时逢上圣，我为令导之以德，行之以政。用此一心，能和百姓。子还名贾，儿多字郑。奸雄窜伏，赋役平均。心居俭素，志守清贫。鱼生入釜，雀瑞来臻。寝庙孔硕，灵祠赫奕。圆渊方井，绮窗画壁。因颂成功，遂歌美绩。共敝穹壤，永固金石。大隋大业七年辛未岁七月甲申朔二日乙酉，济州秀才、前汝南郡主簿仲孝俊作文，孔子卅一世孙孔长名、卅四世孙孔子叹□□□。

（录自严可均辑《全隋文》卷二十八）

按　语

陈叔毅，生卒年不详，陈宣帝第三十八子，未及封王陈亡，随后主入关。大业中，授为山东曲阜县令。大业七年，维修孔庙，刻碑纪事。

作者仲孝俊，济州人，举秀才，隋文帝时为晋州司法，隋炀帝大业年间，任汝南郡主簿。大业七年辛未岁七月甲申朔二日乙酉，他为《陈叔毅修孔子庙碑》撰文，此碑现存孔庙东厢房。此碑隶书21行，行47字。额篆书阳文"修孔子庙之碑"行6字。书法方正板刻，开唐隶之先。

隋故平凉县令陈府君（叔忠）墓志铭

佚 名

君讳叔忠，字子仪，颍川人也。其先出自有虞妫满，胙土于陈，是为陈胡公。世载炳灵，芬映图牒；帝绪蔼口，葳蕤国史。祖霸先，陈武皇帝，父顼，陈宣皇帝。君即宣皇第卅六子。风标秀举，拔群之声夙著；树质含和，清猷之叶自远。孝亲睦交，匪口扶植，弃文经武，得之自然。陈祯明二年，封永城王。及陈历终谢，归身有奉。大业四年，蒙授平凉县令。君体达从政，绥民有方。旬月之间，威信潜洽。刑清教富，朝野翕然。享年不永，春秋卅，以大业七年七月六日卒于县治。仍以其年九月廿七日窆岁于京兆郡长安县大口乡道则里之山，礼也。惟君克岐好古博观，丘素服口道藉，钻极沉研，善与人交，久而弥敬。检身（植）掺，终始不渝。勒铭阴壤，寄之不朽。乃为铭曰：

琉源泻派，口干分口。猗口硕茂，弱冠腾声。口口早峻，大口口成。口口书府，词穷性灵。言下邑治有廉，平宽猛相济。玉洁冰贞，方春落采，先秋实。风卷寒皋，云愁陇日。陵谷虽贸，德音永秩。

（录自李春林《隋陈叔忠墓志考——兼谈隋炀帝对陈朝皇族后裔的政策》，《流星王朝的遗辉"隋炀帝与扬州"国际学术研讨会论文集》，苏州大学出版社，2015年，第208—213页。）

按　语

　　陈叔忠墓志铭是中国社会科学院考古研究所陕西第一工作队考古领队李春林于2012年在咸阳市博物馆秦鸿文物商店发现的。依据墓志铭，陈叔忠于祯明二年(588)被封为永城王。次年陈朝被隋所灭，被俘入长安。隋炀帝大业四年（608），获授平凉县令。大业七年（611）七月六日在平凉县衙去世，时年30岁。通过墓志可知，《陈书》中记载的陈宣帝最后八子都"未及封"王，不属实，且由此可推测，陈宣帝最后至少七个儿子都是在太建十四年（582）所生的遗腹子。

唐故①左光禄大夫江国公陈叔达夫人王氏墓志

佚 名

夫人讳女节，字修仪，临沂琅耶人也。氏胄之兴，焕乎方册②。人物之美，详诸油素③。丞相导以下，清规胜范，无替于时④。学府词宗，蝉联相系⑤。曾祖诠⑥，梁吏部尚书，风度凝邈，才思通远。祖谮，陈散骑常侍，挹源莫测，游刃罕窥⑦。父由礼，陈东宫庶子，新昌县公，历落缇缃，流连文义⑧。珪璋内映，兰薰外发⑨。夫人颖发初载，克诞茂姿；凝采髫年，贲章笄岁⑩。升降谦恭之节，柔顺肃雍之道，镜史观图之学，纫组线纩之工，习不由师，得自怀抱⑪。礼无愆物，德不匮身⑫。靖恭夙夜，淑眘尔止⑬。年十有二，作俪蕃仪⑭。陈祯明元年，拜义阳王妃，簪珥既肃，汤沐见崇⑮。有教公宫，无系车服⑯。式循姆保，莫敢或遑⑰。随季分崩，人皆敌国⑱。江公时为绛郡通守，明谟英略，捍御妖徒⑲。式固境宁，亦由内赞⑳。值圣上救焚濡足，授手江公㉑。推诚有奉，经纶帝载㉒。天下大定，圭社有隆，武德八年从夫之秩，拜江国夫人，显庸懿范，诒诸嫔则㉓。思媚前烈，统家有制㉔。教子义方，必先忠孝㉕。处物慈惠，无忘损挹㉖。福履希夷，与善骞应㉗。以贞观十年（636）七月七日薨于京师善和里宅，时年六十五，仍以其年八月戊午朔三日庚申永窆于雍州万年县义善乡兴寿里山，礼也。夫人孝于惟孝，率由冥极㉘。一至之感，绝而复苏㉙。妇德母仪，昭映前古㉚。有子政德，惧岸谷海田，式题幽础㉛。

乃为铭云：

　　庆源遐注，世禄克昌。清澜蘂薄，休有烈光。挺生媛淑，内柔外庄。言无忒响，动必循良。静恭夙夜，婉㜻含章。铄矣徽音，玉振金相。大夜近止，泉扃遽即。寓言雕篆，芳猷永植。

注　释

　　①唐故：大唐故去的功臣。

　　②氏冑之兴，焕乎方册：氏冑，名门望族的后裔。焕，明亮。方册，典籍。

　　③人物之美，详诸油素：详，古同祥，吉祥。诸，许多。油，涂抹。

素，白色的衣服。意指王女节和蔼且穿着很漂亮。

④丞相导以下，清规胜范，无替于时：丞相，陈叔达。导，引导。清规，供人遵守的规范。替，衰，废。此句意指在叔达的引导下，王女节制定家规来约束家人，长期不废除，治家有方。

⑤学府词宗，蝉联相系：词宗，词坛宗师。蝉联，连续传承。

⑥曾祖诠，梁吏部尚书，风度凝邈，才思通远：曾祖诠，曾祖父王诠。风度，最早是形容文采出众。凝邈，深远。通远，通达高远。

⑦祖谱，陈散骑常侍，挹源莫测，游刃罕窥：祖谱，陈散骑常侍，王女节的爷爷王谱，在南朝陈任散骑常侍。挹源，挹，本意为用瓢取水。游刃，指熟练。罕窥，观察细致。此句是说王女节的爷爷是皇帝的近臣，工作认真细致。

⑧父由礼，陈东宫庶子，新昌县公，历落缇缃，流连文义：父由礼，父亲王由礼。东宫，指太后。庶子，庶妻所生的儿子。历落，参差不齐。缇缃，本意是包书的布，借指书籍。流连，留恋。此句意为王女节的父亲本是陈朝皇室，现任唐朝新昌县公，爱看书，喜欢文章内涵。

⑨珪璋内映，兰薰外发：珪璋，喻品德高尚。兰薰，喻指德行之美。此句是说王女节的家人都有高尚品德，德行善良。

⑩夫人颖发初载，克诞茂姿，凝采髫年，贲章笄岁：颖发，才华初露。初载，幼年。克诞，克制骄纵。茂姿，颇具才德的样子。凝采髫年，7岁女孩，凝聚才气。贲章，纹饰，花纹。笄岁，女孩15岁。此句指王女节在幼年时就给人感觉有才华，又能克制自己的骄纵，7岁就能集中精力做事，15岁左右就会打扮自己了。

⑪升降谦恭之节，柔顺肃雍之道，镜史观图之学，纫组线纩之工，习不由师，得自怀抱：升降谦恭，上下谦虚礼貌。柔顺肃雍之道，温柔和顺，庄严雍容，有妇德。道，说。镜史观图之学，借鉴古人让自己学习和认识。纫组线纩之工：纫组，细带，丝带。线纩之工：丝纩，把线穗绕成新丝绵。习不由师：自学没有老师。得自怀抱，从小就会。此句意指王女节知书达理，温柔贤惠，对事物有自己的认识，还会女工。这

些不是别人教的,都是自学,从小就会。

⑫礼无愆物,德不匮身:礼,礼节。愆(qiān),通愆,过失。德,品德。不匮,不缺乏。这句话指王女节自身品德高尚,礼节上从来没有过失。

⑬靖恭夙夜,淑昚尔止:靖恭,恭敬。夙夜,朝夕,日夜。淑,善良,昚,古同慎。此句意指平时对人恭敬,为人谨慎善良。

⑭年十有二,作俪蕃仪:俪,伉俪、夫妇。蕃仪,本意指礼节,代指婚礼。此句意为12岁的王女节嫁给了叔达。

⑮陈祯明元年,拜义阳王妃,簪珥既肃,汤沐见崇:簪珥,发簪和耳环。汤沐,本意洗澡,这里指汤沐邑,最早时期为贵族受封收取的赋税。崇,尊重。这几句的意思是说祯明元年,王女节被封义阳王妃,恭敬地接受了赏赐,并尊重皇家所赐予的物品。

⑯有教公宫,无系车服:有教,有教养。公宫,泛指官府。无系,没有关系。车服,指古代的一种车撵礼服。这里指王女节所体现的教养,不是坐好车穿好衣服就能体现的。

⑰式循姆保,莫敢或遑:式循,特定内容的仪式,这里指遵守规矩。姆,借指妇女,代指王女节。莫敢,不敢,遑,闲暇,空闲。此句意为王女节遵规蹈矩,不敢放松。

⑱随季分崩,人皆敌国:随季,隋朝末年。分崩,国家破裂,灭亡。敌,对抗,国,隋朝。此句意指隋朝末年国家破裂,人人都起来对抗隋朝。

⑲江公时为绛郡通守,明谟英略,捍御妖徒:江公,陈叔达。通守,官名,辅助太守,类似副太守。明谟,计谋。捍御,抵御。妖徒,叛乱。此句意为陈叔达当时担任绛郡通守,有勇有谋抵御叛乱。

⑳式固境宁,亦由内赞:式固,有固定内容的仪式,安宁、平静。此句接上句,经过平定叛乱,一切回归平静,得到城内的人们赞誉。

㉑值圣上救焚濡足,授手江公:值,遇到。救焚,救助陷于困境中的人。濡足,玷污了脚。授手,伸出援助之手。这句意为陈叔达在危难之时李渊伸出援助之手。暗指叔达归降大唐。

㉒推诚有奉,经纶帝载:推诚,以诚心相待。有奉,遵守。经纶,

筹划治理。帝载,帝王的事业。这句接上句,皇帝承载着治理国家的大事,遵守着诚心相待,接受陈叔达归降。

㉓天下大定,圭社有隆,武德八年从夫之秩,拜江国夫人,显庸懿范,诒诸嫔则：天下大定,指唐朝建立。圭社,官爵和封地。隆,盛大。秩,古代官职级别。显庸,功劳。懿范,赞美妇女的好品德。诒,传给。则,模范。此句意为唐朝建立,天下太平,授勋功臣,武德八年王女节被封江国公夫人,并给后宫嫔妃做表率。

㉔思媚前烈,统家有制：思媚,温柔娇媚。这句意为王女节温柔贤惠堪比前人,用制度管理家务,治家有方。

㉕教子义方,必先忠孝：这句话意指王女节教育子女行事规范和讲道理,必须先要忠孝。

㉖处物慈惠,无忘损挹：处物,对待人和事物。慈惠,仁慈贤惠。损挹,谦让。这句话意为王女节从来不忘记对人对物仁慈善良,谦让。

㉗福履希夷,与善褰应：福履,犹福禄。希夷,听之不闻名曰希,视之不见名曰夷。褰,褰衣。应,相应。这句意为福禄是看不见听不到的,善良也应该是摸不到的,一切皆虚寂玄妙。其实,只要多做善事,福禄自然就来了。

㉘夫人孝于惟孝,率由冥极：孝于惟孝,孝顺,善待父母。率,遵循。冥极,佛教指悟道的最终境界。这句意为王女节遵循佛道,懂孝,尽心孝顺父母。

㉙一至之感,绝而复苏：一至,指忠正耿直。这句话意指王女节忠正鲠直,感动他人,虽然去世了,但精神一直存在。

㉚妇德母仪,昭映前古：妇德：指妇女的德行。母仪,人母的仪范。这句意指王女节的德行仪范,堪比古人。

㉛有子政德,惧岸谷海田,式题幽础：有子政德,其长子政德。惧,畏惧,岸谷海田,喻沧海桑田,变化太大。式题,按格式题写。这里指其子政德惧怕坟墓封土易毁、随世间的变化而消失,于是在墓堂前立碑镌刻铭文。

以下铭文，不注释。

按 语

叔达原配夫人王女节，字修仪，琅琊临沂人，陈朝东宫庶子新昌县公王由礼之女。

从王夫人"贞观十年（636）七月七日薨于京师善和里宅，时年六十五"知，她生于陈太建四年（572），与叔达同年出生。夫人逝世时，叔达已于上年逝世。墓志还交代了王氏有一子，讳政德。

大周故陈府君（范）墓志铭并序

佚 名

君讳范，字仲轨，颍川许昌人也。晋永嘉丧乱，十四代祖达随司马王渡江，为中宗丞相掾、太子洗马、长城县令，先人因居长城。隋氏平陈后，考以梁陈衣冠弟子，迁入隋。因居河南郡，故于今家于巩洛①焉。晋末以景族②南迁，陈平以衣冠北徙，往来见宝，其在兹乎？高祖法真，梁通直散骑常侍、太子中庶子。曾祖横，梁宣城王府司马、给事、黄门侍郎。祖慧尚，梁禅陈后，从祖武皇帝以宗室子弟封江阴县侯、鄱阳王记室、尚书、仪曹郎、谯郡太守。麟台螭钮之署，清望③寔隆；鹤关④猨岫之宾，簪裾⑤斯显。考宗，梁陈衣冠后迁入隋，隋移衣冠于谒者台员外郎，隋班例也。贲帛牵丝，邈居嘉命，迁虞事夏，直践崇闱。君余庆既隆，英灵寿诞，毁誉斯绝。自叶于周铭，喜愠不形⑥，无惭于楚相⑦。以孝友而为政，资道德以弥尊。至若天雄牡雌，见阴阳之相背，三门五将，识遁甲之孤虚。去龙朔二年（662），特以良家子徽赴寇境，勋用居勖，擢护军，道在斯尊，位非配德，方将俯游琼署，高步璿都。岂谓山颓太室之岩，水管小平之浦。粤以唐永隆元年十一月二十三日，遘疾终于神都积德里第，春秋六十有二，权殡于洛城东北。爰以年岁次甲午壹月已由朔二十五日，巳酉改窆，与故夫人李氏合葬巩县滑台乡邙山之阳，礼也。平生嘉偶，共谐丹凤之声；寂寞同归，永闭青鸟之地。嗣子扬州功曹璲将恐炎凉易积、陵谷斯变，勒琬琰而披文，纪声猷而永擅。其词曰：

灵源沃日，宝泒浮而。自虞历晋，继代象贤。永嘉鹿走，典午龙迁。金门石室，握素怀铅。梁陈盛矣，衣冠在焉。汉东斯空，河南是编。琳琅杞梓，弈叶蝉联。居闲室白，理胜词玄。因心有裕，率性无寒。竟遗轩冕，长押林泉。西景罕驻，东波不旋。昔时风月，旧里山川。池台尚在，赏乐何□。山空积雾，树短无烟。盛德不泯，投笔潸然。

注　释

①巩洛：巩洛为二古地名的并称，地在今河南洛阳一带。

②景族：京族，其语言为京语。西晋末，族群主体南迁至东南亚，也称为越族。境内京族主要分布在广西壮族自治区防城港市。

③清望：高洁美好的名声，在郡里颇有清望。

④鹤关：这里指太子宫禁之门。南朝梁萧统《答湘东王求文集及诗苑英华书》："陟龙楼而静拱，掩鹤关而高卧。"

⑤簪裾：古代显贵者的服饰。借指显贵。

⑥喜愠不形：喜愠不形于色。愠，恼怒怨恨。高兴和恼怒都不表现在脸色上。指人沉着而有涵养，感情不外露。

⑦无惭：即无所惭愧于楚相。楚相，当指其先祖陈轸。

按　语

陈姓人在历史上任楚相并封颍川侯的只有战国策士陈轸，舍此无他。由"喜愠不形，无惭于楚相"，联系《颍川陈氏考略》第91页《唐故左威卫左中侯内闲厩长上上骑都卫陈府君（牟少）墓志》中的"齐卿五世，楚相三知；盛德无绝，风流在斯"可知，墓志所指陈轸。这两墓主，一个在唐永隆元年（680）逝世，一个在唐天宝十四载（755）逝世，同为颍川许昌人氏。在众多墓志铭中，只有颍川出土的墓志才会提及颍川侯陈轸的传神评语。今从史籍中，虽一时难寻陈轸任楚相封颍川侯的记载，这可能与"焚书"有关。仅就这两方墓志铭，可补史书之缺。

亡姑渭南县尉陈君夫人权厝志

柳宗元

唐贞元十七年（801）九月六日甲子，前渭南县尉颍川陈君①之夫人河东柳氏，终于平康里②。将终，告于陈君曰："吾生四十有四年，为陈氏介妇③九年，谨饬不怠，以至此，命也。既成妇矣，宜祔于皇姑④，从兆于三原⑤，然而不幸中道而有痼疾⑥，既不及养于舅姑⑦，又不得佐于蒸尝⑧，生君之子，不期月而殒⑨；尝谓君宜有贵位，而不克见；执亲之丧，不得终纪，皆天谴之大者也。且愿杀礼⑩，以成吾私，迩⑪先夫人⑫之墓而窆⑬我焉。将俟君之不讳⑭，而归复于正⑮其可也。"陈君乃卜十二月十八日，权厝⑯于城南，原曰栖凤，如夫人之志。且以时日甲子授于宗元曰："子之姑，孝于家，移于我之长；睦于族，施于我之党。是用宾而礼之，如益者之友。今则去，我已矣，吾无以报焉。他日尝谓子悫⑰而文，愿以为志，庶幸而有知，将安子之为也，芲无恨矣。"呜呼！贵不必贤，寿不必仁，天之不可恃也久矣。遂哭而受命，书夫人之世以记于兹石。

夫人六代祖讳庆，五代祖讳旦，位皆至宰相。高祖讳楷，为济州刺史。曾祖讳某，为徐州长史。祖讳某，为清池令。考讳某，为临邛令。妣李氏，赵郡赞皇人。其他则俟改葬而后备。

（录自《柳河东集》卷十三《志》）

注　释

①颍川陈君：即陈京之仲兄陈苌。
②平康里：是唐朝长安街坊名，位于长安城北，也称"平康坊""北里"。
③介妇：古代宗法制度称嫡长子之妻为冢妇，诸子之妻为介妇，因陈苌行二，故称此谓。
④祔于皇姑：祔，祔祭，祔祀。皇姑，尊称舅姑。
⑤三原：即三原县，隶属于陕西省咸阳市，位于咸阳市北部。
⑥痼疾：指经久难治愈的病。出自《难经·十八难》。
⑦舅姑：指代公婆。
⑧蒸尝：本指秋冬二祭，后泛指祭祀。
⑨殒：死亡。
⑩杀礼：减省礼仪。《周礼·秋官·象胥》："凡礼宾客，国新杀礼，凶荒杀礼，札丧杀礼，祸灾杀礼，在野在外杀礼。"
⑪迩：意为距离近。
⑫先夫人：指陈苌的亡母，陈兼之妻。
⑬窆：埋葬。
⑭整句意思为等候陈苌过世。俟，等待。不讳，死亡的婉辞。
⑮归复于正：即合葬在一起。
⑯权厝：临时置棺待葬。
⑰悫：诚实，谨慎。

按　语

该墓志是柳宗元贞元十九年（803）在任御史时为其叔父殿中君之女柳氏所撰。从志文可知，柳氏出生于乾元元年（758），贞元九年（793）嫁给陈苌，贞元十七年（801）去世，享年44岁。通过志文分析，可得出以下结论：

第一，大历初陈京从颍川来到长安，陈兼已经去世几年。天宝十二载（753）十月，兼应征入京为右补阙，是京官，在京城应该有房产。他的元配妻何时来长安不得而知，但她是在长安去世的，并葬在三原县。柳氏临终前请求夫婿权厝"先夫人之墓"旁，待日后与陈衺合葬。陈衺母亲去世在柳氏之前，具体卒年，无法获知。

第二，陈衺与柳氏所生的儿子不足月而夭折，可推此儿最早在婚后次年即贞元十年（794）出生。陈衺三子陈褒约生于742年，比幼弟大50余岁。

据查阅相关史料并结合《陈兼生平事略新考》，简要梳理陈衺的主要行事：

——开元十二年（724）至开元二十八年（740），随父陈兼寓居江州蓝桥坂。

——开元二十五年（737），在江州蓝桥坂与西昌罗有祥之女完婚。（按《唐会要·嫁娶》"〈开元〉二十二年二月敕。男年十五。女年十三以上。听婚嫁。"）

——开元二十八年（740）兼辞职封丘县丞，并接走江州眷属，归田泗上。陈衺随父回泗上。

——天宝元年（742），陈褒在泗上出生。

——大历十三年（778），任乌程县尉。八月二十三日撰"唐乌程县新陛望记"（《宝刻丛编》卷十四）。

——贞元九年（793），在京城续娶柳宗元堂姑柳氏。

——贞元十年（794），陈衺与夫人柳氏之子出世，后不足月而夭折。

——贞元十六年（800），为校书郎渭南尉。夫人柳氏之母李氏住在平康里陈衺家里，并在该年去世（柳宗元《伯祖妣赵郡李夫人墓志铭》）。

——贞元十七年（801），夫人柳氏去世。

——贞元二十一年（805）已经退休在家，故《唐故秘书少监陈公行状》称其"前大理评事"。当年，陈京病逝。

光禄寺丞陈君（木）墓志铭

陆　佃

　　光禄寺丞致仕鄱阳陈侯①者，少读书，慕段干木②之为人，自名木，其友李介字之曰子仁。介秦产也，往来五岳采芝，与侯善，盖亦有道者。侯之曾大父嵩。嵩生洪，以力田孝弟③，五世同居，阖门千口。洪生枢，五举而仕，终临江军清江县主簿，与故相国王公随④结交相好也。相国以诗遗之，称其学问行治⑤。侯有父风，举进士不中，叹曰："吾所以学者，将以修性求道之真而已，岂与其党汩汩应举⑥，角一日之胜哉？"于是返耕养亲，手写五经，以训诸子。有宅一区，植佳花美木，曰："此吾所以寄乐也。"当其风清月明，行吟坐啸，一觞一豆⑦，适然忘己，不知世之荣利，有以悦而朦而。然而好贤乐士，其门多食客。虽浮屠⑧、老子、医卜、修生学死之流，无不礼以故。博通众说，其乡人问疑，以侯为蓍龟⑨，殆古所称多闻之友也。平居周人之急，至于解衣辍食，无所爱吝，宗族之婺⑩，不能嫁娶与死无以葬者，皆赖侯以集。嘉祐中，左目失明，不药久矣。后十二年，一日昼卧读书，忽能觇物，览照视之，瞳子瞭然。江表多云：侯有阴德，此其报也。夫人寿安县君周氏，五男子：晞，守太常博士。侯与寿安皆以晞贵。汝言，同学究出身。系，守著作佐郎。素、絜，皆举进士。四女子：进士易潨、彭谏、彭诜、应城县主簿杜坦，侯婿也。孙男十人、女十七人。曾孙五人。晞性和厚，吾游之贤者也。善篆，有古风，与建安章友直相上下。以晞占之，其弟之材可知矣。然则侯之阴德将在诸子，陈氏之兴未艾也，其受成报，岂一日之明哉！享年七十二，元丰三年（1080）六月一日以疾卒于家。明年十有一月甲子葬，其墓在林塘东南之冈，昔侯所自择者。铭曰：乐哉林塘，陈侯之宰。我日征矣，而风未改。有群勿捕，有樵勿采。百世之下，其人如在。

（录自北宋陆佃《陶山集》卷十四）

注　释

①陈侯：古代对士大夫的尊称，相当于"君"。

②段干木：段干木，姓段干，名木。战国初年魏国名士。师子夏、友田、子方，为孔子再传弟子。因其三人皆出于儒门又先后为魏文侯师，故被后人称为"河东三贤"。

③力田孝弟：即孝悌力田，亦作"孝弟力田"，汉代察举科目之一。意为努力耕田。亦泛指勤于农事。

④王随：王随，字子正，河阳（今属河南孟州）人，登进士甲科，历知州郡，宋仁宗明道年中官至宰相。

⑤行治：普遍良好。

⑥汨汨应举：比喻源源不断。

⑦一觞一豆：即"觞酒豆肉箪食"。意为一觞酒一豆肉一箪饭，这里的豆就是一种食器。

⑧浮屠：指佛教，或和尚。

⑨蓍龟：这里比喻德高望重的人。

⑩窭：贫穷。

按　语

据墓志铭可知，陈木（1009—1080）字子仁，世居鄱阳，"力田孝弟，五世同居，阖门千口"，为当地一望族。陈木隐居不仕，生有五子，荣登四进士一学究，皆为朝廷命官。官职最大的是陈晞，由太常博士擢升承议郎上骑都尉赐绯鱼袋。墓主陈木及寿安县君周氏"皆以晞贵"而赐封。其世系：嵩→洪→枢（临江军清江县主簿，与宰相王随友善）→木→晞、汝言（谱曰"默"，或许字"汝言"）、系、素、絜→孙男十人→曾孙五人。然而就是这样一个显贵家族，在明清谱中改"木"为"公升"，接到义门鸿公位下，成了"鸿公娶戴氏生子四：继成、继铭、公升、汝升"。今经两方墓志所证，继铭、公升皆为乌有。另据《永乐大典》卷之三千一百四十一"陈"条载《鄱阳志》："陈系，字明仲，安仁人，义居五世，乡人号港口陈。"这一家族世为鄱阳安仁港口义居陈氏，而非江州义门陈氏。

所谓"继铭"，见《陈氏谱考辑要》第232页《宋先府君陈公（梓）圹志》，此略。

蒋氏夫人墓志铭

陆 佃

　　金坛蒋氏者，其父讳郚，春秋七十又五。元丰三年（1080）以季夏癸丑卒，以季冬庚申葬，墓在登龙之乡其夫颍川府君积中之兆。男四人：孟曰献臣、次衮次亢次京。孙男七人：孟曰廓、次度次庶次赓。献臣早卒，其三孙未名。女五人，孙女五人，曾孙男女五人。
　　夫人立德，不骄不吝，无所专妒。资于事父以事舅，而舅曰"尊我"。资于事母以事姑，而姑曰"亲我"。又能以义相其夫，以仁道其子。舅姑既没，府君实赖夫人经理其家，盖事常豫立。问奴以耕，而非春鸣之所惊；问婢以织，而非秋蚕之所促。卒以积日累劳，殖陈氏之宗。
　　其后府君弃世，夫人春秋高矣。方兹时亢耕衮学。廓、度、庶、赓亦举进士。已而廓、度相蹑登科，朱丹其门。实游吾馆，廓颇朴茂，度也翘俊。可喜释褐东归，拜伏堂上夫人，蓬然白发，玉云可鉴。视二孙之立，青袍凌草，邑间荣之。
　　熙宁岁在单阏，勾吴大饥。夫人令子为食于路与里之饥者，又墐其地以掩暴骼数千百人。君子闻之，不多其子而多其母也。廓，今为江宁府句容县主簿。度，试秘书省校书郎。斋戒授书，以状乞铭于予且曰："吾母生于遐方晦里，无爵位名号，光显以死，当得君言，以信于后。"余悲其意，不得而违也。铭曰：婉娩玉女，妎我金夫；媲德合善，以同而车；克生孙子，珠玑在庭；勿惮勿投，慎垂之旌；庶几有傺，以妥厥灵。

按 语

在陈氏家族中，江苏有这么一个显赫的家族即陈凤家族。该谱载：分庄祖陈凤，宋真宗朝任润州别驾，为丹阳庄始祖。陈凤长子亢迁丹徒金沙，次子诚（一作忞）居丹阳珥陵越塘。因直谏被宋高宗杀害的陈东即出越塘之族。其后人现分布于丹阳、金坛金城镇清涪村、江都安阜洲、镇江句容等地。

由于这支人口多，分布广，人才辈出，在陈氏家族中影响很大。现依据最新发现的史料《蒋氏夫人墓志铭》，对该家族进行全面细致的考证。

墓志铭录于《陶山集》卷十六，作者陆佃，是陆游祖父。蒋氏夫人的两个孙子廓与度，曾游学陆佃学馆。陆佃系其恩师，受学生之乞请而作墓志铭。该墓志铭为研究丹阳陈氏提供详实史料，足可辨析现今族谱中的诸多错误，纠正如下。

1. 名讳错：丹阳陈氏族谱载陈亢之父名陈凤，而墓志铭明确载为陈积中，而非"陈凤"。

2. 官职错：丹阳陈氏族谱载陈凤官润州别驾，而墓志铭明确载"无爵位名号"。旧时重门阀，如果陈积中为润州别驾的话，当书"润州别驾夫人蒋氏墓志铭"，而墓志铭中不提官职，即积中无官职。

3. 墓志铭曰"府君弃世，夫人春秋高矣。方兹时亢耕衮学"。陈积中去世，陈亢接替父亲务农，贴补家用，供兄弟子侄读书。这在《京口耆旧传》卷六《陈亢传》中得到印证。《陈亢传》载："少读书以父疾不任家事，仍请于师束书归养殖，赀治产家用。"由此可证陈积中为一平民百姓。

4. 长幼失序及次子名讳错。按丹阳陈氏族谱载，陈凤长子亢迁丹徒金沙，次子诚（一作忞）居丹阳珥陵越塘。其实，陈积中生有四子：长献臣早卒，然后依次排序为衮、亢、京。亦无"次子诚"一说。

5. 据《京口耆旧传》之《陈序传》载："序，字彦育，亢之兄子……绍兴初（1131）思澶渊之功。"由此可知，陈序当为陈衮之子（因献臣早卒）。

6. 再来说说丹阳陈东世系：据《少阳集》卷六其胞弟陈南写的《陈东行状》载："公讳东，字少阳，镇江丹阳人也，曾大父讳广，大父讳思齐，考讳震，自五世以来，以儒嗣其业，皆隐德不耀。"由此知，陈东曾祖是陈广，祖思齐，父讳震。然而在明清以来的族谱中，说陈序、陈广为兄弟，这明显是后人系接，考据如下：其一，如果序、广为胞兄弟，即陈序为陈东伯曾祖父，但陈序的出生时间与陈东差不多，依陈东行状，陈东生于1086年，这明显不可能。其二，陈积中夫人蒋氏出生时间为1005年，到陈东81年传六代，代均仅为16岁，亦不可能。其三，蒋夫人去世之时，墓志铭只写到了曾孙辈，而元丰三年（1080）陈东的父亲陈震少说也有20岁了，如果陈震是蒋夫人后代，则应为蒋氏五世孙，这与只发展到曾孙辈也是矛盾的。

综上述可知，丹阳陈东家族并非金坛陈积中之后，在明清之后的族谱里，陈东家族曾与陈积中家族联宗修过谱，以致讹误，今当区分开。

7. 族谱上的错误：《丹阳尹沙新桥镇陈家里陈东后裔源流纪略》："唐末陈伯渲（宣）之长子晋国公旺移家江州德安县太平乡常乐里，乃神人杖所飞处，旺生燕国公轲，轲生许国公感，感生吴国公兰，兰生齐国公青，青生六子，第三子仲封为恭惠公，仲长子崇任江州长史银青光禄大夫右散骑常侍兼御史大夫上柱国赐紫金鱼袋，榜示家法，内外遵行。崇长子衮为江州司户参军，伪唐李昪称制旌表，陈氏遂有义门之名。衮第三子恭，为洪州长，献伪唐安边十策，授文林郎咸宁令，在任生宗俞及宗臣，后奉宋仁宗诏析居即宗俞等第行也。宗俞之子凤当真宗朝任润州别驾，悦其江山遂居任所，凤生二子长子亢徙金沙，廓与度之父也。次子诚，尝游丹阳珥陵，爱越塘风土之嘉，因卜筑于斯焉。"

显然，这完全是错误的，其目的是连接义门。按蒋氏墓志铭，陈积中为金坛登龙乡人，是老实本分的农民，一生无任何官职，娶金坛当地人蒋氏为妻。墓志铭通篇也没有一句关于陈积中源于义门之说，甚至包括《陈亢传》《陈维墓志铭》《陈从古墓志铭》皆无源于义门一说。按《丹阳尹沙新桥镇陈家里陈东后裔源流纪略》的套路来看，所谓神人"杖所飞处"之类神话，原为明嘉靖年后德化人所编造的，详见《义门陈文史考（二版）》"还历史真相"。至于伯宣子旺，更是不靠谱,其来自《唐表》。另谱载陈凤为陈宗俞之子，也纯属乱接，此当以果石庄谱中宗俞世系为是。就是这么一个讹误多处的序文，竟成为今日丹阳陈氏修谱的依据，可叹亦可悲！

陈积中家族世系的正确上源应以周必大《文忠集》卷三十四《朝散大夫直秘阁陈公（从古）墓志铭》为是。墓志铭载：陈从古为陈亢玄孙，陈廓曾孙。墓志铭直言："希颜姓陈氏，讳从古，系出汉文范先生。文范生谌，谌生忠，忠生佐，佐生伯眕，晋建兴中渡江居曲阿新丰湖，即今镇江府金坛县境也，故君为金坛人。曾祖廓，熙宁九年进士，仕至朝奉大夫、利州路提点刑狱事；祖珹（即珹，或为形误），登第在元符三年，终文林郎知真州扬子县；父维，娄贡礼部竟以特恩入官，主信之弋阳簿，后赠朝请大夫。"按此墓志铭，陈积中支派为金坛陈氏始祖伯眕之后，而陈（伯）眕与义门颍川祖陈匡为亲兄弟（详见《颍川陈氏考略》"陈寔子孙考"）。所以，丹阳陈氏非江州义门之后也。

古灵先生墓志铭

孙 觉

公姓陈氏，讳襄，字述古。其先光州固始人，五代时王氏入闽因随家焉，今为福州侯官县古灵人。曾祖讳令图，仕闽通。显祖讳希颖，文林郎果州司户参军。父讳象，台州黄岩县尉，累赠尚书兵部侍郎。母黄氏，永嘉县太君；继母王氏，集庆郡太君。庆历二年进士及第，建州浦城县主簿。浦城多世族，侵扰请托以扰法败政为常。县阙令者久之。公不为恤，辨治有能名。移台州仙居县令，益务以礼法教其民，民爱乐之莫肯犯，皇祐三年改秘书省著作佐郎。知孟州河阳县时，司徒郑国富公为之守，一见而知之。土人不知水种之利，公度田二百亩为法以示人，人习行之至今。移彭州濛阳县。富公入相，荐之召试充密阁校理判尚书祠部。有乞寺观额度人为僧道士者，公论不可编定昭文馆书籍。知常州，州滨大（太）湖而运渠高，水不能溉，公为划去堰埭，浚之与湖通波，赖其利者二百里民。有父母存而出赘，公叱使还养，凡数十人。召为开封府推官三司盐铁判官。上初即位使契丹，契丹欲屈公下坐，公以礼固争不为屈。还，知明州未至，诏修《起居注》，知谏院管勾国子监，有诏两制台阁议学校贡举之制。公因奏常秩等四人，知经有实行，宜以礼召见，补太学官。未几，罢谏院兼侍御史知杂事，有旨知制诰阙召试。公上言陛下，以义使臣臣当听命之，不暇感怀利以事上哉。从之。兼判吏部流内，赐紫衣金鱼，言内外臣僚。乞亲属官多，选人已授者，请以三月为限，从之。时朝廷大新法度，而听者为屈。公数上疏论列，辄留中不下。召试知制诰。公奏辞，曰：臣有言，责不敢不言。言未足塞，责遣其可逃，召试臣何敢当？又除直舍人院天章阁侍讲，兼修《起居注》。皆固辞，乞补外官。上赐手诏，曰："近以卿知制诰，卿以言事未遂恳不受命，且恳外补。朕素慕卿经术行已深，惜远去，特还旧职。庶几，左右经席渐磨道义，以适所愿闻。今览来奏，尚欲固辞，岂未悉朕意欤。还卿来章，当亟就职。"乃复起居注判流内铨。明年，知制诰兼直学士院。诏河缺河北诸郡，公当视，草以水不润下为言，中书改之。乞知陈州，移杭州。复唐相国李密六井通判杭州事，苏轼为之记。僧方人居，而禅学久废不传。公以宗本宗传二人，为之倡其徒至，奔走天下。移应天府，未至，又移陈州，修八字沟以泄城中霖雨水潦之苦。州人便之。召还，知通进银台司，兼门下封驳事提举进奏院。公久去朝廷上，见而劳问之，甚渥。除尚书右侍郎，中枢密直学士判太长寺，兼礼仪事。明年，兼侍读知审官东院。又明年，提举司天监。元丰元年，详定郊庙奉司礼文。明年，兼判尚书都省。是年十月，慈圣光献太后山陵，以公为卤簿使，公盖已病矣。三年三月十一日卒于京师，享年六十有四。公在，诰久上，数以问大臣及遣中贵人临视，而公已卒，奏至上，为愍悼，赠给事中。录其子之未官者，且及其外孙焉。阶，朝善大夫；勋，护军。公，布衣居里巷，与陈烈、周希孟、郑穆游，乡人尊之号"四先生"。四宦所至，必大葺校舍，新祭器。岁世行礼其中，亲为诸生横经以讲。及任太府事，剧（具）体重重犹不倦，以止其乐善好学，殆天性也欤。资禀温厚，未尝见其喜愠之色，与人交，久而弥笃，折节下士。所游多时闻人，郑穆、刘彝，皆其女弟之婿，娶陆氏，封文安郡君。子男二人，绍夫，秘书省正字中夫将作监主簿。女五人，长适苏州录事参军傅楫，次适宣德郎方蒙，次适承奉郎孙之敏；二女未嫁。所著文集二十五卷。以元丰四年九月葬于常州宜兴县永定乡蒋山之原。　铭曰：略。

按 语

《古灵先生墓志铭》写于元丰四年九月，作者孙觉（1028—1090），字莘老，陈襄的学生，江苏高邮人，北宋文学家、词人、进士。曾任湖州、庐州、苏州、福州、亳州、扬州、徐州、南京等知州。

陈武圹志

陈求已

先公讳武，字蕃叟，姓陈氏①，温州瑞安县帆游乡固义里西尖山②之下卢③焉。曾祖怡，祖焕，父敦乐赠宣教郎④，母刘氏赠令人。公行谊，文章为当世⑤师，学徒辐集，名重天下。□乾道庚寅入太学，累魁多士，舍选⑥奏优，登□淳熙戊戌⑦进士第。历任⑧饶州州学教授，除礼、兵部架阁文字⑨、国子正⑩□□除武学⑪博士，枢密院编修官兼检详诸房文字，除秘书⑫丞、著作郎，兼吏部郎官，除军器少监，兼国⑬子司业，除秘书监⑭，兼国史院编修实录院检讨，兼⑮右谕德⑯，除右⑰文殿修撰知泉州⑱。□□□□□□子，生⑲绍兴甲子（1144），□□□□□□□□□□□□□。青宫启致赗，仍赠"泉山阡"，赠之先妣，葬⑳永嘉吹台。王氏真朴无哗，谦顺恤下，进封㉑令人。明年正月己卯卒，寿七十有三。又明年㉒九月壬午，合葬焉。男㉓，求已，太学上舍生登第㉔，授南剑州州学教授。女，嫁监察御史沈㉕公元简之孙彦直。孙男志学，补㉖将仕郎；时㉗学，将以公遗泽奏。孙女景训、景则未行。刑部侍郎叶公适序文集四十一卷，兵部尚书蔡公幼学志墓，未就而薨㉘。葬日㉙，薄宦未有所属，门人太学录章挺之等述行实详㉚，附文集后。求已泣血书，大□纳诸圹。

（录自《东瓯金石志》卷九《宋七》）

注　释

①原文空缺"字蕃叟，姓陈氏"六字，据族谱《圹志》补。

②原文空缺"西尖山"三字，据族谱《圹志》补。

③原文空缺"下卢"二字，据族谱《圹志》补。

④原文空缺"宣教郎"三字，据族谱《圹志》补。

⑤原文空缺"世"字，据族谱《圹志》补。

⑥舍选：太学舍选制度，以考试的方式选拔人才。

⑦原文为"戊子"，淳熙无戊子年号，据族谱《圹志》改。

⑧原文空缺"任"字，据族谱《圹志》补。

⑨架阁文字：即档案库房，掌管文书收储之事。"档案"，在宋代叫架阁文字。

⑩原文空缺"正"字，据孙诒让考证补。

⑪原文空缺"学"字，据孙诒让考证补。

⑫原文空缺"诸房文字除秘书"七字，据族谱《圹志》补。

⑬原文空缺"除军器少监兼国"七字，据族谱《圹志》补。

⑭原文空缺"监"字，据孙诒让考证补。

⑮原文空缺"国史院编修实录院检讨兼"十一字，据孙诒让考证补上。

⑯谕德：唐朝开始设置，秩正四品下，掌对皇太子教谕道德。

⑰原文空缺"右"字，据孙诒让考证补。

⑱原文空缺"修撰知泉州"五字，据孙诒让考证补。

⑲原文空缺"生"字，据族谱《圹志》补。

⑳原文空缺"致赗仍赠泉山阡赠之先妣葬"十二字，据族谱《圹志》补。致赗，拿财物帮助人办丧事。据《钦定古今图书集成方舆汇编职方典》第一千二十六卷《温州府部汇考四·温州府古迹考》："陈秘书殿撰武墓，在帆游乡丽奥。宋理宗在青宫时，赐'泉山阡'三字。"

㉑原文空缺"王氏真朴无哗谦顺恤下进封"十二字，据族谱《圹志》补。

㉒原文空缺"己卯卒寿七十有三又明年"十一字，据族谱《圹志》补上。

㉓原文空缺"男"字,据族谱《圹志》补。

㉔原文空缺"太学上舍生登第"七字,据族谱《圹志》补。

㉕原文空缺"授女嫁监察御史沈"八字,据族谱《圹志》补。

㉖原文空缺"学补"二字,据族谱《圹志》补。

㉗原文空缺"时",据族谱《圹志》补。

㉘据《嘉靖志》及《馆阁录》陈武以嘉定六年知永州未几卒,而求已七年举进士,则卒必在七年以后。此志又有"兵□尚书蔡公幼学志墓未就而□"。考叶适《水心集》卷二十三《兵部尚书蔡公(幼学)墓志铭》云:"嘉定十年,召权兵部尚书修玉牒兼太子詹事,其六月,有疾梦神告曰:'可归矣。'陨星屋西东,七月二日薨,年六十四。"由此可见,当缺"部""薨"二字,陈武当卒于蔡幼学前,即嘉定十年(1217),寿七十四岁。

㉙原文空缺"葬日"二字,据族谱《圹志》补。

㉚原文空缺"实详"二字,据族谱《圹志》补。

按 语

《陈武圹志》录自《东瓯金石志》卷之九《宋七》(下简称《金石圹志》)。与今塘下镇族谱中的《陈武圹志》(下简称《族谱圹志》)对比,有一定的差别,主要表现在以下六个方面:

1. 志额不同。"族谱圹志"为"宋谕德殿秘书陈公蕃叟圹志"。

2. 在对先祖的称呼上,应该以志主陈武来称呼,不能用陈求已。《族谱圹志》载"高祖怡,曾祖焕,祖敦乐"是以求已来称呼,为错。

3. 跟陈傅良的关系,《金石圹志》没有提及。

4. 《族谱圹志》云:"是时道学之禁,五十余人,考与伯傅良及蔡幼学,同里凡三人焉。"《金石圹志》无此一说。

5. 《金石圹志》云"孙女景训、景则未行",《族谱圹志》无。

6. 《金石圹志》云"叶公适序文集"及"兵部尚书蔡公幼学志墓,未就而薨"二公之事,《族谱圹志》无记载。

通过《金石圹志》及《陈武传记》,得知陈武上下六代世系:即怡→焕→敦乐→武→求已→志学、时学。

故翰林检讨陈君（继）墓碑铭

杨士奇

　　仁宗皇帝初临，御奖用儒术，茂兴文治，首命在廷，举贤荐能。于是少保臣士奇言："苏州陈继，其文学宜在侍近。"即日诏驿召之。既至，授国子博士。明旦入谢，改翰林五经博士。时初建弘文阁于思善门之右，以储经籍备访问，而命翰林学士杨溥、董之擢侍讲，王进及继等三人副之。今上嗣大统，诏修《两朝实录》，简用纂修官，而继预焉。无几，赐敕命，《实录》成，赐白金及织金文绮衣，遂进检讨。宣德七年五月，自陈老疾，奉命致事归。又明年疾加，遂不起。五月某日也，于是其子完走北京，求文书墓碑。呜呼！斯文老成，凋谢殆尽，士奇忍以衰病而忘情老友哉？按其学者大理评事张益状：陈氏其先家蜀，与宋文忠公尧叟同祖。尧叟从父讳邺，始徙南康之都昌。七世至讳篆，登宣和六年进士乙科，累官左朝散大夫明州通判，再徙星子。又五世至讳洽，咸淳贡士。贡士生元翰林待制讳全，待制生讳征，受学临川吴文正公，为通儒。至正间，廷臣交章起之，将授之官，以介特不偶，自引去。又徙苏州之吴县，娶宋相江文忠公万里之孙。生讳汝言，博学有才，具洪武初仕，为济南府经历。所设施秩然条理，一郡倚重。大将军出师，道其境深见奖。重娶吴氏，初生三女。经历公方以嗣子为念，在济南一夕，梦白衣大夫，已而生男，即检讨也。初名释童，更名继，字嗣初，晚号怡庵。嗣初生十月，经历公没，母抱之归苏家，具萧然。惟存书二万卷及蔬地二十亩。其母知学问，谨礼法、守节不嫁，以教育遗孤。嗣初稍长，克自奋励，其天资明果，内奉母训，外从良师，日益见端绪。又进而从明经师，遂深于易诗，又求邃于古文者而师之。其为学自经史百氏，皆博考深究，久而淹贯沛然。为文章、根义理、辨体制、严矩矱、力去陈、言不肯苟，率由是声誉蔚然，见重于三吴。求文者接踵户外，而从学曰：辐辏讲下，其施教有本末，主敬为要，明理为务。后在馆阁，于商确古今，讲论述作之旨，娓娓皆有所自，众推服之。居家，笃孝行。虽贫而讲授之暇，躬治蔬圃，以资养甘旨恒充。有司上其母贞节，诏旌表之，自是远近交聘。嗣初学官，一以亲老辞亲，没葬祭尽礼。与人交，以诚善者奖掖之，不善者面警饬之。不肯婥婀苟容，穷乏者赈给之，没无归者敛葬之。虽官于朝，其志泊如盖，未尝一日忘幽闲之适。既得请归，吴中之学者，皆忻忻喜得所依，而从游者益众。既疾，革门人请所欲言，举西铭存顺没宁语答之，遂卒。春秋六十有五，其卒也，族姻门生故旧皆临哭。郡自守贰以下，咸走吊祭，远近大夫士闻之，皆嗟叹悼惜。其所著诗文，有《怡庵集》四十卷，藏于家。其配故苏守金绸之子，俭勤克孝先十二年卒。子男五：宗、宽、宏、宣、完，皆志于学；女二：长适谢璜，次在室。孙男七：传、仪、仁、伟、佃、佶、俌；女四。其葬在县之太平乡荐福山之原。铭曰：

有硕其先，自陈宗室，派衍于蜀，英杰森出。

沿江而东，来徙南康，再徙阊闾，代有奋扬。

卓乎怡庵，克奋于孤，幼志桓桓，壮夫莫逾。

有书充栋，有畦绕宅，书钮夕诵，孝养是力。

浩乎其学，邃乎其文，求道请业，从游诜诜。

辟书骈来，亲养弗舍，晚而幡然，玉堂金马。

抽思发才，效勤纪述，长简巨册，金匮石室。

冲澹之存，食息靡忘，引疾谢荣，遄复于乡。

邦有耆俊，如璞如石，山林草木，光辉润泽。

奄其永逝，士林兴悲，纷彼媚学，伥伥奚归。

刻词墓前，式示来者，尚有怀德，车过斯下。

（录自《东里文集》卷十四）

故翰林检讨致仕陈君（继）墓志铭

杨 荣

　　吾友陈君嗣初讳继，号怡菴，先世吴兴长城人。讳邺者自蜀徙南康之都昌。七世祖篆宋明州通判，徙星子。五世咸淳乡贡进士洽，其高祖也。元翰林待制全，其曾祖也。祖讳征，号天倪，受学临川吴文正公，得旨归，人称天倪先生，至正间徙吴城。父汝言，国初济南经历，有政绩，母吴氏庐江名族，永乐初以贞节旌表。汝言初未有子，吴夜梦白衣神人授之儿，遂产嗣初，实洪武庚戌十一月丙戌也。明年八月，父卒，母抱归吴城，躬纺绩，以训育之。嗣初既长，奋志于学。受诗于乡先生郦尚德、秦师、尹受、易于、俞立菴，既而忡忡然。若不足，复从半轩王止、仲用，是学日益博。时家贫甚，嗣初躬事农，圃以供祭养亲。时或读书、或援琴高歌，因以耕乐自号。及筋力少衰，乃开门授徒，学者谓其善教，多从之。人尤以其为文简健、有法度，求者相属。由是道益尊、名益重。郡邑交章荐之，屡以目眚母老，辞不就。母卒，丧葬尽礼，有闻于人。仁宗皇帝即位，少傅庐陵杨公首以文学荐，初授国子博士，寻改翰林五经博士，命同太常卿。南郡杨公直弘文阁备顾问，时以为得人。皇上嗣位，命修先朝实录，书成，荷白金文绮之，赐陞翰林检讨。逾年以老疾乞归，明年疾作，既亟命其季子完诵西铭："至存，吾顺，事没，吾宁也。"因接诵不已，门人刘溥请问："先生如何？"直答曰："无事。"遂卒，实宣德九年五月六日也。享年六十有五。宗党姻友门生，毕至哭之，皆尽哀。

守令而下咸往吊哭，朝之缙绅大夫士闻之，莫不悼惜。配金氏故郡守绹之季女，初受聘，绹之长婿坐法，并没官，嗣初诉于朝，乃得释。金素有礼教，亦甘清苦，事姑以孝谨闻，先十二年卒。子男五：宗、宽、宏、宣先卒，季即完；女二：长适谢圹，次幼。孙男七：傅、仪、仁、伟、佃、佶、俌；女四。卜是年九月十日，葬吴县太平乡荐福山先茔之次。所著文集四十卷，藏于家。其赋性纯淑，聪敏过人，孝友笃至，恒以不及事父为恨，言及未尝不流涕，奉母甚谨，尤善养志。长姊失所，天养之终身，训育其子甚至。少姊早寡，存恤其家曲，尽恩意。友人死，无以为葬，买棺葬之。他凡婚丧贫困，与夫鳏寡孤茕之弗克振者，辄赈恤之，无少吝其为行，大率类此。完奉治命走京师，谓予有畴昔之好，征铭诸墓，予按其门人大理评事张益述为之铭曰：

　　繄陈之先，吴兴孔昌，既徙于蜀，复居南康。
　　瞻彼吴会，具区之澳，爰及中叶，居用载卜。
　　光前振后，诗礼簪缨，蔚乎孙枝，继继绳绳。
　　有华其躬，孝友斯着，有豁其心，问学斯富。
　　既塞而通，晚遭奇逢，秩列弘文，侍从九重。
　　日月清光，荐被宠遇，于焉退休，式慰衰暮。
　　归视其庭，子孙满前，云胡不乐，乃夺其年。
　　荐福之山，先茔之侧，既藏既铭，永昭令德。

（录自《文敏集》卷二十二）

按　语

墓主为苏州著名文人陈继。陈继与宣德年间同在内阁号称"三杨"的杨士奇、杨荣、杨溥十分交好，实属罕见，可见人格魅力之高。同时，杨士奇和杨荣均给陈继撰写了墓志铭，极具参考价值。杨士奇云："按其学者大理评事张益状：陈氏其先家蜀与宋文忠公尧叟同祖，尧叟从父讳邺始徙南康之都昌，七世至讳篆登宣和六年（1124）进士乙科，累官左朝散大夫、明州通判，再徙星子。"杨荣云："先世吴兴长城人，讳邺者自蜀徙南康之都昌，七世祖篆宋明州通判徙星子。"另外陈继季子陈完撰《仲兄醒菴先生墓志铭》亦载："其先家蜀，与宋文忠公尧叟同祖，尧叟从父讳邺，始徙南康之都昌，七世至讳篆登宣和进士，历官左朝散大夫、明州通判，再徙星子。"这与都昌南桥出土《宋先府君陈公（梓）圹志》所载："远祖十七公讳邺，自豫章徙居南康都昌之南桥，后嗣蕃衍，以诗书为望族。"互为补充，证明了都昌南桥始祖为陈邺，系出南朝陈氏且为陈尧叟从父。按本书《望族世系考》之《苏州陈赞明家族世系》陈邺为义阳王陈叔达之后，故其墓志铭直书"有硕其先，自陈宗室"及"先世吴兴长城人"，又按其世次陈邺为陈翱曾孙，陈尧叟为陈翔玄孙，翔翱为亲兄弟，陈邺为陈尧叟从父非常准确，由此验证了《云门陈氏家谱序》所载陈省华家族世系的准确性；同时披露了义门谱说南桥庄分庄主继铭者，实为修谱匠按所谓"十二字"而杜撰。今南桥陈氏应拨乱反正，恢复祖源。

故陈处士墓志铭

王 英

陈故大姓，累世贵显。汉户牖侯平、太丘长寔，唐礼部尚书叔达，右补阙、集贤院大学士兼，功业誉望，垂耀简册，而兼则宜都王叔明之后也。曰旺，世居江州。旺之孙崇，御史大夫。崇始条画家训，一门同居。崇之后世守其训，南唐时旌其门曰义门。宋初时，食指凡千余，益敦孝义，太宗尝以御书褒之，由是天下称江州陈氏矣。其后有讳待，宦游于抚，因家于金溪。待之三世孙仲①，登咸淳进士，累官枢密副使兼芦州军民宣抚使，及卒，奉敕葬于江州之孝义乡。仲之四世孙，即处士也。处士之祖良友，任星子县典史。父伯刚，乐善好义。母孺人周氏。处士幼承家训，介直尚气节，通书史大义。父以讳误谪戍辽海。处士居家，奉母尽孝敬，而维持门户，卓然有立。益广其田宅，处宗族以睦。教子诗书，乡人有斗争，必为解纷。所言恳恳，皆孝弟忠信，未尝有他语，人皆敬让之。忽得疾，语子曰：吾当不起矣。家世江州，孝义之后，汝曹幸无忝前人。又陈列家事命书之，以遗子孙。俟书毕，乃具衣冠拜家庙，与长幼辞诀，翛然而逝。时洪熙乙巳六月朔日也。生洪武乙卯六月十四日，年五十有一。娶张氏，有妇德。子五人，曰昌、曰哲、曰碧、曰璃、曰珍，俱俊伟向学。孙男十人，孙女五人。处士卒，昌懋迁于外。哲奉邑士周彦充之状而请曰："以宣德戊申十二月庚寅日葬吾父于柘埠，幸先生赐之铭。"予与处士居同里，素闻先世以义聚为名家，又雅重，处士淳谨有德，铭不可辞，况以哲之有请耶？

铭曰：

奕奕陈宗，代多显人。为公为卿，高冠大绅。
江州之居，实自旺始。旺孙御史，敦厥孝义。
垂训子孙，聚居一门。孝义允著，休声播闻。
金溪之迁，待其肇之。继以枢副，有誉于时。
既历四世，粤惟处士。星子之孙，伯刚之子。
侃侃循循，克笃先训。惟孝惟友，制行淳谨。
卓矣令德，孚于乡间。曾未上寿，奄焉云徂。
临终之言，神识弗昧。宜尔后嗣，不忘所遗。
伐石于山，刻兹铭诗。昭哉厥德，百世永垂。

（录自明代王英《王文安公文集》卷五）

注　释

①陈仲，即陈应雷。乾隆《金豁县志》卷四《选举·进士》载："咸淳元年，陈应龙，市心人，枢密院正使；咸淳五年，陈应雷，应龙弟，枢密院副使。"

按　语

墓志铭作者王英，撰于宣德三年戊申（1428）。关于陈兼，作者十分明确地说他是宜都王陈叔明的后人。而关于陈旺，作者的态度十分谨慎，既没有说他是陈叔明的后人，也没有说他跟陈兼的关系；然在铭文中却明确提出："江州之居，实自旺始。"因此，绝非"伯宣孙旺"。由此可见，在明初金溪义门支派中，对陈旺世系的上源，持之谨慎，"知之为知之，不知为不知"，绝不贸然认祖。至于"旺孙崇"，那是以讹传讹了。旺生机，机生感，陈感才是陈旺之孙，这是义门人的共识。

王英（1376—1450），字时彦，号泉坡，江西金溪县人，祖籍山西太原；永乐二年（1404）进士，官至南京礼部尚书，卒谥"文安"。《明史》卷一百五十二有传。

户部司务孝廉陈壶山墓表

毕振姬

唐安①之在高平上梁也，隋徙江左诸陈于陇蜀。建安王叔卿起唐安。大业中，为都官郎②、上党通守③，家上梁，著其房为唐安，是为南陈。南陈祖颍川、长城，别于高平之东陈④。东陈衰而南陈始大。唐兴，宰相叔达、儒学京⑤、良吏君宾⑥，与"孝友童子"饶⑦列传。金明昌间（1190—1196）载状元墓⑧距唐安里许。有明割上梁隶高平，下梁隶沁水。科举凡三百年，高平举卣、举熺，下梁策，上梁璨，后先成进士。璨，壶山之从祖也，皆祖智。智生银，银生进、忠、孝，忠子璨，详邑志。进生瑞，瑞五子。其四讳惇。惇四子，长壶山（字）伯昭，讳烻。始壶山父弃儒学贾，两娶李、杨。壶山三岁，李蚤世⑨，王母庞鞠⑩之。煋、烓、焕皆杨出。父久客外，不欲贾子，长为贾，次第责壶山教育。丁巳（1617），壶山补弟子员。崇祯己卯（1639）举孝廉。当是时，父弃贾，与杨老。煋、烓皆以壶山指画⑪入学矣。壶山危肩秀髯⑫，剧饮任侠⑬，喜读书，豪爽有风槩⑭。酒后耳热落笔，经义、诗文、论策，志昔南陈家世，继踵唐安。取进士，屡上春官不偶⑮，父寻卒。煋、烓不肯竟学。焕幼，尝中酒骂座，壶山跪里门为请。清兴，试再刖⑯，无以供母弟子孙之内外晨夕。署翼⑰教谕，移国子学正，迁小司农。颁诏江南，假道太行谂母。煋、烓、焕前死，母子哭不忍别。柏⑱诏书归命京师，母杨讣至，与丧会唐安而葬。先是叔父死，露棺四十年，至是葬王父母坎下。弟弟妇若干，丧葬父母坎下。甓砖瘗器血牲，不以委蜕[19]忍速朽[20]。弟诸孤不任丧，为易斩衰，周衣食，毕婚嫁，忘亡推爱父以及伯叔父、异母亡弟，各存其孤孝哉！郑儒缓[21]使弟墨，其父右墨，缓御之至死。夫人私一官以加其父，父没胜母，伯叔兄弟要市[22]一官，阅于墙[23]，子孙骑狗过人。死者馁，生者弃，惭壶山也多矣。壶山服除年七十，力致其官以老。老致其官者几人？半通纶[24]牵带索，喘汗唾涕案前，逆风僵，顺风仆，饥渴顿踣不休，非尽大材晚成也。壶山禄不及亲，决去。拥书爇火，子孙以次问难，服方领儒服者五，小儿能言授句读，出从亲友把臂[25]。穷迫祸患，不以难为解。庚辰（1640）饥，人相食，大贾挟高赀[26]闭籴[27]，壶山捐囊底金，转粟二百里外，分食以口数，三党[28]活而家中落。廉士失职至死，死之日草土大小环哭，内外亲奔哭，诗友酒人哭位，诸赀贷折券者哭巷，孤侄服贾哭于涂，吊客抆泪助悲哀，孝廉之不得志如此。汉制兴廉举孝，东陈度辽将军起孝廉，守五原，监护南单于。永和中上封事，诏为陈将军，除并、凉租赋一年，比卒，并、凉民哭其墓。唐拜叔达为纳言，武德昭令册祝，多所裁定，帝以葡萄遗其母。而东阳公君宾尤孝，劳来邢、邓流民不期月还自业，贞观诏有司录功最，卒虔州，使护丧归。孝廉之得志如彼。得志表能，不得志表德。汉唐举孝廉佐天下，子孙敬养间巷刺草之氓[29]，书国史以助赏罚，使民兴能后用。科举充孝廉，进士加孝廉之上，处不孝，出不廉。孝廉积行之士不上闻，在官鲜孝子廉吏，闻孝廉名益厌，史亦刺讥其死。儒学如京，为税间架[30]贷贾缗[31]，曾不得与孝友童子比，《金史》状元逸载名[32]。以余所闻上梁、下梁两进士行事，不少概见，卣熺死士之垒[33]，樵采荒原莫与问，科举不必孝廉故也。况乃科举先以赀算[34]乎？汉初赀算得官，文十算，景四算。本为廉士，俯仰市籍[35]终不得官，市籍以科举得官，孰识所谓孝廉者？元朔议不举孝廉者罪[36]，孝廉不举，举而不能竟其志，史阙有间乡里之是非，乃定陈壶山真孝廉哉！妻家张李，羡门启[37]，父母在上，伯叔父在旁，熛、炡、焕夫妇在下。故鬼大，新鬼小，南望状元，西望进士，志一命以嘱子若孙。表曰：孝廉陈壶山墓，旌德也。张蚤世，李孺人以孝闻，姑杨抱三岁儿长成，死生不存之地，卒赖其力相收。唐安不名孝名慈，李盖学于舅姑也。从舅姑及叔姒，而后逮其子若孙，宜尔子孙振振为壶山德配云。壶山年七十有八，张孺人二十，李孺人五十有二，生卒详志。男四，均揆、均持、均抡、均捷，皆李生，庠生均抡前死。孙男十，均揆出者五，均持出者四，均捷出者一。女妇嫁娶详志。师锡、豫锡庠生，诸孙皆父事兄事，学壶山学，不坐市门㊳为贾人。

（录自毕振姬《西北文集》卷九《墓表》）

注　释

①唐安：地名，在山西省高平县马村镇。唐安曾经建镇，于1962年分为唐东、唐西两个大队，今为唐东村和唐西村。

②都官郎：官名，隋初定名为都官侍郎，炀帝大业三年改名都官郎，为刑部都官司长官，从五品。

③通守：隋炀帝置，职位次于太守，佐理郡务。

④东陈：指代东汉泫氏（今山西高平市）人度辽将军陈龟之后。

⑤京：即陈叔明六世孙陈京，义门陈先祖。

⑥君宾：即鄱阳王陈伯山第三子。唐朝初年官吏。武德初年，率襄国郡归附唐高祖李渊，受封东阳公。后转邓州刺史，抚育流民，恢复产业，颇有政绩。贞观年间，卒于虔州刺史任上。《旧唐书》将其列入《良吏列传》。

⑦饶：原文漏字，即陈饶奴，饶州（今江西鄱阳）人，十二岁时父母双亡，贫困弱小的他为父母守丧，又逢那年闹饥荒，有人教他说与弟妹分居就可以保全性命。陈饶奴流着眼泪，亲自哭诉遭遇，乞求别人把他们全部收养。刺史李复对他的行为感到惊异，供给他资材储用之物，又在他家的大门上题了"孝友童子"四个字。《新唐书》有传。

⑧状元墓：即状元陈载墓。

⑨蚤世：即早逝世。

⑩鞠：即抚育。

⑪指画：指导，教育。

⑫危肩秀髯：原文错字，应为危肩修髯。高肩长须之意，形容老者有仙气。见宋代洪咨夔《洪崖图行》："修髯危肩老仙人，布袍革带乌靴巾。"

⑬剧饮任侠：原文错字，应为剧孟任侠。指剧孟以行侠仗义闻名于当时，在河南地方有很大势力。后以此典指行侠仗义的人。

⑭风棨：即风度气概。

⑮春官：唐光宅年间曾改礼部为春官，后春官遂为礼部的别称。不偶，指不合，引申为命运不好。春官不偶指代考进士未被录取。

⑯再刖：原文错字，依据同治《高平县志》改再肘。掣肘之意，指代再次去应试仍旧落榜。

⑰署：官署。翼，翼城县。署翼，即官署为翼城县。

⑱柏：即柏署，御史官署的别称。

⑲委蜕：谓自然羽化。

⑳速朽：指薄葬。

㉑郑儒缓：即郑丘缓，墨子之兄。《春秋左传·成公二年·鞌之战》："癸酉，师陈于鞌。邴夏御齐侯，逢丑父为右。晋解张御郤克，郑丘缓为右。"晋国的解张为郤克驾车，郑丘缓当戎右。

㉒要市：以要挟手段谋取利益或迫使对方满足自己的某种要求。

㉓阋于墙：原文错字，应为阋于墙。阋，争吵。阋于墙，兄弟们在家里争吵。

㉔绲：是古代官吏系印用的青丝带。半通绲，即指当小官。宋代宋祁《送黄灏》："横步文林二十春，华颠初得半通绲。"

㉕把臂：同"把鼻"。握持手臂，表示亲密。

㉖高赀：大量钱财。

㉗闭籴：禁止买入大米。

㉘三党：指父族、母族、妻族。见《尔雅·释亲》。

㉙间巷刺草之氓：指代民间乡野的老百姓。《新唐书·列传第一百二十·孝友》："唐受命二百八十八年，以孝悌名通朝廷者，多间巷刺草之民，皆得书于史官。"

㉚税间架：又称税屋架，唐代征收房屋税法。

㉛贷贾缗：即向商人借贷钱财。《新唐书陈京传》："陈京、赵赞为帝税屋架，贷贾缗，内怨外忿，身及大乱。"

㉜逸：隐逸。指代《金史》中隐逸了状元陈载的名字。

㉝垄：坟头。《战国策·齐策》："生王之头，曾不若死士之垄也。"那些活着的帝王的头颅，还不如死去的将士的坟墓。

㉞赀算：汉代朝廷规定的纳官钱数。赀，通"资"。计算。

㉟市籍：秦汉时商人户籍。

㊱汉武帝元朔元年（前128）《议不举孝廉者罪诏》。

㊲羡门：即墓门。启，打开。因为陈壶山需要与两位妻子合葬，所以要打开墓门。

㊳市门：市场的门。古代市场出入有门，按时启闭。

按 语

依据墓表，唐安陈姓的始祖为陈叔卿。陈叔卿是陈宣帝顼的第五子，《陈书》卷二十八载："建安王叔卿，字子弼，高宗第五子也……祯明三年入关，隋大业中，为都官郎、上党通守。"南陈亡后入隋，于大业中任都官郎、上党通守，并定居于上党地区的高平县唐安村，逐步繁衍发展，成为当地望族，与《陈书》记载时间、地点非常吻合。

本墓表所述"隋徙江左诸陈于陇蜀"这是事实。隋于开皇九年（589）灭陈，陈叔卿作为亡国君臣、宗室与诸兄弟同被掳入长安，除晋熙王叔文先降而特蒙任命为款授开府、宜州刺史外，陈氏子弟尽配陇右、河西诸地，以耕为生，长达16年之久。直至大业二年（606），隋炀帝宠幸陈后主第六女陈婤，诸昆弟才得蒙优遇而"随才叙用"。这在《陈书》卷二十八有明确记载："及六军败绩，相率出降，因从后主入关。至长安，隋文帝并配于陇右及河西诸州，各给田业以处之。大业二年，隋炀帝以后主第六女婤为贵人，绝爱幸，因召陈氏子弟尽还京师，随才叙用，由是并为守宰，遍于天下。"陈叔卿任隋朝都官郎、上党通守，遂定居高平县唐安村。

陈叔卿后人以儒业起家，涌现出如下杰出后代：

陈载，顺治十五年《高平县志》记载："幼安贫力学，日诵数千言，经史百家之书无所不览，登明昌二年（1191）状元及第，在翰苑十余年，多所著述，早卒，士类惜焉。从祀庙庭，正祀考曰：力学安贫，见闻该博，代言撰录，著述为多。"在今天的唐东村唐安缫丝厂厂区西南处，有一处气势宏大的建筑，据传是陈状元昔日的住所，现存建筑为明万历年间其后裔陈璨重建。另据《山西通志》载"状元陈载墓在马村西，明万历裔孙陈升立碑"，马村西紧邻唐安东。

陈璨，字子光，万历五年（1577）丁丑科进士，任河南临颍县知县，历南京行人司司副（掌传旨、册封等事）。坊表词曰：恩湛琼林。顺治、乾隆、同治版《高平县志》皆有记载。陈璨任职期间，多有建树，朝廷为表彰其功绩，诰封其父陈忠为"文林郎"。顺治版《高平县志》载："赠文林郎河南临颍县知县陈忠孺人庞氏，以子璨贵。"

墓表主人陈梃，号壶山，明末清初人。明代崇祯年间己卯科亚魁，清初历任翼城县教谕、国子学正、户部司务。孝敬父母，善待子侄。亲属频繁亡故，服除竟年七十，遂致仕。崇祯庚辰年（1640）闹饥荒，人吃人，商人高价收购粮食，禁止买卖。壶山掏光家底，到两百里外购买粮食，运回分给宗族、亲戚们食用，亲人得以存活而家道中落。由此声望颇高，毕振姬曾多次为其撰文。

至于《南史》载："六军败绩，相率出降，因从后主入长安。隋文帝并配陇右及河西诸州，各给田业以处之。"今从本墓志得知，流放陇右及河西诸州之"诸州"，应含西蜀等地。墓志曰："隋徙江左诸陈于陇蜀"，陇指陇右；蜀指西蜀。从地理上，甘肃与西川比邻。到大业二年，隋炀帝才改变对陈政策，"因召陈氏子弟尽还京师，随才叙用，由是并为守宰，遍于天下"。这其中，后主皇太子陈深任枹罕太守。枹罕，位于今甘肃省中部西南面。族谱载陈深子孙居西川新都县东门，从地理及时间上甚合理。

第七章 世系考与序及堂记

永安贡川陈氏祖源世系考

陈美光

福建永安贡川陈氏，是八闽陈氏迁入较早的支系，据谱载，唐开元二十九年（741），中丞陈雍同次子陈野从浙江吴兴迁到南剑州沙邑固发冲（今贡川镇新发冲村）定居，陈雍有三子，长子陈苏徙宁化石壁，第三子陈运徙于闽，次子陈野随父陈雍定居南剑州沙阳（今沙县）固发冲（今永安市贡川）。自第八世陈文馀生守文、慎思、世则、可法、弩郎、克谐、世卿、世昆、世隆之九子，九子及女婿皆获得功名，朱熹赠"一门双与学，九子十科名"。历代人文鹊起，从唐至清，陈雍后裔有二探花，七十九进士。宋大儒杨时赠与"半壁宫花春宴罢，满床牙笏早朝归"的楹联。从北宋始，子孙向省内外迁徙。据不完全统计，近年有回祖地祭祖的后裔达十三个省，百余个县市区，海外达十多个国家和地区，有裔孙近百万人，发展成望族。

1. 据永安安砂《龙江书院》记载，永安开基祖陈雍是陈润十六世孙。雍公以上世系原族谱有漏载，从润公第四代开始，少十代，这十代中大部分是单丁，所以潭公应是润公第十四世孙。安砂后裔陈振福是陈雍四十三世，他佐证了陈润于永嘉丁卯年（307）从北方入闽，先到达宁化，经清流、明溪胡坊于仲春到龙江（今永安安砂新田墩宫）居住，次年（308）底顺九龙江（今九龙溪）下葛口、沙溪、闽江到福州落户。

2. 贡川始祖陈雍，永安习惯称为入闽始祖，此提法有误。陈雍祖父陈谭任漳州刺史，避地居将乐，父摄公卒葬泉州隔村，可见先代已入闽地，在福建留下生活轨迹，陈雍应是贡川始祖。永安贡川《陈氏大族谱》第一篇序是由唐昭宗天复三年（903）汀州文学、陈雍七世孙陈昂撰，其序载"弼生谭，任漳州刺史"。另绍兴二十一年陈雍十三代孙陈彭老写的《陈氏世谱序》也佐证了这一点："太丘十六世讳豹者，自吴兴迁于长乐西湖，以逮后谭公为漳州刺史，会唐季避地家于将乐。"陈豹是陈润之孙，这又是旧谱佐证的一个有力证据。再者，贡川旧谱有六代祖讳与晋入闽陈润世系相同，这不是偶然的。

关于陈谭任漳州刺史一职，查历代史志，漳州自建置以来历任刺史中并无陈谭。长乐有谱记载为潭州刺史。又据《唐朝名画录》载："陈谭，唐代人，攻山水，德宗（780—804）时连州（今广东省连州市）刺史，令写彼处山水之状，每岁贡。野逸不群，豪情迈俗，张躁之亚也。"

3. 据民国廿一年上坪学者陈得璜在研究贡川清光绪谱时，专门作《贡川陈氏辨误》："雍公以上世系抄自江右者，只可传疑。"

4. 福州陈润系与贡川陈雍系从陈寔始，特别是入闽前有六代世祖名讳相同或相近，出现这种概率，不难说明一个问题，此两系祖源在很大程度上非常接近。再者，在福州闽侯南通，其谱也有贡川世祖陈文馀、陈世卿、陈瑾等名字，其祖源却是晋入闽陈润，由此可见，永安陈氏是福州陈润支系。

5. 细查明清贡川留世旧谱，特别是居永安安砂、迁漳平永福陈氏，其世系是：陈文馀→世卿→偁→珏→正寻（渊）→大易（安砂祖）、大礼（漳平永福祖）、大禄。初看世系有条不紊，清晰。但根据参考历史文献，不难发现，世系出入很大，纯属后人胡乱接支。经考，大体可知贡川陈氏有几支比较大的世系，如下：

（1）陈文馀→可法→太初→瑄→瑊（字伯瑜）→升、尧辅、戬［《永乐大典》第二册卷三一四六陈瑾撰《陈伯瑜墓志铭》；陈渊《默堂先生文集》卷二十一《陈伯瑜宣义行状》］。

（2）陈昶→昂→文馀→世卿（尚书公）→偁（特进公，兄弟四人俨侃佩伟偁）→瓘（谏议公，兄弟四人琼、珏、瓘、珹）→仐、正裕、正冲、正平、正方、正忱、正孺、正强、正彙（瓘子）、正由（瓘子，字公叙，行十，官右承事郎）。［见《永乐大典》第二册卷三一四一，陈瓘撰《先君（偁）行述》；《元丰类稿》卷四十七《秘书少监赠吏部尚书陈公（世卿）神道碑铭》；《宋史·陈瓘传》；陈渊《默堂先生文集》卷二十一《祭公叙十叔文》记载陈瓘子公叙官承事；《建炎以来系年要录》卷六十载："右承事郎陈正由，试尚书屯田员外郎，以其父瓘任谏官，言京下误国，特录之也。"由此可见正由即公叙。］

（3）陈文馀→世昆→季礼→策→寰→渊（初名渐，有兄涧）→筠、简（嘉靖谱补录）、籍。《杨万里集笺校》卷七九《默堂先生文集序》："有秀才陈生籍者来谒予……问之，盖默堂先生陈公之子也。"《宋代序跋全编》卷一一九陈瓘撰《跋杨时〈陈居士传〉》："中立先生所撰《陈居士传》，予兄孙渐得其本。"同书卷一五二朱熹撰《跋陈了翁〈责沈〉》："墨迹今藏所赠兄孙、宗正之子筠家。""宗正"即宗正少卿陈渊。陈渊是陈瓘兄孙，经查非亲兄孙。因为陈渊在《祭公叙十叔文》中称陈偁为"曾叔祖特进公"，所以参考嘉靖十八年老谱记载陈渊为陈世昆之后殊为可信。

以上世系，完全颠覆了贡川明清旧谱世系，特别是人口众多的陈渊世系。

所谓"九子十科名"含有很大水分，谱载陈可法为宋淳化壬辰科进士，任监使。据陈渊《陈伯瑜宣义行状》记载："曾祖可法、皇祖大祖（依据《陈伯瑜墓志铭》更正为太初）、皇考瑄，盖三世不仕。"

按贡川谱世系陈偁次子陈珏，陈珏长子陈渊，陈渊与陈瓘之子陈正彙，"正"字班为同辈关系。可在陈渊《小轩观月呈兴宗叔》一诗中却称陈正式（字兴宗）为叔：据《全宋文》卷三七六〇李纲撰《丛桂堂记》："了翁同祖兄奉议公……其子正式……正式字兴宗。"由此可见陈渊与陈正彙下一代陈戬同辈，另有《陈伯瑜墓志铭》载："戬泣血，令其族弟渐状伯瑜之仁。"也能说明这个问题，故贡谱乱辈。

贡川世系陈渊生三子，大易、大礼、大禄，可在杨万里《默堂先生文集序》、朱熹《跋陈了翁〈责沈〉》里却记载陈渊两子分别是陈籥、陈筠，不过在贡川谱另有世系又载陈渊生三子，筠、籥、简，与宋代史料吻合。只是把真实的陈渊事迹误编到陈正寻名下。

在南平松溪县，发现陈戬世系，陈戬其生平事迹与贡川同，可是松溪族谱的世系却接到陈霸先之后，陈傅之子。陈戬之子也成了陈鼎，字元用。

陈渊是宋代理学家，初名渐，字几叟（《宋代序跋全编》卷一五五朱熹《读两陈谏议遗墨》："责沈其所赠兄孙渐者，即几叟少卿，后改名渊者也"），又字知默，世称默堂先生。探花陈瓘的侄孙（陈渊《默堂先生文集》卷十八《与胡少汲尚书》称"渊少学于叔祖了斋"，同书卷二十一有《祭叔祖右司文》；《宋史·陈渊传》称"渊乃瓘之诸孙"；《系年要录》卷一二一：绍兴八年八月乙卯，"诏右承事郎陈渊，净臣瓘从孙……"）受陈瓘的熏陶，具有忠诚、正直的品德。青年的陈渊拜杨时为师，专攻儒学二程（程颢、程颐）理论。杨时对陈渊的学业非常赞赏，说他"深识圣贤旨趣"。后来还将女儿许配给他。此后四十余年，陈渊由于叔祖父陈瓘长期遭受残酷迫害，因而对仕途望而生畏，专心致志研究学问，成为杨时门下的著名学者。陈渊存世作品很多，有些著作还编入《钦定四库全书》。在他的著作里，经常出现描写其身世的文章，对于这样的一位大学者，不可能自诬其祖。

陈瓘后裔迁浙江台州，可台州谱世系除陈瓘本传与贡川同，其父、祖名讳等上代世系不知何系，可见谱之可信度极低。

福州、莆田、永安安砂等谱记载陈雍为晋入闽祖陈润之裔，这与尤溪、大田数十本旧谱大体吻合，依照最新的科学研究，雍为润裔是靠谱的。

苏州陈赞明家族世系

陈 刚

陈赞明家族世系，主要依据《浙江浦阳龙城谱》《浙江富阳富春谱》所载，结合正史并参考其他宗谱综合考稽而成。赞明公之子邺，为江西都昌南桥庄始迁祖，南唐保大间迁此，详见南桥谱系。

一、世系简表（叔达之前世系见《陈氏谱考辑要》）

61 叔达→62 贤德→63 □□→64 光弼→65 汇→66 奇→67 芳、芬→68 □□→69 □□→70 翖→71 諲→72 赞明→73 邺、郁、郢→74 质→75 之奇、之武、之方、之元、之祥……

二、世系行传

六十一世：叔达，行事见《陈氏谱考辑要》，此略。

六十二世：贤德，叔达第三子。水部郎中，京兆派。

六十三世：名讳不详，贤德长子。生子光弼。

六十四世：光弼，叔达曾孙，官武后朝中书舍人，因忤旨而被贬河朔，遂家焉。生二子：汇、彝。

六十五世：汇，光弼长子，生子奇、彦。

六十六世：奇，汇之长子，为河朔派。生子芳、芬。

六十七世：芳，奇之长子，光弼曾孙。大历中为博州录事参军，因官占籍为博州人。生子不详。

六十七世：芬，奇之次子，光弼曾孙。大历十年（775）官余杭令，事见《咸淳临安志》卷五十一《秩官九》。

六十八世：名讳不详，芳之子。

六十九世：名讳不详，芳之孙。生四子：翱、翔、翎、翊。同代还有翀、翷，皆陈翔堂兄弟。

七十世：翱，事迹不详。之前《陈氏谱考辑要》所载事迹失察错误，特此更正。生子谨，余不详。

七十世：翔，录事参军芳之曾孙，唐末入蜀，王建用为新井令。后王建欲称帝于蜀，翔以利弊规劝，不听，遂弃官，家于阆州之西水新井。生子诩，其后开派新井系。

七十世：翎，避唐末之乱由长安迁吴，为吴郡派。生子谭。

七十世：翊，其事迹不详。查正史有京口人陈翊官太子洗马、赞善大夫，录此备考。事见徐铉《骑省集》卷十九《送赞善大夫陈翊致仕还乡诗序》，另徐铉同书卷四有诗《和陈洗马山庄新泉》《和陈赞善致仕还京口》。以上三文均作于公元958年，参见李振中《徐铉入宋前诗歌编年考》。

七十一世：谭，翎之子，事迹不详，生子赞明。

七十二世：赞明，谭之子，吴越中吴军节度推官。宋龚明之《中吴纪闻·丁陈范谢》："钱武肃王镠之子，广陆王元璙；广陵王之子，威显王文奉；皆为中吴军节度使，开府于苏。时有丁、陈、范、谢四人者同在宾幕，丁讳守节，陈讳赞明，范讳梦龄，谢讳崇礼，职中吴军节度推官，俱以长者称。守节者，丞相谓之祖；赞明者，屯田之奇字虞卿之曾祖；梦龄者，参政仲淹之曾祖；崇礼者，太子宾客涛之父。其子孙又皆登高科，跻膴仕，足见庆源深厚矣。"生四子：邺、郁、郢、□。

七十三世：邺，赞明之长子，排行十七，称十七公，开江西都昌南桥派。生四子：昉一、昉二、昉三、昉四。世系另见以下章节《都昌南桥陈邺家族世系》。

七十三世：郁，赞明之次子，润州观察推官，见《嘉定镇江志》卷十六。赠太子赞善大夫，见《王安石集》卷一百《永嘉县君陈氏墓志铭》。生子：质。

七十三世：郢，赞明之三子，隐居里中，以琴书自乐。事见《姑苏志》卷二十五。

七十四世：质，郁之子，殿中丞、赠太常卿。其妻为丁谓之妹，事见四库本《吴郡志》卷二十五《陈之奇传》、同书卷二十七《长安县君丁氏》、《姑苏志》卷二十七《陈质妻》。墓在吴县华山，之奇等祔葬，见《姑苏志》卷三十四。卒后范仲淹有《陈质殿丞挽歌词》，事见龚明之《中吴纪闻》卷三、《范文正集》卷四。生五子：之奇、之武、之方、之元、之祥。

七十五世：之奇（约1002—1068），质之长子，宝元元年（1038）进士，见四库本《姑苏志》卷五。四库本《姑苏志》卷四十九载："陈之奇，字虞卿。其先长安人，唐末徙吴。曾祖赞明，吴越中吴军节度推官。祖郁赠太子赞善大夫，父质殿中丞，以德行著称乡里赠刑部侍郎。"天圣中礼部进士，廷试下第，里居十年，无仕进意。后又以进士为鄱阳尉。历丹徒泰兴二县令。李玮尚公主。诏举经术行义者。遂以公充选为陇西郡王宅教授。未几，乞致仕，迁太子中允，时年未五十。俄除平江军节度掌书记，复以为教授，诏装钱促遣之，力辞不赴。自挂冠后，闲居十八年。公道德著于乡，虽闾巷小儿，亦知爱敬。有争讼久不决者，跨蹇驴至其家，以大义感动之，皆为之革心。乡人以其有贤德，故以君子称之。是时胡安定以经术教授诸生，苏子美以文章退居山林，先生以德行弃官而归，名动海内，称吴下三贤人。熙宁初卒，葬花山，卒以太常博士赐绯鱼袋。（宋龚明之《中吴纪闻》卷一《陈君子》、清王梓材《宋元学案补遗》别附卷一《宋儒博考上》）张伯玉、蒋堂均有《赠陈虞卿》诗。王珪曾为作志，题之曰《陈君子墓铭》，惜《墓志铭》今已佚。今江苏兴化有其后，元朝末年之奇裔孙世弘世熙世积等兄弟九人奉其始祖讳之奇像，于阊门登船沿运河过长江北下同迁至兴化插草为标而居。

七十五世：之武，质之次子，天圣八年（1030）进士，明州观察推官朝奉郎试秘书省校书郎，见四库本《姑苏志》卷五，《宝庆四明志·郡志卷第三》。又官太子中允，其一女嫁太常博士王逢，事见《王安石集》卷一百《永嘉县君陈氏墓志铭》（该墓志铭误将郁和质颠倒）。

七十五世：之方，质之三子，嘉祐四年（1059）进士，见四库本《姑苏志》卷五。官秘书丞，与欧阳修、苏辙友善。《文忠集》卷六十八有《与陈之方书》。《栾城集》卷九有《次韵答陈之方秘丞》。

七十五世：之元，质之四子，皇祐五年进士（1053），见四库本《姑苏志》卷五。节度推官，卒年二十七，其兄之方为之卜葬。事见《王安石集》卷九十三《节度推官陈君墓志铭》。

七十五世：之祥，质之五子，皇祐元年进士（1049），见四库本《姑苏志》卷五。皇祐二年官滁州全椒县主簿、汉阳军汉川县令，卒年三十二，事见《王安石集》卷九十五《汉阳军汉川县令陈君墓志铭》。

都昌南桥陈邺家族世系

陈 刚

江西都昌南桥庄始迁祖，南唐保大年间迁此，其世系主要依据《浙江浦阳龙城谱》和《浙江富阳富春谱》所载世系，结合都昌县南桥庄2018年10月间出土《宋先府君陈公（梓）圹志》及郑元祐《侨吴集》之《陈徽墓志铭》，《东里文集》卷十四杨士奇撰《故翰林检讨陈君（继）墓碑铭》，《文敏集》卷二十二杨荣撰《故翰林检讨致仕陈君（继）墓志铭》《吴都文粹续集》卷四十陈完《仲兄醒菴先生墓志铭》以及《南桥陈氏宗谱》综合考稽而成。

一、世系简表

61叔达→62贤德→63□□→64光弼→65汇→66奇→67芳、芬→68□□→69□□→70翱→71谭→72赞明→73邺→74昉一→75瑛一→76高三→77猛三→78彰二→79篆、治原→80準、辉→81柜、柽、缙→82畦、端、孜→83霖、澄、叔达→84洽、闻礼、范→85仝、大猷、椅、梓→86徽、澔、烨、烻、焆、焯、燃→87汝秩、汝言、师元、师凯、师契、堪、圻、垓、城→88继→89宽→90仪、伟、佶……

二、世系行传

七十三世：邺，吴越中吴军节度推官赞明长子，南唐保大间（943—

957）人，又名十七公，开都昌南桥派。陈邺生四子：昉一、昉二、昉三、昉四；其第七世孙陈篆由都昌迁星子。

又考鄱阳西庄陈继锃，谱载为继铭弟，年幼随兄居都昌，后由都昌分出，其后人与陈邺后人连续五代昉、英、高、猛、彰字辈完全一样。故非义门人。陈邺之弟名讳非"继锃"，真实名讳失载。

七十四世：昉一，邺之长子，名鼎，字好古。生三子：瑛一、瑛二、瑛四。

七十五世：瑛一，昉一之长子，名衡，字符平，进士。生三子：高二、高三、高四。

七十六世：高三，瑛一之三子，名汪，字时润。生子：猛三。

七十七世：猛三，高三之子，名旸，进士。生四子：彰二、彰七、彰十一、彰十九。

七十八世：彰二，猛三之长子，生二子：篆、治原。

按：七十四世到七十八世参考《都昌南桥陈氏宗谱》，谱载彰二名畦字治原，畦生辉，辉生篆。按四库本《江西通志》卷四十九《选举》载陈篆与陈治原同为宣和甲辰科进士，大致为同龄人，篆非治原之孙。又参考陈完《仲兄醒菴先生墓志铭》及《江西通志》卷九十一《陈畦传》得知畦为篆玄孙，柜子。考虑到鄱阳西庄字辈也为"昉、英、高、猛、彰"，彰二应确有其人，南桥谱竟误彰二、治原、畦三人同为一人！以下七十九世陈篆及以后世系均参照史志及墓志铭，非按族谱所出。

七十九世：篆，彰二之长子，字必正。墓志铭载为七世（陈邺为始祖），故将其系接为彰二之子。由都昌迁居星子，登宣和甲辰（1124）第。少从陈莹中、刘壮舆、苏养直游，廉靖有守。历仕州县，政声藉藉。及佐大藩，或劝求郡，不肯屈节时宰。历倅洪、潭、明三郡。官左朝散大夫、明州通判，赠朝议大夫。即以祖业逊兄。初预计居后山，号星湾先生。事见《永乐大典方志辑佚》（册四五卷三一四三页四）、《江西通志》卷九十一。生子：準。

七十九世：治原，彰二之次子，登宣和六年甲辰科（1124）进士，为司理，谏宋徽宗拟死，子辉代之。生子：辉。

八十世：準，篆之子，字正臣，以父荫仕，三任州县之职，永州推官，累赠朝议大夫。年五十有五即挂冠，号清隐散人。距城三十里有别墅，在石屋间讲学时，考亭朱子知南康，为写石屋书堂。生二子：秬、秠。事见《永乐大典方志辑佚》（册四五卷三一四三页四）。

八十世：辉，治原之子，字伟烈，行二十五。登绍兴二十五年（1155）进士，任四明通判赠中散大夫，父治原以忠就刑，公毅然以身代之。事白，敕赠忠孝大夫。生六子：缙、继、经、绍、纵、续。

八十一世：秬，準之长子，字咸和（一曰字和成），初调江夏令，筑长堤以捍水。再调善化令，佐淮东总幕，被旨筑楚州城，李侍郎椿、张瑞明构、辛待制弃疾皆器重之。终池州倅。事见《永乐大典方志辑佚》（册四五卷三一四三页四）《江西通志》卷九十一《人物二十六》。生子：畦。

八十一世：秠，準之次子，字秀成。力学忘倦，交游无杂宾。三试礼部，即弃科举之学，师事朱文公，习义礼最明。事见《永乐大典方志辑佚》（册四五卷三一四三页四）、《江西通志》卷九十一《人物二十六》。

八十一世：缙，辉之长子，乡贡进士。生三子：端、孜、仁。

八十二世：畦，秬之子，字子从。有志当世。初调襄阳南漳尉，再调靖州判官，鹤山魏公了翁一见奇之，力荐于朝。畦辞不就，以通直郎致仕，人壮其勇决。事见《永乐大典方志辑佚》（册四五卷三一四三页四）、《江西通志》卷九十一《人物二十六》。生子：霂。

八十二世：端，缙之长子，行小五。配周氏，生二子：济、澄。

八十二世：孜，缙之次子。不仕，配杜氏，生子叔达。

八十三世：霂，畦之子，宋乡贡进士。生子：洽。

八十三世：澄，端之次子。字文济，配张氏，生子闻礼。

八十三世：叔达，孜之子。不仕，配孙氏，生子范。

八十四世：洽，霂之子，咸淳贡士。生子：仝。

八十四世：闻礼，澄之子，生子大猷。

八十四世：范，叔达之子。通直郎致仕累赠中散大夫，官温州平阳簿,太守慈湖杨先生撰写墓志铭,有忠信正直古圣贤之语。配邵氏赠硕人,生子二:椅、梓。

八十五世:仝,洽之子,元翰林待制。生子:徵。

八十五世:大猷,闻礼之子,字文献,号东斋,登开庆元年己未(1259)进士,官终至通直郎。释《礼记》,注《书经》。师双峰饶鲁、勉斋黄榦。配郭氏、张氏生三子:澔、演、溶。

八十五世:椅,范之长子,大理寺丞,仕蜀,生子焆。

八十五世:梓(1164—1239),世居南桥。范之次子,禀性高明,洞达事物,幼厉志于学,几弱冠斜表□散,以食指众多,生理廉薄。家事无巨细,知无不为,为无不力。淳熙戊申(1188),筑室梅陂。侍兄率弟,恪守家训,凛不敢违。安葬于梅坡大墩之上,去家百步。配于氏,恩封孺人,卒于1236年。生子四:烨、𤊫、焯、燃。详见《陈氏谱考辑要》之《宋先府君陈公(梓)圹志》。

八十六世:徵(1297—1348),仝之子,字明善,号天倪。庐山(江西九江)人。家于五老峰下。少从临川吴文正公(吴澄)游,长游燕赵,遍交名公巨卿,论天下之事,受到名家推重。受学吴澄,为通儒。至正间,廷臣交章起之,将授之官,以介特不偶自引去。南还,卜居吴中,清介孤峭,读书鼓琴,不慕荣进,澹泊无欲,以终其身。生平见郑元祐《侨吴集》卷十二之《庐山陈处士天倪明善(徵)墓志铭》、《全元诗》第四十册存诗三首。生二子:汝秩、汝言。

八十六世:澔(1261—1341),大猷长子,字可大,号云住,又号北山叟,宋末元初著名理学家、教育家。宋开庆庚申,元乱潜德不仕,立书院于马陂坂苏家塘北,注《礼记集说》。郡守董公邀约公为白鹿洞经师,授业两年,后归家。生于宋景定二年十月,卒于元至正元年十一月,享年八十二。配沈氏、刘氏,生三子:师元、师凯、师契。参见《全元文》卷一四八〇《危素一三》《元故都昌陈先生(澔)墓志铭》。

八十六世:焆,椅之子,军事推官。

八十六世:烨,梓之长子,预大比荐书,生子堪。

八十六世：梃，梓之次子，贡补国学生，生子圻。

八十六世：焯，梓之三子，生子垓。

八十六世：燃，梓之四子，生子城。

八十七世：汝秩（1329—1385），徽之长子，字惟寅；与弟惟允力贫养母，有闻于时。惟允为淮张所辟，亲信用事，声势甚重。惟寅安贫，静退不能卜一廛。饶介之谋僦屋以居，倪元镇为作疏，国初以人才征至京，以母老辞归。事见《江西通志》卷九十一《人物二十六》、《浔阳跕醓·人物》。

八十七世：汝言（约1331—1371），徽之次子，字惟允，画家、诗人，洪武初仕济南府经历。其所画《百丈泉图》珍藏于台北故宫博物院。生子：继。事见《江西通志》卷九十一《人物二十六》、《浔阳跕醓·人物》。

八十七世：师元，潏之长子。字叔贞，配刘氏，其后不详。

八十七世：师凯，潏之次子。继承其父学说，篆释《书经》，博究古文，远近学者宗之。生三子：珪、璋、璇。

八十七世：师契，潏之三子。字叔清，配彭氏，生子：瑛。

八十八世：继，汝言之子，字嗣初，号怡庵，翰林检讨，苏州人，见《东里文集》卷十四杨士奇《故翰林检讨陈君墓碑铭》、《文敏集》卷二十二杨荣《故翰林检讨致仕陈君墓志铭》。生五子：宗、宽、宏、宣、完。

八十九世：宽，继之次子，字孟贤号醒菴，东吴名儒，诗文大家，出其门者皆为名士。其五弟完作《仲兄醒菴先生墓志铭》，见《吴都文粹续集》卷四十。生三子：仪、伟、佶。

八十九世：完，继之五子，字孟英号未菴。

九十世：仪、伟、佶，宽之子。其后世系见《吴中陈氏族谱》。康熙四十七年（1708）吴中国学生陈书纂修族谱，苏州知府陈鹏年作序，事见《道荣堂文集》卷四《吴中陈氏族谱序》。

四川青神陈希亮家族世系

陈　刚

陈希亮家族世系，主要参考《名臣碑传琬琰之集》中卷三十一范镇撰《陈少卿希亮墓志铭》、苏轼《东坡全集》卷三十九《陈公弼传》、《宋史》列传第五十七《陈希亮传》、《水东日记》卷二十七姚燧撰《宋太常少卿陈希亮神道碑》、《东坡全集》卷三十九《方山子传》、《宋史》列传第二百四文苑七《陈与义传》、宋张嵲撰《紫微集》卷三十五《陈公资政（与义）墓志铭》、《元遗山集》卷第三十一《故规措使陈君（仲谦）墓志铭》、程钜夫所著《雪楼集》载《故河东两路宣慰司防议陈公（赓）墓碑》、《雪楼集》载《故平阳路提举学校官陈先生（庚）墓碑》、《松雪斋集》卷九赵孟頫撰《故嘉议大夫浙东海右道肃政廉访使陈公(元凯)碑》，并参考其他史料综合考稽而成。

一、世系简表

72 琼→73 延禄→74 显中、显良→75 希直、希亮、景渊→76 庸、谕、忱、恪、恂、愷、翼→77 挥、搞、振、援、尧臣→78 灏、与义、与能、伦、儒、俗、俱、佑→79 克基、洪→80 仲谦、巩→81 赓、庚、廣、庠、膺→82 元义、元忠、元振、元凯、元英→83 造、观、敬立→84 仁寿、同祖……

二、世系行传

七十二世：琼，不仕，生子：延禄。琼以上世系不详，据张嵲撰《陈公资政（与义）墓志铭》："陈氏本居京兆，亡其世系所出，后迁眉之青神。至太常少卿、赠太子太保讳希亮，始以进士起家。"另外姚燧撰《宋太常少卿陈公（元凯）神道碑》之时已阅家谱，希亮曾祖琼以上未详。

七十三世：延禄，琼之子，不仕，生二子：显中、显良。

七十四世：显中，延禄之长子，以子希亮贵，赠尚书兵部侍郎，夫人杨氏赠繁昌县太君。生二子：希直、希亮。

七十四世：显良，延禄之次子，生子：景渊。

七十五世：希直，显中之长子，生二子：庸、谕。

七十五世：希亮（1000—1065），显中之次子，字公弼，与侄与从子庸、谕同登天圣五年进士，县令张逸表其门闾曰"三俊"。举家由青神东山迁居洛阳东坡。官大理评事知潭州长沙县、殿中丞、知房州雩都、知剑州、开封府司录司事、知房州、知宿州、知滑州、提防江南东路刑狱公事、度支郎中、开封府判官、京西转运使、京东潍州录事、知凤翔军府事，朝奉郎守太常少卿致仕，上柱国赐紫金鱼袋。有《陈希亮文集》十卷《制器尚象论》十二篇等。夫人程氏，生四子：忱、恪、恂、慥。生女三人：长适太常博士宋端平，次适楚州司法防军晓尧，次适秘书省著作佐郎赵禼。参见《名臣碑传琬琰之集》中卷三十一范镇撰《陈少卿希亮墓志铭》、苏轼《东坡全集》卷三十九《陈公弼传》、《宋史》列传第五十七《陈希亮传》、《水东日记》卷二十七姚燧撰《宋太常少卿陈希亮神道碑》。

七十五世：景渊，显良之子，生子：翼。

七十六世：庸，希直之长子，天圣五年进士，终知州。

七十六世：谕，希直之次子，天圣五年进士，终监察御史。

七十六世：忱，希亮之长子，庆历六年进士，尚书都官员外郎、京东转运使、度支郎中。生子：挥。

七十六世：恪，希亮之次子，忠州南宾尉、卒于滑州推官。

七十六世：恂，希亮之三子，遂州司户防军、大理寺丞、奉议郎赠太子太傅。生子：撝、振、援。

七十六世：慥，希亮之四子，字季常，希亮第四子，自称龙丘先生，又曰方山子，未及第。少嗜酒好剑，用财如粪土。北宋时，常从两骑挟二矢与苏轼游，马上论用兵及古今成败，自谓一世豪士。折节读书，终不遇。家巨富，洛阳园宅壮丽与公侯并列，河北有田岁得帛千匹，皆弃而不取，居于黄州之龙丘（今湖北武汉市新洲区三店街），晚年携妻子儿女奴仆隐于黄州歧亭杏花村（今麻城市歧亭镇杏花村，明代属孝感乡），卒葬杏花村。常信佛，饱参禅学，庵居蔬食，徒步往来山中，不与世相闻。人以其所著之帽方正高耸，似古之方山冠，因谓之"方山子"。与苏东坡是挚友，北宋元丰三年（1080）正月苏轼贬黄州，屡至探陈慥于歧亭，并为之作《方山子传》，另有《歧亭五首（并叙）》，生子某，名讳不详。以上事迹参见《东坡全集》卷三十九《方山子传》《东坡全集》卷十四《歧亭五首（并叙）》。

七十六世：翼，景渊之子，故赠右通奉大夫。生子：尧臣。

七十七世：挥，忱之子，迁居临晋，贤良方正，慈州士曹。生子：灏。

七十七世：撝，恂之长子，朝请大夫赠太子太师，配马氏赠蕲春郡夫人次配张氏赠博平郡夫人。生二子：与义、与能。

七十七世：振，恂之次子，行十七，字敏彦，元丰八年省试，官终朝散郎。

七十七世：援，恂之三子，行二十，字惠彦，同侄与能居住汝州。

七十七世：尧臣，翼之子，以左朝请大夫扈驾来杭居钱塘之履泰乡。生五子：伦、儒、佾、俱、佑。

七十八世：灏，挥之子，正大贤良方正，儒林郎。生子：克基。

七十八世：与义（1090—1138），撝之长子，字去非，号简斋，南宋名臣，曾任符宝郎、兵部员外郎、中书舍人、吏部侍郎、徽猷阁直学士、给事中、显谟阁直学士、翰林学士、知制诰、参知政事（副宰相），为皇帝重臣。儿时已能为文，声名鹊起，同辈中人，莫敢与伉。政和三年（1113），登上舍甲科，始任学官，辞章一出，名动京师，权贵要人争相邀请，光耀门厅。擅长写诗，区别于当时流行的江西诗派，风格独具，因其字为简斋，后人称之为"简斋新体"。夫人周氏，生子：洪。参见宋张嵲撰《紫微集》卷三十五《陈公资政（与义）墓志铭》，《宋史》列传第二百四文苑七。

七十八世：与能，撝之次子，字若拙。能诗，靖康之乱后同二十叔援居汝州，同兄与义合称"二陈"。

七十八世：伦，尧臣之长子，事迹不详。

七十八世：儒，尧臣之次子，事迹不详。

七十八世：佾，尧臣之三子，事迹不详。

七十八世：俱，尧臣之四子，字载之，绍兴十八年（1148）进士。《绍兴十八年同年小录》载："第九十人陈俱，字载之，小名五哥，小字起之。年二十八十二月二十一日生，外氏周，具庆下第六十八。兄弟五人，一举，娶朱氏。曾祖景渊故不仕，祖翼故赠右通奉大夫，父尧臣见任左朝请大夫，本贯临安府钱塘县履泰乡九曲里，父为户。"

七十八世：佑，尧臣之五子，事迹不详。

七十九世：克基，灏之子，金天德三年（1151）进士第一，少中大夫，国子监丞。生子仲谦。

七十九世：洪，与义之子，字本之。绍兴末官右直通郎、太府寺主簿、迁太府寺丞，尚书仓部员外郎，军器监。生子：巩。

八十世：仲谦（1172—1232），克基之子，字受卿，尤善工隶草书。官昭勇大将军，耀州三白渠规措使。生五子：赓、庚、廙、庠、膺。参见《元遗山集》卷第三十一元好问所撰《故规措使陈君（仲谦）墓志铭》。

八十世：巩，洪之子，仁和宰。

八十一世：赓（1190—1274），仲谦之长子，字子飏，尤善工行草书，得笔意外。官河东山西道行中书省参议。元好问称之赓庚膺三兄弟为"三凤"。夫人张氏先七年卒，二子皆夭死，从孙述为后又死，以观之子仁寿奉公祀。三女：长适金防知政事同华节度使李仲脩之侄；次适王；次适冯。参见程钜夫所著《雪楼集》收录《故河东两路宣慰司防议陈公（赓）墓碑》。

八十一世：庾（1194—1261），仲谦之次子，平阳路提举学校。娶王氏某州节度副使栋之女，再娶杨氏卢氏令起之妹。生二子：元义、元忠，女一适麻怀祖。参见程钜夫所著《雪楼集》收录《故平阳路提举学校官陈先生（庾）墓碑》。

八十一世：廣，仲谦之三子，金朝近侍局奉御。生子：元振。

八十一世：庠，仲谦之四子，早卒。

八十一世：膺，仲谦之五子，东平路劝农使。夫人李氏，生子：元凯、元英。

八十二世：元义，庾之长子，解盐司判官。生子：造。

八十二世：元忠，庾之次子，以学行闻。生子：观。

八十二世：元振，廣之子，事迹不详。

八十二世：元凯（1235—1312），膺之长子，至元间明经，嘉议大夫，浙东海右道肃政廉访使。夫人申氏早卒，继娶完颜氏。生独子：敬立，另有一女。参见《松雪斋集》卷九元代书法家赵孟頫所撰《故嘉议大夫浙东海右道肃政廉访使陈公（元凯）碑》。

八十二世：元英，膺之次子，事迹不详。

八十三世：造，元义之子，早世。

八十三世：观，元忠之子，翰林修撰同知制诰兼国史院编修官，为学有家法。生二子：仁寿、同祖。

八十三世：敬立，元凯之子，举明经，开城路总管府治中。

八十四世：仁寿，观之长子，过继给陈赓为后。

八十四世：同祖，观之次子，事迹不详。

丹阳陈东家族正源考

陈 辉

丹阳陈东家族是苏南地方望族，经过一千多年来的繁衍发展，目前丹阳所有陈氏中有一大半乃出自此族，并且还有明确记载迁到周边武进、金坛、丹徒、句容、溧阳、南京等地，甚至还有一些地区陈氏冒认为陈东后裔，可见其影响力。

目前诸多现存陈氏家谱都记载：陈东七世祖名陈宗愈，系江州义门分庄祖之一，有子名凤，官润州（今镇江）别驾，迁居官所。凤长子亢迁金坛，次子忞迁镇江府下辖的丹阳县与金坛县交界的越塘村（属丹阳）。亢两子廓、度，其后人声名显著，忞后裔在丹阳耕读传家。作为忞公玄孙陈东的三十一世孙，按照常理，本人应当毫无疑问相信自己的宗谱记载，以自己为义门陈氏后裔为荣。然而，历史终究是历史，真相始终是真相。如果因为虚荣而罔顾史实，这是对自己祖先的侮辱，是最大的不孝。所以以下疑问不得不提出。

1. 义门分庄，宗俞公分湖北果石庄。分庄时，宗俞公已逝，由其孙思洪、思成代为分庄。而丹阳陈氏宗谱记载是：宗愈公的儿子凤公迁润州早于分庄，在分庄之前就因为官迁，所以不分果石庄家产。可是除了丹阳，其他地区的任何宗谱都没有陈凤这个人，尤其是果石庄陈氏宗谱明显没有陈凤迁润州的记载。所以，宗愈也好、宗俞也罢，都非陈凤之父。

2. 义门分庄，继忱公迁江苏丹阳庄，这一点我族陈氏宗谱没有丝毫的记载，陈东肯定不是继忧一族。可能继忧后人在历史长河里消失了，没有繁衍到现在。

3. 宋嘉祐八年（1063）义门分庄，宗俞之孙思洪、思成代为分庄，说明思洪、思成这时当家。如果真如家谱所言，那么同样是宗俞之孙的亢、忞在此时也应该正当壮年。然后问题来了，再等23年，也就是元祐元年（1086），陈东出生了，这是正史记载的。一个正当壮年的人，在23年后就有了自己的玄孙。这不是笑话吗？

4. 陈东《少阳集》里自己的诗作开头便写"我家本出颖川住，几世不曾归颖川"。还有陈东吊喭本宗人母亲的诗句："来配颖川家。"当然，义门也属于颖川陈氏，那远的都提到了，近的反而不提？义门那么出名，为什么他自己的文章诗词、他弟弟陈南写的行状以及其他文献里都没有义门这个字眼？

所以，把这些摆到台面上理一理，真假自然明了。我个人认为，很有可能是元明某个时期续谱时，由于老谱丢失，修谱人弄不清楚陈东曾祖广公以上的祖宗信息，而将他们归入义门陈氏某人之下，才有了今天的以讹传讹。

那么，假的打掉了，真的在哪里？

根据一系列正史记载及研究成果，我认为陈（伯）眕就是丹阳陈东一族的祖先。

陈眕，晋光禄大夫、左卫将军，五胡乱华后，他带领家族隐居于曲阿新丰湖。曲阿就是今天的丹阳，新丰湖在曲阿以北，就是今天丹阳正北面与丹徒交界的地方。今天新丰湖已经消失，但是新丰这个地名一直都在。

陈东家族家谱上有一点是靠谱的：金坛陈氏由丹阳迁出，丹阳陈氏与金坛陈氏是兄弟关系（亢与忞）。实际上不是亲兄弟，而是有些疏远的本家关系。另外，丹阳家谱把陈序作为陈广的亲弟弟也是不准确的，陈序是陈亢家族的，跟陈广也仅仅是本家。

亢两子廓、度与忞的儿子也就是陈东的曾祖广以及陈序的名字都是从"广"，廓字彦明、度字彦法、序字彦育，这些都是正史记载的。而丹阳家谱记载广字彦通，名和字都表明是同一辈。廓的儿子城，字伯成，丹阳家谱记载广的长子思齐，原名璇，字伯贤，次子思成，原名玑，字伯器，这也都是能够对得上是同一辈的。而且，丹阳越塘村紧邻金坛，与金坛县城也仅区区二十几华里，完全有可能是同宗同族的分派。所以，金坛陈氏的正确上源可认为就是丹阳陈东家族的上源。

金坛陈氏源自哪里？从《陈从古墓志铭》里我们可以知道。陈从古是陈廓的曾孙，与陈广的曾孙陈东同一辈，经过那么多代，两人年龄相差36岁也是很正常的。在他的墓志铭里明确提到了,陈从古是陈眕后人，所以，陈东一族也是陈眕后人无疑，只是没有详细的世系了。

而陈眕的弟弟陈匡之子陈达，被任命为长城县令，也就是义门之祖。所以说丹阳陈眕一族是南朝陈、义门陈的兄长一族。虽然没有南朝风流、义门声远，但是丹阳、金坛的陈眕一族也是名人辈出、地方望族，也算是不辱门楣，跟义门陈一样，传递着颍川陈氏的万代嘉名。

作者简介

陈辉，男，1985年生，江苏丹阳人。曾出版《乐水漫话》《珥陵掌故》等书籍，主修丹阳《花渡陈氏宗谱》，2020年担任央视四套《远方的家·大运河》文化讲解嘉宾。现任丹阳市文物保护与考古研究所所长。

由《少阳集》来寻觅陈东祖源

陈 刚

陈东，字少阳，丹阳珥陵越塘人。聪慧好学，秉性刚直。以贡生入汴京太学。著名爱国人士，多次上书钦宗赵桓，揭露蔡京、童贯、王黼、李彦、梁师成、朱勔六人的罪行，请求诛此六贼以向国人谢罪。后又激怒黄潜善、汪伯彦等主和派，于建炎元年（1127）八月二十五日被害。著有《少阳集》传世。

《少阳集》卷五保留了陈东的全部诗作，其中有如下诗作交待了陈东的家族来源：

颍川二绝

其一

我家本出颍川住，几世不曾归颍川。今我暂来忽暂去，太丘风流谁与传。

其二

我来颍川何所见，青青古柏古城傍。知是荀陈手亲植，令人不觉泪行行。

由诗可以看出，陈东曾经到过颍川，表明了陈东是颍川陈寔之后裔。诗中的"几世"是虚指，可以指几代人，也可以指几十代人。陈东到底是太丘长陈寔公的哪一支后人呢？这需要我们从他的诗作中再次寻找答案。

《少阳集》卷五还有两首诗：

彦隽母挽章二首

其一

人生五福古难全，天赋夫人独不偏。内行无惭诗妇孝，母仪何啻穆姜贤。
庭帏已叹芳魂独，宗族空留旧事传。惟有南陔多少恨，忍看松栢锁寒烟。

其二

少驰贤孝誉，来配颍川家。虽夺共姜誓，曾无贤母瑕。
一乡蒙爱惠，百口藉生涯。享福逾中寿，归与勿怨嗟。

由《彦隽母挽章二首》可以看出，已故之人为彦隽的母亲，该诗为陈东去祭拜之时所作。而从"宗族""来配颍川家"可以看出，陈彦隽应该为陈东的同族。由"享福逾中寿"可知，陈彦隽母亲去世之时已年过八十。陈东被害时年仅四十一岁，故推陈彦隽比陈东大二十左右，与其父为同龄人。

据陈东后裔所述：翻遍族谱，未曾找到陈彦隽其人。但族谱由于历史久远，屡毁屡修，所提供的史料有限。难道这就真的没有办法了吗？还是有线索的。

据《蒋氏夫人墓志铭》《陈先生（维）墓志铭》《朝善大夫直秘阁陈公从古墓志铭》《京口耆旧传》等史料可知，陈从古家族世系图如下：

积中→献臣

积中→衮→序（字彦育）→棻（字伯茂）

积中→亢→廓（字彦明）→珹（字伯成）→维→从古→伯震

积中→亢→廓（字彦明）→珹（字伯成）→维→从古→仲巽

积中→亢→廓（字彦明）→珹（字伯成）→维→从古→叔谦

积中→亢→廓（字彦明）→珹（字伯成）→维→从古→季益

积中→亢→廓（字彦明）→珹（字伯成）→维→从古→季咸

积中→亢→廓（字彦明）→珹（字伯成）→维→学古→伯泰

积中→亢→廓（字彦明）→珹（字伯成）→维→稽古

积中→亢→廓（字彦明）→瑭（字仲修）

积中→亢→廓（字彦明）→璘（字季文）

积中→亢→度（字彦法）→璿

积中→亢→庶

积中→亢→赓

积中→京

另据《少阳集》之《陈东公行状》及马晓妮著《宋代爱国太学生陈东的〈上钦、高宗八书〉》两则史料，整理出陈东世系图如下：

某某→某→广→思齐（字伯贤）→震（字声远）→东、坦、南

由以上理出来的两世系图可知，陈序、陈廓、陈度三人的字都是"彦"字班，与陈彦隽的班辈完全吻合。而陈广与陈廓兄弟正好同"广"字班。陈思齐字伯贤，正好与陈粢、陈城的字同"伯"字班辈。

再依据《京口耆旧传》之《陈廓传》记载："大观四年卒，年五十五。"

陈东生于哲宗元祐元年（1086），依以上史料知陈廓出生于1056年，由此可知陈彦隽、陈廓为同龄人，陈廓比陈东大20岁。

以上是从名字和时间上所做推论，在地理上面符不符合呢？陈东的老家为丹阳县珥陵镇越塘村。而据《蒋氏夫人墓志铭》《陈先生（维）墓志铭》《朝善大夫直秘阁陈公从古墓志铭》：陈积中及夫人蒋氏葬金坛县登龙乡；陈城、陈维、陈从古三代葬金坛县唐安乡茂成村。按就近安葬的原则，当然离住所不远。《至顺镇江志》卷二《地理（二）》载："唐安乡在县东（唐武德初置县时即有此乡）都五里十有六。登荣乡在县东（旧名登龙不知何时改今名）都五里八。北渚荡在金坛县北唐安乡。南戴庄、桥路庄、千桥、彭公桥并在唐安乡。南洲大小二桥并在登荣乡。"笔者查阅地图，发现在金坛区中心的确存在"北渚荡遗址""南戴村""南洲村"。这说明宋时的登龙乡、唐安乡就在今金坛区中心一带。这离越塘村直线距离仅15公里，宗族的迁徙和扩散是在所难免的。

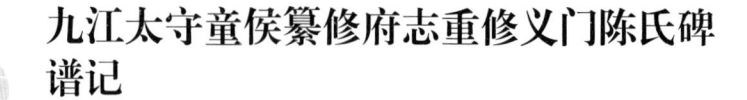

九江太守童侯纂修府志重修义门陈氏碑谱记

袁　正[①]

　　余幼读小学即知江州陈氏之义族，七百余口同居不分，化及犬畜，三代而下，仅见之家也[②]。

　　唐僖宗已六世，至宋仁宗则十一世矣[③]。食指[④]三千七百余口，代有复徭[⑤]之诏，表门之碑。其先谱本宜都王叔明之后，世居德安县太平乡常乐里[⑥]。后子孙繁衍，乃散居各庄。随立以居在本县路五十余处，洪州七十余处[⑦]，各宗分支。而先世大宗之法，犹未忘焉。其居洪州武宁升仁乡马迹之支，则宋嘉祐间有祖名延辖者所迁，迄今五百余年矣。其二十二世孙陈守德，有男陈悦从事九江府，读书知礼。因府太守四明童侯[⑧]纂修郡志，乃上其先世义门之实，悉附于卷，又具呈状，率各路族人之近者，修其历世宗谱。碑志之亭，于德安之旧地。碑之损者补之，亭之塌者新之，朽者重刊之。仍乞文于予，记其岁月，以告族之嗣者。呜呼！陈氏之义，有上古大同之风，实足以为世俗父子分门拆居之戒，关于世教[⑨]不浅也。使家若陈氏焉，则周公棠棣，元诗[⑩]可无作矣。今太守公纂修陈氏事迹载于郡志，以作其风于上，仍仰陈氏刻碑刊谱，散行诸宗，不失其义，以敦化于下，所谓尔德为风，下民为草[⑪]也，观民者宜于此。考之若悦者，盖陈氏之秀。举此一事，其好义之心不胜矣，勖哉⑫。乡贡进士九江府德化县儒学训导袁正撰。

武邑马迹延辖远孙守德同饶州兄守仁重修

明孝宗弘治甲寅冬十月朔日吉旦

（录自江西奉新县庐溪陈氏十修宗谱）

注　释

①袁正：和州（今安徽和县）人，明弘治时为九江府德化县儒学训导。（见嘉靖《九江府志》卷之六）。

②三代而下，仅见之家：三代，史学界素有"前三代"，指夏、商、周；"后三代"指汉、唐、宋。此句高度褒奖义门，自汉唐宋以来，仅此一家。

③唐僖宗已六世，至宋仁宗则十一世：这里是指德安义门族人从陈旺起到唐僖宗朝六世同居"世居德安"，即旺→机→感→蓝→青→伉之六兄弟，再到宋仁宗嘉祐间为十一世，再增五世即忻→经→渤→梓→昺义门开始分家。昺，字朝晖，分迁建昌陈桥万福庄。（见《陈氏谱考辑要》第131页。）

④食指：指家庭人口，家贫食指众。

⑤复徭：复，免除。徭，徭役。

⑥整句是说，世居德安太平乡常乐里人系叔明之后。明清谱基本上是这么说的，其实不甚准确。叔明之后伯宣是在唐僖宗乾符四年（877）因避柳彦璋兵乱才占籍德安，和伉公几兄弟合族同处，共建义门。

⑦随立以居在本县路五十余处，洪州七十余处："随立"，引用佛教中的假名施设。"路"，行政区划单位，始于宋朝，元朝沿袭。元朝的路相当于明清的府。整句是说，随机取字号分迁到本州本县有五十余处，分迁洪州有七十余处。

⑧四明童侯："童侯"即九江府太守童潮，浙江慈溪人。明弘治初，任九江知府。"四明"，在浙江宁波市西南。"侯"，古代对士大夫的尊称，相当于后来的君或先生。童潮知九江府，"勤任恕济以文学，修芜葺敝，民不知劳。今之父老，犹相传其遗爱焉"。（见嘉靖《九江府志》卷之七）。

⑨世教：指当世的正统思想、正统礼教。

⑩周公棠棣，元诗："周公"，即周武王的弟弟姬旦，曾辅佐武王和成王两朝，功高至伟。"棠棣"喻兄弟。"元诗"，这里指《诗经》。

⑪尔德为风，下民为草：句意为君子之德如"风"，能影响众人；小民如"草"，容易受风左右。

⑫勖哉：勖，勉励。哉，句末语气词。

按　语

明弘治甲寅年（1494），江西武宁县义门延辖公后裔重修宗谱，请德化县儒学训导袁正为之撰序。

延辖，义门伉公六世孙。从陈旺到陈伉正是六世"世居德安"，唐僖宗乾符间陈伉为家长，家有人口九十余，聚族不分。时德化白鹤乡陈伯宣为避柳彦璋兵乱因居德安，与伉公六兄弟"合族同处"，故而唐僖宗旌表"义门陈氏"。传至延辖为十一世，嘉祐七年义门开始分家，延辖率家分迁武宁县升平乡（今名鲁溪镇）。从陈旺到延辖的世次即1世陈旺→2世陈机→3世陈感→4世陈蓝→5世陈青→6世陈伉六兄弟→7世陈忻→8世陈经→9世陈直→10世陈才→11世延辖（见《陈氏谱考辑要》第132页）。

《九江太守童侯纂修府志重修义门陈氏碑谱记》

此序所述世次传承与时间正合。并由此说明在明清时，仍有资料说得清义门异流同源的世系世次，绝非"伯宣孙旺"之说。

再说，"随立以居在本县路五十余处，洪州七十余处"："本县路"，应该指德安德化及江州各县。"五十余处"，是概数。江州和洪州共一百余处。详见《义门分庄之去处》一文分析。

总之，义门陈历史资料损失严重，今只能通过谱序的零星资料进行梳理分析。合理的信之，不合理的弃之。

先代旧谱序引

佚 名

按世系图，自褒、衮、褒、裴分受文、行、忠、信四字谱，为南唐翰林学士徐铉奉诏录以进呈者，此固吾宗谱所从起。至宋初翰林学士苏易简复奉诏删录奏闻，是为江州之派。今徐序犹存，而苏序散逸难考。宋时纂修之岁月，想亦不越兴国、淳化间耳。嗣是又一修于嘉熙庚子，再修于祥兴之年，至元末奎章阁大学士欧阳立（玄）复为增续删校，又皆为洪州、庐陵之派。今欧序亦无存。至徙我蘅塘时，明初景泰间修而未授剞劂，迨嘉靖之庚子始一修之。至万历之乙酉又再修之，俱有谱序年号可稽。兹于其前序，依世代年分次于诏敕卷之后。倘后子孙有能更而新之，仍照例循序以列于左方。从续修之年月，一览而可见矣。

（录自江西吉安市蘅塘陈氏八修族谱）

按 语

"旧谱序引"所叙陈苌生四子，排行为"裒、衮、褒、裴"，褒为第三。这和湖南道县仙子脚镇何家坪光绪丙子年司马堂《颍川陈氏续修族谱》及江西吉安市吉州区长塘镇陈家村（古称庐陵县吟溪山前陈家坊）道光八年《重修吟溪山前新居陈氏房谱》所述相同，以"文、行、忠、信"为谱序号，进一步证实了陈褒确为陈苌的第三子（谱图，见《从唐代宗法论"从子褒"》一文）。

"旧谱序引"虽短，但所含信息量很大。此谱首修于南唐，并由翰林学士徐铉奉诏录以进呈朝廷，始获南唐升元元年"立义门"之荣。

应该说，徐铉对义门陈内部的人和事比较了解，他不仅撰述了《义门陈氏书堂记》，还编辑了《江南录》等。在《江南录》中，他说从宜都王叔明到陈崇存殁十一代。当"先代旧谱"传到宋初，翰林学士苏易简复奉诏删录，亦奏闻是为江州之派。然而苏序散逸难考。因此，后人又于南宋嘉熙庚子（1240）续修。到南宋祥兴之年（1278）再修。至元末，奎章阁大学士欧阳玄复为增续删校，皆为洪州、庐陵之派。然而，欧序又未留存。到了明朝景泰间，此派迁至吉安蘜塘（今吉安县高新街道行山村），虽修而未刻印，即"草谱"。待到明嘉靖庚子（1540），开始创修新谱；至万历乙酉年（1585）为二修。从此以后，每届修谱都有年号记载可查。

"旧谱序引"，追溯蘜塘修谱史，首修于南唐，后修于北宋、南宋；再到元末至明嘉靖及万历，历时近700年。

"旧谱序引"的作者姓名不知，推为明朝万历间一陈姓人。他"按世系图"及历届旧谱序中的时间进而复述。由于年久失修，纸蚀腐化，免不了错字错词，如"先代"错为"先伐"，"欧阳玄"错为"欧阳立"，

先伐（代）旧谱序引

按世系图自襃裦裴裳分受文行忠信四字谱为南唐翰林学士徐铉奉诏录以进呈者此固吾宗谱所从起至宋初翰林学士苏易简复奉诏删录奏闻是为江州之派今徐序犹存而苏序散逸难考宋时纂修之岁月想亦不越兴国淳化间耳嗣是又一修于嘉熙庚子再修于祥兴之年至元末奎章阁大学士欧阳立复为增续删校又皆为洪州庐陵之派今欧序亦无存至徙我蘜塘时明初景泰间修而未授剞劂迨嘉靖之庚子始一修之至万历之乙酉又再修之俱有谱序年号可稽兹于其前序依世代年分次于诏敕卷之后倘后子孙有能更而新之仍照例循序以列于左方从续修之年月一览而可见矣

《先代旧谱序引》

皆为字形误。

"序引"留给后人珍贵之处即"按世系图,自襄、衮、褒、裴分受文、行、忠、信四字谱,为南唐翰林学士徐铉奉诏录以进呈者"。因此,"旧谱序引"留存到今天无比珍贵。同时还坐实了陈褒本陈苌第三子,过继陈京为嗣的这一事实。

江州义门陈氏宗谱序①

陈 谦

尝考春秋之义,善善从长②。荆吴徐越③窜于夷,必原先世而录者,重本支也。况夫祖德宗功,家声景铄④,而后代之绵延勿替,苟不穷源溯本,表厥前徽⑤;世远年湮,何以尊先系而肃霜露之怀⑥?敦宗盟而溯水木之源,此在贤子继者之善,继善述而谱牒之所由作也。然家有谱与国有史一也,史以编年纪事垂鉴来兹⑦;谱以明昭序穆示传后叶。故为人臣者,不可以不知史之所由书;为人子者,不可以不知谱之所由出。若江州义门陈氏,余阅其谱,所载自一世胡公封陈,本与余同源。历两汉魏晋,名勋鼎阀⑧,代有闻人。及至五代,以司空而禅梁⑨,大统膺箓⑩。分封⑪支裔,益见繁衍。而其肇基汉土,号称义门,则系宜都王叔明之后,唐僖宗朝居庐山之阳,伯宣为鼻祖也。稽义门之立,始于南唐李昇⑫,诏行旌表。迨宋淳化初,优异尤隆⑬。而特以义著者⑭十四世,七百口同居,内外雍和,义之睦也;立家法三十三条,循守莫紊,义之周也;人无殊志,室无私财,厨无异馔,义之公也;百犬同槽,一犬不至,则诸犬不食,义之感也;诏免⑮本户沿征杂税,及贷粟二千石,则又义之上;通帝廷,邀异数之恩也。传裔三千七百口,族聚益众⑯,则又义之下;培燕翼,徵昌炽之盛世。奉敕析烟各郡,以二百九十一分为庄,均分七十二处,则又义之。声施远尔,散被四方。不仅拘拘于一家一邑之敦睦无间也。迄今考其始居之地曰"义门山""义门铺"⑰,皆以义得名,父老往往能道之。宋明以来，元魁硕辅⑱，科第蝉联，夙称望族⑲。兹虽迁变迁，子孙微散。辛丑（1721）年，余自枢密即出守浔阳，每尝凭吊遗墟，慨慕先型⑳。查原派云昆，尚有蛰声，庠序㉑渐见，绳绳㉒而孝义流芳，猷然未坠。韩昌黎有言："莫为之前虽美弗彰；莫为之后虽盛弗传。"则斯谱也。觌高曾之矩矱㉓，而偃㉔乎如见。使由是而模也模，范也范㉕。于以匹休前人，皆今日诸弟子事也。语云："人居贤者之后，信然哉。"余故表而出之，以为风化之一助云。

康熙四年岁次乙巳知九江府事祥符陈谦顿首拜撰㉖

注　释

①江州义门陈氏宗谱序：此序在其传承中多有讹误。就其标题，德化（今九江柴桑区）谱曰"康熙丙午岁重修宗谱序"，江西鄱阳谱曰"陈氏宗谱序"，湖北黄梅谱曰"江州义门陈氏宗谱序"，湖北武穴谱曰"江州后序"（因谱有前序，故称后序）。经对比，黄梅谱标题为是，外因内涵统一；就其内容，武穴谱准确；但多有错词漏字，今比对三谱给以纠正。

②善善从长：善善，褒扬美德；从长，源远流长的意思。原指褒扬美德，源远流长。后用来比喻吸取别人的长处。出自《公羊传·昭公二十年》。此句从黄梅谱改，武穴谱为"善必长"。

③荆吴徐越：分别指春秋时的楚国、吴国、徐国和越国，古为南夷之地。此句从鄱阳黄梅两谱改，武穴谱为"荆关徐越"。

④景铄：盛美；盛明。此句从鄱阳谱改，武穴谱为"景灿"。

⑤表厥前徽：表彰前人美好的德行。此句从黄梅谱改，武穴谱为"表厥而徽"。

⑥霜露之怀：对父母或祖先的怀念。

⑦垂鉴来兹：垂鉴，鉴戒。来兹，今后。

⑧名勋鼎阅：名声和功勋卓越。

⑨及至五代，以司空而禅梁：五代，历史上指五代十国。这里指东晋、宋、齐、梁、陈这五朝。司空，指陈霸先接受梁禅建立南朝陈。《梁

书》卷五《本纪第五·元帝》："承圣三年夏四月癸酉，以征北大将军开府仪同三司陈霸先为司空。"

⑩大统膺箓：谓帝王承受符命。此句从鄱阳谱改，武穴谱为"荐策"。

⑪分封：此句从鄱阳谱改，武穴谱为"公封"。

⑫义门之立，始于南唐李昇：义门之立，从黄梅谱改，武穴谱为"义门立"。李昇：据《南唐书》改。武穴谱为"李升"。

⑬优异尤隆：此句从黄梅谱改，武穴谱为"优异无隆"。

⑭特以义著者：此句从黄梅鄱阳两谱改，武穴谱为"待以义者"。

⑮诏免：此句从黄梅鄱阳两谱改，武穴谱为"免诏"。

⑯益众，此从黄梅鄱阳两谱改，武穴谱为"盆粟"。

⑰"义门山""义门铺"，皆以义得名：此句来自明嘉靖三十二年萧端蒙表彰"义门陈氏遗址"批语："义门既系始居之地，又山与铺俱以此得名，想其当时同居行谊亦已著矣。其地亦应表扬，仍照前批，树坊立门。"

⑱元魁硕辅：元魁，殿试第一名，即状元。硕辅，贤良的辅弼之臣。此句从黄梅鄱阳两谱改，武穴谱为"元魁辅"。

⑲夙称望族：即旧时称为望族。此句从鄱阳谱改，武穴谱为"咸称望族"。

⑳慨慕先型：即仰慕先贤，以为楷模。慨慕，感叹仰慕。先型，先贤之楷模。

㉑庠序：泛指学校。殷代叫庠，周代叫序。

㉒绳绳：形容接连不断。

㉓覩高曾之矩矱：见到先祖之典范。高曾，指高祖曾祖，亦泛指远祖。此句从黄梅谱改，武穴谱曰"缅高会之规炬"。

㉔僾：音（ài），仿佛。此字从黄梅谱改，武穴谱为"晈"。

㉕模也模，范也范：模是指人之模范，范是指物之模范。

㉖此落款采自黄梅谱，挑不出毛病。武穴谱落款"时顺治辛丑年仲夏月江州刺史陈谦重志谱序"，然"刺史"，自宋代之后已无此职，故错误。

鄱阳谱落款"时康熙四年仲秋月十五日知九江府事祥符宗谦顿首拜撰"。其"祥符宗谦"，词句不顺。德化谱落款"祥符庄后裔谦撰于清修古寺"。今从"清修古寺"推断，此落款是陈氏修谱时所为。因"清修古寺"即清修寺，在义门山下齐集里左侧，明嘉靖于该村表扬"义门陈氏遗址"。此寺，曾是德化义门陈氏修谱的场所，陈谦不会来此撰序。

按　语

陈谦，字致恭，河南祥符人，崇祯十二年己卯（1639）举人。顺治十八年（1661）任息讼爱民，严饬胥吏。在任九江知府时，对九江地方文化的发展尤为出力，如修建龙开河浮桥、重建曾子祠、于望京门内建义门宗祠等，深受民众拥戴；尤其康熙四年（1665），适逢江州义门修谱，欣然为之撰序，流传至今。

今从九江谱《康熙丙午岁重修宗谱序》、鄱阳谱《陈氏宗谱序》、武穴谱《江州后序》及黄梅谱《江州义门陈氏宗谱序》对比，虽然同说一件事，内容相同，但不同者即湖北武穴谱曰："号称义门，则系宜都王叔明之后，唐僖宗朝居庐山之阳，伯宣为鼻祖也。"而德化谱却删掉"唐僖宗朝居庐山之阳"这一时间性的语句；鄱阳谱和黄梅谱则改为"号称义门，则系宜都王叔明之后，唐僖宗朝任江州刺史兢公为鼻祖也"。

本文以武穴谱《江州后序》为蓝本，对照其他三谱，就个别词句作了纠正。

为什么要删掉这一时间性的语句，并将"伯宣"改成"陈兢"？其改因，不说皆明。就其删改水平，九江谱略高，他干脆删掉这一句，让后人不知伯宣为何时人；另两谱则改得很憋屈：一是清朝无"刺史"，二是陈兢为宋太宗朝（976—996）人，怎么能够扯到唐僖宗朝（874—888）？可见修谱者不懂史，无知无畏也。

"号称义门，则系宜都王叔明之后，唐僖宗朝居庐山之阳，伯宣为鼻祖也。"这一句在2006年的《义门陈文史考》中，武穴陈殿荣先生为考证义门世系世次曾经援引过（见《义门陈文史考》第77页和《义门陈文史考（二版）》第194页）。从时间上，此句说得很准，与《宋史·陈兢传》载伯宣"大顺初卒"相符合。即使在今天，我们阅读德化旧谱"原序"时亦或多或少见到类似的信息。如《义门陈赤崖庄迁分水岭重修家谱序》载"伯宣来徙江州，越三世以义闻于上"获旌。"越三世"获旌，正符合伯宣子崇、崇子衮，升元初（937）衮立义门之史志记载（见陆游《南唐书·轶事》）。还有，湖北黄梅庄希悦公后裔光绪十八年《重修宗谱叙》亦载："唐乾符间，伯宣公六世同居；七百余口，僖宗封义旌门。"都是说伯宣公生活在唐僖宗朝（见今九江《义门陈氏宗谱》）。

义门人，本是异流同源，明清时还有资料能够说清这件事，但由于大一统儒家思想作祟，无人去探索考证，即使果石庄陈光亨先贤也仅发现问题而已，并未深究。

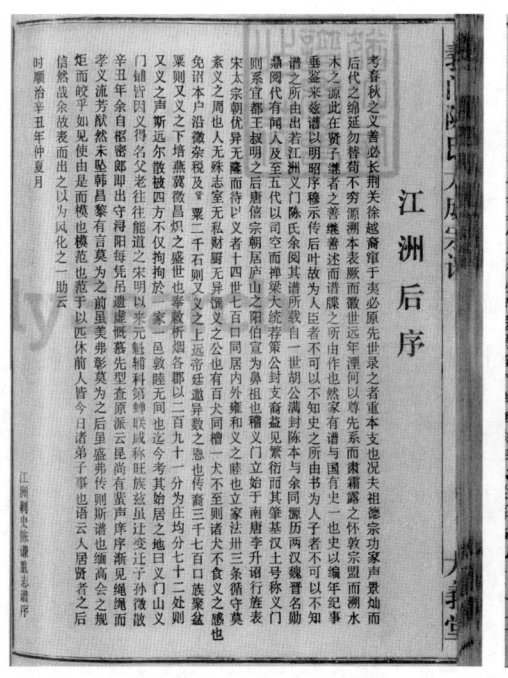

武穴谱《江洲后序》　　　　　　今九江谱分水岭序

重修宗谱序

章　衡

　　妫姓出于帝舜之后，裔孙胡公满封于陈，子孙遂以国为氏焉。自三代①以来，其为名世也远矣，皎然翘然，天下知有陈氏也。秦汉之时，离而复合，合而复涣，其间四布而不可纪矣。唐太宗时始稽天下谱牒，退新门进旧望，左膏粱右寒微，合一百九十三姓三千六百九十一家②，而义门陈氏与首称焉③。余稽汉丞相平公而下，传至寔④公与孙⑤群公，并著高贤，至文赞公曾孙叔明公叔慎公以及崇公旭公乔公兢公傥公诚公少阳公济公洽公皆元勋名宦，子孙繁衍，蝉联弈世，为天下名族。岂少阳公裔孙潾公又有谱牒以遗后人。当时海内世臣，乔木之家，咸莫与京焉。嗟夫，士之名世也，贵有人品而已，人品不足，而家世奚足以振之。今观陈氏有名世之称者，实由数十传之人品不凡也。陈氏后人慎毋恃祖先之名世而不自加勉励也。谨序。

宝章阁待制左朝议大夫章衡撰

［录自民国二十四年江苏常州府武进县陈顺麟编撰《毘陵陈氏宗谱（星聚堂）》］

注　释

　　①三代：史学界素有"前三代"，这里指夏、商、周。
　　②"合一百九十三姓三千六百九十一家"数字有误，《资治通

鉴·唐纪十一》载："贞观十二年戊戌春正月，吏部尚书高士廉、黄门侍郎韦挺、礼部侍郎令狐德棻、中书侍郎岑文本撰《氏族志》成，上之……于是以皇族为首，外戚次之。降崔民干为第三。凡二百九十三姓，千六百五十一家，颁于天下。"

③原文为"首称焉"，据光绪六年江苏武进《毗陵双桂里陈氏宗谱（忠节堂）》相同的序文改为"与首称焉"。"与"是"举"的通假字。

④原文为"实"，据《后汉书·陈寔传》改"寔"。

⑤原文为"子"，据《毗陵双桂里陈氏宗谱（忠节堂）》相同的序文改为"孙"。

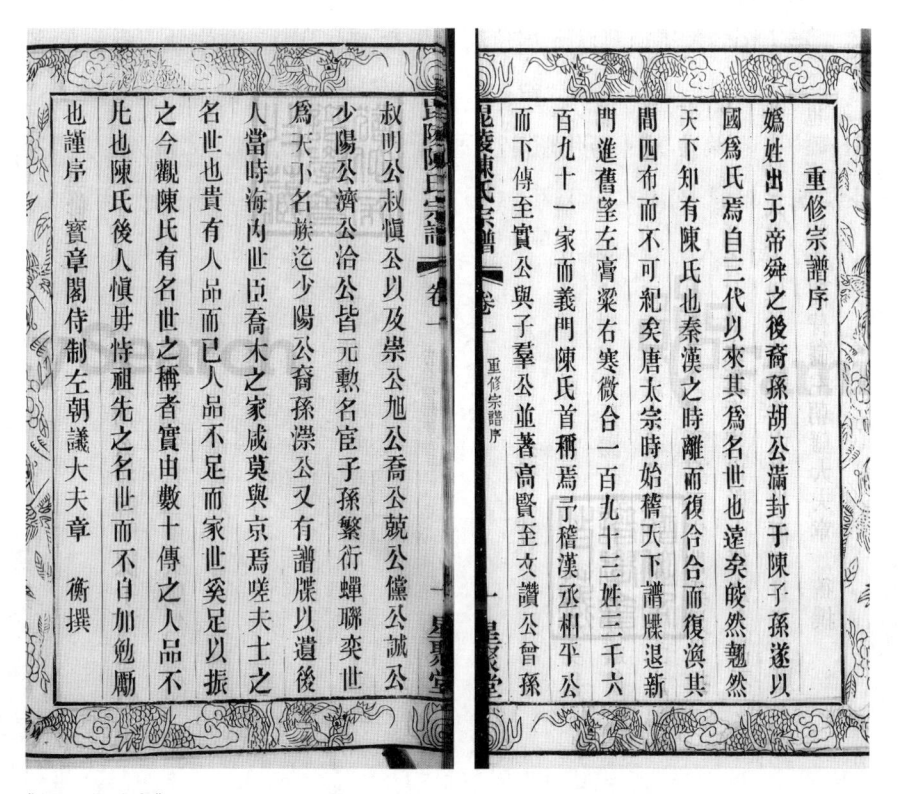

《重修宗谱序》

按 语

该序录自《毗陵陈氏宗谱》，该谱族人多为南唐陈乔后人，所以序中写到"义门陈氏与首称焉"以及"至文赞公曾孙叔明公叔慎公以及崇公旭公乔公兢公"等。叔明后人列举陈崇、陈兢；叔慎后人列举陈乔、陈旭等，表明江州义门陈氏是由叔明、叔慎两大主流派系组成，"与首称焉"。否则，南朝陈赞公曾孙五十多个兄弟而仅举叔明、叔慎？大浪淘沙，历史总会留下它的影迹。

此序与陈璧《陈氏入蜀记》、陈谦《江州义门陈氏宗谱序》同等重要。

经考证，该序为清康熙年间常州府武进县章衡所撰，并非宋仁宗嘉祐二年（1057）丁酉科状元福建浦城人章衡。但由于北宋状元章衡的名气太大，导致后人将浦城"章衡"与武进"章衡"混淆了。据光绪《襄阳府志》卷第十九《历代职官·通判》记载："章衡，武进人，监生，康熙四十年。"四库本《江南通志》卷一百三十七《选举志·贡监》亦载："章衡，阳湖人，襄阳通判。"

雁门堂之由来

佚 名

南北朝时有支三百多年前陈轸之子孙，距今一千七百多年前帝王贵胄之家，他们的始祖就是南北朝的陈武帝陈霸先。陈霸先是当时浙江吴兴人，他在江南所建立的王朝持续了三十多年时间。这期间，他们一家人不但先后出了五位皇帝，而且金枝玉叶的陈姓子孙也遍满天下。据说有一位被封为宜都王的就是后来声势浩大的雁门派始祖[①]。此外，被封为钱塘王[②]的，其后为两浙诸陈之祖；被封为江夏王[③]及岳阳王[④]，岳阳王敬先人之德，又将颍川[⑤]先祖陈轸返回[⑥]田轸之子孙，而且改颍川[⑦]堂为江州[⑧]雁门堂。所谓江州，指的是江西九江的德安县[⑨]。子孙代代袭封为王。又有患难而迁至川陕的田杰，其后也就成为雁门之始祖[⑩]。就这样，南朝派的田裔遍布天下。一直到今天，他们在台湾岛上也为省籍人士，为南朝派的一分子，成为雁门堂之堂号。

注 释

①雁门派始祖：这里是"义门派始祖"之音误。按《宋史·陈兢传》："陈兢，江州德安人，陈宜都王叔明之后。叔明五世孙兼，唐右补阙……僖宗时尝诏旌其门，南唐又为立义门，免其徭役。"

②钱塘王：即陈恬，后主叔宝第十一子。按《陈书》卷二十八："钱塘王恬，字承恢，后主第十一子也。祯明二年，立为钱塘王，邑一千户。

三年入关，卒于长安。"

③江夏王：即陈伯义，陈文帝第九子。按《陈书》卷二十八："江夏王伯义，字坚之，世祖第九子也。天嘉六年，立为江夏王。"

④岳阳王：即陈叔慎，陈宣帝第十六子。按《陈书》卷二十八："岳阳王叔慎，字子敬，高宗第十六子也。"在该句之后疑有脱句，致使前句未说完，后句则来得突然。

⑤⑦颍川：原文为"颖川"，今据《陈书·武帝本纪》"世居颍川"改。

⑥返回，原文为"迫回"（或为"追"字形误），今据广东大埔县田寿沧先生提供的田氏族谱《雁门堂之由来》改为"返"。

⑧江州，原文为"江洲"，据《宋史·陈兢传》改。

⑨"所谓江州，指的是江西九江的德安县"：该句本该接在"……声势浩大的雁门派始祖"的后面，但因该句无"江州"二字，所以挪到此处，扣紧文意。（见大埔县田氏族谱《雁门堂之由来》）

⑩……成为雁门之始祖：同样为义门之误，此句是说田杰的后人创建了川陕田氏义门堂，田杰为始祖。这支人本陈姓，为南朝陈一分子，因患难而改田姓。

按　语

该资料来源于1979年《台湾省田姓大族谱》。细读本文，主要有以下几点不足或讹误：

其一，误"义门"为"雁门"，为音误；颍川之"颖"，迫回之"迫"，江洲之"洲"，皆为错用字。

其二，在"被封为江夏王及岳阳王"之后疑有脱句，致使前句未说完、后句则来得突然。

其三，"子孙代代袭封为王"，与史不符，属误传。或在"子孙"前疑有脱文。

本文虽有上述错漏，但就整体而言瑕不掩瑜，尤其是披露岳阳王的相关史料，可谓石破天惊。

如文中提及的"雁门堂"，它跟南朝陈宜都王、岳阳王以及江州德安紧密相联，此"雁门"当为"义门"之音误。但是，查田氏也确有"雁门堂"一说，据唐代《敦煌文书》载："代州雁门郡出五姓：续、解、田、文、狄。"雁门郡是田齐之后田氏郡望，非陈氏郡望。田氏以郡望"雁门"为堂号曰"雁门"堂，始于秦汉；陈氏以皇封的"义门"为荣曰"义门"堂，始于南唐。两者泾渭分明。但是由于谐音，误"义门"为"雁门"。

再是"岳阳王敬先人之德，又将颍川先祖陈轸返回田轸之子孙，而且改颍川堂为江州雁门堂"。意思是说，颍川始祖陈轸是由田轸改姓而来，现在效仿先祖再改回田姓。由此来说，岳阳王逃难时曾经用过田姓。但是，"改颍川堂为江州义门堂"不在他本人，而是他的后人"五世其昌"，创立义门。

宜都王叔明为义门派始祖，"三百口而义门立"，义门始立于南唐升元元年（937），时任家长陈衮，陈崇之子，为陈叔明、陈兼支派的后裔；为传承正统，义门陈兼这一支溯源当溯至藩王叔明。陈兼，叔明五世孙，他"与杜少陵（杜甫）善，居江州之蓝桥坂"。（见丹徒《润南石城宗谱》）。唐乾符间，陈兼六世孙陈伯宣为避柳彦璋之兵乱而占籍德安，与陈旺后人合族同处。

众所周知，陈旺为德安义门派始迁祖，建庄开派。有如万福庄谱陈璧《陈氏入蜀记》所载："义门开派之宗是为旺公焉，原系蕴珪之子、叔慎玄孙。"这支人溯源当溯至藩王陈叔慎。

因此，江州义门陈氏实为叔明、叔慎这两大主流群体"合族同处"，共建义门！

至于文中提到岳阳王叔慎被迫改姓的事，还得从祯明三年说起。即隋开皇九年（589）隋军攻占金陵，后主陈叔宝及宗室诸王"相率出降，因从后主入关"。作为亡国君臣王裔皆沦为阶下囚，被押到长安后，"隋文帝并配于陇右及河西诸州，各给田业以处之"，劳动改造长达十六年。大业二年（606），隋炀帝杨广改变了对陈政策，尽诏陈氏子弟进京师"随才叙用，由是并为守宰，遍于天下"。

若按姚思廉《陈书》载，叔慎年十八因战败被俘，斩首汉口。但依据峡江县马埠陈氏族谱所载："叔慎，字守正（音误），封南王，因国大难奔豫章，入新淦之大墓，有匡大夫者以女妻之，生子名嵩字宗先，隐居玉笥号小隐……"而据田氏谱载："岳阳王敬先人之德，又将颍川先祖陈轸返回田轸之子孙。"如此，谱载与史载发生冲突。又据浙江龙泉市宝溪乡天湖陈氏盘谷支派明代陈慷传、陈干重辑《义门陈氏宗谱》辑录北宋孙甫题写陈叔慎像赞曰："叔慎生平有秘藏，仁民爱物道康庄。英资克称王公爵，拓地初时是岳阳。""秘藏"，即隐藏、

《雁门堂之由来》

雁門堂之由來

南北朝時有支三百多年前陳軫之子孫，距今一千七百多年時浙江吳興人，他在江南所建立的王朝持續了三十多年時間，道期間他們一家人不但先後出了五位皇帝，也遍滿天下，據說有一位被封為宜都王的，便是後來聲勢浩大的雁門派始祖，所謂江洲指的是江西九江的德安縣。此外被封為錢塘王的，其後為兩浙諸臣子孫，被封為江夏王及岳陽王，岳陽王敬先人之德，又將穎川先祖陳軫迫回田軫之子孫，其後也就成為雁門堂之始祖，就這樣南朝派的田裔遍佈天下，一直在今天，他們在台灣島上也為省籍人士為南朝派的一份子成為雁門堂的。

不公开。由于"叔慎生平事迹秘藏不宣"，导致《陈书》记载叔慎生平事迹有误。并由此推证《马埠谱》《田氏谱》所载正确。今经陈田三地族谱分析，当年发生的情景也许是这样：兵临湘州，叔慎和陈正理密计诓杀了隋朝大将庞晖及随从百余，后与隋军激战失利，叔慎奉母潜逃至峡江改为田姓隐居了一段时日，并娶匡大夫之女生子嵩。然而隋亡唐立，唐武德中嵩为吉州别驾，在玉笥建庄廖田，并将其父叔慎墓迁葬玉笥安山。此时，仍有子孙依旧田姓，如逃到川陕的田杰便是其中一例，后繁衍成族，成为川陕义门田氏之始祖。

陈叔慎像赞

其实在 2009 年 11 月，我们就有上述资料，来自田寿沧老先生发表的广东大埔县田氏族谱信息。由于没见到原件，加之田寿沧仅言"此篇为老谱记录"，故未采用。2024 年 2 月 8 日电话联系田寿沧老先生，不幸老人已故。幸得先祖庇佑，仅过两天就查到了《台湾省田姓大族谱》"雁门堂之由来"文。今展示出来以飨读者，并供研究者参考。

像赞作者孙甫，字子翰，许州阳翟人，天圣八年（1030）进士。其事迹详载《曾巩文集》卷四十七《故朝散大夫尚书刑部郎中充天章阁待制兼侍读上轻车都尉赐紫金鱼袋孙公（甫）行状》及《欧阳修集》卷三十三《尚书刑部郎中充天章阁待制兼侍读赠右谏议大夫孙公（甫）墓志铭》。

苍南县陈家堡陈氏

陈瑞众

苍南县钱库镇陈家堡,旧属慕贤东乡十一都,今属钱库镇城北社区,由三个行政村组成,分别是陈东、陈南、陈西。陈家堡原名陈堡,又名夏堡。据陈堡宗谱记载,宋淳祐庚戌年(1250),福建长溪赤岸的陈勋,号珪庵,明经教授。因有同宗迁平阳,故来平阳游名胜,见平阳慕贤东乡之地:名山列于前,曲水枕于后,地宽土沃,可垦膏腴,河流畅通,可行舟楫。遂聚族于此,名曰"陈堡"。于是,陈勋为陈家堡陈氏始迁祖,其后世贤达,人丁兴旺,衍为江南望族。

陈勋传至十三世祖元范公,37岁英年早逝,遗孀缪氏太婆,是年28岁,独撑门户,抚养幼儿启英、启烙成人。太婆为人端庄、淳厚,谨守三从四德,乐善好施。地方上凡有生活艰难者,均伸手援助;每邻里纠纷,悉心调停。陈家堡去望里护法寺,沿途多处桥梁,均由缪氏太婆及子孙捐助,公益善行,多多益善。

清乾隆七年(1742),孝子启英为报慈母养育之恩,颂孀守之德,具请建坊立表。鉴其为人美德,地方邻里亦俱赞颂。县宪举奏,获钦赐准,建"贞节牌坊"一座,为陈堡族裔,增辉显耀。奈何,"文革"破四旧,牌坊荡然无存。

苍南县陈家堡陈氏宗祠,坐落在钱库镇陈家堡村。始建于清康熙三十七年(1698),有前进五间,后殿五间,左右厢房各五间,戏台一座,此后曾有四次较大的修缮。1962年，宗祠改建学校。后于2002年8月13日，奠基重建，于2004年元旦落成。

新宗祠在原址上扩建，占地面积3800平方米，建筑面积2568平方米，坐东朝西。国务院原副秘书长陈进玉题匾额"陈氏宗祠"悬于前楼，并祠前建牌楼一座。陈武帝石雕立像一座，竖立三对旗杆石，并于西南角建亭一座。祠宇三进三殿均为两层七间，左右两庑四厢各十间。祠内设有"书法长廊"，碑刻80多块，楹联刻柱一百多对；雕梁画栋，宏伟壮观。大门前面，石狮兽雕雄踞，旗杆林立；祠堂周边，清流环绕，沿河筑有青石栏杆，并建"颍水桥"三座；河西水泥大道宽7米，两旁绿树成荫。祠内宗联共108副，并刻"重建陈家堡大宗祠"之碑志。

2014年冬，为恢复牌坊历史，按原貌重建，屹立于祠堂之右，与祠堂建筑交相辉映，成为陈堡一大景点。

作者简介

陈瑞众，男，1954年生，浙江苍南钱库陈家堡村人，现住温州龙港市。

他抓住"改开"机遇，勤奋努力，诚信求实，开展供销业务，积攒创业资本。但他致富不忘公益事业，慷慨解囊，无私奉献，先后为钱库陈家堡及邻村修桥铺路3500平方米。2008年为四川汶川地震一次性捐资10万元。凡有公益事业他都积极参与，受到当地政府的表彰，深受乡人褒奖。

重建会源堂记

陈月海

　　竹源陈氏，南朝陈后主之裔。叔宝十一世孙讳轶字彦文，西川新都县东门人。唐乾符三年十月，为剿黄巢之乱奉敕率兵南下，首战歙邑篁墩大捷，巢兵败，追至浮梁北扎营对峙。乾符六年四月，轶公与其子陈广不幸捐躯，葬三里滩苦竹港。中和元年十月，敕立英烈庙于浮梁城北；追封其子广为朝奉大夫。于是，度公偕广之子遂居盐仓岭。南唐末，广公孙京由盐仓岭徙祁西竹源肇基。

　　竹源，亦名竹溪，今名坑口。旧会源堂位于村东，坐北朝南，背山临河。文闪河汇诸溪流至祠前回漩迅即向东，入昌江进鄱阳湖。竹源陈氏凡分迁本县他乡与省外者，皆溯源至此，故名"会源堂"。

　　旧会源堂始建于明万历十五年（其中寝堂为民国十一年建），合戏台、享堂、寝堂为一体。拥有一方天井并走廊之辅，兼祠堂、戏台之设。祠堂正面临近文闪河，无大门，进三重。院外有半圆洞门临河而立，有一石板甬道通向下游磻村。西洞门楣书"竹源古里"，东洞门额题"颍川世族"，此乃溯竹源陈氏之源也。

　　戏台以砖石为基，台面用木桩支撑，覆以厚板固之。台前饰石雕栏板。台侧有厢房，为乐队之所。戏台顶部，穹型藻井，精细玲珑。穿逗式、硬山搁檩之梁架，纵横交错。雕梁彩宇，花鸟人文，巧夺天工。两侧扶梯，与观戏楼相连，楼上设包厢茶座。楼台廊檐，立方型石柱。石柱之上，饰菱形斗拱。雕琢精致，布局天成。天井地面，青石铺成，十分规整，为江南乡村之少见焉。

旧台后壁，留下优伶题字手记。自咸丰三年至一九八六年，皖赣采庆班、和春班、四喜班、同乐班、景德镇采茶剧团、怀宁黄梅剧团等，曾来此演出。尤以清同治、光绪年间为多。电视剧《一江春水向东流》《大转折》《最美乡村女教师》等，曾于此取景拍摄。

二〇〇六年，会源堂被国家文物局列为"全国重点文物保护单位"。二〇一〇年，会源堂古戏台荣登"中国徽州古村落印花税票"，从此，世人于方寸间，亦能欣赏乡村文化之奇葩。

痛哉，惜哉！二〇一三年十二月二十九日凌晨三时许，会源堂毁于火灾，化为灰烬。今祁门县人民政府拨款六百余万重建，依其旧制一比一复原。新址在旧堂东南之四百米处，仍然临河而立。群山拱卫，翠竹簇拥。祠前虽无石板古道，但代之以水泥公路，伸向远方。

噫，今日旧堂换新姿，亦显时代之风采！岁次丙申年孟冬月撰。

务本堂记

陈建忠

务本堂，乃竹源陈氏宗族统祠也，坐落于皖南祁门县闪里镇坑口村。

竹源陈氏上源，始于宛丘，盛于颍川，崛起于长兴，避居于西川新都县东门，落居于浮梁盐仓岭，迁至祁西竹源。宗脉传承，三千余年，根柢槃深，枝叶峻茂。

乾符三年，为平黄巢之乱，我祁西竹源始祖讳轶，字彦文，奉命南下，首战歙邑篁墩大捷，巢兵败，追至饶邑浮梁扎营对峙。乾符六年四月，彦文公不幸捐躯，葬于三里滩。中和元年十月，敕立英烈庙于浮梁城北，并令饶抚信三州岁祀。由是子孙因居盐仓岭。传至四世京公，迁居祁西竹源；至其裔孙万八公，宋开庆元年倡建务本堂。尔后，几经维修。至今，历时七百六十春秋矣。"先祖是皇"之匾额，仍高悬中堂。神保是飨，万世无穷。

务本堂坐北朝南，背靠来龙冈，面朝文闪河，屹立村子中心。门前设观礼台，汇聚山川灵气，寓寄龙游之神，彰显大堂风范。宗祠为典型的青砖、黛瓦、马头墙之徽派风格；设计精湛，用料考究，集"徽州三雕"工艺于一体，声闻遐迩。

全祠分三进，各进之间以廊檐连接，青石铺地，明亮宽敞。首进前堂及天井，擎以石柱；天井廊柱，是由四红、四青八根方形石柱构成，为宗祠一大特色，江南罕见。整栋祠宇，木质结构，雕梁画柱，古朴典雅，与砖石配伍精当，巧夺天工。务本堂内外文图装饰、匾额楹联，运笔流畅隽永，处处体现英烈世家之爱国情怀；与建筑本体，相得益彰，独步江南。

堂名源于圣典。《论语·学而》曰："君子务本，本立而道生。孝弟也者，其为仁之本欤！"《礼记·学记》亦曰："三王之祭川也，皆先河而后海，或源也，或委也。此之谓务本。"

陈氏宗祠建于宋代

木梁之上都有精湛的木雕

陈氏宗祠

百善孝为先，孝悌仁之本。缮宗祠，奉列祖；正家风，宗族兴；古往今来，须当务本。今逢盛世，政府拨款，宗亲献力，修葺一新。祖德宗功，千秋永祀。

作者简介

　　陈建忠，男，1962年11月生，安徽祁门县闪里镇坑口村人，中共党员，坑口村党支部书记。祁西竹源陈氏务本堂总祠联络人，浮梁县陈氏历史文化研究会创办人之一。2010年，他带领本村人在浮梁三里滩毛坦找到了始祖陈轶及子陈广墓地，并发动祁门陈氏宗亲捐款修葺陵墓。每年春祭始祖重要组织者之一。

乐平市葵田陈家村

陈章平

葵田陈家，又名陈家村，是因我族始迁祖喜种葵花而得名。自北宋建村，至今已逾千年。今隶属景德镇乐平市塔前镇的一个行政村庄，距离乐平市区约22公里，县道091公路从村前穿过，东邻月湖村，西连上徐村，南与里冲村隔港相望，依山傍水而居。村子前方有一条山脉，南北走向，故称"前山"。山下有一溪流，名磖溪，水清见底，此为乐平磖溪河上游水源之一。

全村有200余户人家，1000余人。村里以陈姓为多，另有胡姓20余户。全村耕地415亩，山林3000余亩。主种水稻、棉花，盛产红柿子，特别是红柿子和古香樟树，远近闻名。

葵田陈氏肇基祖讳清，字钟，来自安徽祁门闪里镇竹源陈氏。据家谱记载："宋景德三年丙午（1006），钟公任乐平县丞，秩满还乡，路经城北四十里，悦其山水秀丽，因家焉。"因其一向喜爱向阳葵花，于是领家人开垦荒田种葵花，并由此得名"葵田陈家"。

据传，葵田陈家因种葵花而闻名，毗邻的上徐村与下徐村深受影响，亦种葵花。上徐村因地处砚溪上游，称上葵田，简称"上葵"。下徐村因地处砚溪下游，称"下葵田"。简称"下葵"。上徐村与下徐村皆以徐姓为主，在乐平方言中"葵"和"徐"音近，所以1949年后，上葵村被改为"上徐"，下葵村改为"下徐"。

相传古时候，葵田陈家的旧址是在今上徐村位置，至今仍有未移出的几户陈姓人家。今葵田陈家居住地在北宋景德年前，原是袁姓居住地，后因人丁不旺而迁出，不知所终。"左青龙右白虎，前朱雀后玄武"是古时居家理念。因为本村右侧之地犯冲白虎，为挡白虎之煞，葵田陈氏于村口右侧栽种七棵香樟树，形如屏障，故村民又称"七星樟"。今尚存六棵高大茂盛的古樟树，树龄已逾500余年，其中一棵，大概是在20世纪90年代末枯死。

葵田陈家村中有一口水塘，人称湖塘；因塘后有股泉水，四季不竭。村民为用水和防火，开挖了一口水塘，给生活带来了极大方便。在未实行薄膜育秧之前，村民每年捞塘泥育秧，又肥又好。早期的水塘有很多泥鳅、虾子、小鱼，天气闷热时，总能见到好多泥鳅上下翻滚。据说，湖塘自开挖以来，从未发生过小孩溺水。曾经，有一龙虎山道士路过此塘，说是咱陈家村的一口旺宅"风水塘"。

颍水分支家世远，族聚葵田世泽长。葵田陈氏历经千年，枝繁叶茂。树大分枝，乃自然规律。由此外迁的有：昌江礼城（旧称鄱阳株岭）、昌江鲇鱼山镇凤岗村、鄱阳县双港镇东桥村（又称博士湖陈家）、乐平城南河口、乐平城东四牌坊、乐平城北大通关（即王家塘、湖腰畈一带）、乐平西隅北寨、乐港镇岗南陈家（俗称乱石埠陈家）、乐港镇港沿陈家（旧称祝家坑）、乐港镇茶园岗陈家、昌江区丽阳镇芦源陈家、港镇杨梅州陈家、塔前镇兴嗣桥蔡家、礼林镇门楼里陈家（又名甘棠陈家）、塔前镇桃林陈家坞村、浮梁寿安镇邱家村、昌江区荷塘乡山门村、万年县丰乐乡、奉新黎陂岗、景德镇官庄、乐平花园松巷、婺源县霍口、鄱阳县石门等地，他们都是葵田陈氏之后裔。

"更无柳絮因风起，唯有葵花向日倾。"向日葵具有热情奔放，积极向上，勇往直前，知难而进，久经风雨而不屈之精神。这种精神，正是我葵田陈氏的传神写照。

作者简介

　　陈章平，男，1976年8月生，乐平葵田陈家人，中共党员，从事企业财务管理工作20余年，业余关注家乡发展，热爱家族事业，为葵田陈家养正互助基金会创始人及首任会长。

后记

严复先生曾经说过:"读书须破其后壁。"这句话用在读书人身上固然振聋发聩,用在写书人身上也颇有警醒之功,所以我们愿意把编著本书的经历写出来分享给读者。

2019年9月,《陈氏谱考辑要》出版了,本想就此封笔。然而,人算不如天算,树欲静而风不止。2019年12月一场突如其来的"新冠病毒"席卷而来,接着居家隔离防疫。因此,大家有足够时间微信闲聊。当聊及义门陈氏"异流同源"时像炸开了锅似的,一发而不可收。对于义门人"异流同源"的观点,支持者众多,反对者也不少,形成对峙,"火药"味甚浓。

争论,本是件好事,百家争鸣。希望通过争论、交流,达到相互理解,增进学识认同感。然而,反对者始终抱住明清谱不放,以谱为据跟你争辩,开口不离"宗谱",闭口不离《义门记》。任凭你费尽口舌讲《义门记》早在绍熙五年(1194)之前就已经发现内容有误,不能作为依据。但他不信,坚持己见,能奈他何?记得有位物理学家做了个实验,证明不在同一频道上的物件,任你反复敲打,永远产生不了共鸣!人性亦如此,不在一个频道上,永远叫不醒他。

历史过程具有不可逆性,认识历史只能通过现存的史料。要形成对历史客观准确的认识,必须重视史料的搜集、整理和辨析,去伪存真,这是历史学的重要方法。从《义门陈文史考》到《颍川陈氏考略》,再到《陈氏谱考辑要》以及本书,无不以史为据,以时空为准绳,参考族谱及旁证,综合分析，小心求证。我们一直都是这样做的。

毕竟，研究是有一个探索过程，往往由此及彼，由浅入深，由虚而实，不可能一蹴而就。本书既有对过去研究的总结，又对其不足之处进而补正、堵缺，以备万分。凡所改更，皆有证可稽，毫厘不爽。

真金不怕火炼，真理是越辩越明。这场争论持续三年多，时断时续。直到 2022 年 11 月 18 日，九江学院庐山文化研究中心和九江市义门陈文化研究会共同举办一场跨省视频研讨会，双方各自拿出论文进行辩论。大约在此之后，渐趋和缓。

义门人本是"异流同源"，最早写进《义门家范》是义门第三任家长陈崇在"联族党"中说："义门一族，异流同源。阅十一世，和处笑喧。"对此，从未见有人去讨论去探究。反倒是我们多方引经据典、援引旁证来证实这件事时却遭到非议甚或人身攻击，咄咄怪事，不可理喻！

对于坚持"义门为一派嫡系直传"的人，争到最后可能也乏味了，自知站不住脚，但仍有人强辩："伯宣公到分家时的世系，历来都清楚明白。而伯宣公以前的世系，就是历来争论的焦点。我的观点是，伯宣以前的世系，我弄不清，也不去弄。江州义门陈，就从伯宣公开始，一直到分家。"说出这种话的人，代表一类既无奈又糊涂的人群。恰恰相反，"伯宣公以前的世系"清楚无误，从叔明到伯宣十代人，史与谱高度一致，到陈崇为十一代。义门谱错就错在伯宣陈崇之间硬生生插进七代人（檀、旺、机、感、蓝、青、伉公六兄弟），多出几近两百年，明眼人一眼就能看出问题的症结所在。

伯宣是人不是神，不会生活在时间的真空中，他上有高祖父、曾祖父，下有子孙，其上下代的生卒时间和活动时间史书都有记载，从而把伯宣锁定在一个时间区域，不能随意移动。

据史志和墓志铭记载，伯宣生于唐敬穆之间（824），大顺初卒；其十世祖陈叔明生于公元 562 年，卒于大业十年（614）；其六世孙陈延赏生于建隆元年（960），"淳化三年（992）壬辰孙何榜进士"。即便通过这些记载，也能推出伯宣大概的生活时空。

义门人本是"异流同源"，人为地"合二为一"，当然会导致谱与谱、谱与史志、史志与史志之间的相互矛盾。所以，近年来有许多专家学者纷纷撰文考证义门"异流同源""合族同处"的历史，尊重历史。

我们为什么不遗余力地考证义门世系源流，因为源不清则"宗不明祖不正，而为其患矣"。（《传法正宗记》）也就是说，祖源不清则子孙不明不白，如断线的风筝，没有历史定位。

本书初始拟名《庚子文选》，收集了正反两方文章百余篇（部分刊载陈氏研究网"庚子文选"栏）。本想全部录入本书，让不同意见者尽其所能地表现，一并交与读者自辨是非。但是，如果那样做，是一种不负责任的行为。在一本书里，不同意见者交相辩驳，你一句我一言地呛怼，岂不闹哄哄的不成体统？况且，有些言语粗俗，难登大雅之堂。

当书稿送到江西人民出版社编审魏如祥手里，他看后也是一头雾水，一时找不出南北。于是在他的建议下精简篇章，只能告诉读者一个主题，不可东一锤西一棒，让读者不知所云。于是我们重新调整篇幅，把具名驳论的文章给省却，同时取消"不同声音"这一章，对事不对人。但是，不同观点依旧保留在不同的文章里。

如此处理，则彰显研究者的责任和自信。写书不光给今人看，更重要的是给后人看，不与他人争一时口舌之快。"文章千古事，得失寸心知"，是非得失，后人自有评说。

除上述内容之外，本书后三章是"史海拾贝""墓志考录""世系考与序及堂记"，涵盖不同时期的陈姓人，呈现不同历史阶段的纪事。有些内容还是首次公开，以飨读者。

我们不敢妄称这本书有多少创新，但成书过程确实是用心的，也竭力在原路处找新路，并走出路来。负重前行之苦和累，尽在书中。

绠短汲深，才短思涩。尽管我们已尽百倍努力，但书中仍然有不足之处，甚至讹误，诚望读者不吝批评指正。

本书是我们的收山之作，回想这二十多年以来，历尽艰辛，一路走来，有不少人在背后默默地支持我们，方有勇气走到今天。在此，谨向一贯支持我们的各位陈氏宗亲，以及向我们提供史料的他姓学者朋友致敬，衷心感谢你们！尤其要感谢宜宾的陈浩、固始的陈心巨、观澜的陈玉昌、禹州的陈国军、泗洪的陈长风、新干的陈育儿、武夷山的陈墩水、浦江的陈一飞、南京的陈尚庭、金溪的陈卫良和陈伯跃、茅台镇的陈果、金寨的陈明松等宗亲，没有你们的无私奉献，不可能完成我们的研究使命。谨向你们致以崇高的敬意，你们的芳名将与本书长存，流传后世！

编 者

2023 年 11 月 30 日